A volta do gato preto

2005
CENTENÁRIO DE
Erico
Verissimo

Erico Verissimo

A volta do gato preto

Ilustrações
Rodrigo Andrade

Prefácio
Clarissa Jaffe

Companhia Das Letras

8 Prefácio — A voz do meu pai
12 Prefácio do autor

14 Os argonautas
98 Diário de San Francisco
195 Interlúdio
221 Diário de Hollywood
405 Duas cartas da era atômica

411 Biografia de Erico Verissimo

Prefácio

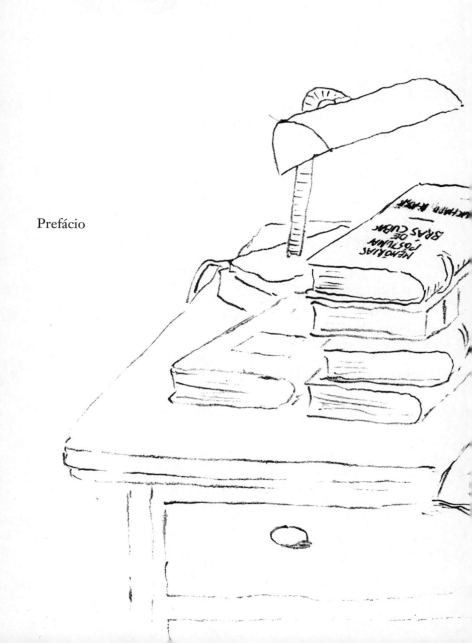

A VOZ DO MEU PAI

Relendo *A volta do gato preto* ouço a voz do meu pai. Ele escreve como falava. O livro me deu uma visão do que eram os Estados Unidos nos meados dos anos 40 durante a Segunda Guerra Mundial. Me impressionou a pesquisa histórica que o pai fez sobre os diversos estados e cidades por onde passamos, e também como ele procurou explicar o povo americano; a política, a religião, o problema racial. Ele pintou para os brasileiros a sua impressão dos Estados Unidos assim como estava pintando o Brasil para os americanos, em suas aulas e conferências nas várias universidades na Califórnia.

A boa vontade dele para com os Estados Unidos e os americanos me comoveu. Mas esse era mesmo o jeito dele, sempre pronto a ver o lado positivo das pessoas e da vida em geral. Isso não impediu que ele olhasse o povo americano e o país com olho crítico. Os assuntos que abrange neste livro são vários e diversos. De Hollywood à bomba atômica em Hiroshima. Entre os capítulos descrevendo as universidades, as suas aulas e conferências e as pessoas que teve oportunidade de conhecer, ele faz um estudo detalhado do país e do povo e seus costumes. Sempre procurando estabelecer uma comparação com o Brasil.

Moro nos Estados Unidos há mais de cinqüenta anos e não sei bem o que o pai ia achar das mudanças que ocorreram neste país entre aquela época e os dias de hoje. Acho que ficaria um pouco triste com muitos dos acontecimentos, mas também não muito surpreso. Ele podia ser idealista e romântico, mas não era ingênuo.

Ao reler este livro esperei que um pouco das memórias daquela época voltasse e eu conseguisse me ligar àquela menina, Clara, de nove anos, deslumbrada com a vida e fascinada por Hollywood, indo rumo à terra de Sonja Henie, Margaret O'Brien e Deanna Durbin. Para minha surpresa, nas palavras de meu pai, encontrei não a Clara, mas a Clarissa.

Toda a minha vida ouvi dizerem: "Ela é a cara do pai!". Na verdade sou a cara da minha mãe. Mas neste livro descobri que nas emoções, observações e certos modos de olhar a vida sou "a cara do pai".

Ele tinha um olho para cor e forma e achava-se um pintor frustrado. Mas pintava com palavras. Este livro está cheio de observações coloridas. Miami, Nova Orleans, as universidades, Hollywood. Eu pinto com pincel e tinta. Durante a viagem de trem da Flórida à Califórnia, ele observa: "Acho um encanto todo especial nessas pequenas cidades adormecidas pelas quais o trem passa vagarosamente à noite". E aí segue a imaginar o que estaria se passando nas casas, bares e cafés da cidade. Eu, quando viajo, procuro estradas que me levem por dentro de pequenas cidades e também fico a imaginar o que está se passando naquelas casas. Um trecho que realmente me tocou é quando ele fala em não ter muita paciência com as grandes paisagens naturais dos Estados Unidos porque, "caçador de almas, prefiro as cidades". E mais uma vez procede a descrever o que ele sente ao andar "pelas ruas de uma grande metrópole", "o ruído feito de vozes humanas e das vozes de todos os veículos, de todas as máquinas, é quase música para os meus ouvidos". Ele termina dizendo: "Haverá parque, lago, cânion ou caverna que encerre tanta beleza viva como uma cidade ao anoitecer?".

Quase que palavra por palavra é o que eu sinto. É uma emoção difícil de explicar que eu possa preferir os barulhos, cheiros e movimentos de uma cidade a alguma cena bucólica. Sou encarada com suspeita quando digo, quase com as mesmas palavras, o que o pai disse: "Aspiro com delícia o cheiro do asfalto e gasolina queimada, como se fosse um esquisito perfume". Na voz do meu pai fui me encontrando.

Relendo *A volta do gato preto* ouço também a voz da minha mãe me dizendo: "Tu devias reler os livros do teu pai mais seguido, guria".

Clarissa Jaffe

Prefácio do autor

No pós-escrito ao bilhete que dirigi aos leitores, e que apareceu na edição original de *Gato preto em campo de neve*, eu lhes informava que esse título não tinha nenhum sentido simbólico: ele me fora realmente sugerido por um gato negro que, da janela dum trem em movimento, no Colorado, eu vira atravessar um campo coberto de neve... Era, portanto, uma sugestão puramente pictórica.

Os leitores, porém, não aceitaram a explicação, pois pareceram achar que o gato preto era o próprio autor, isto é, um sujeito de tez morena a caminhar por entre gente clara e paisagens hibernais. Essa idéia se generalizou de tal forma, que ao procurar um título para este segundo livro de impressões sobre os Estados Unidos ocorreu-me logo o seguinte, que adotei sem dar maiores esclarecimentos: *A volta do gato preto*.

Aqui vão as minhas impressões de dois sólidos anos passados na Califórnia, para onde fui em setembro de 1943 com o fim de dar um curso de conferências sobre literatura brasileira na Universidade da Califórnia, em Berkeley, a convite ainda do Department of State.

Nada mais poderei dizer sobre esta obra que, pela sua natureza, está habilitada a falar por si mesma.

Erico Verissimo, 1961

Os argonautas

"OS ÓRFÃOS DA TEMPESTADE"

Medonho desastre. Perdido na procela, o avião precipitou-se no mar, a pouca distância da costa da Flórida. Era noite fechada quando as lanchas do serviço de salvamento da Marinha norte-americana chegaram ao local do sinistro. E ali sob a chuva, na negra noite, começaram a pescar os cadáveres de passageiros e tripulantes. O primeiro a aparecer foi o da Princesa Hindu, que sorria com uma estrela-do-mar aninhada entre os seios. O gordo Homem de Negócios boiava abandonado, como um fofo boneco de borracha, e em sua boca aberta mexia-se um caranguejo. Vieram outros. O Moço de Bordo com uma medusa na testa... A Americana Loura com os cabelos soltos e os olhos vidrados... O Comandante todo condecorado de anêmonas... Tinham os braços enredados em algas, e a morte lhes pintara nos rostos as cores mais doidas. Por fim ficaram faltando apenas os corpos dos brasileiros. Holofotes aflitos varejavam as águas. Longe cintilavam as luzes de Miami. A chuva caía, o mar gemia, o vento dizia — nunca mais, nunca mais, nunca mais... E assim uivando foi-se continente adentro, rumo do outro oceano e das luminosas terras da Califórnia, para onde havia poucas horas fugira também o pensamento e o desejo de muitos dos passageiros daquele trágico avião. Nunca mais...

Vi quando pescaram meu próprio cadáver. Meu rosto estava esverdinhado à luz dos holofotes. Como um estranho peixe fui içado para bordo e atirado para o fundo da lancha, como uma coisa sem dono nem serventia. No fundo da minha memória antepassados fatalistas murmuraram: "Morreu? Acabou-se".

Imaginação é coisa do diabo. De mil modos já fantasiei o desastre. Já li em cem jornais e de cem maneiras diferentes a notícia do sinistro.

Faz quatro dias que entramos neste gafanhoto de alumínio que pulou do Rio para Recife, de Recife para Belém, de Belém para Port of Spain, e que agora se aproxima de Miami.

São seis da tarde de 7 de setembro de 1943. Voamos sobre o mar a uns mil metros de altura, e já avistamos terra. É o fim da viagem, mas para nós bem pode ser também o fim de tudo, pois uma tremenda tempestade está prestes a desencadear-se. Visto através da janelinha do avião, o mundo é um quadro lúgubre pintado em tons de sépia, negro e medo. Nuvens descomunais, pesadas e escuras, cobrem o céu. Há no ar carregado de eletricidade algo de sulfuroso e mau, de pressago e opressivo. Relâmpagos clareiam o horizonte, refletindo-se no mar, onde já se avistam as ilhas de Coral da costa da Flórida.

Volto a cabeça e passo em revista a família. No rosto de minha mulher e de meus filhos vejo refletido o verde da tempestade, da náusea e do pavor. São três caras lívidas e ansiosas. Sorrio para elas, mas obtenho como resposta apenas olhares de interrogação e dúvida.

O Homem de Negócios cochila a meu lado, com a cabeça quase a tocar-me o ombro. No fundo do avião a Princesa Hindu sorri enigmaticamente. Embarcou na Guiana Holandesa, é dum moreno bronzeado, tem uma face de ídolo oriental e está toda vestida de branco, com um vaporoso véu a escorrer-lhe pelos ombros. Talvez não seja nobre nem tenha nascido na Índia, mas está claro que não vou perder esta rara oportunidade de meter uma princesa hindu na minha história.

Os outros passageiros preparam-se para descer. A Americana Loura trata de apaziguar o seu *baby* rosado, que choraminga e esperneia. O calor aumentou; em vão busco alívio aproximando o rosto dos renovadores de ar.

A trovoada estala. Parece um sinal para que as nuvens se rasguem e abram para a cena do Juízo Final. Chegou a hora — penso —, chegou a negra hora. Sempre achei que estes saltos sobre o oceano, de ilha em ilha, eram um desafio ao Destino. Não se pode fazer uma coisa dessas impunemente... Os relâmpagos se sucedem. O *baby* chora, assustado. O Homem de Negócios desperta, e seus olhos piscam quase em pânico. A trovoada continua. E aqui vamos, encerrados nesta cápsula prateada que avança impávida na direção da tormenta. O ronco dos motores parece uma ampliação descomunal do pulsar destes vinte corações internacionais.

Lembro-me de um dramalhão que li ou vi quando adolescente — *As órfãs da tempestade*. Sim, nós somos os órfãos da tempestade. Estamos à mercê dos ventos e da sorte, desligados da terra e das outras criaturas...

Que idéias estarão passando pela mente dos outros membros da família? Olho furtivamente para Luís, que aperta o nariz contra o vidro da janela. Decerto imagina que vai bombardear Tóquio no seu "Liberator". Dentro em pouco os "Zeros" japoneses estarão enxameando como vespas assanhadas ao redor do bombardeiro, e Luís os irá derribando, um por um, com rajadas de metralhadora. Grande proeza! Soltará uma bomba em cima do palácio do Imperador, e depois voltará à sua base, para uma orgia de Coca-Cola.

Clara, de olhos parados e brilhantes, naturalmente imagina-se chegando a Miami, ao som duma banda de música. O Prefeito, de fraque e chapéu alto, recebe-a com um discurso; ela fica toda ofegante e aflita, porque não sabe uma palavra de inglês. Mas Margaret O'Brien, que lhe trouxe uma braçada de flores, pergunta-lhe milagrosamente, em claro português, se a viagem foi boa e se os meninos brasileiros gostam de *ice cream*...

Quanto a minha mulher, não é difícil imaginar o que está pensando. Pálida, de olhos cerrados, Mariana decerto faz a si mesma perguntas que ficam sem resposta. Chegaremos vivos e inteiros? Que será de nós nessa terra estranha onde não existem criadas? Onde iremos morar? Quem serão os nossos amigos? Como irei me arranjar nos mercados e nas lojas se de inglês não sei mais que duas palavras — *yes* e *no*?

Agora voamos já por sobre terras dos Estados Unidos. Lá embaixo, branca e rasa, Miami parece um cemitério.

O letreiro à nossa frente se ilumina: *Afivelem os cintos. Proibido fumar.* Obedecemos. O avião começa a perder altura. Sinto essa manobra nos ouvidos e no peito...

DIÁLOGO ENTRE ANJOS

Leio a notícia num jornal. *Miami (Associated Press) Hoje ao anoitecer, bem no momento em que aterrissava no aeroporto desta cidade, capotou um avião da...* Não quero ver o resto...

Alguém no Brasil murmura: "sete de setembro... Belo dia para morrer!". Lá está d. Pedro em cima do seu cavalo, erguendo no ar o chapéu de dois bicos e gritando — "Independência ou Morte!". E no alto dum estrado a professora dona Eufrásia Rojão, de buço cerrado, óculos de grossas lentes, seios virginais e fanados, disserta com a voz máscula e seca sobre a Grande Data.

Por onde andará agora a alma de dona Eufrásia, que morreu durante um gélido inverno gaúcho, sem nunca ter sequer mordiscado o fruto do amor? Talvez ela esteja à minha espera em algum lugar para além daquela nuvem negra. É bem possível que dentro de alguns minutos eu a encontre toda de camisolão branco e asas imaculadas, com

17

uma lira nas mãos que na vida terrena manejaram com tanta eficiência o ponteiro e a palmatória.
Fecho os olhos e imagino o encontro.
— Bom dia, dona Eufrásia.
— Bom dia, menino. Sente-se. Já aprendeu a fazer conta de dividir?
— Não, senhora.
Estamos ambos sentados numa nuvem cor-de-rosa. Há um silêncio... de quantos segundos? Impossível dizer, pois na eternidade o tempo não existe.
— Tenho lido os seus livros — diz dona Eufrásia, ajeitando a sua auréola.
Fico gelado e mudo. De repente, numa fúria nada angélica, ela rompe:
— Você não tem mesmo nenhum respeito pela gramática?
Baixo a cabeça. Dona Eufrásia pigarreia, e o som estrídulo de seu pigarro corta o ar como um pássaro, rumo das grandes montanhas do Além.
— Bom — continua ela. — Vamos afinar os instrumentos. Dê um dó.
Dou um dó. E depois — afinados e em perfeita harmonia — ficamos tocando um dueto de lira, repousado como as coisas eternas, belo como a nunca ouvida música das esferas.
Abro os olhos e espio para fora. Vejo o mundo subir como uma enorme baleia que se erguesse do oceano, para apanhar o avião numa rabanada. Tenho a impressão de que as casas de Miami vão resvalar para o mar.
A terra avança e cresce para nós... Há um momento de expectativa, surdez e tensão nervosa. Finalmente sentimos o impacto das rodas do aparelho no chão, num primeiro choque áspero. Depois o avião começa a rolar, trepidante, na pista cimentada. Nossos nervos se relaxam.
Dona Eufrásia — murmuro nos meus pensamentos —, nosso encontro fica transferido indefinidamente. Guarde a lira. Recolha as asas. Quem falou em morrer? Nós queremos é viver. Todos nós. O Homem Gordo, a Princesa, o Moço de Bordo — todos. E principalmente esta família brasileira. Olhe só o apetite de vida que há nos olhos dessa trindade...
O comandante deixa o avião. Os passageiros começam a desembarcar. Chega a nossa vez. Saímos do ventre do gafanhoto para entrar nas entranhas dum forno.

Este é um grande momento. Tontos, suarentos, meio bisonhos, mas felizes, pisamos o chão da Flórida. E de mãos dadas seguimos em silêncio os outros passageiros.

SALA DE ESPERA

Entramos numa sala do aeroporto, imediatamente uma enfermeira aproxima-se de nós e, sem dizer palavras, mete-nos termômetros na boca. Ficamos a nos entreolhar, entre divertidos e surpresos, com estes ridículos cigarrilhos de vidro apertados nos lábios. Pouco depois a *nurse* volta, arranca-nos em silêncio os termômetros, examina-os, dá a entender que tudo está em ordem, e manda-nos passar para uma sala mobiliada com poltronas de couro escuro, e onde um grande ventilador zumbe, geme e gira, num esforço inútil para refrescar o ambiente.
Sentamo-nos, e como há um milhão de coisas a dizer, permanecemos calados. Os outros passageiros também aqui estão, e um a um vão sendo chamados para o exame dos passaportes e da bagagem. Eis uma cerimônia detestável. Venho dum país em que aprendemos a temer ou aborrecer tudo quanto diga respeito à burocracia. Lei para nós chega a ser uma palavra temível. Nos meus tempos de menino, sempre que à noite, nas sombrias ruas de minha cidade natal, eu encontrava um guarda da polícia municipal, estremecia de horror, porque esses homens de má catadura, de uniforme zuarte e espadagões à cinta, eram o símbolo do capanguismo político, tinham uma tradição de violência e arbitrariedade. Cresci com esse medo na alma, e com a subterrânea idéia de que o funcionalismo público é uma organização destinada especialmente a dificultar as coisas e de que no fim de contas o Governo não passa mesmo dum instrumento de opressão.
Tenho ainda nos ouvidos o ronco dos motores. O calor me aniquila. A camisa empapada de suor cola-se-me ao corpo. Não vejo nenhuma janela aberta, e isso aumenta o meu mal-estar.
O silêncio continua contra o macio pano de fundo tecido pela zoada do ventilador. Escarrapachado numa poltrona, observo meus filhos.
Luís tem sete anos e grandes olhos castanhos tocados às vezes de muita ternura humana, e quase sempre dum vago ar de ausência. Sei que neste momento ele não está em Miami, Flórida, mas em algum outro lugar remoto, impossível e provavelmente inexistente. Sorrio

vendo sua franja rebelde que se recusa a aderir ao resto da cabeleira, eriçando-se como um penacho agressivo e caricatural. Lobo solitário, Luís gosta de brincar sozinho, e de vez em quando afunda em prolongados silêncios, e anda perdido não sei por que misteriosos mundos de faz-de-conta. Quando interpelado, contrariado ou perturbado em seus devaneios, sabe defender-se com uma obstinação verdadeiramente muar, usando não raro uma dialética quase adulta. Reconcentrado e pouco amigo de exibições, pode dar à primeira vista a impressão de frieza e desligamento. No entanto, no aeroporto do Rio, na hora em que dissemos adeus aos amigos para entrar no avião, vi que seus olhos se enevoaram de lágrimas, numa tão intensa expressão de tristeza e saudade antecipada, que eu, o responsável pela viagem, cheguei a ter uma sensação de culpa e remorso... Luís fez todo o percurso em silêncio. Quando descíamos do avião, nos diversos pontos de escala, tomava Coca-Cola, comia roscas e fazia algumas perguntas. Em Paramaribo, olhando para aquelas gentes louras que falavam uma língua tão esquisita, perguntou-me de repente:
— Papai, que estará fazendo o doutor Borges de Medeiros?
Mariana desatou a rir. Fiquei sério, pois julguei compreender o sentido da pergunta. Foi a maneira que o menino encontrou para dar voz à sua sensação de estranheza por estar naquele mundo tão diferente do brasileiro.

Clara ergue-se, caminha até a janela e espia para fora, através da vidraça. Está naturalmente ardendo por ver os Estados Unidos. Se Luís é um peixe solitário de águas fundas, Clara é um pássaro inconseqüente de asas inquietas. Onde quer que esteja está sempre psicologicamente num palco. Para ela tudo é teatro. Morena da cor do amendoim torrado, nariz arrebitado, olhos pretos e lustrosos, atravessa ela essa hora maravilhosa em que essas criaturinhas descobrem o próprio corpo, apaixonam-se por si mesmas, e vivem conversando com "a outra, a do fundo do espelho"... Com a boina vermelha atirada para a nuca, num desleixo que, longe de ser casual, é pelo contrário estudado (Oh! A audaciosa menina brasileira em suas aventuras por terras estrangeiras!) — Clara fica longo tempo junto da janela. Aposto como já desligou a atenção do que vai lá fora, e está apenas a olhar a própria imagem refletida na vidraça...

FUNCIONÁRIOS E ELEFANTES

Finalmente somos chamados. Como um réu aproximo-me dum balcão por trás do qual se acham sentados três homens de uniforme cáqui. Mostro os passaportes. Tudo parece em ordem. O interrogatório principia.
— Qual o objetivo de sua viagem?
Sinto que minha língua é de chumbo, quando começo a responder em inglês.
— Fui convidado pelo vosso Department of State para lecionar literatura brasileira na Universidade da Califórnia, em Berkeley.
Digo essas palavras constrangido, porque sei com a mais absoluta certeza que tenho cara de tudo, menos de professor. No passaporte meu retrato parece o de um escroque internacional, ou de um desses tipos sem pátria que fazem o tráfico de brancas.
O homem que me interroga é jovem e tem uma fisionomia amiga.
— O senhor traz alguma prova desse convite?
— Prova?
— Sim... Um documento qualquer, uma carta...
Apalpo os bolsos do casaco num gesto puramente formal, porque sei que não tenho comigo nenhuma prova. Tudo foi resolvido através de telegramas trocados entre Washington e o consulado americano de Porto Alegre.
— Sinto muito. Não tenho nada.
O moço sorri, segreda qualquer coisa ao ouvido do companheiro que está à sua esquerda, e depois me diz:
— É pena. Se o senhor tivesse essa prova pouparia dezesseis dólares.
— Não compreendo...
— Os convidados do governo estão isentos de qualquer imposto.
— Ah...
Passo o lenço pelo rosto suado. Com o rabo dos olhos vejo a meu lado os outros membros da família, cristalizados no seu atarantamento, acompanhando sem compreender esse diálogo entre o chefe da tribo e a Lei — lei com um imenso L maiúsculo, lei dum país de fala e costumes abstrusos.
Como o americano é em geral um homem que sempre está disposto a ouvir uma anedota, arrisco:
— Por falar em prova, conhece a história do elefante?
Os três funcionários de repente ficam atentos.

— Do elefante? Não. Como é? — perguntou um deles. Conto:
— Pois uma vez, no país dos bichos, o rei baixou um decreto mandando cortar a orelha a todos os elefantes. Um macaco ouviu a notícia e tratou de fugir. Saiu a correr desabaladamente e no caminho encontrou um burro que lhe perguntou: "Aonde vai com tanta pressa, amigo?". "Vou fugir" — respondeu o macaco, ofegante. "O rei mandou cortar as orelhas de todos os elefantes." O burro ficou espantado. "Mas você não é elefante!" E o macaco, muito sério, replicou: "Isso sei eu. Mas antes que eu possa provar que não sou elefante eles me cortam as orelhas". E dizendo isso, abalou.
Os funcionários desatam a rir. E um deles diz:
— Sinto muito, *my friend*, mas tenho de lhe cortar as orelhas. Dezesseis dólares, faça o favor.
Pago e passo com a família para a seção onde nossas bagagens vão ser revistadas.

O "GETULINHO"

Ver nossas malas abertas — com toda essa série de roupas e objetos íntimos — diante de olhos estranhos produz em mim um mal-estar quase tão intenso como o que eu sentiria se fosse obrigado a passear de pijama pela avenida ao meio-dia ou se tivesse de assistir à leitura em público duma carta confidencial em que eu discutisse, sem estilo nem gramática, ridículos segredos de família.

Mas o fiscal não é exigente. Suando e sorrindo, com piadas e piscadelas de olhos, apalpa superficialmente as roupas.
— Traz alguma bomba escondida? — pergunta. — Não? Está bem. Pedras preciosas? O.k. Pode fechar.

No atrapalhado e constrangido afã de abrir e fechar malas (por que será que a gente sempre apanha a chave errada?) sinto ainda mais calor e fico quase a me derreter. Finalmente fecho a derradeira mala. Somos então encaminhados a um outro funcionário, que me pergunta se trazemos dinheiro brasileiro. Esvazio diante dele o conteúdo de minha carteira: um livro de cheques e duas notas de vinte dólares. Por fim, quando do tudo parece terminado, pinga da carteira na mesa, com um som leve e breve, uma moedinha de tostão, um "Getulinho". O funcionário apa-

nha a moeda, curioso, e rola-a na ponta dos dedos. Sorri, e no seu sorriso julgo ver a nostalgia de viagens nunca feitas, de países exóticos com palmeiras e nativos, serenatas e guitarras, morenas cálidas e punhais.
— Quem é este? — pergunta ele.
— É o nosso presidente.
— Vargas?...
— Isso mesmo.
— Muito interessante...
— Muito.
— Tem mais dinheiro?
— Não. Nada mais.
— O.k. Podem passar.
Finalmente estamos livres. Ansiamos pelo ar da noite. Por um gelado. Por um oásis. Faço um sinal para o resto da tribo. Apanhamos as nossas malas e encaminhamo-nos para a porta. Mas não! Ainda não soou a hora da libertação. Dois homens sorridentes nos barram o caminho. Um deles — sujeito baixo, cabeçudo e sangüíneo, metido em roupas esportivas — me estende a mão, cordialmente, pronunciando seu nome, enquanto o outro se conserva a distância, acariciando uma máquina fotográfica. São representantes duma agência telegráfica e querem uma rápida entrevista. Que está fazendo o Brasil para o esforço de guerra? Que venho fazer nos Estados Unidos? Os brasileiros gostam dos americanos? Respondo como posso. Sinto que meu inglês me sai viscoso, sonolento e grosso.
— Agora, uma fotografia, *please*!
A família prepara-se.
— Mais juntos! — diz o fotógrafo, ajustando a câmara.
Obedecemos. Minha mulher murmura:
— Estamos horríveis.
— Fica firme — respondo. — Deus é grande.
Clara cutuca o irmão.
— Tira essa boina.
Luís retruca:
— Não empurra. Não tiro. A boina é minha.
— Bobo.
— Boba és tu!
Intervenho:
— Vamos acabar com essa baderna.
O fotógrafo pede:

— *A smile.*
Traduzo:
— Um sorriso, minha gente.
— Sorri — diz Clara ao irmão.
— Não sorrio.
Mariana toca o ombro de Clara:
— Sorria, minha filha.
A menina sorri. Todos sorrimos.
— Agora, firmes!
Clic. A lâmpada emite um clarão. Está tudo pronto. O homem cabeçudo vem de novo, aperta-nos a mão e deseja-nos uma feliz estada na América.

Um atencioso major do Exército norte-americano nos diz que um auto nos espera fora e recomenda-nos o Hotel Urmey, no centro de Miami.

Somos os últimos a sair do aeroporto.

VIAGEM ATRAVÉS DUM FORNO

Entramos na cidade de Miami num automóvel dirigido por um sargento do Exército, um homem magro, baixo, de bigodinho preto, e que na vida civil era guarda-livros em Filadélfia.

Desapareceram das ruas os coloridos letreiros de neônio e as luzes dos combustores estão amortecidas. É o *dim-out;* é a guerra. A iluminação das vitrinas é amarelenta e tíbia. Pelas calçadas as pessoas passam como sombras silenciosas.

Nosso carro estaca à porta do hotel. Descemos, apertamos a mão do simpático sargentinho, que já pôs todas as nossas malas sobre a calçada, e subimos na direção do *hall*. Pálidos, cansados, de ar um pouco acanhado, creio que oferecemos um aspecto de derrota. Podíamos bem ser uns desses muitos milhares de europeus que, fugindo da invasão nazi, buscam refúgio nos Estados Unidos. Digo isso a minha mulher e ela, muito desanimada, pergunta:

— Tu europeu... com essa cara?
— Nunca viste um grego? — replico, vagamente ofendido.
O saguão do hotel tem um aspecto agradável. Predominam nele o bege-claro e o laranja, numa combinação alegre. Lâmpadas veladas,

sofás e poltronas assentam-se solidamente sobre um chão macio, forrado de tapetes. Velhos e velhas lêem revistas ou jornais, num silêncio de clube inglês. Junto do elevador uma negrinha uniformizada cabeceia de sono.

O calor continua aqui dentro. Suados e lívidos, sob esta luz fluorescente, estamos agora diante do balcão da gerência, por trás do qual sorri para nós, acolhedoramente, uma mulher ainda moça, à qual a gordura dá um ar matronal. É morena, está vestida de branco e nos seus cabelos castanhos e crespos canta uma rosa vermelha.

— *Italiani?* — pergunta ela.
— Não, senhora.
— Mexicanos?
— Brasileiros.
— Oh! *Buenas noches*, amigos.
— *Buenas noches*. Queremos quartos.

A mulher faz-me assinar um cartão e depois, com clara pronúncia, lê meu nome. Tem uma voz pastosa e doce como *marshmallow*. Vem dela um morno perfume de violeta.

— *Boy!* Quarto 345.

O *boy* apanha a chave e nossas malas, e nós o seguimos em fila indiana. Somos como *zombies*. Que perverso sortilégio tomou conta de nós? Meus pensamentos correm ou, melhor, arrastam-se todos na mesma direção. Gelo, pólo, chuva, gelo, banho, sorvete, pólo, chuva, banho. Entramos no elevador. A ascensorista preta e cabelizada nos lança um olhar mortiço e sem curiosidade.

O corredor sombrio do terceiro andar me dá uma angústia de prisão. Entramos no quarto. Peço ao *boy* que traga bebidas geladas e cubos de gelo.

Ao verem a cama, Clara e Luís atiram-se sobre ela e ali se deixam ficar, enquanto lentamente vão tirando as roupas com gestos morosos, como figuras vistas em câmara lenta. O ar parece um lago de óleo quente onde nossos corpos bóiam molemente.

Quando me meto debaixo do chuveiro, a água que me cai no corpo não traz nenhum refrigério. É morna, grossa, e eu a sinto como o contato desagradável de cem dedos de azeite. E mal começo a me enxugar com a toalha felpuda, já o suor me escorre de novo pelo corpo todo.

Chegam as bebidas. O refrigério que elas nos dão é apenas momentâneo. Nossa sede parece insaciável. Começamos a chupar cubos de gelo.

Meia hora depois estamos todos deitados, em estado de agonia.
— Que terra! E isto no outono!
Quem foi que falou? Talvez tenha sido eu mesmo. Não sei. Não interessa. Procuro imaginar que estou num mato de sombras verdes, mergulhando num arroio fresco e claro, que corre por entre pedras e avencas. Ou então que chove, chove muito, uma chuva fria e torrencial, e eu saio a correr pelas ruas, com o rosto erguido para o céu, a boca aberta...
Miami está com febre e delira. Não ficarei surpreendido se o hotel dum momento para outro começar a tremer com sezões. Boto a última pedra de gelo sobre o peito, e sinto-a derreter-se; a água me escorre pelos flancos e pinga no lençol, que parece uma chapa quente, como se debaixo da cama houvesse um braseiro vivo.
Da rua sobe até nós de quando em quando o som agudo duma buzina, ou então uma que outra voz humana. Curioso. Eu tinha esquecido os Estados Unidos. Não sinto essa alegria que nos vem da idéia de que estamos no estrangeiro, de que vamos começar uma vida nova... Só sinto o calor e uma angústia de emparedado.
Silêncio. De repente uma voz:
— Pai...
A palavra atravessa a custo o ar espesso e me chega, derretida, aos ouvidos. Quero responder, mas a língua me pesa toneladas. Há uma pausa, e depois:
— Pai!
Faço um esforço e gemo:
— Hum?
— E se tu fosses lá embaixo buscar um sorvete?...
Sinistra sugestão.
— Fecha os olhos e dorme, Luís — resmungo.
Agora é a voz da menina:
— Telefona...
Mariana intervém:
— Fica quietinha. É tarde.
De novo o silêncio. Um silêncio de forno. Forno... O estonteamento do sono me sugere idéias doidas... Forno. Estamos sendo assados em fogo lento... Para que monstruoso banquete? O suor me escorre pelo rosto, pelo peito, empapa o travesseiro, o lençol... Assado, servido com rodelas de limão... Imagino um descomunal cozinheiro de avental e gorro branco, perguntando ao freguês: "Bem passado ou malpassado?". Leio o menu escrito em fogo: *Brasileiro assado à moda da*

casa. Água! Água por amor de Deus. Chuva... Ar... Pólo... Gelo... Chuva... Água... Um avião voando contra um céu de brasa. O avião treme de febre. A cabeça lateja de dor. Os motores roncam e trepidam dentro do meu cérebro.

Finalmente caio num sono pesado, assombrado por sonhos confusos, um sono que dói como uma sova, um sono que não traz alívio, porque através dele continuo a sentir a canseira, a sede e o calor...

RUAS DE MIAMI

No dia seguinte o céu amanhece despejado de nuvens. Brilha um sol amarelo e a sombra dos edifícios no asfalto da rua tem uma leve tonalidade violeta. (Diz minha mulher que esse toque de violeta está mais na minha imaginação que nas sombras. Vai mais longe: assegura-me que quando descrevo paisagens tenho a obsessão dos tons arroxeados.) Não sopra a menor viração, e na atmosfera morna sinto uma promessa ameaçadora de mormaço.

Moídos e meio estonteados dum sono sem repouso, descemos às nove, tomamos um *breakfast* frugal e saímos a andar sem rumo certo.

Miami é uma cidade alegre, plana, limpa, simétrica e colorida. Não tem ladeiras nem ruas tortas, nem casas antigas ou monumentos históricos. De tão nova e clara, parece até cheirar a tinta fresca. É um burgo de turistas, parque de diversões de milionários, os quais têm suas belas vilas de inverno ao longo dessas lânguidas praias brancas que a névoa e o frio nunca visitam. Na sua Baía Biscainha branquejam iates e veleiros.

Há quatrocentos e trinta anos, Ponce de León desembarcou nas costas do que é hoje o estado da Flórida, tomando posse da terra em nome do rei de Espanha. Segundo as lendas correntes, havia nela não só ricas minas de ouro como também fontes mágicas cuja água daria a quem a bebesse a juventude eterna.

À procura dessas maravilhas meteu-se Ponce de León terra adentro, e após muitas andanças infrutíferas, acabou desistindo da busca e voltou à Espanha. Continuou, porém, de tal modo dominado pelo feitiço da Flórida, que alguns anos depois voltou para perseguir, mas sempre inutilmente, a mesma miragem. Não encontrou a fonte da juventude, mas a frechada que recebeu num dos muitos combates que com seus homens teve de travar contra os índios, abriu-lhe no corpo uma fonte de sangue por onde a vida se lhe esvaiu.

A data em que o malogrado d. Juan Ponce de León assentou pé nesta terra de promissão parecia conter em si uma profecia e uma predestinação. Era o dia da Páscoa de Flores, razão pela qual esta região recebeu o nome de Flórida. E hoje este estado do extremo sul dos Estados Unidos é uma espécie de permanente "páscoa das flores", com suas fantasias aquáticas, seus jogos florais, seus concursos de beleza em que raparigas representantes de todos os estados da União desfilam à sombra de palmeiras, sob um rútilo céu azul, numa exibição de caras, bustos, coxas, pernas... De certo modo se confirmam as lendas dos tempos de Ponce de León. Fugindo aos gélidos invernos do Norte, velhotes e velhotas ricos vêm buscar neste sol e ao convívio dessas criaturas moças um pouco de calor e juventude.

Se eu tivesse de eleger um símbolo vivo para Miami eu escolheria por exemplo aquela rapariga que ali vem atravessando a rua com passadas firmes. Tem uma gardênia enfiada nos cabelos escuros e soltos. Sua pele é de marfim claro, os olhos azuis, os zigomas um pouco salientes, a boca rasgada. Em seu olhar — agora que ela está a dois passos de mim — não vejo profundidade nem mistério, apenas uma certa inocência juvenil. Está metida num vestido estampado de flores vermelhas, azuis e amarelas. Ela é o verão, a praia, o vento, o sol. Ela é um feriado, um veleiro, uma onda. Ela é Miami.

Alguém me puxa pela aba do casaco. Volto a cabeça e vejo minha filha.

— Que é isso, pai? — repreende ela. — Chega de olhar pra moça... Retomamos caminho.

— Que impressão tens de Miami? — pergunta-me Mariana.

— Parece uma cidade de brinquedo, feita de papelão, gesso pintado e papel estanhol...

Vitrinas expõem vestidos de verão e de praia, artigos de esportes, grandes bolas de gomos coloridos, pára-sóis, bóias, barcas, colchões flutuantes, óculos escuros, flores artificiais. Manequins esbeltos, cujas caras lembram vagamente as de certas estrelas de cinema, exibem vestidos de tecido leve em padrões fantasticamente berrantes.

Os homens em sua maioria andam sem casaco. Noto que suas gravatas procuram fugir à extravagância de cores e padrões dos vestidos das mulheres. Há por toda parte — nas calçadas, cafés, bares, lojas, ônibus — uma grande quantidade de soldados e marinheiros.

E o curioso é que as criaturas humanas aqui de certo modo também parecem de brinquedo.
 Tudo nesta cidade cheira a turismo. As *curio shops* — casas de curiosidades e lembranças — abundam. Vê-se nelas o mais estonteante bricabraque: bandeiras e estandartes com dísticos; cartões-postais com vistas da cidade, da praia e da seção residencial de Miami; jóias mexicanas e índias, anéis, braceletes e colares baratos; bibelôs chineses, amuletos africanos, havaianos e polinésios; cestos de flores e frutos artificiais em miniatura. Tudo isso numa riqueza de tintas e num brilho de verniz.
 Nossa caravana pára junto duma dessas pequenas casas que vendem refrescos e sucos de frutas. Está ela toda decorada com motivos havaianos. Vejo pelas prateleiras e montras uma profusão de caquis, papaias, cocos, mangas e ananases. Um escultor modelou a canivete uma cara diabólica numa casca de coco e pintou-a de cores vivas, e o demônio agora arreganha os dentes para nós. Num poleiro de alumínio uma cacatua branca ginga inquieta. A casa é atendida por uma única pessoa, uma mulher magra, de pele um pouco terrosa, que nos sorri acolhedoramente. Confraternizamos logo. A criatura se enternece ao saber que estamos tão longe da pátria.
 — Por que é que a menina está tão pálida?
 — Enjoou muito na viagem — explico.
 — Coitadinha! Olhe cá. Tenho um remédio muito bom pra ela.
 Mariana quer saber:
 — Que é que ela está dizendo?
 Faço a tradução, enquanto a nossa nova amiga dá a Clara um copo cônico de papel com um líquido de cor alaranjada.
 — Tome isto. É suco de papaia.
 Traduzo:
 — Papaia é mamão.
 Com alguma relutância a menina leva o copo à boca, toma um, dois, três goles de suco de papaia... De repente atira o copo no chão, leva a mão no estômago, dá uma viravolta e sai, atarantada, na direção da calçada. Senta-se no meio-fio, inclina a cabeça para o chão, leva a mão à testa, e seria uma nota realista inútil descrever o que se seguiu.
 A dona da tenda corre em socorro da cliente. Alguns transeuntes param, olham, perguntam, dão palpites, e depois seguem o seu caminho. Finalmente a ordem se restabelece. E quando de novo a nossa caravana se apresta para partir, tiro do bolso uma moeda de um quarto

de dólar com a intenção de pagar a despesa. A americana ergue a mão, num protesto. Não quer receber nenhum dinheiro. Ora, já se viu? Se o remédio só piorou a situação do doente...
— Não, senhor! Tenho uma idéia. Tiro da carteira o "Getulinho" e digo:
— Olhe, guarde esta lembrança. É uma moeda brasileira. Esta efígie é a do nosso presidente.
Encantada, a mulher apanha a moedinha e exclama:
— *How cute!*
Cute é um adjetivo muito usado neste país, e pode ser traduzido por *engraçadinho, bonitinho, interessante.*
— Muito obrigado e adeus! — despeço-me.
A mulher se inclina sobre o balcão e grita:
— Vou guardar esta moedinha na minha caixa registradora, como um talismã. Fique certo de que ela não sairá mais daqui, nunca mais.
— Quanto a isso não tenho a menor dúvida... — digo. E abalamos.

BOOM!

Os Estados Unidos são a terra das carreiras fantásticas, tanto para as pessoas como para os lugares. No caso das pessoas a palavra mágica é *sucesso*. No caso das cidades ou estados, *boom*. O *boom* (pronuncia-se *bum*) é o crescimento rápido, um súbito bafejo de prosperidade. Uma *boom town* é uma cidade cujo ritmo de progresso se acelera, cujas propriedades se valorizam e cuja população aumenta — tudo isso duma maneira espetacular. Os mais famosos *booms* da história norte-americana foram causados pelo descobrimento de minas de ouro ou jazidas de petróleo.
A Flórida teve também o seu *boom*. Não foi originado por nenhuma riqueza de seu subsolo, mas sim pelo seu clima e principalmente pela habilidade e audácia dum grupo de proprietários de imóveis que resolveram chamar a atenção do resto do país para as suas terras chatas e pantanosas, conseguindo valorizá-las como se elas contivessem minas de ouro e poços de petróleo. Tinha-se o exemplo da Califórnia, que progredia — serenada a fúria da corrida do ouro e de petróleo —, progredia e enriquecia, explorando o turismo, graças à insistência com que sua Câmara de Comércio apregoava aos quatro ventos, em frases bem-

feitas e cartazes bem pintados, as belezas de suas montanhas, de seus verdes vales cheios de laranjas e limoeiros, e principalmente a amenidade de seu clima de sol eterno. Perguntaram os homens da Flórida: *Que é que a Califórnia tem que nós não temos?* Dos banhados pareceu-lhes vir a voz dos sapos que bradavam em resposta: *Nada*. Voando e zumbindo, os mosquitos repetiam: *Nada. Nada!*, murmurava o vento. E as ondas, estirando-se nas praias claras, gemiam: *Nada*.

Resolveram então esses proprietários de terras começar uma campanha com o fim de atrair turistas e milionários para a Flórida. Essa foi a origem de um dos mais espetaculares *rushes* da história americana em torno do negócio de imóveis. A mais exagerada, bombástica e pirotécnica das literaturas começou a circular pelo país, exaltando a terra por onde quatro séculos antes Ponce de León andara como um doido em busca das fontes da juventude, ignorando todo o tempo, pobre cego, que a verdadeira fonte de mocidade eterna era o sol da Flórida, o vento da Flórida, o chão da Flórida... — o melhor vento, chão e sol do mundo! A troco de que haviam de os americanos ficar encolhidos e trêmulos de frio no meio das neves nórdicas, sob um céu de cinza, quando a poucos quilômetros para o Sul estava a Flórida, a "Riviera americana"?

Espertalhões compraram por baixo preço grandes tratos de terra e dividiram-nos em lotes. Só em Miami havia em 1925 — o ano áureo do *boom* — dois mil escritórios imobiliários e cerca de vinte e cinco mil agentes andavam dum lado para outro, suados, sem casaco, o chapéu atirado para a nuca, mostrando plantas a possíveis compradores, aos quais se concediam facilidades e se faziam fabulosas promessas. Esses vendedores de terrenos fechavam negócios sentados no meio-fio das calçadas, nos bancos de praça, nos vãos de porta, no meio da rua. Em torno deles juntavam-se grupos de curiosos. Disputavam-se os lotes mais bem situados. Havia discussões, discursos, promessas douradas. Não raro o trânsito era interrompido e a polícia tinha de intervir. Os preços dos terrenos subiam fantasticamente. Conta-se que uma senhora que em 1896 havia comprado um pedaço de terra por vinte e cinco dólares vendia-o agora por cento e cinqüenta milhões. Por toda parte em Miami construíam-se casas. Eram hotéis, cassinos, teatros, edifícios de apartamentos. A cidade crescia para os lados e para o alto. A publicidade continuava, delirante. Apelava-se para o sentimento romântico dos americanos, para os quais a palavra *trópico* tem magia. Enamorados do exótico, uma simples palmeira contra um céu azul iluminado é para eles um símbolo de pitoresco e aventura. Agora — afirmavam os camelôs — não era mais preciso ir a Cuba, ao México ou ao Brasil em busca do feitiço tropical, pois bastava descer um pouco para o Sul para encontrar Miami, — "A Cidade Maravilha", "A Loura e Branca Deusa das Cidades", "O Parque de Diversões do Mundo", "A Metrópole Invencível". Pântanos eram transformados em jardins encantados — um dos quais recebeu em batismo o nome de "Hollywood à Beira-Mar". E a fantasia rastaqüera dos maiorais da cidade fez construir junto da baía uma Veneza miniatural. Para se ter uma idéia de como era conduzida essa publicidade, é preciso ler pelo menos alguns trechos duma proclamação conjunta lançada pelos prefeitos de Miami e de outros condados circunvizinhos, os quais se consideravam membros da *mais Ricamente Abençoada das Comunidades do mais Generosamente Dotado dos Estados do mais Altamente Empreendedor dos Povos do Universo*. (Devo esclarecer que as maiúsculas são dos senhores prefeitos e não minhas...) Ao anunciar ao resto da América e do mundo a sua "Fiesta dos Trópicos Americanos", afirmavam que essa seria uma ocasião em que "o Amor e a Boa Camaradagem, a Alegria, e os Esportes Saudáveis vão prevalecer através de Nossos Domínios". Acrescentavam que "nossos Largos, Bulevares, nossas Belas Praças e Salões de Dança, nossos Pátios, Clubes e Hospedarias serão a cena em que a Radiosa Terpsícore e seus Esfuziantes Devotos hão de acompanhar com Passo Gracioso o Ritmo das Danças". Como se tudo isso não bastasse, asseguravam ainda os ardorosos prefeitos que "através de nossas Ruas e Avenidas se moverá uma Parada de Sublime Beleza a Pintar em Encantos Florais as Bênçãos que nos Concederam o Amigo Sol, a Graciosa Chuva, e o Sedativo Vento dos Trópicos". E, nesse tom grandiloqüente, nessa prodigalidade de adjetivos e maiúsculas, seguia-se o bestialógico.

Tudo isso, como se vê, é uma expressão de novo-riquismo, de mau gosto, mas é também uma inocente, juvenil afirmação dum povo otimista, faminto de sucesso, prazer e ação. E o que causa também estranheza é o contraste entre a vulgaridade dessa literatura suburbana e o bom gosto que inspirou a construção das residências, parques e jardins de Miami. Coral Gables, que o bairrismo local considera "o mais belo subúrbio da América", é uma cidade dentro dum parque, com o seu centro comercial, hotéis, bancos, cassinos, clubes, escolas, jardins públicos — e uma cidade como não haverá muitas no mundo inteiro.

As construções foram tão numerosas durante esse ano da "corrida" que se calcula seu custo em cerca de quatrocentos milhões de dólares.

O estado da Flórida despendeu oito milhões com estradas de rodagem e cinqüenta milhões em melhoramentos ferroviários. À medida que os dias passavam Miami enchia-se de arrivistas. Primeiro eram homens de negócios, hoteleiros, jogadores profissionais, capitães de indústria, arquitetos, urbanistas — gente que vinha em busca de oportunidades de enriquecer ou simplesmente dum emprego. Depois chegaram turistas de todas as partes do país. Vieram não só gentes ricas, mas também representantes de várias camadas da sociedade. Por esse tempo o automóvel começava a mudar a vida americana. Ford punha as suas "latas" ao alcance da bolsa de pequenos agricultores, empregados do comércio e até dos operários. As estradas se faziam melhores e mais numerosas, e as que levavam a Miami estavam sempre congestionadas de carros. Os hotéis da cidade regurgitavam. Havia gente dormindo em barracas, dentro de automóveis, nos bancos de praça, nos corredores dos grandes edifícios...

Nesse frenesi, nessa atmosfera de feira — passou-se o ano de 1925, entrou o de 1926 e a fúria imobiliária começou a decrescer. Surgiam as primeiras dificuldades e o otimismo já dava sinais de esmorecimento. É que a afluência de turistas não fora tão grande como se esperava. Os que contavam revender seus terrenos rapidamente com grandes lucros convenciam-se de que isso não seria possível, e começavam a desconfiar de que haviam sido ludibriados. Já não pagavam suas prestações com regularidade e ao cabo de alguns meses descontinuavam de todo o pagamento, tratando de esquecer o mau negócio, que a carga dos impostos tornava ainda pior. Durante a primavera de 1926 começou o descalabro. Houve um princípio de pânico que nenhuma literatura conseguia neutralizar. Já de nada servia proclamar que a Flórida era o paraíso terrestre, que seus *grapefruits* eram mais sumarentos que os do Texas, e suas laranjas mais doces que as da Califórnia. O preço dos terrenos caía sempre... E como se todos esses contratempos não bastassem, na manhã de 18 de setembro de 1926 um pavoroso furacão varreu Miami, arrancando árvores, destelhando e fazendo emborcar casas, e levando por diante pessoas, animais e coisas. A ventania ergueu as águas da baía com tamanha fúria, que jogou uma escuna de cinco mastros para cima do cais, empurrando-a até as ruas centrais da cidade. Atirou barcos pelas praias e avenidas, arrastou para longe automóveis, projetando-os dentro de casas e vitrinas. Parecia um fim de mundo. E quando a ira do céu serenou, a Cruz Vermelha, chamada a atender as vítimas da catástrofe, verificou que havia quatrocentos mortos, seis mil e quatrocentos feridos, e que o número dos que tinham ficado sem casa era de quarenta mil. Mais tarde os técnicos calcularam que os prejuízos subiam a cento e sessenta e cinco milhões de dólares. Sem luz, sem água, sem meios de transporte, Miami estava parcialmente arrasada. Por toda parte reinavam a devastação e a tristeza. E por sobre os escombros brilhava um sol de ouro — um sol irresponsável e indiferente.

Miami era agora uma cidade em bancarrota. Seus títulos caíram tanto, que quando alguns deles se venceram a cidade teve de pedir moratória. O último recurso do estado era a safra de frutas cítricas, mas essa mesma no ano do furacão foi danificada por insetos nocivos. Parecia a morte de Miami. Mas no fim de contas lá estavam o clima, o céu, o vento, o cenário tropical. A propaganda recomeçou e em pouco tempo o otimismo de novo contagiava a cidade inteira. As casas foram reconstruídas, os jardins e ruas reparados. Vieram novos turistas. E outros furacões. 1929 trouxe a grande depressão econômica. Mas os milionários continuavam a chegar. O número de turistas e residentes de inverno no estado da Flórida subia a dois milhões e duzentos e cinqüenta mil anualmente. Depois da guerra essa cifra elevou-se a três milhões.

E aqui temos diante de nossos olhos uma Miami matinal e jovem, que não mostra no corpo nenhuma cicatriz de suas batalhas com os ventos.

ESTA VIAGEM É NECESSÁRIA?

Almoçamos numa cafeteria e agora estamos a nos entreolhar, meio decepcionados, por cima de restos de peixe e salada. O colorido das ruas como que se reflete nos alimentos. O filé de salmão é cor-de-rosa e veio acompanhado duma geléia de hortelã cor de esmeralda. A salada ostentava o vermelhão dos tomates, o pálido verde da alface e do aipo, e estava além disso toda lambuzada dum molho rosado, duma consistência de pomada. As crianças recusaram-se a comer, e ficaram chupando *milk-shakes* de chocolate em canudinhos de palha. Volto a ter a mesma impressão de há dois anos, quando visitei este país pela primeira vez. A comida dos *drugstores* e cafeterias é sadia, colorida, mas sem gosto. A primeira coisa que o freguês faz ao receber o seu prato é apanhar com uma das mãos o saleiro e com a outra o vidro de pimenta-do-reino, e salpicar a comida com o conteúdo deles. É um gesto quase automático que todos repetem nas cafeterias, *drugstores* e restaurantes populares de norte a sul e de leste a oeste. Parece que a comida aqui é preparada para dois fins principais: um de caráter científico e o outro de natureza pictórica. O que para essa gente parece importar, depois das vitaminas e calorias, é o aspecto exterior dos alimentos. E se eu quisesse cair numa explicação caricatural diria que isso é influência das magníficas litogravuras que vemos em revistas e nas quais — para anunciar farinhas, presuntos, molhos ou vinhos — aparecem pratos tão artisticamente coloridos que valem por esplêndidas naturezas-mortas.

Outra coisa que chama a atenção do estrangeiro nesta terra é o tamanho das frutas e dos legumes. Afirmam os estatísticos que a raça também está crescendo de maneira muito sensível. E eu desde já me confesso embasbacado diante do viço e do tamanho das mulheres e das cenouras.

Aos poucos vamos percebendo os efeitos da guerra na vida americana. O serviço nos cafés, restaurantes e lojas é mais demorado e menos eficiente que nos tempos de paz. Há uma escassez de manteiga, presunto, queijo e carne. O racionamento é feito por meio dum sistema de pontos. Todos os membros de cada família, inclusive as crianças — têm direito a um livrete que leva seu nome, e que contém uma grande quantidade de estampas. As vermelhas servem para comprar carne e derivados, queijo e manteiga; as azuis, para sucos de frutas, doces e outros alimentos em conserva. Há estampas especiais para açúcar e para sapatos. A fim de evitar que as comadres usem todos os pontos ao mesmo tempo, trazendo um desequilíbrio na distribuição dos gêneros racionados, as estampas são marcadas com as letras do alfabeto, e o escritório da administração de preços — conhecido e temido pelas iniciais OPA — determina a época em que as estampas de tal ou tal letra entram em vigor.

Afora essas restrições, que outros sinais de guerra se fazem visíveis a olho nu? Vemos pelas ruas uma quantidade enorme de soldados e marinheiros, e pelas paredes e muros belos e sugestivos cartazes convidando o povo a comprar bônus de guerra. Há menos automóveis particulares trafegando por causa do racionamento de gasolina, e das casas comerciais desapareceram vários artigos como meias de náilon, torradeiras elétricas, ferros de engomar, brinquedos mecânicos, rádios, refrigeradores, canetas-automáticas finas, fonógrafos, e uma série de engenhocas de metal destinadas ao uso doméstico.

Os cigarros começam também a escassear e — oh! golpe terrível para os americanos! — a goma de mascar desapareceu quase por completo do mercado. Para muita gente aqui a falta de *chewing gum* parece ser mais funesta que a de qualquer outro artigo.

O uísque e outras bebidas andam raros e caros, de sorte que começa a repetir-se o drama da época da proibição, em que milhões de pessoas se envenenavam lentamente com bebidas alcoólicas da pior espécie.

Com a guerra, velhos aposentados voltaram à atividade substituindo os homens e mulheres jovens que estão no Exército, na Marinha ou que mourejam nas fábricas de aviões e nos estaleiros. Eles trabalham em elevadores, escritórios, lojas, cafés, bancas de jornais, etc.

Miami tinha em 1920 cerca de trinta mil habitantes. Com o *boom* de 1925 a população subiu a setenta e cinco mil. O recenseamento de 1940 acusava cento e setenta mil, mas agora que as indústrias de guerra atraíram para cá trabalhadores de outras regiões, a população deve ter ultrapassado a casa dos trezentos mil, e há mesmo quem afirme que não está longe do meio milhão. Essa afluência de gente criou um problema que está atormentando centenas de outras cidades: a escassez de habitações. Os hotéis estão atopetados e não permitem que os hóspedes ocupem seus quartos por mais de cinco dias. Não há casas para alugar. Muita gente resolveu o problema de moradia vivendo em reboques de automóvel ou barracas, nos arredores da cidade.

Os transportes também oferecem problemas. Não é fácil conseguir lugar nos ônibus e bondes. E quanto às viagens por estradas de ferro, as dificuldades não são menores. As companhias ferroviárias declaram que, estando também mobilizadas para o esforço de guerra, o transporte de tropas, armas e munições vem em primeiro lugar. Suplicam aos civis que evitem as viagens de recreio, e que só utilizem os trens em caso de extrema necessidade. Há uma frase que se lê em cartazes e tabuletas, nas ruas, nas estações de estrada de ferro, nas agências de turismo; uma frase que já se tornou célebre e que tem dado motivo a anedotas. Trata-se duma pergunta dirigida ao civil: *Is this trip necessary?*

Paro com minha tribo diante dum desses cartazes em que a vejo escrita e traduzo:

— Esta viagem é necessária?

Quatro caras perplexas contemplam o cartaz em que Tio Sam, numa tricromia, lhes faz a embaraçosa pergunta.

Pensamos nos milhares de quilômetros percorridos de avião e nos mais de três mil que ainda nos separam da Califórnia. Trocamos olhares de dúvida, encolhemos os ombros e não chegamos a concluir se nossa viagem é ou não necessária...

O PINTOR FRUSTRADO

Estamos ainda a andar pelas ruas, procurando sempre o lado da sombra. À medida que o dia avança, o sol se torna mais quente e o ouro de sua luz empalidece. As calçadas fervilham de gente. Passam mulheres como pássaros de plumagem exótica. Muitas estão sem chapéu e trazem flores nos cabelos. Entre elas vejo velhas: velhas enchapeladas, pintadas, faceiras, que caminham depressa, fumam e andam dum lado para outro, entrando ou saindo de cinemas, bares e lojas, sobraçando pacotes, tagarelas, alegres, serelepes.

Os vendedores de jornais parecem excitados. Aproximo-me duma banca e leio cabeçalhos: A ITÁLIA CAPITULOU.

Giovinezza, giovinezza! Agora os sons marciais do hino fascista me vêm à mente. Ponho-me a assobiar automaticamente a melodia.

— Pára de assobiar isso — diz Mariana — senão acabas na cadeia.

— Aha! — faço eu. — Bem se vê que és brasileira. Vens dum país em que tudo é pretexto para meter um homem na cadeia. A terra do "não pode". Tudo proibido. Dip. Deip. Dasp. Censura. Hora do Brasil. Polícia Especial. Fernando de Noronha.

É curioso. Todas essas palavras agora parecem ter perdido o seu sentido. São lembranças apagadas dum mundo remoto não só no espaço como também no tempo.

Vejo um cartaz em que um soldado americano ferido estende a mão para o público e diz: "Eu dei meu sangue pela liberdade. E tu, que deste?".

Sinto uma pálida sensação de vergonha. Meus magros dólares não me permitem comprar bônus de guerra. Por outro lado já passei da idade militar...

— Estou fazendo boa vizinhança... — respondo mentalmente.

Julgo ouvir a voz da figura do cartaz:

— Podias trabalhar num estaleiro.

— Vou ensinar literatura brasileira numa universidade da Califórnia.

— Literatura bra... Quê?
Meu embaraço cresce. Sei o que o soldado vai perguntar. Que importância pode ter a literatura brasileira nesta hora em que os povos estão empenhados numa luta de morte?
— Perdão — justifico-me. — A culpa é de Mister Cordell Hull.
Alguém me aperta o braço. É Luís.
— Falando sozinho, pai?
Detendo-nos aqui e ali para olhar uma vitrina, ler os dizeres dum cartaz ou contemplar uma beldade que passa, chegamos ao ponto central da Main Street. O pintor frustrado que mora dentro de mim sente cócegas nos dedos: — Ah! Um pincel, uma tela, uma palheta, tintas — sim, talento também! — para fixar esta cena de rua... Casas quadradas, lisas, algumas de linhas aerodinâmicas, com lampejos de metal cromado nas fachadas, outras de tijolo nu ou madeira revestida de celotex... Marinheiros de branco, soldados de cáqui, mulheres com vestidos claros ou de tons vivos. Vitrinas chamejando cores. A luz, as sombras. E o movimento, que também tem uma cor, impossível de reproduzir. E os táxis vermelhos, amarelos e verdes, chispando à luz do sol, num contraste com o negro do pavimento.
No ar, um cheiro de asfalto, e de fumaça de gasolina e óleo cru. E quando uma rapariga passa junta-se a essa mistura um perfume de gardênia ou flor de maçã.
— Ah! Uma tela, tintas, um pincel...
Luís de novo intervém.
— Pai! Outra vez falando sozinho?

ENCONTRO

Caminhamos até a beira da baía. Uns dez ou doze *PT boats* — esses pequenos botes lança-torpedos que tão saliente papel tiveram no princípio da guerra contra o Japão — acham-se ancorados a poucos passos de onde estamos. Pintados dum cinzento azulado de aço, balouçam-se de leve na água cor de jade. Luís fica exaltado, pois pela primeira vez vê ao natural, e de perto, um barco de guerra já tão seu conhecido através de revistas ilustradas.
Num parque vizinho do cais, marinheiros metidos em uniformes de zuarte fazem exercícios. E suas caras rosadas estão reluzentes de

suor. Uma brisa morna bole de leve nas folhas das árvores. No alto dum mastro tremula a bandeira dos Estados Unidos. Um-dois-três-quatro! — A voz áspera e cadenciada do sargento-instrutor chega a nossos ouvidos. — Direita, volver! — Meia-volta, volver! Lá se vão os pobres rapazes sob o mormaço, suando naturalmente e odiando o sargento.

Já agora sentimos necessidade de fazer alguma coisa, de ir a algum lugar determinado. Voltamos para o centro, quando atravessamos o parque uma brisa nos traz uma música vagamente familiar. Paramos. Entreolhamo-nos. Ficamos atentos, tentando acompanhar o desenho da melodia... Agora não há mais dúvida. É o "Tico-tico no fubá". Assumimos o ar de quem encontrou inesperadamente um compatriota. Vontade de abrir os braços para estreitá-lo contra o peito. Sentamo-nos num banco. Isso é um bafo de Brasil. Donde vem a música? Daquele bar? Ou do alto-falante da galeria de diversões? Nos olhos de Luís há uma névoa de saudade. Os de Clara brilham e, sem poder conter-se por mais tempo, ela se ergue e sai a dançar pela calçada.

A melodia se esvai no ar. Retomamos o nosso caminho seguidos de nossas sombras, quatro companheiros fiéis e silenciosos.

UM NOVO ÍDOLO

À noite, depois dum descanso de duas horas no hotel, voltamos à rua. Os bares estão cheios. Marinheiros e soldados passam pelas calçadas de braços dados com raparigas em sua maioria também uniformizadas. Formam-se longas bichas nas bilheterias dos teatros e cinemas, e nessas filas, homens, mulheres e crianças comem pipocas, conversam, mascam goma — contentando-se com o pobre sucedâneo que há no mercado — e esperam. Por cima dos altos edifícios, contra um céu violeta, passeiam os feixes luminosos dos holofotes, buscando identificar os aviões que porventura passem sobre a cidade. Os *jukeboxes*, esses grandes gramofones automáticos que tocam um disco por cinco centavos, berram foxes, rumbas, valsas e *blues*. A grande sensação em matéria vocal é Frank Sinatra, que se ergue há já alguns meses como um rival de Bing Crosby. Sinatra é um jovem pálido, magro, de ar doentio, que segundo informa seu agente de publicidade gosta de espaguete frio e de gravata-borboleta. Retratos do novo ídolo aparecem por toda parte. Tem o herói um ar faminto de criança abandonada.

Deve ter sido isso — acho — que atraiu o instinto maternal das mulheres americanas. Sua legião de fãs cresce, e é extraordinário que em época de guerra — safra de heróis másculos, a maioria deles atléticos, espadaúdos e agressivos — um tão pobre exemplar humano possa empolgar as multidões. Aqui está um ponto a discutir com mais calma. Mas não agora. Agora quero olhar esta noite quente e perfumada, este ambiente de festa...

Entramos num cinema e só depois duma espera de meia hora no *hall* é que conseguimos lugares. O filme é uma xaropada tremenda, uma história em torno do amor materno. E como aqui minha mulher e meus filhos não podem gozar dos benefícios dos letreiros superpostos em português, sou chamado freqüentemente a fazer traduções ao ouvido de Mariana, que passa minhas palavras a Clara e esta a Luís, que, como de costume, não presta a menor atenção ao que a irmã lhe diz. Quando o filme termina vem um ato variado em que a principal atração é uma orquestra de renome nacional. Desfilam acrobatas, prestidigitadores, *crooners* e malabaristas. E quando o mestre-de-cerimônias começa a contar anedotas, o teatro inteiro parece vibrar com as risadas e os aplausos do público. Perto de mim um velhote se retorce todo num riso convulsivo. E a todas essas minha família permanece indiferente: três rostos de expressão fechada e séria. Por fim uma senhora que está ao lado de Luís não se contém e pergunta:

— Mas você não está achando mesmo nenhuma graça, meu filho?

Sem dizer palavra o menino fica a olhar para a desconhecida com um ar de tamanha abstração que ela decerto imagina que está tratando com um imbecil.

OS HERÓIS SEM ÓDIO

Saímos às dez horas para o calor pesado da noite. Continua a pantomima nas ruas. É admirável a maneira como esta gente encara a guerra. Não faz drama. Luta, trabalha, mas nos intervalos entre as horas de combate e trabalho, trata de evitar que a lembrança da guerra lhes roa os nervos. Ninguém usa luto. Não há choro nem o bíblico ranger de dentes. No peito de muitos soldados e marinheiros vemos as cores simbólicas das condecorações recebidas. Esses rapazes de pouco mais de vinte anos — e alguns deles têm apenas dezessete e dezoito — já entraram em ação na África e nas ilhas do Pacífico. Voltam do inferno com a mesma expressão juvenil. Sem bazófia, sem atitudes teatrais e — é incrível! — sem ódio. E, quando de volta à pátria, em gozo de licença, o que querem é rever a família, comer uma torta de maçã "como só mamãe sabe fazer", sair com a sua pequena favorita e com ela dançar, beber e entregar-se ao *necking*. (Palavra importante da gíria americana, derivada do verbo *to neck*, que, traduzido ao pé da letra, seria *pescocear*, mas que significa trocar beijos e abraços apertados.) E não deixa de ser comovente ver esses marinheiros e soldados que há pouco manejaram canhões e metralhadoras de verdade contra inimigos de carne, osso e ódio, entrarem nessas galerias de diversões e ficarem a lidar com metralhadoras e canhões de brinquedo, fazendo alvo em aviões e cruzadores pintados num quadro de vidro. E como se divertem! Como riem e cantam e comem pipoca e amendoim! E como mamam com *gozo* no gargalo das garrafinhas de Coca-Cola!

Aqui estamos dentro duma *penny arcade*. O barulho é infernal. Funcionam febrilmente máquinas de experimentar os músculos, o *baseball* de mesa, o pré-avô do cinematógrafo, o quinetoscópio, no qual a gente espia por um buraco fotografias animadas de coristas seminuas — mas coristas de 1912, matronas de busto desenvolvido e cadeiras largas. É inacreditável que estas máquinas e estas fotografias ainda existam. E mais curioso ainda que tenham "fregueses" nesta era aerodinâmica que vive, pensa, se move e fala sob o signo de Hollywood.

— Também quero espiar, pai! — pede Luís.

— Não — respondo. — Impróprio para menores.

E continuamos a andar por meio desta emaranhada floresta de árvores vivas e barulhentas.

Vemos jogos de toda a natureza, inclusive uma versão americana e estilizada do nosso jaburu. Roletas das mais variadas espécies. E galerias de tiro em que heróis condecorados atiram com arma de salão em patinhos de lata que lá no fundo nadam em fila indiana num lago imaginário.

Mariana está admirada por não descobrir nestas caras nenhum vestígio da guerra.

— Como se explica isso? — pergunta. — Parece que estamos em tempo de paz. Essa gente brinca, canta, dança, vai ao cinema, ri, bebe... como se nada estivesse acontecendo...

— Estás acostumada à nossa maneira sul-americana de encarar a vida — respondo. — Somos povos dramáticos. Cultivamos com cari-

nho mórbido as nossas dores e desgraças. Temos um prazer pervertido em escarafunchar nas nossas próprias feridas.
Lembro-me das gentes simples de minha terra para as quais morte e doença são os assuntos prediletos. Ah! as senhoras tristes que gostam de contar suas dores e operações... Para elas um cancerzinho é um prato raro! De doenças passam para espiritismo e ficam-se a ciciar histórias de almas do outro mundo. De repente em meio da conversa fazem-se silêncios fundos. Estala uma viga no telhado. Uma das velhas suspira. Na alma de cada uma delas está plantado um cemitério.
— Como explicas a diferença? — pergunta Mariana.

CICLOS

Meto um níquel no orifício duma metralhadora e entrego-a a Luís. E enquanto ele fica a derribar aviões nazis e Clara gasta o seu último níquel comprando um cone de sorvete, ponho-me a pensar na pergunta de Mariana.
— Portugal... Talvez.
— Queres dizer então que é uma pura questão de raça?
— Sei lá. Raça, diferença de nível de vida, de educação e principalmente de saúde.
Olhando para estes latagões e para estas belas raparigas e crianças fico a pensar no que poderia ser a nossa gente brasileira no dia em que passasse a comer direito, a ter assistência médica e mais escolas; no dia, enfim, em que a mortalidade infantil fosse reduzida ao mínimo possível, e em que houvesse melhor distribuição de oportunidade para todos...
Acodem à minha memória aspectos do Recife, ao longo da estrada que leva do aeroporto ao centro da cidade. Enquanto nosso automóvel rodava, eu via passar com a rapidez dum filme maluco e trágico mocambos, crianças seminuas, esqueléticas e barrigudas, mulheres de face terrosa — pele em cima dos ossos — olhos fundos, expressão estúpida. E como uma espécie de tecido conjuntivo desse organismo em decomposição que são os mocambos — o barro. Lembro-me dos tempos em que alguns escritores corajosos do Brasil começaram a voltar seus olhos para esses aspectos sociais e a retratá-los com olho realista em seus romances. A série parece ter começado com *A bagaceira*, de

José Américo de Almeida. Veio depois Amando Fontes com os seus *Corumbas*. E Graciliano Ramos, esse clássico moderno, com suas histórias sombrias. Dois grandes romancistas iniciaram a voga dos ciclos. José Lins do Rego escreveu sobre o da cana-de-açúcar e Jorge Amado, o rapsodo da Bahia, celebrou o ciclo do cacau. Por esse tempo, com humor trágico, alguém se referiu a um ciclo negro e bárbaro que estava pedindo um romancista: o do sururu, que é o símbolo da miséria dos moradores dos mocambos. Para saciar a fome eles desencavam do barro o sururu, comem-no e depois, como não dispõem de instalações sanitárias, defecam no chão, onde suas fezes vão alimentar os outros sururus que por sua vez são por eles comidos, completando-se assim o sórdido ciclo. Ao passar por aquela zona de miséria não pude deixar de sentir uma sensação de culpa. Que estava fazendo eu como escritor e como homem para melhorar a sorte daquela pobre gente? Que podia fazer? Como? Com quem? E de novo, aqui nesta galeria, repito a mim mesmo essas perguntas.

Penso também nos outros pontos do Brasil onde nosso avião pousou — Natal, Fortaleza, Maceió, Belém... Recordo a minha sensação ao olhar do alto as muitas cidades, aldeias, vilas e regiões por onde passamos, e de minha comovida impressão daquele Brasil tão grande, tão belo, tão lírico e tão malcuidado. Rumino a ternura que senti ao verificar que no fim de contas aqueles rapazes e moças que passeiam, pela tardinha, à sombra das mangueiras da avenida principal de Belém do Pará não são diferentes dos jovens que nas tardes de retreta caminham sob os cinamomos das praças das pequenas cidades gaúchas. Têm os mesmos olhos vivos, inteligentes e um pouco melancólicos. E — grande milagre! — falam a mesma língua, apenas com pequenas variantes de entonação; o mesmo idioma gostoso, flexível, rico de gíria, o mesmo português, apesar das distâncias, da falta de colégios e de meios de transportes e comunicação. O mesmo denominador comum — a herança portuguesa — se traduz em todo o Brasil no estilo das casas, das igrejas, das praças, das comidas; no costume de ficarem as mulheres debruçadas no peitoril das janelas "olhando o movimento", no hábito de vestirem as melhores roupas aos domingos; nas festas, nos sonhos, nas canções...

RUMO AO PACÍFICO

Mr. Walters, o representante do Department of State em Miami, é um homem moreno, magro e afável. É ele quem resolve o problema das passagens para a Califórnia. Com um simples telefonema consegue-nos num trem da Southern Pacific um confortável camarote e entrega-me a requisição do governo americano com a qual devo retirar minha passagem. Quanto ao transporte da família, o Tesouro dos Estados Unidos nada tem a ver com ele; é assunto exclusivo do meu tesouro particular, que acontece estar neste momento sensivelmente dilapidado. O escritório de Mr. Walters — amplo, cheio de ventiladores, poltronas e mapas — é teatro duma cena decisiva. Temos diante dos olhos o orçamento da companhia ferroviária. Meus olhos não se desprendem da cifra, fascinados.

Batendo distraidamente com o lápis na mesa, nosso prestimoso amigo vai dizendo:

— Pois é. Um ótimo camarote, com ar refrigerado, pequeno quarto de banho, conforto absoluto...

A pouca distância de nós a família se entretém vendo figuras de revistas.

— Claro — continua Mr. Walters —, nessa cifra não está incluída a comida. Cinco pessoas... vamos ver... uma média de dez dólares por dia... em quatro dias... quarenta dólares só para as refeições. Ah! Tem de contar um dia de estada em Nova Orleans, onde o senhor terá de mudar de trem... Vamos dizer... aí uns vinte dólares mais. Acrescente gorjetas, despesas inesperadas... digamos um total de setenta dólares. O.k.?

Engulo em seco. Porque contando todo o dinheiro que tenho comigo, incluindo os cheques, depois de compradas as passagens para a família sobrarão apenas quarenta dólares.

— O.k.? — repete Mr. Walters.

Sorrio amarelo.

— Com licença...

Afasto-me e vou levar o problema à família. Exponho o dilema. Ou vamos bem instalados comendo pouco; ou comemos bem mas com acomodações menos confortáveis e mais baratas. Como vivemos numa democracia, procedemos a uma votação. Resultado: Iremos até a Califórnia instalados como milionários, mas comendo como imigrantes.

Ao anoitecer entramos no trem. Nosso compartimento é todo estofado de veludo pardo. Não se vê o menor grão de poeira e a atmosfera aqui dentro é uma fresca primavera, em contraste com o cálido verão lá de fora. Fizemos uma boa provisão de sanduíches e frutas, e aqui estamos preparados para a travessia. O trem começa a mover-se vagarosamente. Olho o relógio. Saímos atrasados quinze minutos. Nestes tempos de guerra o horário das composições não pode ser observado a rigor. Estes trens são confortáveis, de marcha veloz e macia. É proibido abrir as janelas, de sorte que assim é possível conservar os vagões limpos. O ar-condicionado garante uma temperatura agradável, uma atmosfera pura. Os *porters* que atendem esses Pullman são pretos, em geral de meia-idade, vestidos de calças azuis de flanela e casacos de linho branco. São limpos, atenciosos e calmos. Dão uma impressão de solidez e segurança. Têm em geral a voz grave e falam um inglês arrastado e musical muito mais rico de inflexões que o inglês nasalado e monocórdio característico de certas regiões deste país.

É noite. Através da janela vemos as luzes de Miami, a silhueta de seus arranha-céus, trechos de mar, vultos de barcos, luzes de lanternas e estrelas.

Só depois que o trem entra no campo é que percebemos a presença da lua. Está claro que seria ridículo se nesta altura da vida eu ficasse aqui a buscar novas imagens literárias para descrever a lua. Ao cabo de tantas andanças no mundo dos livros e no mundo real a gente acaba convencendo-se de que no fim de contas lua é lua mesmo. Mas a verdade é que, com ciência ou sem ciência, com realismo ou sem ele, com experiência da vida ou sem ela — a lua sempre comove. Bole com o romanticão que mora dentro de nós, leva-nos a recordar coisas.

Uma noite há vinte anos, numa pequena cidade brasileira, passeava sozinho um moço que sonhava com viagens. Parou a uma esquina, olhou para o céu e pensou: "Esta mesma lua ilumina as noites de San Francisco, de Paris, de Barcelona e de Xangai. Esta mesma lua conheceu Cleópatra, Sócrates, Cristo, Napoleão...". Passou alguém pela calçada e apanhou-o falando sozinho. Desconcertado, o moço tratou de disfarçar: "Linda noite!" — exclamou. E o outro, com o cigarro de palha entre os dentes, respondeu: "Linda mesmo. Pra caçar tatu". E a lua daqueles tempos é a mesma lua que agora clareia o céu da Flórida. A lua dos namorados e dos agricultores. Dos astrônomos e dos fantas-

mas. Dos vira-latas noturnos e dos boêmios. A lua de Júlio Verne e do Barão de Munchhausen. A lua dos almanaques e dos...
  Luís interrompe meus pensamentos.
  — Pai, queres um sanduíche?
  Quero.

PANTOMIMA

Chegamos pela manhã a Jacksonville, ainda no estado da Flórida. Guardamos nossas malas no *check-room* da estação — pois temos de mudar de trem dentro de duas horas — e saímos com passo e alma de turistas em busca dum café com *doughnuts*. Ninguém poderá descrever os Estados Unidos sem mencionar as *doughnuts*, essas deliciosas roscas fritas — elemento importante na vida deste país como o *apple pie* ou torta de maçã, a Coca-Cola, o peru assado do *Thanksgiving Day*, a goma de mascar e o *baseball*.
  Encontramos um café nas proximidades da estação e lá nos aboletamos ao redor duma mesa. Estamos cansados de sanduíches e laranjas. Pedimos café, roscas e ovos mexidos. São oito da manhã. Uma luz cor de uísque com soda inunda as ruas. Comemos vorazmente e, quando chega a hora de pagar, procuro em vão minha carteira. Começa então essa pantomima desordenada em que a gente apalpa inutilmente todos os bolsos. Os olhos de Mariana estão arregalados.
  — Perdeste a carteira... — balbucia ela.
  — Parece... — murmuro.
  — E agora? — pergunta Luís.
  — E agora? — repete Clara num eco.
  Depois de infindáveis segundos de busca minuciosa, metódica, concluo que perdi mesmo a carteira. Deve estar no trem, penso. Mas... por onde andará o trem?
  — Olhem. Fiquem firmes aqui que eu vou ver se encontro a carteira. Não se afobem, haja o que houver.
  Atravesso a rua, entro na estação, vou até a plataforma onde havia pouco se encontrava nosso trem. A plataforma está deserta. Adeus! Olho para os lados e vejo aproximar-se um carregador mulato, de quepe vermelho.
  — Onde está o trem que veio de Miami? — pergunto.

Ele tira o quepe, coça a cabeça, olha para os lados, aponta para um determinado setor da estação e resmunga com sua voz preguiçosa palavras que não consigo entender.

— Ah... — faço eu, fingindo que compreendi. — Obrigado.
Passam-se os minutos. De repente avisto um trem que faz manobras. Reconheço o nosso vagão pelo número. Salto da plataforma e saio a correr atravessando os trilhos, e entro no trem, que felizmente parou. Avisto o nosso *porter*. Conto-lhe o que aconteceu. Responde que não viu carteira nenhuma. Embarafusto pelo corredor, entro no compartimento que ocupamos a noite passada e começo uma busca apressada, aflita e sem nenhum resultado. Já agora estou suando, com a impressão de que mil formigas de fogo me percorrem o corpo. Entro, já sem esperança, no lavatório do camarote e lá encontro a carteira sobre a prateleira de vidro, por cima da pia. Apanho-a sôfrego, e abro-a. Está vazia, completamente vazia. Volto macambúzio e lerdo para a estação; atravesso a rua com uma impressão de desastre e, ao chegar ao café, sob o olhar ansioso da família, despejo a má notícia. Há um hiato dramático. Sento-me.

— E agora?
É a pergunta que leio nesses três pares de olhos.
Já devoramos as roscas, os ovos mexidos. Já secamos as xícaras de café e os copos de leite. Agora... pagar. Meto a mão no bolso num gesto puramente mecânico. E meus dedos pescam milagrosamente de dentro dele um pequeno maço de notas verdes. De repente raia a luz: na véspera eu havia tirado o dinheiro da carteira e posto naquele bolso. Há um coletivo suspiro de alívio.

PORTA DOS FUNDOS

Saímos a andar à toa; mas pouco, quase nada, vemos de Jacksonville, que é a terceira cidade da Flórida e um dos portos mais importantes do Sudeste dos Estados Unidos.
As cidades norte-americanas parecem não fugir a uma regra universal — tão conhecida no Brasil — e segundo a qual "os lados da estação" são sempre o distrito mais pobre e sujo da área urbana. Estamos em pleno bairro negro. As ruas são em geral arborizadas e pavimentadas de tijoletas vermelhas. As calçadas acham-se um tanto esburacadas

e o aspecto das casas é em geral de pobreza. Velhos bangalôs de madeira alinham-se de ambos os lados da rua, separados por jardins malcuidados e sem flores. Seguem geralmente os mesmos estilos e têm todos o seu *porch* ou alpendre, e uma água-furtada. Em alguns desses alpendres, negras e mulatas balouçam-se preguiçosamente em cadeiras de balanço, espantando com ventarolas ou jornais dobrados as moscas que lhes voejam em torno dos rostos escuros e lustrosos. Pretinhos brincam ruidosamente pelas calçadas e tabuleiros de relva. Aqui e ali negros adultos, com jeito de calaceiros (Ó! Camilo Castelo Branco, por onde andas?), lagarteiam ao sol. A cena lembra certas pinturas de Thomas Benton sobre a vida do Sul. Deve ter chovido por aqui recentemente, pois a terra está um pouco úmida e vêem-se muitas poças d'água na rua e nos jardins. De quando em quando passa, num ruído de ferragens, um forde-de-bigode pilotado por um preto em mangas de camisa, com o chapéu de feltro de abas reviradas e um charuto preso nos beiços. Numa dessas casas um velho gramofone rouqueja um *blues*. Uma mulata gorda chega à sua janela e grita para fora, esganiçadamente: "Wilbuuuuuur!". Wilbur, um mulatinho de olhos enormes que parece ter sido pintado por Portinari, está trepado numa das árvores que orlam a calçada. "*Yes, mammy?*" — responde ele com sua voz de melado. A mulata desata a falar um inglês ininteligível.

Um avião cruza o céu. Nossas sombras continuam a nos acompanhar como anjos da guarda. Um cachorro fuça numa lata de lixo.

Naturalmente meus filhos me crivam de perguntas. Como é que os negros aqui falam inglês? Por que o chão não é de pedra-ferro ou de cimento? Quantos habitantes tem esta cidade?

Mariana pára, olha em torno e volta para mim um rosto decepcionado:

— Quer dizer então que os Estados Unidos são... isto?

— Espera até chegarmos à Califórnia — explico-lhe. — Não te esqueças de que estás entrando na casa do Tio Sam pela porta dos fundos...

Damos meia-volta e nos encaminhamos para a estação, depois de fazer uma nova provisão de sanduíches e biscoitos, a cuja vista sentimos uma angustiante secura na garganta.

Temos ainda trinta e cinco dólares. E esperança, muita esperança.

AH! OS BURGOS SEM HISTÓRIA...

De novo no trem em movimento. Encontramos agora as primeiras elevações de terra da Flórida, cujo sul é plano e cheio de pântanos. O solo, que nos arredores de Miami era claro e arenoso, agora toma um tom avermelhado de argila. A vegetação se faz mais rica à medida que nos aproximamos de Alabama.

Passamos por vastos laranjais e por pequenas cidades das quais vislumbramos perspectivas de ruas que nos dão a impressão de Miami em miniatura.

Por estas paragens — penso, olhando através da janela do trem — andaram decerto Ponce de León e seus conquistadores. Por aqui vagueava também em 1564, em busca dum refúgio seguro, um grupo de huguenotes franceses, os quais acabaram massacrados pelos espanhóis de Pedro Menéndez de Avilés. Nos tempos da Guerra Civil esta região foi cenário de muitas batalhas. E os lugares onde confederados e unionistas se atracaram em lutas ferozes (por que será que as brigas de família são sempre as mais selvagens?) hoje estão cortadas pelas fitas de cimento das estradas, por onde rolam os gigantescos ônibus prateados da Greyhound Lines, e os jipes cor de oliva do Exército americano.

O trem está cheio de soldados que em sua maioria viajam sem leito. Muitos deles dormem, a cabeça recostada no respaldo de veludo dos bancos. Outros jogam cartas. Muitos lêem. Noto nessas caras sempre o mesmo ar de jovialidade e despreocupação. A guerra é para eles um *nasty business*, um negócio sujo que é preciso acabar duma vez; mas quando não estão lutando o melhor que têm a fazer é não pensar nela...

Jantamos sanduíches e bebemos água gelada. Chegaremos fatalmente à Califórnia com a falta dum grande número de vitaminas. Pendurado na beira do leito superior, Luís agora é Tarzan, o rei das selvas, ao passo que Clara, com um toque de *sophistication*, folheia uma revista ilustrada.

As rodas do trem cantam a sua canção ritmada. As horas passam. Outra noite chega. A lua torna a aparecer. Que doido par de estrelas é aquele — uma verde, outra encarnada — a mover-se pelo céu? Um avião.

Sem sono, fico à janela. Acho um encanto todo especial nessas pequenas cidades adormecidas pelas quais o trem passa vagarosamente à noite. Há uma melancólica beleza nos combustores que iluminam ruas desertas. E nos jardins diluídos na sombra. Ponho-me a pensar nas criaturas que moram nesses lugarejos perdidos. Na vida que levam, sem história nem aventura. No ramerrão de cada dia. Nos domingos de missa. No cineminha semanal. No caixeiro do *drugstore* que apoja soda das torneiras prateadas e sonha com Nova York. Nesses burgos que os mapas não mencionam, sempre há alguém que está lendo uma novela de amor num volume antigo. Há também um idiota e um cão sem dono. E velhos que jogam pôquer em torno duma mesa redonda, num fundo de café. Ah! As cidadezinhas adormecidas por onde o trem passa apitando... Ah! os lugarejos sem história onde as mocinhas ficam sonhando depois que o trem passa...

OS CANIBAIS

Verifico que meus filhos ainda estão psicologicamente no Brasil, recusando-se a tomar conhecimento dos Estados Unidos. Seus pontos de referências — pessoas, coisas, lugares, fatos — são todos brasileiros. Chamam a Coca-Cola de guaraná e dão o nome geral de gibi a toda essa vasta série de revistas americanas que trazem histórias em quadrinhos. Fechados neste compartimento, eles brincam, conversam, vivem enfim como se ainda estivessem em casa. Essas duas criaturinhas nos isolam, fecham-se no seu mundo. Mas há momentos em que elas mesmas se separam. Luís entra no seu avião e sai a caçar "Zeros". Clara, improvisando uma boneca com um casaco e um travesseiro, fica muito quieta, sentada no seu banco, conversando com a filha imaginária. Neste momento, por exemplo, há aqui dentro quatro mundos separados...

À hora das refeições processa-se uma fusão de mundos, graças a um interesse comum: o comer. Mal, porém, começamos a mastigar, de novo cada um se entrega a seus próprios pensamentos, lembranças e sonhos. No entanto fisicamente a tribo se mantém mais unida que nunca. Minha gente vive numa permanente sensação de temor que lhe vem do fato de não saber inglês. As crianças não se querem afastar de mim, nem um minuto, no imenso horror de que alguém lhes dirija a palavra nessa língua barbaramente complicada...

Deixamos para trás o estado da Flórida e começamos agora a atravessar a estreita faixa meridional do Alabama. Esse nome tem música e magia. Dizem alguns que *Ao labama*, na linguagem dos peles-vermelhas, quer dizer — "aqui descansamos". Outros, entretanto, afirmam que é apenas uma corrutela de Alibamu, nome duma tribo. Rico em carvão e minério de ferro, o Alabama é o centro da indústria do aço no Sul dos Estados Unidos. O algodão também constitui uma das principais fontes de riqueza desse estado cujas terras estão em muitos trechos sujeitas a freqüentes inundações.

Faço perguntas sobre o Alabama ao nosso *porter*. É um gozo ouvir um negro pronunciar o nome dessa região. Ele abre bem a boca, e com os beiços moles canta: *É-la-baaaaama* — prolongando musicalmente o terceiro *a*.

O *porter* me informa que a flor simbólica deste estado é o *goldenrod*, uma flor amarela e miúda, cor de ouro, que desabrocha no outono, na extremidade de longas hastes. Sim, os estados norte-americanos têm cada um a sua flor simbólica. A da Flórida é a flor de laranjeira. A do Mississippi e Louisiana, a magnólia.

— E a da Califórnia? — pergunta Clara.

Traduzo a pergunta. O negro faz uma pausa, revira os olhos, atira o quepe para a nuca, coça vagarosamente a cabeça e murmura:

— Deixe ver... A flor da Califórnia... aaa... é...

De repente seu rosto se ilumina, os dentes aparecem.

— *Yes, sir*. A papoula dourada.

Digo-lhe muito obrigado, ele faz meia-volta, dá alguns passos e depois torna a voltar-se, com alguma relutância.

— O senhor me desculpe... Não é da minha conta. Pergunto porque talvez o senhor não conheça bem as regras do trem... Isso tem acontecido com estrangeiros. Ainda outro dia um vaqueiro do Texas...

— Desata a rir, interrompendo a história, e quando o acesso de riso cessa, ele prossegue:

— Mas... a sua família não come nunca?

Nesta altura da viagem naturalmente já percebeu que ainda não fomos nenhuma vez ao carro-restaurante.

— Ah! — faço eu. — Não vê que somos do Brasil...

— *Yes*...

O remédio aqui é recorrer à pilhéria, concluo.

— Não acredito que vocês tenham na cozinha do trem o nosso prato predileto.

— Algo de muito especial?

— Muito.

— Serão... vegetarianos?

— Não. Aí é que está o problema. Somos antropófagos.

51

— Hein?
— Canibais. Comemos carne humana.

O rosto do negrão conserva-se grave por um instante. Mas aos poucos a boca se lhe vai abrindo, num arreganhar de dentes muito brancos e regulares. E, rebatendo pilhéria com pilhéria, fingindo seriedade, ele sacode a cabeça com ar de quem está penalizado e diz:

— Sinto muito, patrão. Mas comer carne humana é contra a Constituição dos Estados Unidos.

Faz meia-volta e se vai, sempre sacudindo a cabeça, rindo o seu riso de garganta, sonoro e fundo.

Fico a pensar que, se em vez de ter conversado com esse preto empregado de carro Pullman eu tivesse tido o mesmo diálogo com algum repórter americano, provavelmente no seu próximo artigo leríamos que "os brasileiros são um povo exótico que ainda se entrega ao estranho hábito da antropofagia".

O NEGRO DO BANJO

Depois do Alabama atravessamos um pequeno trecho do estado de Mississippi, antes de entrar na Louisiana. Estamos no que se chama o Deep South — o extremo sul. Dizem que em nenhum outro estado é tão grande como neste o preconceito de cor.

Da janela do trem em movimento olho essas terras baixas e alagadiças, cobertas duma vegetação pujante dum verde escuro e lustroso. Passamos por vastas plantações de algodão e cana-de-açúcar. O trem é uma primavera sobre rodas. Mas de meu ponto de observação móvel eu *vejo* o calor — um calor úmido, pegajoso de mormaço tropical. De vez em quando vislumbro, por entre árvores, o pórtico e as colunas brancas duma casa senhorial, duma *plantation house*. Negros e negras chegam até a beira da linha férrea e fazem sinais para o trem.

Com o nariz apertado contra o vidro da janela, Luís olha também. Mas não creio que ele esteja no Mississippi. Talvez ande por uma rua de Porto Alegre. Ou pelas selvas da África. Ou — quem sabe? — pelas montanhas da Lua.

As chuvas nesta parte do país são muito freqüentes. O clima, segundo os prospectos da Câmara de Comércio do Mississippi é *mild*, ameno, mas a realidade é equatorialmente quente. Esta é talvez uma das regiões dos Estados Unidos onde há mais pobreza, não apenas entre os negros, mas também entre o grupo conhecido como *white trash*, ou seja, a "escória branca".

Sinto em tudo aqui um bafejo da África. Nas comidas, nas cantigas, nas superstições e até no jeito de falar dos brancos. Agora o trem começa a perlongar plantações de milho — o que dá a estas paragens um certo ar de Brasil. Depois continuam a passar pelo quadro da janela pântanos, cabanas, plantações, bosques, estradas, arroios — e, enquanto olho esse rápido desfile, um negro toca banjo e canta em minha mente.

I came from Alabama
Wid my banjo on my knee...

Ó Susanna! Quando será que a gente se vai libertar dos filmes e das peças que viu, dos livros que leu, das histórias que escutou? Quando nos será possível olhar o mundo com olhos sem memória, puros e naturais? Nesta altura da vida são já inevitáveis certas associações de idéias e imagens. Para quem viveu desde a adolescência sob o signo de Hollywood, do jazz, e de toda essa literatura que surgiu depois da Primeira Guerra Mundial — Alabama, Mississippi ou Louisiana são nomes que trazem à mente negros a cantar um *spiritual* numa plantação de algodão... Eddie Cantor vestido como os menestréis do velho Sul, a cara pintada de preto, um banjo sobre os joelhos, a gemer — *Ó Susanna, don't you cry for me!* Já meu pai teria outra reação ouvindo o nome Susana. Pensaria na "Casta Susana", no Moulin Rouge, em coristas a dançar o cancã, em Paris — uma Paris civilizada e frascária, onde velhos gagás bebem champanha na banheira onde há pouco a jovem vedeta tomou seu banho. Nenhum viajante que se preze pode contemplar os fiordes da Noruega sem evocar Ibsen, a *Dama do mar* ou *Rosmersholm*. O mecanismo dessas associações é tão infalível que um livro de viagens corre o risco de a todo momento tropeçar — e não raro cair — em monumentais lugares-comuns. Faço o possível para afugentar da mente o negro do banjo. Vai-te! Esconjuro-te! Quero olhar a paisagem sem influências. Nada de romance. Nada de literatura. Aqui estamos cruzando o sul do estado do Mississippi, que não tem o encanto das novelas, nem das falsificações de Hollywood. Aqui há calor, mosquitos, banhados, preconceito e miséria.

Na minha mente o negro do banjo dá um salto e pergunta:

— *And so what?* Na tua terra também há calor, mosquitos, banhados, preconceitos e miséria.
— Mariana está decepcionada — digo. — Imaginava que tudo neste país fosse tocado de *glamour*. Tudo aerodinâmico, limpo, rico...
— Quem é o culpado de ela pensar assim?
— Nós, escritores e pintores, que em geral não vemos as coisas como elas são, mas sim como desejávamos que fossem.
— E por quê?
— Talvez medo da realidade. Escapismo. Comodismo. Ou defeito de visão.
O negro do banjo atira os braços para o ar.
— Mas não há por onde escapar. Mais tarde ou mais cedo o problema nos esmaga.
— Toca o teu banjo.
O negro sacode a cabeça:
— Esse conselho é escapista.
— Então chora.
— Escapismo também.
— Que fazer, então?
O negro encolhe os ombros:
— Vocês, os brancos, que se entendam. Nós estávamos quietos na África. Trouxeram-nos de lá para cá à força. Fizeram-nos trabalhar abaixo de chicotadas. E a todas essas continuavam a usar palavras grandes, como justiça, fraternidade, humanidade, sentimentos cristãos.
— Cala a boca. Vai-te!
— Não calo. Não vou. Agora tens que ouvir. Milhares de pretos americanos estão neste momento lutando na Europa no Exército de Uncle Sam. Dizem que esta é a guerra do direito contra a força, da tolerância contra a intolerância, do bom senso contra o racismo. Eu só queria saber se depois da vitória eles vão dar liberdade à Índia e tratar melhor a China — isso para mencionar apenas dois dentre cem problemas...

Ponho-me a assobiar para não ouvir a voz minúscula dentro de meu cérebro. Mas é inútil.
— Que podemos nós, os negros, esperar do futuro? — Começa a brandir o banjo como um tacape. — Será que estes orgulhosos senhores de plantações de agora em diante passarão a considerar-nos seres humanos com direitos iguais aos seus?

Faço um gesto de dúvida.

— O problema é de vocês... — digo.
— Perdão! — replica o menestrel. — O problema é de natureza humana e de interesse geral. O mundo é um só, como afirma o branco Wendell Willkie.

Sons do mundo real quebram o meu devaneio. Olho em torno e vejo que o resto da família está rindo de mim.
— O velho falando sozinho! — exclama Clara.

E a mãe acrescenta:
— E em inglês.
— Claro — retruco —, o negro do banjo não falava português.

Os três miram-me com expressão de estranheza. Torno a olhar para fora. Longe, à orla dum bosque, uma negra de avental vermelho corre atrás duma galinha branca. Um garçon mulato passa pelo corredor do trem batendo num gongo e gritando: "Última chamada para o almoço!".

LARANJAS E PROFECIAS

Parece que os primeiros conquistadores brancos a pisar o solo do que hoje é o estado da Louisiana foram os espanhóis. Chegaram, viram e inexplicavelmente não trataram de tomar conta da terra em nome de seu rei. Um século e pouco mais tarde um tal M. la Salle desceu o Mississippi, chegou a esta mesma região e imediatamente decidiu incluí-la nos domínios de Sua Majestade Luís XIV, em cuja honra o território recém-anexado recebeu o nome que ainda hoje conserva. Perceberam os franceses as possibilidades comerciais da região e trataram de colonizá-la. A terra, entretanto, parecia indomável. Periodicamente o velho Mississippi transbordava, alagando os campos em derredor. Havia ainda os mosquitos, os tremedais, as feras e até a fome. E mais a febre amarela que vinha das Índias Ocidentais. E a pelagra, o amarelão e a malária. Os franceses, porém, bateram pé e ficaram. Fundaram em 1718, a pouco mais de cem milhas da foz do Mississippi, um aldeamento a que deram o nome de Nova Orleans. Mais tarde a França cedeu aos espanhóis as regiões que ficavam a leste do Mississippi, e Nova Orleans, apesar dos protestos de seus turbulentos habitantes, foi incluída na transação. Já por essa época era uma verdadeira cosmópole tropical — centro de traficantes de escravos e flibusteiros, mercado-

55

res e bandidos, jogadores profissionais, espadachins e prostitutas. O açúcar, o algodão, as peles, a madeira, o arroz e o melado faziam a riqueza da cidade. Havia nela uma profusão de bordéis, casas de jogo, teatros, cabarés e postos de comércio. Mas em contraste com tudo isso lá estava também um convento de ursulinas onde estudavam as filhas das famílias daquela curiosa "aristocracia" em formação. Nova Orleans era uma cidade sem rei nem roque. Na Louisiana, verdadeiro cadinho de raças, misturavam-se franceses, espanhóis, ingleses, pretos e índios. A língua que lá se falava era um francês que já muito pouco tinha a ver com a língua de Montesquieu. Corsários faziam visitas periódicas à cidade. Freqüentes vezes a honra de um cavalheiro era lavada a sangue em duelos, à sombra dos carvalhos frondosos dos arredores de Nova Orleans, à melhor maneira latina. E um visitante da puritana Nova Inglaterra que por um infeliz acaso chegasse àquela cidade de pecado, ficaria escandalizado e atônito ao se ver dentro daquele tumultuoso mundo de desordem, cobiça, violência, macumba, superstição, pestilência e crime.

Em princípios do século XIX Napoleão Bonaparte negociou com a Espanha um tratado secreto segundo o qual voltava à França o território da Louisiana, o qual três anos depois ele vendia por quinze milhões de dólares ao governo dos Estados Unidos.

É nesse território que nosso trem agora entra. Chupando laranjas e comendo sanduíches, olhamos de nossa janela a romântica Louisiana dos piratas e espadachins.

A região que atravessamos está cheia de *bayous*, que são espécies de canais de comunicação entre rios. Nos tempos anteriores à Guerra Civil havia na Louisiana grandes latifúndios, imensas plantações que agora estão subdivididas em pequenas propriedades, cujo número sobe provavelmente a mais de cento e setenta mil. O governo tratou também de diminuir o imposto sobre propriedades rurais e — segundo a minha cultura de almanaque — entre 1929 e 1937 o decréscimo foi de mais ou menos 34%.

A Louisiana é a maior produtora de cana-de-açúcar, melado, morangos e arroz. É famosa também pelos seus pêssegos, peras e pelas pecãs — que são nozes comestíveis, de delicioso sabor. Nas regiões alagadiças de sudoeste ficam as grandes plantações de arroz. E todos esses produtos se escoam pelo porto de Nova Orleans.

Li recentemente um artigo do romancista Louis Bromfield, que tem uma grande fazenda experimental em Pleasant Valley, no estado de

Ohio, no qual ele afirma que por fevereiro do ano que vem o país estará passando fome. É uma asserção não só dramática — parece-me — como também exagerada. Bromfield critica o Ministério da Agricultura e como um Jeremias republicano anuncia dias negros para a pátria.

O trem passa agora à beira de limoeiros e laranjais, entrando depois numa zona em que se balouçam ao vento vastas plantações de milho. A impressão que se tem neste verde sul é de abundância no que diz respeito aos produtos da terra.

Irmão Bromfield, acho que estás enganado! Teu antagonismo ao New Deal, teu ódio aos democratas turvam-te os olhos e a mente.

Começo a descascar uma das laranjas que comprei na última estação. Só agora percebo que foi esse o pior negócio que fiz desde que pisei terras dos Estados Unidos. Por quatro laranjas pálidas e raquíticas paguei sessenta centavos, ou seja, o equivalente a doze cruzeiros.

Com ar meio desconsolado, concluo, chupando uma delas:

— E as do Brasil são muito mais gostosas!

ESPELUNCA

Chegamos a Nova Orleans às nove horas duma clara manhã, saltamos para a plataforma da estação, respiramos com gosto este ar dourado e fresco, metemos nossas malas e nossos corpos num táxi amarelo, e pedimos ao condutor que nos leve ao Hotel Palm, cuja diária — segundo nos informou o guia de turismo que folheamos no trem — está perfeitamente ao alcance de nosso tesouro.

Dez minutos depois o carro estaca em Charles Street diante duma casa de três andares, de fachada estreita e triste, enegrecida pela pátina. O nome do estabelecimento está pintado numa velha tabuleta por cima da marquise enferrujada. Descemos e contemplamos o prédio.

— É horroroso... — diz Mariana.

— Sinistrinho — concordo eu. — É melhor procurar outro...

Mas é tarde. Um mulato pálido e retaco deseja-nos boas-vindas em nome do hotel, apanha a nossa bagagem e nos pede que o sigamos. É a fatalidade. Obedecemos.

— Olha só o "uniforme" dele... — observa minha mulher.

Calças de riscado, chinelos sem meias, camisa rasgada e encardida — o "porteiro" dá bem uma idéia do que nos espera lá dentro.

57

— Hey! — grita uma voz. — E eu?
Volto-me. É o chofer. Eu o havia esquecido.
— Sessenta centavos — diz ele.
A atrapalhação me torna subitamente generoso. Dou-lhe um dólar. Faço meia-volta e sigo o cortejo, escada acima. O balcão da gerência fica no patamar e dá uma impressão de hotel de faroeste. Numa saleta sombria com mobília de vime, uma velha faz tricô, com os óculos na ponta do nariz, sentada numa cadeira de balanço. Só falta um gato para completar o quadro. Mas não: lá está ele, deitado, sonolento, ronronante, de pêlo fulvo. É demais. Vejo também uma cuspideira oblonga de latão, dessas que têm chumbo na base e são como esses bonecos que nunca tombam por mais pancada que levem.

Quando nos ouve chegar, a velha ergue os olhos, ajusta os óculos e nos contempla com uma curiosidade meio vaga: depois baixa a cabeça e continua o seu tricô. O gato nem se moveu: manteve os olhos semicerrados, na sua modorra olímpica e asmática.

Por trás do balcão da gerência surge, não sei de onde — talvez duma velha história de Eça de Queirós — um homem baixo, calvo, seboso e soturno, que me apresenta em silêncio uma caneta com a qual devo assinar meu nome num cartão. Naturalmente a ponta da pena está quebrada e minha assinatura sai irregular, borrada e ilegível.

— Quantos dias vão ficar? — indaga o homem.
— Embarcamos amanhã pela manhã — respondo.
Ele fita em mim os olhos de gelo cinzento.
— Quatro dólares.
Meto a mão no bolso. Onde está o dinheiro? Recomeça a pantomima: apalpo o peito, à direita, à esquerda — ao mesmo tempo que sinto postos em mim os olhares entre apreensivos e repreensivos do resto da família. Finalmente encontro o maço de notas. Pago e aqui de novo vamos seguindo o mulato através dum sombrio corredor que cheira a mofo, velhice e tristeza. Tenho a impressão de que estas coisas não estão acontecendo agora, e sim há trinta anos passados. Tudo isto parece falso. A mobília de vime, o gato, a velha, a cuspideira, o gerente, o mulato, o hotel. Mariana caminha em silêncio a meu lado. Sinto que está desnorteada. Estes não são os Estados Unidos de seus sonhos, o país que os magazines ilustrados sempre lhe pintaram, moderno, limpo, belo, monumental — uma terra de conforto e facilidades em que basta apertar num botão para...

— Cuidado! — grito.

Puxo-a pelo braço antes que ela se precipite escada abaixo. É que na penumbra do corredor não enxergamos bem o caminho. Dobramos à direita, depois à esquerda. Finalmente chegamos ao quarto. Entramos. O ar está saturado de sarro de charuto. A cama desfeita. Por toda parte vemos vestígios do hóspede que acaba de sair. O papel da parede é cor de malva, com magnólias brancas que o tempo amareleceu. Os móveis, pesados, sugerindo uma versão pobre do quarto de Scarlett O'Hara. O mulato larga as malas no chão, apanha a moeda que lhe jogo, faz algumas perguntas convencionais e se retira.

Não ouso olhar para Mariana, que por sua vez não tem coragem de sentar-se nestas velhas cadeiras de estofo cor de vinho com largas nódoas de sebo. Clara e Luís andam dum lado para outro, reconhecendo o terreno.

No espelho oval que tenho à minha frente posso ver a expressão de desapontamento de meu próprio rosto.

— Não penses que todos os hotéis de Nova Orleans são como este... — digo com algum esforço.

Mariana continua calada. Prossigo:

— Há o St. Charles... O Roosevelt... grandes hotéis...

Minha mulher completa a sentença:

— Onde tu paras quando viajas sozinho...

No fundo do espelho um homem infeliz e desconcertado me contempla.

A CIDADE MORENA

Se podemos comparar cidades com pessoas, direi que Nova Orleans é uma mulher morena em cujas veias corre sangue francês e espanhol — uma dama dengosa, de fartos seios e olhos cálidos, que passa as tardes debruçada num balcão de ferro rendilhado. Mora numa casa recendente a doces perfumes tropicais e atravancada de móveis antigos: cômodas trazidas de França, camas pesadas com dosséis e mosquiteiros, um relógio dourado dentro duma redoma de vidro, quadros ovais com retratos de remotas bisavós pintados por artistas anônimos e sobre pequenas mesas que lembram ora a Espanha, ora a França de Luís xv, uma coleção de bibelôs e bugigangas. Na sua cozinha há uma *chaudière à trois*, ou seja, uma caldeira de ferro sobre um tripé, na qual se fazem os molhos mais esquisitos e picantes. A cozinheira da casa é uma *mammy*, preta velha que sabe secretas receitas culinárias que aprendeu de antiga dama que veio de França, ou que lhe foram transmitidas por uma bisavó africana. Na casa dessa mulher morena há um pátio espanhol onde cresce um pé de magnólia, e onde uma buganvília cor de púrpura sobe pela coluna que sustenta a galeria de ferro batido.

Aos domingos a morena vai à missa na catedral de St. Louis. Não usa *slacks* nem masca goma, cobre o rosto com um véu e chupa balas de pecã, que são a guloseima mais famosa do lugar. E quando ela passa por essas ruas que têm nomes franceses — Gravier, Fontainebleau, Bienville, St. Louis, Rampart — vai deixando uma esteira de perfume: jasmim ou magnólia.

E a nossa morena — (os outros americanos lhe chamam *creole*, crioula, nome que aqui se dá aos descendentes de franceses e espanhóis) — vive como que insulada, separada do resto do país. Está claro que ela vai ao cinema, já provou Coca-Cola e torta de maçã. Mas a tudo isso prefere romanticamente o teatro, a ópera, os pratos regionais e os doces das pretas velhas. Apesar de católica, tem um secreto medo do *voodoo*, da macumba. Porque lhe contam histórias de *despachos*, de pretas que preparam filtros mágicos. E assim sob um céu de trópico, à margem oriental do Mississippi, Nova Orleans vive metade no presente, metade no passado. Tem um grande aeroporto, mas muitos terreiros de macumba. Médicos que prescrevem penicilina, e curandeiros e benzedeiras pretas que acreditam no poder mágico de ervas e feitiços.

Não tenho dúvidas: esta é a mais pitoresca das cidades norte-americanas. E é preciso não esquecer que ela já tinha um século de idade quando foi incorporada ao território dos Estados Unidos.

Quem tiver o amor dos contrastes deve visitar a puritana e aristocrática Boston — pudica, tradicionalista e formal — e depois descer para esta condescendente metrópole do Mississippi, onde existem até pensões de prostitutas à melhor maneira latina.

Um quarto da população total da cidade é formado de gente de cor, e os brancos de origem estrangeira representam mais ou menos um quarto da população branca. No século passado as raças aqui se dividiam por subúrbios. Os *creoles* viviam no Vieux Carré — ou Quarteirão Latino — no lugar onde começou a cidade. Havia a zona dos americanos, a dos irlandeses e a dos negros. Estes últimos continuaram segregados através do tempo, mas houve entre as outras raças um intenso cruzamento através do casamento (e fora dele também) de sorte que hoje a divisão não é tão rígida. Encontramos muitos *creoles* no Vieux Carré, mas lá também moram negros e italianos.

Muitas são as religiões nesta Cidade do Crescente. Os negros em geral pertencem à Igreja Batista, embora nos tempos dos conquistadores espanhóis e franceses houvesse um "Código Negro" segundo o qual os escravos tinham de ser obrigatoriamente batizados e instruídos dentro da Igreja Católica. Apesar de tudo, os pretos preferiam ao Deus único os seus escuros deuses africanos, e por mais pomposo e atraente que lhes parecesse o ritual católico, eles continuavam a achar mais encanto nos sombrios ritos de sua pátria de origem. E quando se reuniam na praça do Congo — hoje praça Beauregard — era para cantar, dançar, pular e cair no candomblé.

Contam-se histórias mirabolantes da famosa feiticeira Marie Laveau, "A Rainha da Macumba", que com seus poderes sobrenaturais imobilizou os guardas da polícia que haviam sido mandados para prendê-la. Hoje em dia os crentes vão ao cemitério, atiram moedas sobre a sepultura de Marie e fazem promessas. Isso me lembra — e a analogia me diverte — a lenda de Maria Degolada, a negrinha milagreira de Porto Alegre. As circunstâncias misteriosas de seu assassínio à beira duma ravina, num dos subúrbios da cidade, criaram uma lenda; e o lugar em que seu sangue caiu ficou sendo ponto de romaria. Ergueu-se ali uma capela rústica e minúscula, onde os pedintes vêm orar, acender velas e fazer promessas.

Conta-se que entre 1921 e 1922 apareceu em Nova Orleans irmão Isaías, um profeta branco que, segundo se dizia, obrava milagres. Por um preconceito de cor recusou-se ele a curar a preta Catherine Seals, que fora vítima dum ataque de paralisia. Tomada de paixão, Catherine pôs-se a orar dia e noite, com um fervor histérico, e a frase que mais repetia em suas orações era esta: "O Senhor cura gente de todas as cores".

Uma noite um espírito desceu sobre ela e lhe sugeriu que fizesse uma reunião de pecadores, assim que suas orações fossem atendidas; ela obedeceu, logo que ficou restabelecida. Começou então a sua série de curas milagrosas por meio não só da imposição de mãos, como também do processo nada bíblico de fazer cada paciente ingerir uma boa quantidade de óleo de rícino, seguida duma menor de sumo de limão "para tirar o gosto". Foi essa a origem de mais um culto negro. "A Igreja do Sangue Inocente", cujos fiéis se reuniam na Manjedoura. A própria Catherine modelou as estátuas e fez as pinturas que ornam o templo onde há pequenas mesas, ao redor das quais no verão os crentes tomam "limonada benta" e no inverno "café bento". As imagens de barro saídas das mãos da sacerdotisa negra são uma mistura de mau catolicismo e macumba. A igreja conta com um coro que entoa hinos e litanias. Quinhentas lâmpadas de óleo ardem pelos cantos, e todo fiel que deseja fazer uma promessa derrama água na lâmpada votiva; e se a água fica preta isso é um sinal de que o pedido vai ser satisfeito...

ANJOS

Graças à sua tradição espanhola e francesa, Nova Orleans é uma cidade americana onde a gente vê anjos, isto é, imagens de anjos e idéias em torno de anjos. O protestantismo me parece uma religião sem anjos. Vejo aqui anjos em pinturas murais e painéis de igrejas. Anjos de terracota, barro, louça, metal, vidro e matérias plásticas nas vitrinas de lojas, principalmente nos antiquários. Anjos há nos túmulos dos cemitérios locais, tão diferentes, com suas estátuas e jazigos pomposos, da simplicidade dos cemitérios de outras cidades, onde os túmulos são lajes de pedra cinzenta com um nome e duas datas, plantadas no verde bem cuidado de tabuleiros de relva, à sombra de árvores. E nessas casas antigas de Nova Orleans pululam anjos: em relevo na escarpa das lareiras; em cima de consolos de mármore; bordados em almofadas ou pintados em quadros.

— E que anjo ali vem... — digo eu a minha mulher, fazendo com a cabeça um sinal na direção da mulher que se aproxima de nós. É uma crioula morena, de andar ondulante. Vem lenta a caminhar por esta calçada de Royal Street, e não seria de estranhar que viesse descendo uma ladeira em São Salvador da Bahia. Tem um ar que os americanos chamam *sultry* — adjetivo esse que em geral se aplica à atmosfera quando ela está carregada de calor e umidade. Seus cabelos são dum castanho escuro, sua pele tem o creme rosado da manga madura, e seus olhos um azul metálico e lustroso. Depois que ela passa, paro e me volto. Diferente das outras americanas que pisam firme e andam depressa, esta *creole* ginga, dança, num ritmado mexer de quadris, com um certo jeito que é ao mesmo tempo faceirice e preguiça. Deve chamar-se Josephine Saucier ou Marie La Rochambeau.

— Vamos, velho!

Meus filhos tomam-me das mãos e me arrastam. Estamos a caminhar sem rumo. É uma manhã morna e calma. Parece que o melado e o açúcar que se produzem nas redondezas de Nova Orleans saturam o ar, tornando-o adocicado. O desinfetante que se usa nas casas também tem um perfume doce. E quando a gente passa por essas lojas que vendem "doces feitos em casa", vem lá de dentro uma onda quente que cheira a chocolate, baunilha e limão.

BURLEQUEANDO...

Paramos a uma esquina da Canal Street, que separa a cidade velha da nova. É uma artéria comercial larga e alegre, que tem um movimento caleidoscópico e fervilhante de feira estival. Nossos olhos se perdem nesta longa perspectiva que foge para o horizonte azul. Passam bondes e ônibus com nomes pitorescos: Napoleon, Pontchartrain, Lake Audubon Park...
   Aqui se vêem coisas que são positivamente dos Estados Unidos. Cartazes grandes em tricromia anunciando pão, cigarros, automóveis, manteiga, leite e vinho. Grandes casas de "nada além" que cheiram a verniz e onde o movimento é tão grande e o colorido dos objetos nas montras e prateleiras tão intenso, que depois de andar por dentro dessas lojas por alguns minutos ficamos estonteados e só desejamos uma coisa: fugir para o ar livre. Há ainda os *stands* que vendem pipocas, as *food shops* nas quais, através da vitrina, vemos a moça ou o moço de branco que frita um punhado de carne moída em cima da chapa quente do fogão a gás, para depois comprimi-la, com muito picles, entre duas fatias de pão redondo, formando assim os famosos *hamburgers*. E como em mil outras casas alguém sempre está fritando roscas, anda no ar um cheiro enjoativo de graxa vegetal, que fica nas nossas narinas, que satura as nossas roupas e que nos persegue sempre como uma mosca importuna ou uma idéia fixa. Aqui também vemos muitos soldados e marinheiros. E *Wacs* — mulheres do corpo auxiliar do Exército — nos seus uniformes cáquis. E *Waves* — as do corpo auxiliar da Marinha — nos seus costumes azuis. E *Spars* — do grupo de guardas da costa — nos seus fardamentos pretos e seus quepes que lembram os do antigo Exército russo do tempo do czar. Tem-se a impressão de que todos estes milhares de pessoas que enchem as calçadas, entram nas

lojas, cinemas, cafés e restaurantes, foram tomados de furor aquisitivo. Compra-se muito porque há muito dinheiro. Os salários são altos. Pretos e pretas que ganhavam quarenta ou cinqüenta dólares por mês como criados ganham agora três vezes mais em fábricas de aviões ou em estaleiros. Passamos por uma loja onde se vendem doces e vemos uma longa bicha à espera de que as portas se abram. Outras casas — cafés, restaurantes, confeitarias — estão com as portas fechadas, e nas suas vitrinas um cartaz anuncia: "Já vendemos toda a nossa cota de hoje". Dizem que nunca os restaurantes e cinemas estiveram tão cheios. É difícil encontrar uma mesa vaga nas confeitarias e *food shops*. E enquanto comemos, outros sempre esperam, a pouca distância, lançando-nos olhares interrogadores e ansiosos. Afirmam os livreiros que nunca o seu negócio prosperou tanto. Os editores por sua vez desesperam quando surge um *best-seller*, porque há crise de papel e eles não podem atender a todos os pedidos. Alguns jornais falam em inflação e fazem sérias advertências ao governo. Mas a verdade é que o OPA — o escritório da administração de preços — marca inexoravelmente um teto para o preço de tudo, e esse limite é rigorosamente observado pelo comércio.

Seguimos ao longo da Royal Street, na direção do Vieux Carré, que é a parte tradicional e pitoresca da cidade. Paramos a olhar as vitrinas dos antiquários, onde se exibe o mais variado bricabraque imaginável. Vamos passando por velhas casas com pátios, corredores escuros e portões coloniais. As tabuletas e os nomes das lojas e cafés que aqui vemos decididamente não são americanos. Há uma atmosfera de romance nestas fachadas antigas, nestas gelosias meio desmanteladas, nestas ruas pavimentadas de pedras irregulares, nestas calçadas estreitas de lajes gastas e orladas de velhos lampiões. As caras estão também de acordo com as fachadas e tabuletas. Há velhos barbudos sentados à frente de suas lojas. Vagabundos modorrando ao sol. E a língua que falam, manes de Shakespeare! Ora é um inglês sulino, negróide e arrastado, ora um francês anglicizado, com pronunciadas tinturas africanas. E, envolvendo tudo, sempre os cheiros doces de flores, guloseimas ou essências.

Naquela meia-água antiqüíssima Madame Lucienne declara, num pequeno cartaz pregado na porta, que tem uma bola mágica de cristal através da qual ela vislumbra o futuro. Vemos numa vitrina um camafeu que pertenceu — afirma o antiquário — a uma prima da imperatriz Josefina. Quadros originais atribuídos ao naturalista John James Audubon. Um punhal que andou na cinta do pirata Lafitte. A fivela do cinturão do general Andrew Jackson. Um candelabro da casa dum *grandee of Spain*. E uma infinidade de bugigangas anônimas mas curiosas.

Entramos na primeira rua à esquerda e estamos em pleno Vieux Carré, onde a maior atração são as casas em "estilo crioulo", com seus balcões com balaustradas de ferro batido, em arabescos caprichosos. Tem-se a impressão de que o Carré é uma cidade-museu. Quase tudo aqui está como era há cem anos passados. Nos degraus gastos destas casas de tábua, em péssimo estado de conservação, gordas mulatas de fartos seios conversam, tricotam ou simplesmente olham os passantes. Têm os cabelos crespos muito lambuzados de brilhantina e delas vem um perfume enjoativamente doce. E aqui e ali, num monstruoso anacronismo, letras brancas contra um fundo vermelho, chameja um anúncio de Coca-Cola. E não deixa de ser gracioso quando um táxi amarelo desliza por estas ruas antigas e modorrentas, como mensageiro dum outro mundo, duma época que parece estar ainda no futuro.

E aqui vamos nós — quatro gaúchos perdidos nesta cidade singular — falando a nossa língua estranha, uma língua que deixa intrigadas as mulatas e pretas que nos olham com curiosidade e ficam a se fazerem perguntas.

— Em direção à direita... marche! — digo.
— Aonde vamos? — pergunta Mariana.
Dou de ombros. Não sei. O melhor é andar sem rumo.

AO TROTE DO PILUNGO

Tomamos a direita. Nossas sombras nos seguem. Sinto-me com obrigações de guia, porque já andei antes por estas paragens. Conto histórias, mostro, explico. Digo que nos primeiros tempos as casas de Nova Orleans tiveram que ser construídas em cima de pilares, como as vilas lacustres, por causa das enchentes do Mississippi. A única água que naquela época se podia beber era a da chuva, que os habitantes guardavam em grandes cisternas. Nos tempos da Guerra Civil, quando os ianques mandaram seus navios cheios de soldados para se apoderarem de Nova Orleans, os defensores da cidade estenderam fortes cabos através do rio, para impedir a passagem dos navios. Os cabos se romperam, os invasores passaram e os sulistas queimaram todo o algodão, o açúcar e o melado que se encontravam no cais, para que essas mercadorias não caíssem intactas em poder dos inimigos.

De repente verifico que estou pregando no deserto. Nenhum dos membros da minha família está me ouvindo, pois se acham os três absortos num espetáculo curioso. Duas pretas conversam a uma esquina. Ambas equilibram na cabeça trouxas de roupa. Estão vestidas quase como as negras da Bahia, com roupas de cor e avental branco, e trazem na cabeça um desses turbantes que aqui se chamam *tignons*. Suas caras pardas e seus dentes alvos reluzem ao sol. As *mammies* gesticulam, falando uma língua que é uma música, mas da qual não consigo perceber patavina. Por trás delas, como um cenário pintado especialmente para a cena, quatro ramos lustrosos duma bananeira espiam por cima dum muro antigo de reboco partido.

— Mas isto não é Estados Unidos! — exclama Mariana.

Seguimos o nosso caminho. De repente Clara e Luís começam a gritar e gesticular. Olho e vejo uma caleça. (Ó carros da velha Cruz Alta, com seus boleeiros de bombacha e chapéu de aba larga e barbicacho! Ó carros dos tempos em que era chique passear aos domingos pela cidade, de tolda arreada!) O veículo está parado junto da calçada, à esquina da rua Dauphin. Seu magro matungo, com um florido chapéu de palha na cabeça, espanta as moscas. Um preto de roupa ruça e um velho chapéu alto puxado sobre os olhos dormita na boléia. Tenho uma premonição do que vai acontecer.

— Pai! Vamos passear de carro! — diz Clara.

— Isso mesmo! — exclama Luís.

Aconteceu... Despertamos o boleeiro, que abre os olhos e mostra a dentuça.

— *Yes, sir!*

— Quanto custa uma corrida?

— Cinqüenta cents o quarto de hora. *Yessuh!*

— Dinheiro posto fora — observa Mariana. — Lembra-te de que temos ainda quase quatro dias de viagem.

Há um breve momento de hesitação. Lá no fundo de minha memória meu avô tropeiro me diz:

— Desgraça poca é bobage, moço!

— Saltem para dentro do calhambeque! — grito.

E dentro de poucos segundos estamos todos aboletados na caleça. Digo ao preto que nos leve "por aí". As crianças estão excitadas. O pilungo trota, seus cascos tocam uma musiquinha clara nas pedras do

calçamento. Retomo as funções de guia. Naquela casa — digo — morou o pirata Lafitte. Aquele casarão maciço é o mercado francês, onde se bebe o melhor café da cidade, e onde os farristas tresnoitados vêm tomar o seu *breakfast* pela madrugada, enquanto o sol, que também passou a noite em claro, iluminando a outra metade da terra, surge lá para as bandas do delta... Sabem o que está vendendo aquele sujeito que ali vem empurrando uma carrocinha? É *snow ball*, ou bola de neve, gelo picado com essências doces: morango, abacaxi, baunilha, amora...
Passamos por perto do rio, onde se acham ancorados muitos navios, e por cujas águas, dum pardo rosado, passa providencialmente um desses navios movidos à roda, que nos tempos antigos eram também teatro — os *show boats*. De pé no carro, Clara e Luís o contemplam fascinados. E sua exaltação cresce quando o navio começa a tocar com seus apitos musicais uma valsinha antiga.

Quando se aproxima o fim da corrida, peço ao boleeiro que nos deixe na frente da catedral de St. Louís. Atiro-lhe uma moeda de cinqüenta centavos. E apeamos.

NA CATEDRAL

Aqui está a famosa catedral com as suas três torres pontiagudas e a sua mistura de gótico modificado e romano. Entramos. É uma igreja espaçosa, clara, limpa e sem cheiros. Mariana se ajoelha e ora, enquanto os filhos, num silêncio meio espantado, olham em torno e cochicham.

Um padre vem caminhando através do corredor central entre os dois grupos de bancos, e seus passos ecoam no recinto. Dois homens trabalham na instalação dum microfone ao lado esquerdo do altar-mor. O padre posta-se junto da porta da igreja e grita:

— Vamos experimentar o *mike*.

Um dos homens aproxima-se do microfone e diz:

— Um-dois-três-quatro-cinco-seis-sete-oito.

O padre ergue a mão, formando um círculo com a ponta do indicador a tocar a ponta do polegar. Isso em mímica americana quer dizer que está tudo o.k.

Mariana ergue-se e vem sentar-se a meu lado. Ficamos conversando aos cochichos. Chamo-lhe a atenção para as diferenças que há entre o catolicismo norte-americano e o catolicismo sul-americano. Há menos cheiros nestas igrejas católicas dos Estados Unidos, nas quais até a fisionomia dos santos é mais desanuviada e otimista. Uma católica americana que visitou o Brasil um dia me chamou a atenção para o "caráter agônico" das igrejas brasileiras, onde tudo lembra morte, pecado e castigo.

Nos Estados Unidos os padres católicos não usam batina na rua. Com seus trajos negros, seus colarinhos duros e altos abotoados atrás, seu peitilho negro — eles se parecem com os pastores episcopais. São mais esportivos e tolerantes que os sacerdotes brasileiros. Unem-se com protestantes e judeus para formar comitês e promover campanhas em prol dos ideais cristãos. Jogam golfe, tênis e até futebol; fumam, tomam o seu uísque e — por que não? — jogam o seu bridge.

O FANTASMA DO MUSEU

Visitamos a seguir o museu do Cabildo, que fica ao lado da catedral, e damos um mergulho no passado. Vamos aos tempos coloniais por entre uniformes de generais, espadas, lanças, carabinas, pistolas, medalhas, apetrechos de piratas e bandeiras desbotadas...

A casa é velha e a esta hora da manhã está deserta de visitantes. Andamos sozinhos por estas salas cujo cheiro nos lembra o dos velhos baús em que as murchas vovós guardam relíquias da mocidade. Nossas sombras ficaram lá fora, a esperar-nos junto da porta.

Debruçamo-nos sobre montras de vidro onde se enfileiram pergaminhos amarelentos, papéis antigos, Bíblias, leques, tabaqueiras, penas de pato que assinaram documentos memoráveis e objetos do uso particular de figuras históricas. Passamos depois por um longo corredor, sob o túnel invisível formado pelos olhares que nos deitam de quadros a óleo pendurados nas paredes — generais, estadistas, governadores e fidalgos. Entramos a seguir num salão que lembra os museus de cera. Aqui estão expostos os vestidos usados pelas damas de Nova Orleans desde a fundação da cidade. Logo ao entrar temos a impressão de que os manequins são pessoas humanas. Parece que alguém acaba de pedir silêncio, porque uma destas damas vai recitar... Caminhamos na ponta dos pés. Vejo no rosto de meus filhos uma expressão de medrosa expectativa. Vestidos com uma abundância de sedas e rendões, os manequins sorriem para nós o seu cadavérico sorriso de cera. Parecem conversar uns com os outros numa linguagem para nós inaudível. Que dirão? Talvez zombem de nós, pobres vivos. Não ousamos dizer palavra. Paramos aqui e ali. A imobilidade destas figuras, dentro de suas redomas, é impressionante. Mas de quando em quando eu me volto, brusco, com a impressão de que um desses manequins se moveu, fez um gesto ou sussurrou uma palavra. E o que mais concorre para esta atmosfera de mistério é a penumbra em que o salão se acha mergulhado.

De repente Clara solta um grito (A mocinha perdida no museu de cera. Segundo ato. Cena primeira). Olho... Um dos manequins realmente se move... Não está vestido de seda como os outros, mas pobremente, como uma simples criada. Tem uma cara macilenta, enrugada e de expressão perversa. Move-se em silêncio e nem sequer olha para nós. Parece uma feiticeira, uma gárgula, um monstrengo. Paramos, fascinados. Levo alguns segundos para compreender. Trata-se de uma das mulheres encarregadas da limpeza do museu. Está esfregando com um pano o vidro de uma das redomas. Essa verificação, entretanto, não me tranqüiliza, pois a qualidade fantasmal da criatura permanece. Tenho a sensação de que vem dela um bafio de morte. Passamos de largo, olhando furtivamente para a lívida criatura que, parecendo não ter dado ainda pela nossa presença, continua nos seus movimentos regulares de autômato. Ninguém me tira da cabeça a idéia de que essa mulher está morta, e de que se ela se move é apenas por obra do vodu.

Descemos as escadas em silêncio e de novo saímos para a rua.

PÁTIO

Estamos famintos e procuramos um restaurante. Paramos diante do Antoine's, que passa por ser dos melhores do país. Tem quase cem anos e já foi visitado pelas personalidades mais famosas do mundo moderno, as quais lhe elogiaram o serviço e a cozinha.

Penso nas suas famosas *huîtres en coquille à la Rockefeller*, no seu *pompano papillote*, um peixe cozido apresentado ao freguês dentro dum saquinho de papel. E fico lírico ao relembrar o gosto de seu *poulet chanteclair*, que é frango em molho de vinho.

Mas um rápido estudo das finanças da tribo me leva à conclusão de que o Antoine's está fora do alcance de nossa bolsa.

Acabamos entrando no Pátio das Duas Irmãs, cujo nome nos titila a fantasia. Entramos por um velho portão enferrujado e seguimos por um corredor calçado de lajes irregulares na direção do pátio. Vemos nas paredes velhos pendões dos tempos coloniais, inclusive um estandarte desbotado, sujo e puído no qual amarelece a flor-de-lis da França. Há uma velha lareira centenária com um caldeirão tisnado onde provavelmente muito corsário cozinhou sua sopa, e muita *mammy* fez seu *bouillabaisse*. Duas carabinas dos tempos coloniais — decerto das que os soldados da impávida Nova Orleans usaram em 1812 contra os ingleses — cruzam-se na parede, por cima da lareira.

No pátio, mesas cobertas com toalhas de xadrez vermelho e branco espalham-se em graciosa desordem à sombra de figueiras e salgueiros. Todas elas têm no centro um castiçal com um toco de vela. Homens e mulheres com aspecto de turistas mastigam o seu almoço. Por entre as mesas, garçons mulatos passam carregando coloridas saladas. Os muros que cercam o pátio ostentam na face de reboco várias feridas que nunca são curadas, pois elas acentuam a nota de antigüidade do estabelecimento. Pássaros cujo nome ignoro estão empoleirados nos galhos das figueiras e de quando em quando voejam por sobre nossas cabeças, mudando de pouso.

Creio que Nova Orleans é uma das poucas cidades dos Estados Unidos que sabem comer e que têm uma tradição culinária. Pouco se fala aqui em vitaminas e calorias; o que importa é o gosto, o tempero. Escreveu Mark Twain que o "pompano" preparado em Nova Orleans é "delicioso como as menos criminosas formas de pecado". Entre os quitutes famosos da terra encontra-se o *gombo aux herbes*, que no francês dos pretos se transformou em *gombo zhèbes*. O gombo é uma planta que uma pessoa culta descreveria como *Hibiscus esculentus*, mas que eu prefiro chamar simplesmente de quiabo. Segundo a lenda esse famoso *gombo zhèbes* deve ser preparado numa Quinta-Feira Santa, pois que isso "traz sorte". Nesse prato entram espinafre, mostarda, beterraba, alface, folhas de aipo, cebolinhas, nabos, salsa, tomilho, pimentão e uma série de outras pimentas. Quem me explica tudo isso com luxo de detalhes é o garçom que nos vem atender. Esclarece que é preciso primeiro lavar as verduras, depois cozinhá-las em água abundante. Ah! Enquanto as verduras fervem, é bom ir fritando a carne, picando as cebolas e a salsa...

— Nesse *gombo zhèbes* — concluo — há de tudo menos quiabo, não?
O garçom sorri e um canino de ouro rebrilha.

— São dessas coisas, meu chefe.

Enquanto ele disserta sobre as outras especialidades da casa, com atenção vaga examino o menu e me perco em meio de pratos com nomes franceses, ingleses, espanhóis e africanos. Olho do garçom para o menu, do nome dos pratos para o preço dos mesmos, do preço para os rostos ansiosos que tenho na minha frente.

Hollandaises sauce suprême... Grillades... Calas tout chaud... Double glacé. Inclino-me sobre a mesa. Estudamos em conjunto o cardápio, com ar de conspiradores. O mulato espera com sorridente paciência. Por fim chegamos a um acordo. Empertigo o busto, atiro o menu sobre a mesa e digo:

— Espaguete para quatro!

E quando o garçom se vai para dar nossa ordem à cozinha, ficamos mordiscando aipos com sal e olhando o pátio. Novos fregueses chegam. Um soldado e um *Wac* sentam-se a uma mesa, de mãos dadas, enlevados um no outro. Deve ser um desses idílios casuais que a guerra proporciona e que ela própria depois se encarrega de romper. A sombra das árvores desenha no chão um rendilhado que lembra o dos balcões das casas do Vieux Carré. Por cima de nós o céu é dum azul puro e liso.

Chegam os pratos de espaguete. E por alguns instantes faz-se entre nós um silêncio grave. Alguns pássaros estão pousados nos galhos da figueira por cima de minha cabeça — o que me deixa levemente inquieto. De outras mesas chegam até nós, trazidos pela brisa, ricos cheiros de pratos esquisitos. De repente sinto uma leve batida no ombro direito. Nem quero olhar. Presumo o que seja. Clara arregala os olhos, estende o braço por cima da mesa e aponta:

— Pai, uma coisa branca aí no teu ombro...
— Eu sei... — digo, com resignação evangélica.

Ergo os olhos.

Como são belos, rútilos e gloriosos esses pássaros contra o azul!

ADEUS!

Adeus, Nova Orleans! Adeus, cidade rococó, barroca, mourisca, colonial! Adeus, cidade imprevista! Havemos de voltar um dia com mais tempo e mais dinheiro!

De novo nos achamos instalados no trem, num bom camarote, com atmosfera primaveril, água gelada, bancos estofados, um maço de revistas, uma provisão de sanduíches e frutas e dispostos a enfrentar a longa travessia. Teremos de ficar dois dias e duas noites neste trem antes de chegarmos a Los Angeles, onde passaremos uma noite, tomando na manhã seguinte o trem mais colorido deste país para vencer dentro dele as 480 milhas que separam aquela cidade de Berkeley — o fim desta imensa, interminável linha que começou em Porto Alegre há duas semanas.

E quando entramos no Texas mergulho na leitura do substancioso livro de H. L. Mencken, *The American language*.

De vez em quando ergo os olhos do livro para olhar a paisagem. Este sul do Texas com seus campos ondulados, suas fazendas e aramados, seus moinhos de vento e açudes, lembra muito o Rio Grande do Sul.

E assim com a atenção dividida entre o livro e os campos avanço por estas páginas de composição cerrada, numa maravilhosa viagem através da língua americana. E sob o sortilégio da prosa escorreita de Mencken, atiro o livro para o lado, tomo da caneta-tinteiro e de papel e vou rabiscando para meu próprio uso algumas reflexões sobre o inglês que se fala deste lado do Atlântico.

TEXAS

O Texas é um verdadeiro império. Talvez eu já me esteja deixando contagiar pelo entusiasmo desmedido que os texanos têm pela sua terra, mas creio que poucos territórios do mundo serão mais ricos e prósperos que este. Trata-se duma riqueza e duma prosperidade visíveis a olho nu. Basta olhar pela janela deste trem em movimento e atentar nos vastos trigais que se estendem a perder de vista; nas torres de aço que se erguem altivas sobre poços de petróleo; nessas largas estradas de concreto que se cruzam e entrecruzam em todas as direções; e nos rebanhos de gado que enchem esses campos. Nos descampados onde há menos de um século caubóis broncos laçavam potros selvagens, erguem-se hoje cidades modernas como Dallas, Houston, San Antonio e Forth Worth.

Tenho a impressão de que faz um século (outro exagero texano) que estamos viajando através do Texas. Um avião que atravessasse o estado, saindo de Port Arthur, na extremidade oriental, e pousando em El Paso, que fica na ponta oposta, teria percorrido uma distância maior do que a rota aérea que separa Nova York de Chicago. Qualquer texano afirmará que os *grapefruits* daqui são os mais doces do mundo; o algodão, o melhor do continente; as mulheres, as mais belas do universo; os homens, os mais corajosos do planeta. E contará que os regimentos formados de *boys* nascidos nestas paragens e chamados os Texas Rangers são os mais bravos e audaciosos soldados das Nações Unidas. E como alguém um dia expressasse suas dúvidas quanto à vitória dos países democráticos sobre o Eixo, um texano decidiu tranqüilizá-lo: "Não se preocupe. O Texas é aliado dos Estados Unidos".

Existe nesta parte do país grande número de campos de treinamento de aviadores. E de quando em quando, contra este céu de outono, cálido e desbotado, lampeja um avião. Pelas estradas passam jipes e caminhões cor de oliva do Exército, ou — prata e azul — esses enormes ônibus de passageiros da Greyhound Lines, com um galgo em plena corrida pintado nos costados. Passamos às vezes por longuíssimos trens de carga que conduzem tanques anfíbios, canhões e até aviões desmontados. E não raro, à beira da estrada real, ergue-se um enorme cartaz em que aparecem *Waves, Wacs e Spars* de braços dados. Mas o que elas dizem ao observador não tem caráter de reclame comercial, é um conselho patriótico: *Compre bônus de guerra!* Todos os anúncios agora são feitos com esse espírito. Na maioria dos casos esses cartazes — belas tricromias onde o desenho tem uma perfeição fotográfica — são financiados por empresas industriais, cujo nome aparece discretamente a um canto, em letras menores.

À medida que nos aproximamos do estado do Novo México, o terreno toma mais o aspecto de deserto. No oeste do Texas chove menos e há menos árvores. Quando saímos de Louisiana os verdes eram mais vivos, os matos freqüentes, as cidades maiores e mais próximas umas das outras. Começam agora a aparecer montanhas, pois esta parte do território texano é mais acidentada que a do leste.

Luís fica excitado ao ver os primeiros caubóis em carne e osso. Eles passam pela estrada a cavalo ou então, com seu andar gingante, suas pernas um pouco arqueadas, passeiam indolentes pela plataforma das pequenas estações onde nosso trem pára por alguns segundos ou por onde passa em marcha lenta.

FRONTEIRA

Em El Paso, que fica na linha divisória entre os Estados Unidos e o México, saltamos para espichar as pernas. À primeira vista a cidade nos parece mais mexicana que norte-americana. O número de pessoas morenas aqui é maior que o de gente de pele clara. As cabeças louras e os olhos azuis escasseiam. E em algumas caras que andam nesta sala de espera da estação, notam-se zigomas salientes, olhos oblíquos — vestígios de sangue índio.

Um homem aproxima-se de mim, mostra o distintivo de metal que traz escondido debaixo da lapela do casaco, declara que é do serviço de imigração e pede meus documentos de identidade. Isto tinha de acontecer. O homem desconfia que eu seja mexicano e quer saber se estou legalmente deste outro lado da fronteira. Mostro-lhe meu passaporte, que ele examina e depois me devolve, sorrindo. "O.k., *bud*"! — diz. Dá-me uma palmadinha no ombro e se vai.

Minha família desapareceu. Descubro que organizou um assalto ao restaurante. Lá estão os três junto do balcão, numa orgia de saladas de tomates e alface, de frutas e salsichas. Reúno-me a eles e confraternizo.

Através da janela vemos uma pracinha de El Paso, que lembra todas as pracinhas de todas as nossas cidades do interior, com seu coreto para a banda de música, os seus bancos pintados de verde, os seus canteiros, as árvores e os seus vagabundos.

El Paso fica à margem do rio Grande, tem um porto e produz cobre. É também uma *cow town*, centro do comércio de gado. A empregada do restaurante me assegura que esta cidade produz os mais gostosos frutos do mundo. Quando sabe que somos do Brasil e vamos para a Califórnia, pergunta, intrigada:

— Vieram de tão longe... para morar na Califórnia?

— Sim. E que tem isso?

Ela sorri significativamente e por algum tempo fica sem dizer nada, numa pausa cheia de intenções ocultas. Eu espero, mastigando uma maçã. A empregada passa o pano em cima do balcão laqueado de vermelho.

— *Well, well, well*. Então vão para a Califórnia! A terra do sol eterno, dos laranjais floridos e não sei mais de quê. Ha-ha!

— Mas que é que há com a Califórnia?

— Quer saber mesmo?

— Claro.

— A Califórnia é *phony*.
Traduzo o diálogo para minha gente. *Phony* é uma palavra da gíria que quer dizer: artificial, falsificado.
— *Movie stuff* — esclarece a empregada. "Coisa de cinema." E explica que o Texas é a melhor parte dos Estados Unidos. Clima, conforto, riqueza, cidades... Ah! e as gentes, principalmente as gentes. O texano é franco, hospitaleiro, amigo. Com ele tudo é ali "na batata".
Não consegue terminar a sua enumeração. Porque a hora de o trem partir se aproxima. Arrebato das mãos da mulher a nota de despesa e arrasto a família na direção da porta. Junto da caixa, repete-se a infalível cena da procura do dinheiro. A caixa, uma senhora gorda de cabelos brancos que ouviu nosso diálogo, sorri e diz:
— Então, vão para a Califórnia, não?
— É verdade.
— Grande terra!
Enquanto arrecado os níqueis do troco, digo:
— Finalmente encontro uma texana que faz justiça à Califórnia...
A caixa inclina-se sobre a mesa, pisca o olho e me segreda:
— Não conte a ninguém. Não sou do Texas. Nasci em San Francisco. Sejam felizes!
Voltamos para nosso compartimento, onde já principiamos a nos sentir como em nossa própria casa. Este cubículo já tem o nosso jeito, já absorveu os nossos hábitos. Já imprimimos nossa marca neste ambiente que espelha prodigiosamente nossa desordem. Tudo aqui dentro se encontra numa deliciosa anarquia. De quando em quando o *porter* negro vem pacientemente limpar o chão e os bancos pintalgados de farelo de pão, casca de fruta e pedaços de papel.
O trem arranca. Vamos entrar dentro em pouco no estado do Novo México.

O DESERTO

Começamos a penetrar no deserto. Montanhas de pedras, rosadas à luz da manhã, erguem-se contra um céu pálido e quente. O chão é dum amarelo-arenoso e a vegetação escassa, dum verde que às vezes se degrada em pardo ou cinza. Aparecem os primeiros cactos, alguns dos quais têm mais de dois metros de altura e parecem pessoas imóveis, com os braços erguidos. Outros semelham verdes torpedos plantados na terra. Para além das montanhas nuas e avermelhadas, estendem-se cordilheiras dum azul arroxeado.

Clara deixa o compartimento e vai postar-se junto da janela do corredor. Diminui aos poucos a velocidade do trem. De repente a menina solta uma exclamação.

— Venham ver depressa!

Mariana e Luís erguem-se e vão. Deixo-me ficar junto da outra janela e uma preguiça boa me cola ao banco. Que terá visto Clara? Um avião? Um jipe? Um regimento? Se fosse um dragão talvez eu me erguesse daqui. Por menos que isso não me movo.

— Vem, pai! — chama Clara.

O trem pára.

— Que é? — pergunto, de olhos semicerrados.

— Uma índia!

— Ah... — faço eu. Mas não me movo.

— Uma índia de verdade! — afirma Luís.

E como continuo sentado, meus filhos me vêm buscar à força. Tenho de segui-los. Vou até a janela e olho. À sombra duma casa de adobe acha-se uma índia gorda, sentada no chão, de pernas e braços cruzados, numa atitude de quem dormita. Está vestida de grosseiro pano pardo, mas tem sobre os ombros um xale tricolor. A seu lado no solo vêem-se cobertores de algodão em padrões de rico colorido, estatuetas de barro, chapéu de palha de tipo mexicano, cestos e esteiras. Meus filhos querem descer para ver de perto a maravilha, mas o *porter* nos informa que seria imprudência deixar o vagão, pois a parada é apenas de um minuto.

Quando o trem retoma a marcha, voltamos ao nosso compartimento. Percebo que Luís está intrigado. Sentado em silêncio, olhar fito num ponto insituável no espaço, as sobrancelhas erguidas, ele pensa.

— Isto ainda é Estados Unidos? — pergunta, ao cabo de alguns minutos.

— Claro! — responde a irmã.

— Mas como é que a gente vê índios... não vê arranha-céus?

— Estamos no Novo México.

— Isto pertence ao México?

— Burro! — exclama Clara. — Aos Estados Unidos.

Começam ambos a crivar Mariana de perguntas. — De onde vieram os índios? São amigos ou inimigos dos americanos? Por que esta parte dos Estados Unidos é um deserto?

— Perguntem ao pai de vocês — sugere Mariana, fazendo um sinal na minha direção.
Luís me lança um olhar oblíquo e diz:
— Ele não sabe.
Abro um olho, como única resposta. Não sei a causa de meu desprestígio intelectual junto dessas criaturinhas. Lêem as histórias que escrevo, as absurdas aventuras de bichos e gentes, e depois, como único comentário, dizem sorrindo:
— Esse pai é uma bola!
Quando têm de fazer perguntas, de pedir informações, recorrem à mãe.
— Isso é o resultado dos teus silêncios — já me disse Mariana mais de uma vez.
— Está bem — murmuro. — Que é que vocês querem saber?
Luís atira a primeira pergunta:
— Quem é que morava aqui antes dos americanos?
— Os índios.
Clara:
— Índios... como os do Brasil?
— Não. Como aquela índia que vocês viram há pouco. Os "índios pueblos". São peles-vermelhas que se distinguem das outras tribos errantes por viverem em "pueblos", palavra espanhola que significa povoados.
Luís e Clara trocam um rápido olhar. Interesse? Incredulidade? Finjo que não percebo nada e preparo-me para prosseguir quando o menino me interrompe:
— E antes dos índios?
Sinto que a situação piora. Ajeito-me no banco e começo:
— Há muitos, muitos anos... talvez mais de mil...
Clara solta um assobio de admiração.
— ... morava nesta região que hoje se chama Novo México uma tribo de índios. Viviam da agricultura e eram trabalhadores e pacatos...
— Como é que tu sabes?
Reprimo um suspiro de impaciência e digo:
— Ora, meu filho, essas coisas a gente lê...
— Ou inventa... — intervém Mariana.
— Continua, pai — pede Clara. — Estou gostando.
— Bom. Um belo dia ferozes guerreiros duma tribo agressiva desceram lá do lado das grandes montanhas, isto é, do Norte, e se preci-

pitaram contra esse povo pacífico... Que é que vocês pensam que os agricultores fizeram?
— Defenderam-se — opina Luís.
Sacudo a cabeça negativamente.
— Azularam. Fugiram para as montanhas.
Pausa dramática.
— E depois?
— Ficaram morando nas montanhas.
— Como?
— Construíram as cidades mais fantásticas deste país. Imaginem vocês enormes casas cavadas na rocha viva, na encosta dos penhascos.
— Pai, não uses palavras difíceis! — protesta Luís.
— Encosta dos penhascos? Quer dizer no lado dos rochedos. Cavavam na pedra, aproveitavam as cavernas, as plataformas e às vezes completavam essas habitações erguendo paredes de adobe. De longe essas construções pareciam castelos, com suas torres redondas e quadradas. Lá viveram por muitos anos esses índios pacíficos, numa sociedade em que não havia ricos nem pobres.
Luís:
— Como é que a gente pode descobrir todas essas coisas?
— Na maioria dos casos — explico — pelos desenhos e inscrições que esses povos antigos deixaram nas paredes de suas casas ou cavernas. Tudo indica que os habitantes dos penhascos não tinham alfabeto. Pelo menos nas suas cidades de pedra não se descobriu nenhuma inscrição. Mas nas relíquias que eles deixaram — pedaços de roupas, farrapos de pano, objetos de uso doméstico, caveiras e esqueletos — os cientistas *leram* a história dessa gente.
Olho através da janela. Os cactos parecem acenar para nós. A luz do sol reverbera nas montanhas de pedra.
— Os cientistas chegaram à conclusão de que a vida dessas famílias era muito bem organizada. Havia entre elas perfeita igualdade. Os homens saíam para caçar, plantar ou a fazer a colheita. As mulheres mandavam dentro de casa.
— Por onde se conclui — observa Mariana — que a vida nos penhascos não era muito diferente da vida nas cidades modernas...
— Pois é — continuo, ignorando a interrupção. — E em muitos respeitos reinava entre os habitantes dos penhascos uma espécie de comunismo. Havia cozinhas coletivas em pátios abertos ou em cima dos telhados. Os instrumentos de trabalho pertenciam a todos. Não havia

exploradores nem explorados. A mobília das casas era resumida. E supõe-se que essa curiosa gente guardava suas roupas e utensílios em nichos cavados nas paredes.

— Os precursores dos armários embutidos... — diz Mariana.

— Os bebês tinham os seus berços feitos de corticeira. E numa dessas ruínas descobriu-se até um chocalho feito de uma casca de noz.

— Não vais me dizer — interrompe minha mulher — que as mulheres dessa nação se pintavam...

— Aí é que te enganas. Pois pintavam-se. Usavam um ruge muito vivo feito de pó de tijolo.

Três pares de olhos incrédulos se fixam em meu rosto. Desvio o olhar para fora. Predominam na paisagem os tons de ouro velho e o pardo-amarelado. Passamos agora por uma floresta miniatural de *yuccas*, com as suas folhas verdes em forma de espada. Ao longe, pesadas, silenciosas, antigas, as montanhas sublinham irregularmente o horizonte.

— E depois? — pergunta Clara.

— Parece que os habitantes dessas cidades de pedra costumavam queimar os seus mortos — prossigo —, pois a quantidade de esqueletos encontrados pelos arqueólogos foi muito pequena.

— Como foi que esses índios se acabaram? — indaga Luís.

— Não se sabe ao certo que fim tiveram. Que não morreram de peste é fácil de ver, pois se isso tivesse acontecido teriam ficado milhares de esqueletos insepultos. Como foi, então, que desapareceram? Mistério.

— E depois? — insiste Clara.

— Depois vieram os índios pueblos. E mais tarde os espanhóis. Houve um tempo em que o Novo México foi província de Espanha. Santa Fé, que é ainda hoje sua capital, foi fundada em mil seiscentos e... mil seiscentos e não me lembro quanto. Depois o Novo México foi cedido aos Estados Unidos. Muito mais tarde, em 1916, houve conflitos na fronteira entre os mexicanos e norte-americanos, e o general Pancho Villa...

— Wallace Beery — exclama Luís.

— Isso mesmo — confirmo eu, baixando a cabeça ante a autoridade de Hollywood, que ameaça suplantar a da própria História. — Pois o caudilho Villa invadiu o Novo México e, segundo a versão norte-americana do fato, atacou uma cidade e massacrou civis e soldados. O governo dos Estados Unidos mandou contra o México uma missão punitiva comandada por Pershing. E por muito tempo as relações entre os dois países ficaram abaladas.

Clara torna a perguntar:
— E agora?
Dou de ombros.
— Agora o Novo México é isto... — Faço um sinal na direção da janela.

E explico que o estado é riquíssimo em minerais. Que seu clima é seco e quente, muito procurado pelos tuberculosos. E que existem aqui vários monumentos religiosos — igrejas e missões — erguidos por padres espanhóis, alguns há mais de duzentos anos. Sim, e ia já me esquecendo de mencionar as grutas de Carlsbad...

Como Clara e Luís querem saber do que se trata, tenho de contar que, há uns quarenta e poucos anos, dois caubóis certo dia viram enormes bandos de morcegos levantar-se da terra. Esporeados pela curiosidade, caminharam até o ponto em que a negra nuvem se havia erguido e encontraram aí uma cavidade. Decidiram, então, ver "aonde ia terminar aquele buraco", meteram-se terra adentro e acabaram descobrindo uma imensa caverna, a qual vinte anos depois foi "industrializada" com o fim de atrair curiosos.

Como vejo interesse no auditório, prossigo.

— Imaginem vocês uma sala imensa e abobadada, debaixo da terra, duma altura de quase cem metros e com uma cúpula maior que a da catedral de São Pedro em Roma... Mais que isso. Há ainda galerias e subgalerias. Enormes cachos de estalactites pendem do teto da caverna, formando os desenhos mais complicados, nas cores mais incríveis. E se a gente bate com um ferro nessas estalactites, um som musical de sino enche a caverna, ecoa pelas galerias...

Há um silêncio breve.

— Quando foi que estiveste lá, pai?

— Nunca. Mas podem acreditar no que estou contando. Não é invenção.

Neste momento penso uma vez mais na minha quase-indiferença diante da paisagem. Até hoje não me interessei por nenhuma das belezas naturais dos Estados Unidos. Passei de largo pelo Yellowstone Park, pelo Grand Canyon, pelos lagos Arrowhead e Tahoe, pelas cataratas do Niágara... Caçador de almas, prefiro as cidades. Sinto um contentamento que não se descreve quando caminho pelas ruas duma grande metrópole. O ruído feito de vozes humanas e das vozes de todos os veículos, de todas as máquinas, é quase música para meus ouvidos. Aspiro com delícia o cheiro de asfalto e gasolina queimada, como se fosse um esquisito perfume. Sou capaz de ficar horas e horas sentado à mesa dum café, olhando as pessoas que estão a meu redor e as que entram ou saem. Ah! Uma grande cidade ao anoitecer... Gente apressada, ônibus e bondes apinhados, a massa do tráfego a se mover lenta, regulada pelas luzes vermelhas e verdes... As cores do poente na boca ocidental das ruas... Os grandes edifícios a subir para um céu que empalidece... E as caras! As máscaras humanas que vislumbramos de repente à janela dum bonde, na penumbra dum táxi, ou no vão duma porta... O rosto que vemos rapidamente no meio da multidão e não esquecemos mais... Os braços abertos dos policiais, os letreiros luminosos, as vitrinas, os cheiros que se escapam de dentro dos cafés, o ruído de passos, os farrapos de música que andam no ar, os nomes nas marquises dos teatros e, para além do pico dos arranha-céus, as estrelas tímidas e eternas...

Quando caminho pelas ruas duma grande cidade todo o meu desejo é deixar-me levar, sem plano nem bússola, como que erguido na crista da onda humana que coleia nas calçadas. Há momentos em que tenho o desejo de multiplicar-me para poder estar no mesmo minuto em muitos lugares, vendo tudo, ouvindo tudo, e tentando sentir e compreender tudo, conversando com os bêbedos e os vagabundos, com os varredores de ruas e os leiteiros, com os vendedores de jornais e as mulheres perdidas...

Haverá parque, lago, cânion ou caverna que encerre tanta beleza viva como uma cidade ao anoitecer?

O SILÊNCIO

O entardecer deste dia me encontra ainda junto da janela, mastigando melancolicamente um sanduíche e pensando em D. H. Lawrence que um dia veio para Taos, no Novo México, em busca dum clima favorável para seus pobres pulmões doentes. Imagino-o a caminhar por estes desertos, com um chapéu mexicano na cabeça. Vejo-o a pintar as danças rituais dos índios, a discutir com Frieda, a criticar os absurdos da civilização moderna, com todos os seus prejuízos, tabus e hipocrisias. Ouço-o bradar no deserto todos os nomes feios que seu povo recalcou durante tantos séculos. Acompanho os passos desse profeta macilento e barbudo, áspero e esguio como um cacto. Chego a ver-lhe a sombra no chão arenoso e ressequido...

Se em mim o adulto evoca Lawrence, o menino recorda Tom Mix no seu cavalo branco, perseguindo os peles-vermelhas pelas planícies do Novo México num filme silencioso, ao som duma valsa antiga batida por um homem triste no piano desafinado dum cinema provinciano. E as lembranças do menino entram em luta com as do homem; e chega o momento em que ambas se misturam, se fundem. O resultado é monstruoso. Tom Mix escreve *O amante de Lady Chatterley* e D. H. Lawrence salva Ruth Roland das garras dos índios.

Mas o que há lá fora mesmo é o silêncio. O enorme silêncio do deserto. Um silêncio de eternidade. E o nosso trem trespassa essa quietude com o seu apito prolongado, que deve ecoar lá do outro lado das montanhas, que bem pode ser também o outro lado do mistério — o país ignorado para onde foram os habitantes dos penhascos, D. H. Lawrence, Tom Mix, seu cavalo branco e minha infância...

MARATONA

Um novo dia — e o Arizona! Lá fora sempre o deserto, as montanhas, a terra amarelada, os pueblos; aqui dentro, sanduíches de queijo e bolachas com manteiga de amendoim... De quando em quando arriscamos uma excursão ao carro-restaurante, e temos de esperar durante dez, quinze ou vinte minutos na bicha. Essas bichas são um exemplo vivo da democracia norte-americana. Se o soldado chega antes do cabo, o cabo antes do sargento e o sargento antes do capitão, não há nenhuma lei capaz de alterar essa ordem. O oficial esperará a sua vez com a maior naturalidade, pois sabe que todos os cidadãos têm direitos iguais perante a Constituição dos Estados Unidos e não será pelo fato de serem soldados que eles deixarão de ser cidadãos...

Duma feita, olhando o rosto rubicundo mas sereno dum coronel que espera, lendo um jornal, enquanto o soldado que estava à sua frente, na fila, se aboleta, satisfeito, num lugar que acaba de ficar vago, digo a Mariana:

— Ah! Se pudéssemos incutir no homem comum brasileiro a consciência de sua importância como indivíduo... Mas qual! É preciso primeiro elevar-lhe o nível de vida, melhorar-lhe a saúde, a educação... tudo! Mas quando? Quando?

As rodas do trem parecem repetir ritmadamente: quando... quan-do... quan-do... quan-do...

De ordinário ficamos no camarote resignados à nossa condição de imigrantes. E quando os víveres se esgotam, trato de renová-los nas estações onde acontece o trem parar. Como essas paradas geralmente são curtas, tenho de recorrer às vezes a desesperadas maratonas. Corro ao *drugstore* mais próximo a comprar sanduíches, biscoitos e frutas.

Aqui vou agora em mangas de camisa, sem gravata, escabelado, suarento, numa das minhas sensacionais corridas. Atravesso a plataforma da estação sob o sol esbranquiçado do Arizona, e precipito-me na direção dum boteco. Ora, a pequena cidade americana não difere muito em hábitos da pequena cidade de qualquer outro país do mundo. Nela ninguém tem pressa, ninguém se afoba. Onde está o dono desta joça? Bato no balcão. Ninguém responde. O tempo urge.

Entram soldados num bando barulhento. São rapagões louros e espadaúdos, de rostos rosados e lustrosos. Um deles encaminha-se para mim, bate-me jovialmente no ombro e diz:

— Depressa, amigo. Quatro cervejas!

Ofegante e humilhado, retruco:

— Eu também estou no trem, moço!

— Oh! oh!

Encaminha-se para o balcão. O empregado do boteco finalmente aparece com cara sonolenta. Atende primeiro os soldados. E quando estes se retiram com suas garrafas de cerveja, fico a escolher atarantadamente as poucas coisas comestíveis que a loja exibe.

Chego ao meu carro um segundo antes de o trem partir. Depois de toda esta maratona aflitiva, que trago eu? Um bife? Um prato raro? Não. Apenas uns magros pacotes de biscoitos. Espera-me a ingratidão da tribo. Quando chego, meus filhos me olham, sôfregos. Não vêem que estou cansado, pingando de suor e infeliz. Olham para as minhas mãos, fazem uma careta, e exclamam ao mesmo tempo:

— Outra vez manteiga de amendoim?

Atiro-me sobre o banco; lanço-me de ponta-cabeça num lago de silêncio. Não vejo nada do que se passa a meu redor. Olho para fora e desejo ser por um instante aquele índio que fuma placidamente seu cachimbo de barro à sombra duma casa de adobe.

— Queres um biscoito, papai?

— Não. Quero uma dose de arsênico.

OS ARGONAUTAS

O deserto do Arizona nos parece interminável. Passamos às vezes por cidades modernas como Tucson e Phoenix. Vemos, num relance, perspectivas de ruas limpas, com grandes edifícios, letreiros luminosos, tráfego animado e muita gente nas calçadas. Depois vêm os subúrbios, com suas casinhas claras e verdes jardins, mantidos à custa de irrigação artificial. Dentro em pouco entramos de novo no deserto.

E quando chegamos à fronteira da Califórnia, penso nos milhares de homens que para cá vieram em 1849, tomados da febre do ouro. Com sua inclinação para o eufemismo, os americanos deram a esses aventureiros o pomposo nome de "Argonautas".

Sim, nós também somos argonautas. Mas em busca de que viemos? De ouro não é. De aventuras, então? Duma mudança de vida? De novos horizontes?

Creio que a gente viaja muitas vezes por culpa duma gravura que viu na infância, num velho livro. A ilha de Bali... Cena de rua em Hanói... Cerejeiras floridas em Washington... Voltamos a página, devaneamos um pouco, depois aparentemente esquecemos a figura. Mas acontece que a lembrança do clichê se transforma num desejo, e esse desejo fica como que adormecido durante anos e um dia, em a sorte ajudando, ele nos leva a viajar. Vamos ver a ilha mágica, as cerejeiras à beira do Potomac, a capital da Indochina — para chegar à conclusão de que todos esses lugares e coisas não possuem na realidade metade da graça e da sugestiva poesia, já não digo das velhas gravuras, mas do mundo que elas criaram em nosso espírito. Verificamos também, quando em viagem pelo estrangeiro, que nossa casa, nossa querência — que nos pareciam antes foscos, prosaicos e repetitivos — ganham com a distância um lustro, um encanto tão grande como o da gravura da infância. Voltamos liricamente para a casa, julgando saciada nossa fome de horizontes. Mas um dia o velho livro nos cai de novo sob os olhos. Lá está a rua de Hanói, a ilha verde e as cerejeiras em flor. Ficamos outra vez a devanear, nostálgicos, e nosso desejo de viajar é tão grande que acaba nos jogando dentro dum trem ou dum avião, nem que seja para uma viagem intermunicipal.

Besta, não é mesmo?

UMA NOITE EM HOLLYWOOD

Pernoitamos em Los Angeles, onde só por milagre conseguimos acomodações num hotel de Hollywood. O gerente nos destina ao quarto 650, e um *bell-boy* nos acompanha até o sexto andar. Mete a chave na porta, abre-a e eu vejo lá dentro do quarto um soldado seminu dar um pulo da cama, gritando:
— Quem é lá?
A família recua. O *boy* desculpa-se:
— Número errado. *Sorry, bud*.
Torna a fechar a porta, e, sacudindo a cabeça lentamente, explica que um engano nestes tempos de guerra e amontoamento é uma coisa muito natural.

Ficamos finalmente instalados no 610, onde há quatro engraçadas camas com rodas. Custa-nos conciliar o sono, pois toda a vida noturna de Hollywood como que nos entra pelas janelas escancaradas. As conversas lá de fora, na Vine Street, sobem no ar claro e fresco com tal nitidez, que às vezes tenho a impressão de que há estranhos dentro do quarto, falando alto. O vento nos traz os ruídos do bulevar. Pregões de vendedores de jornais, sons agudos de buzinas, e principalmente vozes humanas — vozes alegres, com pouco ou muito uísque, vozes de pares que enchem as calçadas em suas andanças de bar para bar, de cabaré para cabaré.

A família não se resigna a passar assim tão rapidamente por Hollywood, da qual vimos apenas as ruas centrais num rápido passeio noturno. Prometo-lhes que voltaremos para ficar aqui por muitos meses, depois de terminado meu curso em Berkeley.

Na manhã seguinte entramos num trem colorido e confortável, de marcha veloz mas doce. Os cheiros de flit, estofo, couro e linóleo dão ao carro em que nos instalamos uma atmosfera de casa nova e limpa.

Em Los Angeles o cônsul do Brasil me entregou um cheque de meus editores de Nova York, de sorte que com esse papelucho verde na carteira sinto-me encorajado a gastar os últimos dólares num grande almoço. As toalhas do carro-restaurante têm uma brancura imaculada. Os garçons são atenciosos mulatos de ar patriarcal.

Estamos atravessando o vale de San Joaquin. Colinas com veludosos tons de mate, manchadas de bosquetes dum verde escuro, quase negro, desdobram-se maciamente sob um sol de ouro temperado por uma névoa leitosa, transparente como um véu. O vale está tapetado de flores cujos nomes, como bom brasileiro, ignoro. Aos poucos vão aparecendo laranjais, limoeiros, bosques de eucaliptos, vinhas imensas; e avenidas de palmeiras-reais que se espicham em perspectivas longuíssimas contra a encosta azulada das montanhas; e pastagens dum verde novo e lustroso, granjas brancas em estilo de missão espanhola, montes de feno, moinhos de vento, pomares...

Mariana declara que esta é exatamente a Califórnia com que ela sonhava. E eu, com um tolo orgulho, verifico que esta é precisamente a Califórnia que eu lhe prometia.

O FIM DA LINHA

Quando chegamos a Berkeley é noite fechada. Creio que somos os primeiros e os últimos a descer do trem. A plataforma, mergulhada na sombra, parece deserta. Cá estamos nós cercados de nossas malas e de nossas dúvidas, enquanto o trem começa a se movimentar outra vez, rumo de Oakland. O ar está frio, com um leve toque de umidade.

Sombras movem-se na sombra. Dois vultos avançam na nossa direção. Um homem retaco, de óculos, aproxima-se de mim, sorridente, e arrisca:

— O senhor é o doutor, professor...?

Diz o meu nome. Está claro que não sou doutor nem professor, mas o nome que ele acaba de pronunciar é sem a menor dúvida o meu.

— Sim, e o senhor?

— Sou Yacov Malkiel, do Departamento de Espanhol e Português da Universidade. O doutor Morley, diretor do departamento, manda-lhe as boas-vindas.

Tudo isso é dito num tom português de Portugal, muito claro e muito cantado. Outro vulto se aproxima.

— Este é Don Madrid — apresenta Malkiel —, aluno da universidade.

Don Madrid — cujas feições também não posso discernir com clareza — fala um português sofrível. Um terceiro vulto avança. Reconheço com alegria o meu amigo Saboia Lima, cônsul do Brasil em San Francisco. No seu trancão calmo, ele se aproxima de nós, e com sua inalterável fleuma, me aperta a mão e depois cumprimenta os outros membros da família.

Surge então um desses probleminhas tolos mas inevitáveis. Ir no carro de Mr. Madrid ou no do cônsul? Para o hotel onde a universidade nos reservou cômodos ou para o hotel que Saboia Lima nos recomenda?

O cônsul me chama à parte:

— O Departamento de Espanhol reservou cômodos para vocês no Chattanooga. É um hotel triste de gente velha.

Fico indeciso.

— Mas você compreende — digo —, não quero criar um caso assim de chegada. Com você tenho intimidade, ao passo que com o departamento...

E o departamento passa por ser uma entidade respeitável, uma pessoa de cerimônia, importante e grave.

Saboia Lima encolhe os ombros.

— Bom, filho, quem vai morar no hotel são vocês, portanto...

Enquanto minha família entra no Packard do cônsul, eu me meto no forde-de-bigode de meus novos amigos. Madrid explica:

— Esta lata velha estava fora de combate, mas com a guerra e a falta de automóveis ela voltou ao serviço.

— Mas está magnífica! — asseguro-lhe.

Estamos os três no banco da frente. Vou ensanduichado entre o prof. Malkiel e Don. O primeiro me pergunta:

— Vossa excelência fez boa viagem?

Vossa excelência! É indescritível o que sinto ao ouvir essa expressão formalista. É como se eu estivesse no palco do São Caetano tomando parte numa peça representada por atores portugueses.

— Oh... ótima, muito obrigado.

Depois duma pausa, o prof. Malkiel diz:

— Há vários alunos muito interessados no seu curso...

— Palavra que não entendo! — exclamo, num súbito acesso de franqueza.

— Que é que o ilustre colega não entende?

Faço um sinal na direção da rua sombria.

— Este país está em guerra. Há *dim-out* nestas cidades, pois uma esquadrilha japonesa pode duma hora para outra soltar bombas em cima dos estaleiros e dos navios que estão na baía. Milhões de soldados acham-se lutando, em várias frentes, na mais cruenta das guerras... Os civis trabalham nas indústrias de guerra. Velhos aposentados vêm ocupar na vida civil o lugar dos moços que o Exército chamou. O ca-

87

lhambeque de nosso amigo Don foi também chamado ao serviço ativo. O mundo está convulsionado. E ainda há gente que pensa em assistir a um curso de literatura brasileira.

Don solta uma risada. Mas Malkiel limita-se a sorrir.

— Vossa excelência é muito modesto — murmura ele.

O auto desliza ao longo de ruas sombrias. Há em tudo aqui um ar de coisa antiga. Este Ford, esta cidade acadêmica e morta, a prosódia portuguesa do prof. Malkiel — tudo isso me dá uma sensação esquisita que não consigo definir. Em todo caso posso desde já afirmar que não era esta a Berkeley que eu esperava.

Poucos minutos depois estamos todos no saguão do Chattanooga Hotel, vagamente violáceos sob uma luz fluorescente.

Neste *lobby* superaquecido vejo uma coleção de velhos e velhas que conversam em voz baixa, lêem jornais ou então se movimentam dum lado para outro. (Esta é a terra dos velhos inquietos.)

Despedimo-nos de nossos amigos e, depois de passar pela gerência, subimos ao nosso apartamento — duas peças razoavelmente amplas, com um quarto de banho. A mobília é antiga. Os tapetes que cobrem o chão, escuros. O aspecto geral é de discreta tristeza: o tipo de quarto para um professor aposentado, viúvo ou solteirão, passar nele os últimos anos de sua vida.

Aqui estamos a nos entreolhar em silêncio. Mais um dia e mais um hotel em nossas vidas! Abrimos malas, examinamos gavetas, guarda-roupas, cômodas; experimentamos torneiras; olhamos de perto os quadros...

Dentro de vinte e quatro horas estaremos habituados a este ambiente como se tivéssemos passado aqui toda a nossa vida.

Abro a janela que dá para os fundos do hotel. Esfumadas pela névoa, brilham indecisas as luzes de San Francisco, lá do outro lado da baía. Os telhados de Berkeley estão úmidos de sombra. Fico por um instante a escutar os ruídos da noite que o nevoeiro parece amortecer.

Depois sento numa poltrona e procuro descrever para mim mesmo o que sinto. Que será? Fecho os olhos, penso, recordo, indago. Aspiro o cheiro deste quarto por onde passaram tantas vidas, tantas histórias. Concluo finalmente que isto tudo já aconteceu há muitos anos. Não estamos em 1943, não. Viajamos para diante no espaço, mas recuamos no tempo e viemos parar nesta cidade, neste hotel, neste ponto do passado. Murmuro nomes de pessoas e coisas de hoje. *Franklin Delano Roosevelt... bazooka Hitler... ciclotrônio... penicilina.* Inútil. São palavras que não significam nada, pois designam pessoas que ainda não nasceram, coisas que ainda não se inventaram ou descobriram.

Levanto-me e pergunto:

— Vocês querem descer e caminhar um pouco pela cidade?

A resposta é negativa. Estão todos cansados e pretendem ir para a cama cedo. Desço e saio. Estou na Shattuck Avenue, a via comercial de Berkeley. Pelo centro dela passa iluminado o trem elétrico que vai para San Francisco, através da grande ponte. Das *food shops* sai o cheiro de picles e frituras — o mesmo cheiro que havia em Miami, o mesmo cheiro que me perseguiu há mais de dois anos através de Washington, Nova York, Saint Louis, Baltimore, Denver...

Um nevoeiro baixo encobre o topo dos morros. Que luzes estranhas serão aquelas? São os feixes dos holofotes que fiscalizam as estradas do céu. Num *drugstore* a voz de Frank Sinatra, escorrendo de dentro dum *jukebox* pede à sua bem-amada que não lhe atire buquês, pois os outros vão pensar que eles estão apaixonados. Mais adiante Bing Crosby e as Andrew Sisters cantam em coro que vai haver o diabo quando os ianques entrarem em Berlim. Dois homens saem do café e eu ouço a voz de um deles: *It's a long way to Berlin, brother.* Sim, irmão, Berlim está longe. Quando sairá a invasão? Essa é a pergunta que leio no cabeçalho dum jornal, a uma esquina, sob um combustor de luz amortecida. Berlim está muito longe. E a paz, mais longe ainda. Neste mesmo jornal, nesta mesma primeira página, alguém já fala na terceira guerra. É uma idéia horrível. Chega a dar calafrios. Deve ser por isso que sinto um arrepio nesta noite de Berkeley.

Lembro-me de que a universidade fica para a banda das colinas. Encaminho-me para lá. Depois duns três minutos de marcha, avisto o paredão do estádio e o maciço das árvores do *campus*. O ar cheira a eucalipto molhado. Há um mistério nessas sombras do parque adormecido, através do qual dentro de um mês andarei caminhando na minha rotina semanal de aulas.

Fico olhando as árvores em silêncio. Ouço ruídos de ramos que se quebram, de folhas secas pisadas. É singular esta sensação de solidão e quase de medo que sinto agora como se eu estivesse perdido numa floresta. Perdido na floresta... Lembro-me da história de Joãozinho e Ritinha perdidos na mata, por culpa dos pais. Penso nos jovens americanos que neste mesmo instante estão morrendo e matando nas várias frentes de batalha. São também crianças perdidas na floresta, por culpa das gerações que as precederam. Os mais velhos não souberam preservar a paz. Embora afirmassem que detestavam a guerra, fizeram e disseram coisas que acabaram conduzindo-os à guerra. De nada serviu o sacrifício dos outros soldados americanos que em 1917 foram "regar com o seu sangue as papoulas de Flandres". O sacrifício se repete. Haverá salvação para Joãozinho e Ritinha?

Vejo sombras minúsculas. São coelhos ou esquilos — vultos ariscos que se silhuetam de repente na penumbra e num segundo se dissolvem nas sombras mais fundas.

Faço meia-volta e me encaminho para o hotel.

POEMA PARA O CHATTANOOGA HOTEL

Se eu fosse poeta, escreveria um poema para o Chattanooga Hotel. Vou enumerar, sem metro nem rima, os elementos desse poema.

As velhinhas verdes que passam encurvadas, enfeitadinhas e risonhas, pelos corredores superaquecidos que têm um cheiro quente e limpo de roupa recém-passada a ferro...

Os velhinhos empertigados, os professores de cavanhaque e pincenê, que lêem livros incríveis sentados nas poltronas do *bobby*. Uma certa velha, vestida de acordo com a moda de 1912 e que sempre está escrevendo cartas àquela escrivaninha ali perto do elevador...

A nossa vizinha, dama inglesa idosa e viúva, que já nos levou ao seu quarto, nos mostrou o retrato do falecido — um juiz togado de vastos bigodes — e que tem o diário de sua vida e suas viagens em doze volumes encadernadinhos, enfileirados na prateleira... (Oh! se eu pudesse ler esse diário!)

O perfume daquela senhora triste, de cabelos completamente brancos — um perfume seco, remoto, morto, que evoca bailes com valsas, quadrilhas, oficiais com dragonas, leques, mantilhas, e essa mesma lua que ainda hoje ilumina as colinas de Berkeley...

E o homem triste do elevador, que caminha apoiado em muletas. E o velho magro, calvo, sardento e de olhos compridos, que fica de plantão à noite. Os ruídos do *drugstore*, no andar térreo — suco de laranja! dois *milk-shakes*! roscas a dois! bolo de baunilha! *ice cream!* — batidas de pratos, tinir de colheres, e as vozes musicais das garçonetes que sonham com a hora da saída, pois os *boyfriends* estarão esperando ali na esquina, para irem com elas ao cinema, ao rinque de patinação, aos *dancings*...

E o *bellboy* filipino de cabelos besuntados de brilhantina... E uma coleção de cachorrinhos de estimação — uns melancólicos, de orelhas caídas; outros antipáticos e agressivos; outros apenas aborrecidos...

E os casais de velhinhos que de braços dados saem para o cinema... Ah! E principalmente esses septuagenários e octogenários que à hora das refeições me causam inveja, porque comem com gula, sem a menor reserva, pepinos, salsichas, chucrute, presunto com ovos e toucinho frito...

Nesse poema naturalmente entrariam também quatro brasileiros que andam dum lado para outro como peças soltas numa velha máquina — às vezes deprimidos, outras vezes exaltados... Quatro brasileiros para os quais o simples ato de escolher um almoço é uma aventura.

É BOM ESTAR AQUI...

Teria valido a pena deixar o Brasil para vir morar nesta pacata cidadezinha universitária, sem encanto nem imprevistos?

Às vezes chegamos a detestar o hotel, os seus cheiros, os seus sonidos, as suas gentes... Procuramos em vão uma casa para alugar. Berkeley tinha pouco mais de oitenta mil habitantes antes da guerra. Agora tem cerca de cento e vinte mil, pois milhares de pessoas que vieram trabalhar nos estaleiros de Oakland, Richmond, Alameda e San Francisco instalaram-se aqui. Os hotéis estão superlotados e todas as casas alugadas. Vivemos lendo os "Aluga-se" de todos os jornais. De vez em quando temos uma esperança. Um dia escalamos uma colina, por uma estrada íngreme, porque o jornal anunciou que a casa moderna lá no alto daquele morro verde está para alugar. Ofegantes, ansiosos, cansados, chegamos finalmente à vivenda encantada, para descobrir que ela foi alugada apenas há duas horas!

Descemos para o vale num silêncio de derrota.

Temos ainda outros problemas. As crianças emagrecem. Estão pálidas, e sua magreza faz que seus olhos escuros ainda pareçam maiores. Não gostam das comidas dos restaurantes e acham que podem viver de sorvetes e *milk-shakes*. Apavorados à idéia de que alguém lhes possa dirigir a palavra em inglês, andam sempre agarrados a nós, de sorte que quando caminhamos pelas ruas somos como esses peixes grandes que carregam colados ao ventre peixinhos parasitas.

Como o ano letivo ainda não começou, as ruas estão agora um pouco despovoadas de estudantes. O que vejo são marinheiros e soldados — jovens entre dezessete e vinte anos — que fazem cursos militares especiais na universidade.

Saio à frente em passeios solitários pelas ruas de Berkeley. É interessante andar por um mundo de desconhecidos. É quase o mesmo que não existir. Agora eu sei como deve sentir-se um fantasma. Mas esse papel de espectro me agrada pelo que tem de novo e repousante. Diverte-me, dando-me além de tudo uma sensação de humildade e ao mesmo tempo de segurança.

Nos dias em que a névoa que vem do Pacífico desce sobre a cidade, entrando-me também no cérebro, tenho de recorrer a um remédio que descobri há pouco, e que tem a virtude de me reanimar. Entro no *campus* da universidade e vou deitar-me num de seus tabuleiros de relva e fico a contemplar a esguia torre que se ergue no centro do parque, e cujo carrilhão de hora em hora toca melodias folclóricas, religiosas ou cívicas. Olho as árvores tranqüilas, as nuvens e os esquilos; as cores amareladas que o outono começa a pintar nas folhas; os grandes edifícios que dentro de uma semana estarão vibrando ao som das vozes e dos passos de milhares de estudantes... Penso nas gentes que vou conhecer, nas coisas que vou fazer e concluo que no fim de contas é bom estar aqui, neste lugar e nesta hora.

Volto para o hotel, de mãos nos bolsos, assobiando furiosamente.

O CÔNSUL ILUMINADO

Saboia Lima me comunica que "el muy distinguido señor d. Roberto de Bermejo y Bermejo, cônsul de la Republica de Metagalpa" (vamos fazer de conta que existe na América Central um país com esse nome), vai deixar sua casa de Fulton Street, nº 3650, pois acaba de ser transferido para Nova York. Se nos apressarmos talvez consigamos que ele me trespasse seu contrato de aluguel. Atravessamos a ponte no Packard do excelente Saboia Lima, e quarenta minutos depois paramos em San Francisco, diante duma casa quadrada, de tijolos nus, com um ar pesado e maciço de fortaleza.

Apertamos o botão da campainha da porta e S. Exa. o cônsul de Metagalpa vem pessoalmente nos receber.

— *Mi querido amigo* — exclama ele, abraçando o cônsul do Brasil.
— *Pero que agradable sorpresa...*

Apresentações, apertos de mão, curvaturas, amabilidades. Vejo uma escadaria sólida, de madeira lavrada, que leva ao andar superior. Meus pés afundam num tapete azul e fofo. Avisto num relance minha cara no fundo dum espelho de moldura dourada. Passamos para o vasto *living room*, onde há uma lareira acesa, poltronas orelhudas estofadas de veludo cor de vinho, um pesado sofá, um piano de cauda e muitos candelabros e lustres dourados. As paredes estão forradas de damasco cor de ouro velho. Os rodapés de madeira têm quase um metro de altura. Esta não é positivamente a casa que eu escolheria de livre vontade para morar. Mas acho-a confortável, sólida, e quase acolhedora. Depois — concluo —, ela é diferente. Tem aquele jeito, aquela atmosfera que a gente espera encontrar em terras estrangeiras.

Mas por que estou a perder tempo com descrições dum interior inanimado quando tenho diante de mim um tão esplêndido exemplar humano?

D. Roberto é um homem alto e corpulento, cujo rosto ostenta as cores da saúde e da prosperidade. Respira e transpira otimismo. Tem um princípio de obesidade, uma voz retumbante e musical e, segundo me informaram, antes de ser cônsul de seu país era vendedor de rádios em San Francisco.

— Que bebem? — pergunta ele. — *Whiskey and soda*, gim... um Porto?

Aceitamos um *high-ball* e quando poucos minutos mais tarde estamos todos empunhando nossos copos, Saboia Lima conta a d. Roberto de minhas pretensões.

— Deixarei esta casa dentro duma semana. Tudo dependerá dum entendimento com Mistress Burke. — E num cochicho teatral, explica: — É a "viejecita" dona da casa. Tão gentil, tão querida, "tan distinguida". Digo-lhe sempre que sou seu *papacito*, ela me traz flores, e minha senhora a adora. Mistress Burke mora num pequeno apartamento no subsolo desta casa. Tão solitária, *pobrecita*!

D. Roberto passa a falar na sua carreira. Agora, sim, vai ter uma grande vida. Nova York é um consulado muito movimentado, e sua transferência equivale a uma promoção. Num assomo de entusiasmo, faz confidências:

— *Mirem*, vou contar a vocês um segredo. *Mi mamá e mi madriña* estão trabalhando para conseguir que me nomeiem embaixador de Metagalpa em Washington...

Tenho uma visão dessa mirífica república em que gordas mamãs e titias influem na política.

D. Roberto sorri, feliz, com os olhos muito brilhantes. Compreendo que está vivendo um grande momento de sua vida.

Espero que se faça a pausa respeitosa que deve separar dois assuntos de natureza tão diversa — os negócios estrangeiros da República de Metagalpa e meus miseráveis interesses particulares — e começo a fazer perguntas sobre o preço do aluguel, o número de peças que tem a casa... Olho as estufas elétricas e indago:

— Perdoe a indiscrição... mas quanto gasta de luz por mês?

D. Roberto fica pensativo por um instante, estica o lábio inferior, entorta a cabeça e finalmente diz:

— Doze dólares...

Anima-se de súbito, ergue o braço num gesto que lembra um floreio de espadachim e explica, glorioso:

— *Si, pero yo me ilumino mucho!*

Ergue-se e sai a apertar em comutadores, a acender lâmpadas cuja presença eu não havia notado — vermelhas, verdes, brancas — e em breve, ante o meu silencioso horror, a sala está toda acesa, como uma árvore de Natal.

— *Y que tal?* — pergunta d. Roberto de Bermejo y Bermejo, sorrindo no meio do *living room*.

Refletidas no seu copo de uísque, as lâmpadas coloridas parecem pequenas estrelas naufragadas num lago de âmbar.

GOOD NEWS!

O *dim-out* foi hoje levantado em toda a costa norte-americana do Pacífico. Os capuzes opacos foram retirados dos combustores das ruas. Tornam a brilhar os letreiros neônios.

À noite, de nossa janela, avistamos San Francisco, lá do outro lado da baía, como um enorme presepe, todo enfeitado de luzes coloridas, pisca-piscando através da bruma noturna.

ESPETÁCULO

Hoje é o *Commencement Day*, isto é, o dia em que a universidade faz a entrega solene de diplomas. A cerimônia vai realizar-se ao ar livre no teatro grego. Recebo uma entrada e instruções. Devo estar às dez menos quinze junto ao Campanile, onde haverá uma concentração de professores, os quais seguirão depois em procissão, rumo do anfiteatro. Miro o bilhete, pensativo, e decido que será muito mais divertido assistir ao show como espectador e se possível sem casaco.

Perto das dez encaminho-me para o Greek Theater. A manhã veste as cores da Universidade da Califórnia: ouro e azul. O ar, fresco e doce, cheira a névoa. Aviões sobrevoam Berkeley. De todos os pontos do *campus* e das colinas vizinhas, das ruas e casas próximas, rapazes e raparigas caminham para o teatro grego como formigas disciplinadas rumo do formigueiro. Ver essas caras jovens iluminadas por um sol também jovem (Ó! astrônomos, perdoai os pobres poetas, que não sabem matemática!), ver esses corpos esbeltos e elásticos que caminham num ritmo ao mesmo tempo rijo e gracioso — equivale para mim a um tônico, a uma injeção de otimismo. Absorvido pelos meus próprios pensamentos, esqueço por um instante o espetáculo a meu redor. Os latinos acusam os americanos de não terem alma poética. Uns chegam ao exagero de afirmar que os Estados Unidos são um país sem poesia. Mas por acaso esta universidade com estes rapazes e raparigas em flor não será um grande poema vivo? E esses parques públicos? Esses jardins? Essa alegria diante da vida? Esse amor às cores e à forma, ao ritmo e à música? Tudo isso não será, porventura, poesia aplicada?

O teatro grego fica dentro dum bosque de eucaliptos e, segundo me informa o estudante de óculos com o qual acabo de fazer camaradagem, foi construído de acordo com o plano do teatro de Epidauro da Grécia, e pode acomodar oito mil e quinhentas pessoas sentadas.

Descubro um lugar ideal à sombra de árvores, num declive coberto de relva que se ergue depois dos últimos degraus da arquibancada, bem no alto do anfiteatro. Os estudantes começam a encher os degraus de pedra cinzenta. Por trás do palco ergue-se uma muralha, ao longo da qual cai enorme bandeira dos Estados Unidos. Na frente desse paredão estende-se uma fileira de colunas dóricas. Ao longo do semicírculo do estádio, ao alto, bandeiras coloridas tremulam ao vento. Os carrilhões do Campanile batem as dez horas e depois começam a tocar um hino religioso. De tão vibrante e clara, a música dos sinos parece aumentar a luminosidade do ar. Numa sensação de bem-estar que promete transformar-se em exaltação, tiro o casaco e sento-me na relva. O meu novo amigo apresenta-me uma colega que acaba de chegar. *Hello!* — diz ela, como se fosse uma velha conhecida. Senta-se também junto de nós, abre a bolsa, tira dela um par de agulhas de galalite e um novelo de lã amarela e começa a tricotar.

Estudantes em uniforme da Marinha entram por um lado do teatro, ao mesmo tempo que outros colegas metidos no fardamento do Exército entram pelo lado oposto. Dentro de alguns minutos acham-se todos acomodados lá embaixo: uma mancha azul-marinho e uma mancha cáqui.

As arquibancadas estão repletas de estudantes em trajos civis. A banda da universidade começa a tocar uma marcha processional. O som de seus instrumentos metálicos como que se esfarela no ar em partículas faiscantes.

— A procissão! — grita alguém perto de nós.

Olhamos. Assoma ao portão, do lado esquerdo do palco, a bandeira norte-americana, conduzida por um cadete ladeado por dois soldados. Seguem-se outras bandeiras e estandartes. Vem depois o presidente da universidade, seguido de centenas de professores, em fila dupla. Estão todos de borla e capelo. É um cortejo negro e grave, em contraste com o azul do céu, o ouro do sol e a população inquieta e jovem das arquibancadas.

Em passo lento e ritmado a procissão desfila pela frente do palco, e em breve todos os professores se instalam nas cadeiras, na frente das imponentes colunas. A banda toca o hino nacional norte-americano, que a multidão canta, de pé. A seguir um capelão da Marinha pede a bênção divina para esta cerimônia.

Não me interessa contar o que disseram os oradores; nem descrever o ato da entrega dos diplomas e dos títulos honoríficos. Minha atenção fica todo o tempo voltada para esse maravilhoso quadro.

Olhado aqui do alto, o grupo de marinheiros lá embaixo semelha uma lagoa dum azul profundo, e seus gorros brancos parecem marrecos boiando à tona d'água, em formação militar.

Passeio o olhar pelas arquibancadas onde os suéteres coloridos das alunas inquietas lembram um calidoscópio em contínua mutação de desenhos. E as caras! Vejo criaturas entre dezesseis e vinte e três anos, com as fisionomias mais variadas. Há aqui descendentes de ingleses, escandinavos, alemães, espanhóis, judeus, mexicanos, filipinos, chineses... Os cabelos têm todos os tons imagináveis — louros, ruivos, castanhos, pretos, cor de palha. Quanto rosto sardento! Que belas dentaduras! E como esses jovens fazem barulho, como gritam e cantam e se agitam!

O vento nos traz o perfume dos eucaliptos. Agora uma borboleta amarela deixou o bosque em torno, e voa sobre o anfiteatro. Muito mais alto, num vôo ruidoso, passam aviões de guerra. A banda do colégio começa a tocar uma polca de Chostakovitch. É uma peça cheia de dissonâncias. Alguns estudantes riem, pois não podem seguir a melodia. Num dado momento a turba entra num solo caricatural. As risadas aumentam e de repente, ante um floreio do grave instrumento, rompe uma gargalhada geral, que agita as arquibancadas, que sobe no ar, dominando o ronco dos aviões, a música, tudo...

Ocorre-me então que este espetáculo é bem simbólico desta nação. Essa mistura de Chostakovitch e Grécia antiga, de filhos de imigrantes e de togas acadêmicas; de aviões de guerra e borboletas; de colunas dóricas e goma de mascar — todas essas coisas são os Estados Unidos, "nação de nações", expressão de aventura, mocidade e força construtora.

Acho que estou vivendo um grande momento. Sinto-me enriquecido e feliz por ter vindo.

Diário de San Francisco
(de 24 de outubro de 1943 a 28 de junho de 1944)

O SOLAR DE METAGALPA

24 de outubro. Grande dia! Vamos nos libertar das velhas esverdinhadas e dos cheiros do Chattanooga Hotel. Vamos abandonar a peregrinação através dos cafés e restaurantes, e a nossa dieta de peixe e legumes. Depois de longas negociações com o agente de Mrs. Burke, consigo convencê-lo de que meus filhos são verdadeiros anjos, e que saberão respeitar as poltronas de veludo, os espelhos, os tapetes e os móveis da casa de Fulton Street. Mr. Costelo, um homem cinqüentão e calmo, me informa em tom confidencial: "Mistress Burke é um *odd character*". Com isso quer dizer que nossa senhoria é uma pessoa esquisita, estranha, excêntrica. "Vive sozinha" — acrescenta —, "e a solidão lhe ataca os nervos. Só desejo que o senhor e sua família se dêem bem com ela." Asseguro-lhe mais uma vez que somos "gente direita". Assino um contrato pelo prazo de um ano e pago adiantadamente a importância correspondente ao aluguel do primeiro e do último mês.

Atravessamos a baía, sempre no automóvel do providencial Saboia Lima, e com armas e bagagens nos instalamos na casa que ainda guarda vestígios da imensa personalidade do cônsul de Metagalpa.

Minha mulher está vagamente assustada. O casarão tem quinze peças: um vasto *living room*, três quartos de dormir, duas salas de refeições — uma para o *breakfast* e a outra para o almoço e o jantar; três quartos de banho — isso sem contar o subsolo e os *halls* da escada, que são dum tamanho exagerado. Sinto um vago remorso por ocupar com tão pequena família esta casa tão grande, num tempo em que tantos lutam com tanta dificuldade para encontrar acomodações.

Essa profusão de tapetes, gavetas, espelhos, cubículos, lâmpadas, candelabros e lustres nos desnorteia um pouco. Saímos os quatro a explorar a mansão de Mrs. Burke, símbolo do novo-riquismo que se ergueu neste país na crista da onda de prosperidade surgida após a Primeira Guerra Mundial. Levamos verdadeiros sustos ao descobrir vultos de estranhos no fundo de peças sombrias, mas acabamos verificando que são as nossas próprias imagens refletidas em espelhos inesperados. Dentro de poucos minutos, porém, Clara e Luís já têm intimidade com a casa, correm dum lado para outro, fazem descobertas que os deixam excitados — revistas antigas, livros de gravuras. E sua alegria cresce quando encontram numa prateleira, dobrada com patriótico carinho, a bandeira de Metagalpa. Organizam uma parada ruidosa, e saem a marchar por toda a casa enrolados no pavilhão tricolor.

A BOMBA

25 de outubro. Mrs. Burke nos visita, trazendo uma braçada de flores. É uma senhora sessentona e gorda, de cabelos completamente brancos, mas de rosto liso e rosado. Conta-nos que é viúva e que nos tempos do falecido viajou por todo o mundo. Leva-me até o *living room* e mostra-me uma coleção de bugigangas — bonecos, bibelôs, livros miniaturais, jóias — recordações de todos os países por onde passou. Confessa-nos que anda muito nervosa, pois seu neto de dezenove anos é "paratrooper" e está na Inglaterra, preparando-se para tomar parte na invasão do continente. Dá-nos as boas-vindas e as flores, faz algumas recomendações e volta para o seu apartamento. Quando ela sai, Mariana pergunta:
— Qual é a tua impressão?
— Nem boa nem má. Mas seria melhor que ela morasse noutro lugar.
Sabendo que essa senhora solitária e nervosa mora lá embaixo, vamos viver com a impressão de que temos no subsolo uma bomba que pode explodir a qualquer momento.
— E se explodir... que podemos perder? — pergunta minha mulher filosoficamente.
— Sabes duma coisa? — digo. — A minha impressão é de que ela gostou bastante de ti e do Luís, menos um pouco de Clara, e nada de mim.
Mariana me olha em silêncio por alguns segundos e depois conclui:
— É possível. Deve ser racista e desconfiou da cor de tua pele.

O RELÓGIO

Ainda a 25 de outubro. Oito da noite. Decidimos ver o que é que há no porão da casa, na parte que nos toca por contrato. Organizamos uma caravana e preparamo-nos para a excursão. Clara e Luís estão metidos nos seus pijamas de pelúcia. "Não façam barulho" — recomendo. Não convém dar à nossa senhoria motivos de queixa desde o primeiro dia.
Descemos a estreita escada que leva ao subsolo e penetramos numa sala onde impera um grande bilhar *snooker*. Ao verem as bolas coloridas, as crianças precipitam-se sobre elas, falando alto, e começam a atirá-las umas contra as outras, procurando também metê-las

nos bojos que se abrem nos quatro ângulos da mesa. "Silêncio!" — digo eu, quase berrando.

As paredes desta sala estão cobertas dum papel num tom de folhas secas, com figuras em duas cores representando nobres ingleses que saem nos seus redingotes escarlates para a caça à raposa. Penso nos tempos do falecido, quando esta *room* — mais nova e mais alegre — vibrava ao som de risadas, das claras batidas das bolas de bilhar e do tinir dos copos cheios de uísque escocês. Chego a "ver" Mr. Burke, que imagino alto, vermelho e de olhos muito azuis — a fazer carambolas. E Mrs. Burke, moça e delgada, com uma bandeja de sanduíches nas mãos, obsequiando os convidados.

Sentimo-nos como intrusos nesta casa. Essa idéia nos leva a andar na ponta dos pés e a falar em cochichos...

Vejo em cima de velho fonógrafo afônico um belo relógio e imediatamente concluo que ele ficará muito bem em cima da lareira do *living room*. O relógio parou na meia-noite dum dia remoto, e aqui está como uma coisa inútil e morta. Seja como for, tem um valor decorativo e por isso decidimos levá-lo para cima. Clara toma-o nos braços com todo o cuidado. Apagamos as luzes e tratamos de voltar.

Sst! — faço eu. Tenho a impressão de que estamos cometendo um roubo. Todo cuidado é pouco. É preciso que Mrs. Burke não nos ouça... Quando estamos no meio da escada, o silêncio é de repente varado por nervosas badaladas de sino. De-lêin-de-lêin-de-lêin! O velho relógio acordou! Acordou e falou depois de... quantos anos? Clara estremece, seus olhos se abrem desmesuradamente. Por alguns instantes o relógio badala como um doido. Depois torna a calar-se. Voltamos para cima na ponta dos pés...

TRINTA SEGUNDOS...

Dez da noite. Estou só no *living room*, olhando para os anjos barrigudos esculpidos em alto-relevo no frontispício da lareira. Um grande silêncio pesa sobre esta casa. Vejo através da janela as luzes da avenida Park-Presídio. Passeio os olhos em torno. Um fantasma toca um noturno no piano de cauda ali no canto... Vozes falam na minha memória. De repente tenho a impressão de que mais alguém está comigo nesta sala. A alma do falecido Mr. Burke? Ergo os olhos. Ah! É um busto de mármore que, de cima dum armário envidraçado, me contempla com seus olhos vazios: é uma rapariga de perfil clássico, com um chapéu à moda do século XVIII. Acho-o detestável, dum mau gosto clamoroso. É preciso tomar uma providência com relação a essa monstruosidade. Remover o busto para o porão? Escondê-lo numa gaveta? Descubro solução mais simples. Aproximo-me da cara de mármore e com uma caneta-tinteiro pinto nela um bigode. É o meu sinal de protesto — a maneira mais discreta que encontro para dizer que não levo a sério essa poltrona. O silêncio continua. Tento convencer-me de que *moro aqui*. Sim, senhor — reflito —, estamos em San Francisco, cidade pela qual sempre tive grande fascinação. Nesse fascínio haverá um toque de morbidez, porque o nome San Francisco evoca em mim coisas sinistras. No fim de contas — concluo — ela não passa duma cidade burguesa, duma cid...

Diabo, que é isso? Tenho a impressão de que dançam e batem pés no andar superior. Impossível. Deve ser na casa vizinha. Mas não: alguém — talvez um gigante, talvez um súbito furacão — está sacudindo a casa... Alguém? Minhas mãos agarram com força as guardas da poltrona. Com o busto retesado, espero... A casa toda agora treme, o lustre que pende do teto, no centro da sala, oscila dum lado para outro. Um tremor de terra! Sim, sem a menor dúvida.

Que fazer? Sair para a rua? Correr para cima? Esperar? Que sei eu! Imóvel, olho e escuto... O tremor continua. Quanto tempo durará? Um minuto, dois, dez? A casa agüentará? Ou vai desmantelar-se? O lustre dança. O chão como que ondula. Vigas estalam, copos tinem, vidraças tremem.

De repente o tremor cessa. A cara branca de mármore continua a fitar em mim os olhos vazios. Os anjos da lareira permanecem imperturbáveis. Ergo-me e corro para cima.

Mariana acha-se no meio do quarto, com uma indescritível expressão no rosto, mistura de susto e de curiosidade.

— Que foi isso? — pergunta.

— Um terremoto, minha gente. Legítimo!

Clara e Luís prorrompem em exclamações, pulando da cama. Descemos os quatro, alvoroçados, e vamos abrir o rádio. Porque estamos ansiosos por ouvir a descrição do "nosso" tremor de terra. Dentro de poucos minutos a voz grave e melodiosa do *speaker* dá a notícia. A duração do tremor foi de três minutos, segundo o sismógrafo da universidade. *Acredita-se que esse tremor tenha sido o mais forte e prolongado, de-*

pois do grande terremoto de 1906. Ao ouvir essas palavras nós nos entreolhamos com certo orgulho. Porque, para usar uma expressão de meu filho, dessa vez "nós tomamos parte na coisa".

ECOS

26 de outubro. Lemos nos jornais da manhã notícias do tremor de terra da noite passada. Em Oakland um violinista famoso executava uma ária, num concerto, quando o teatro começou a tremer. Houve um princípio de pânico, e muitos espectadores ergueram-se para fugir. O artista não perdeu a calma. Interrompeu a ária e começou a tocar de maneira vibrante o hino americano. O público acalmou-se como por encanto e ficou de pé, imóvel, escutando em atitude respeitosa.

Num teatro de San Francisco, John Carradine e sua companhia representavam o *Hamlet*, de Shakespeare. Recitava Carradine o famoso solilóquio — *To be or not to be* — quando o tremor principiou. Registrou-se um princípio de tumulto, mas o ator apenas ergueu um pouco a voz, e tudo continuou como se nada tivesse acontecido.

Observação dum romancista: cenas como esta última, quando incluídas num romance, parecem inverossímeis, rebuscadas e artificiais.

AS VELHAS NÃO MORREM NA CAMA

30 de outubro. É gostoso começar de novo: explorar os arredores, descobrir onde fica a mercearia mais próxima, o cinema, o correio, o mercado. Está claro que não temos nem nunca esperamos ter criados. De dois em dois dias vamos "chopear", palavra que acabamos de criar para uso interno, aportuguesando o verbo *to shop*, que significa ir às lojas fazer compras. Afreguesamo-nos numa pequena mercearia cujo caixeiro se chama Schmidt, nasceu na Alemanha e fala inglês com forte sotaque, num desperdício de erres rolados. No segundo dia toma intimidade comigo. Quando me vê cantarola: "Veríssimo... pianíssimo... generalíssimo". É um homem de meia-idade, sempre barbeado e limpo, e que apesar de trabalhar nesse mercadinho de San Francisco tem cara de confeiteiro de Berlim.

Sinto um certo prazer em tomar conhecimento duma série de aspectos da vida doméstica e burguesa e faço isso com um interesse que é em parte profissional e em parte humano. Dentro de pouco estou conversando com essas senhoras que vêm ao *market* com cestos no braço. Ficam todas alvoroçadas (trópico... rumba... cinema... viagens) quando lhes digo que sou do Brasil. Discutimos a falta de criadas, o preço dos gêneros, e — ah! o grande, o supremo assunto destes dias! — o problema do caderno de racionamento. Os ricos pontos vermelhos! São mais preciosos que jóias ou perfumes. Valem até mais que *money*, uma vez que não podemos comprá-los com dinheiro.

Esses *markets* cheiram a frutas e a verniz. O arroz vem limpinho, lavado, dentro duma caixa de papelão. Os ovos, cuidadosamente acondicionados em caixas oblongas, parecem bolas de pingue-pongue de tão lisos, limpos e brancos. A cebola já vem picada dentro de latinhas. O alho é vendido num pequeno frasco, em forma de sal. Os molhos para saladas vendem-se prontos em vidros de tamanho vário. O pão vem envolto em papel encerado e cortado em fatias; seus rótulos falam em vitaminas que praticamente cobrem todo o alfabeto. Existem sopas enlatadas de toda espécie. Verduras frescas e congeladas são metidas em caixas de papelão e guardadas num refrigerador. Bichas imensas formam-se junto dos balcões dos açougues. No Brasil o barbeiro tem fama de conversador e de contador de novidades. Neste país quem conversa sem parar, quem sabe de todos os mexericos do distrito são os carniceiros. Homens de bom aspecto, metidos em aventais brancos e gorros também alvos, parecem cirurgiões. São amáveis, sorridentes, bem-educados e chamam as velhas de "Minha jovem freguesa...", contam histórias, comentam a qualidade da carne, falam no tempo e parece que nunca perdem o bom humor.

Estou agora junto do balcão da nossa mercearia, e Schmidt lá vem vindo com a sua cantiga habitual: "Pianíssimo... fortíssimo... bravíssimo". Quase sem sentir deixo escapar: "Chatíssimo". Ele quer saber o que significa essa palavra, mas eu desconverso. Perto de mim uma senhora extremamente idosa também faz compras. Tem um rosto muito enrugado e pálido, e suas mãos tremem. De repente eu vejo que sua cabeça pende para um lado, sua palidez se acentua, seus joelhos se dobram e ela tomba. Corro a socorrê-la, ajudado por outras pessoas. Dentro de alguns minutos conseguimos reanimá-la. Ergo-a nos braços e conduzo-a para dentro do táxi que acabamos de chamar. Uma desconhecida oferece-se para acompanhá-la. "Pobre senhora!" — diz alguém. Schmidt sacode a cabeça, penalizado, pesa dez laranjas... controla, pisca o olho para uma freguesa e não se fala mais no assunto.

Uma frase me fica a dançar na mente: *Neste país as velhas nunca morrem na cama*. Os Estados Unidos me dão uma impressão de mocidade, pois em nenhuma outra parte jamais vi maior quantidade de adolescentes e moços. Mas por outro lado em nenhum outro país encontrei tantas pessoas de idade avançada a tomar parte na vida ativa de suas comunidades. Esses velhos e velhas dirigem automóveis, vão a teatros, cinemas, festas, conferências; fazem parte de clubes, metem-se em comitê de toda sorte. As vovós vestem-se como moças e muitas delas começam a fazer coisas — por exemplo: estudar espanhol, arte oriental ou pintura — aos setenta anos, como se contassem viver cem. São em geral sorridentes e otimistas. Dificilmente ficam em casa e recusam-se a ser tratadas como inválidas.

Prossigo nas minhas compras. Já tenho amigos em outras mercearias. Em toda parte encontro a mesma cordialidade natural e sem-cerimônia, as mesmas preocupações domésticas. Sei que quase todas essas senhoras têm filhos, marido e irmãos lutando na Europa ou no Pacífico. Muitas delas já receberam o temido telegrama do Departamento da Guerra anunciando-lhes a morte do seu *boy*. Mas aqui estão de queixo erguido, continuando a viver como em tempo de paz. Ninguém fala na guerra. Ninguém se lamenta. Devo confessar que acho uma tremenda dignidade nesse silêncio.

OS PIRATAS

31 de outubro. Soa a campainha. Vou abrir a porta. Tenho diante de mim duas crianças vestidas como piratas: um menino e uma menina, de seus cinco e sete anos, respectivamente.

— *Hello!* — dizem eles, com ar bisonho.

— *Hello!* — respondo, meio intrigado. — Querem entrar?

Sem pronunciar palavra eles entram, de mãos dadas. Levo-os para o *living room* e convido-os a se sentarem. Os piratas aceitam o convite e ficam sentados na ponta do sofá. Faz-se um silêncio difícil. A custo contenho o riso, olhando para essas duas caras redondas e sérias, onde negrejam bigodes, suíças e olheiras pintadas a carvão.

— Então? — pergunto.

Nenhuma resposta. Miro a pistola e os punhais dos flibusteiros e pergunto a mim mesmo: "Que diabo será isso?". De repente compreendo tudo. Hoje é dia de Halloween. Antigamente dava-se a 31 de outubro o nome de All Hallows Eve, ou seja, a véspera do Dia de Todos os Santos — data que os romanos e os ingleses da Antigüidade comemoravam supersticiosamente, segundo as legendas druidas. Diziam eles que nessa noite de fantasmagoria gatos pretos e feiticeiros, fantasmas e duendes voltavam à terra para assombrar os mortais. Hoje em dia o Halloween é uma espécie de Carnaval, ocasião em que os garotos se fantasiam e tratam de pregar sustos uns nos outros.

— Como é teu nome, menina? — pergunto.

— Sharon.

O nome bíblico confirma minha suspeita. A pequena pertence mesmo — como seus traços fisionômicos me haviam sugerido — à raça de Israel.

— E o teu, *boy*?

— Peter.

Ocorre-me uma idéia. Peço aos visitantes que subam ao andar superior para brincar com meus filhos. Eles obedecem. Sem dizerem palavra, saem de mãos dadas na direção da escada. Fico esperando o resultado do encontro. Poucos minutos depois ouço passos apressados nos degraus, e Clara e Luís irrompem, assustados, na sala, protestando:

— Pai! Pai! Eles não falam brasileiro! Nós não falamos inglês! Como vai ser?

Ofegantes, de olhos saltados, meus filhos me pedem uma solução, enquanto vejo surgir por trás deles os vultos tenebrosos dos dois piratas.

Nessas noites de Halloween alguns cinemas passam filmes de fantasmas e assombrações; e as estações de rádio transmitem um programa de "músicas sinistras". (Que crianças grandes!)

Assim, hoje escutamos a "Sinfonia fantástica" de Berlioz, "Noite no monte calvo", de Mussorgsky, e a indefectível "Dança macabra" de Saint-Saëns.

O VENDEDOR

1º de novembro. Berkeley está para San Francisco assim como Niterói para o Rio. Tenho hoje a primeira aula na universidade. Às nove da manhã à frente de minha casa entro num bonde lento e meio guenzo que em meia hora me deixa na estação terminal de San Francisco — Oakland Bay Bridge —, onde tomo um dos trens elétricos que atravessam a baía. Terei de fazer esse percurso de ida e volta pelo menos três vezes por semana. Isso, porém, não me dá o menor cuidado, pois a travessia é sempre uma novidade. Para começar, o elétrico percorre a ponte, numa extensão de doze quilômetros, passando através dum túnel pela ilha de Yerba Buena, e continuando depois até a outra margem. Há ainda o espetáculo da baía, com suas águas que mudam de cor de acordo com as correntes ou com o aspecto do céu; e suas montanhas, cujo perfil o nevoeiro não raro altera.

Hoje, por exemplo, divido minha atenção entre a paisagem lá fora e a paisagem humana aqui dentro do trem. Um homem gordo e ruivo puxa conversa comigo e, vendo que carrego uma pasta de couro, pergunta:

— É vendedor?
— Sim... uma espécie de vendedor...
— Que é que vende?
— Bom, vou tentar vender a um grupo de estudantes artigo muito esquisito...
— Pode-se saber o que é?
— Literatura brasileira.

O homem me olha de soslaio, intrigado. Mas, quando lhe explico do que se trata, rompe a rir.

A PRIMEIRA AULA

São dez e vinte da manhã quando entro no *campus*. Confesso que estou comovido, pois me ocorre que por aqui deve ter passado há muitos anos um estudante rebelde, de suéter azul de embarcadiço, cabeleira bronzeada e revolta e ar meio adoidado. Chamava-se Jack London e sonhava com viagens e aventuras.

Estas árvores devem lembrar-se dele. É bem possível que seu canivete tenha deixado marcas nestes troncos enegrecidos...

Sala nº 306 do Wheeler Hall. Onze da manhã. Encontro aqui uns vinte e poucos estudantes, em sua maioria moças — um interessante mostruário de tipos humanos, bem representativo da mistura de raças que é o povo dos Estados Unidos. É uma sala pequena, de paredes de cor bege, mesa e cadeiras envernizadas de amarelo-claro, chão de linóleo cor de tijolo — tudo muito agradável e discreto.

Falo assim aos estudantes:
Interpreto o interesse de vocês pela literatura brasileira como sendo resultado dum desejo de conhecer o Brasil e seu povo. Não me parece que a literatura brasileira seja coisa de importância universal, mas estou certo de que a melhor maneira de compreender uma nação é ler a obra de seus escritores. Hoje, mais que nunca, nós, os americanos do Norte, do Centro e do Sul, precisamos de conhecer-nos melhor. Fora da esfera econômica, pouco tem sido feito nesse sentido. O Brasil que vocês conhecem é um Brasil falsificado, feito em Hollywood, que em geral nos apresenta ou como um país de opereta, em que homenzinhos que vestem fraque, usam cavanhaque e gesticulam como doidos, beijam na rua e em plena face outros homúnculos igualmente grotescos; ou então com os recursos do tecnicolor nos mostram como uma terra de mirabolantes maravilhas. Não somos nem ridículos nem sublimes. Na minha terra, como aqui, há de tudo.

Neste meu curso — que será a negação do academicismo, do formalismo e de qualquer outro ismo — procurarei mostrar a vocês o estofo de que nós, brasileiros, somos feitos. Está claro que não fomos chamados a escolher os nossos próprios antepassados, nem o clima ou o aspecto físico do meio em que vivemos. Somos... o que somos.

Por outro lado vocês, norte-americanos, não são obrigados a amar os povos estrangeiros. Aprendamos a usar com menos leviandade a palavra amor, *pois que não poucos dos males que afligem a humanidade hoje são o resultado do escapismo, do falso otimismo, e do nosso vício de olhar o mundo apenas com óculos cor-de-rosa. Mas a verdade é que nós, os habitantes da Terra, estamos todos no mesmo barco numa travessia incerta e tempestuosa, e o menos que podemos fazer é tratar de compreender nossos companheiros de viagem. Compreender é ser tolerante; a tolerância é a base da amizade e da paz; e paz e amizade são as nossas maiores preocupações nos dias dramáticos que estamos vivendo.*

Tudo isso parece um pouco solene, mas devo dizer que pronuncio essas palavras em tom de palestra e sentado na mesa, com as pernas balançando no ar.

Prossigo:
Pretendo contar a vocês o que geralmente os livros de textos omitem. Esses compêndios na maioria dos casos se mantêm na atmosfera dos salões, das academias e das mentiras cívicas e convencionais. Quero trazer vocês para as ruas brasileiras, contando-lhes da vida, dos sonhos, das dificuldades, dos defeitos e qualidades do John Doe *Brasileiro, o* João Ninguém, *o homem comum,*

o que cria o folclore, o cancioneiro popular, o que compõe as músicas que toda a gente toca, canta ou assobia, mas cujos autores ignora; o que, em última análise, modifica e enriquece a língua, para escândalo, espanto ou encanto dos filósofos. É desse Brasil que eu lhes vou falar. E sem esquecer nossos escritores que ficaram no terreno das idéias ou dos problemas universais, tratarei principalmente daqueles que em seus livros — poesia, romance, conto, ensaio, teatro — procuraram descrever, interpretar e compreender as gentes, paisagens e problemas de sua terra.

Através da janela avisto as colinas de Berkeley. No topo duma delas vejo um edifício circular encimado por uma cúpula vermelha. É lá que está o ciclotrônio, o esmagador de átomos. A ninguém é permitido aproximar-se daquela torre, onde cientistas se ocupam com o aperfeiçoamento duma "arma secreta". Se fosse no Brasil, o homem da rua diria com um risinho irônico: "Arma secreta? Conversa pra boi dormir...". Mas os *boys* e *girls* da universidade acreditam piamente em que de lá daquela casa há de um dia vir uma arma tão eficiente e mortífera que poderá mudar o curso da guerra. E a melhor maneira que encontram para colaborar nesse trabalho é guardar silêncio a respeito dele.

Às doze horas ouço os sinos do Campanile tocando uma melodia familiar. Termina a aula. Tenho a impressão de que ganhei vinte e dois amigos novos.

RAÇAS...

8 de novembro. O nosso céu amanhece cheio de dirigíveis da Marinha, os *blimps*. Vejo-os flutuando no ar, como bojudos peixes de prata no aquário dum milionário megalomaníaco. Lá vão eles navegando na direção do mar. E aqui embaixo vou eu de mãos dadas com meus dois filhos, seguindo o mesmo rumo. Num certo momento, porém, os *blimps* continuam a voar para o Pacífico, e eu paro à rua 18, junto duma escola pública onde vou matricular Clara e Luís.

A Argonne School, que recebeu o seu nome em memória dos soldados americanos que tombaram em Argonne, na outra Guerra Mundial, é um edifício de tijolo nu, dum único andar. Não tem nenhum *glamour*, mas inspira confiança pelo seu ar de austeridade.

A *principal* da escola é uma senhora simpática, que nos acolhe com uma atenção comovedora.

— Deixe suas crianças aqui e não se preocupe. Dentro de pouco tempo estarão falando inglês tão bem quanto eu.

Dá-me alguns formulários para preencher e uns questionários a responder. Despeço-me de meus filhos, que estão pálidos, de mãos frias, mas que não dizem palavra. Imagino a aventura que será para eles ficarem aqui perdidos neste mundo em que ninguém fala o português. Acresce ainda que nunca freqüentaram escola, nem mesmo no Brasil, onde Clara teve apenas uma professora particular. Quanto a Luís, ele realiza agora o prodígio de ser analfabeto em duas línguas: inglês e português.

A caminho de casa vou pensando no meu primeiro dia de colégio, de sorte que a lembrança de d. Eufrásia Rojão me acompanha pela Cabrillo Street como um anjo da guarda. Os *blimps* desaparecem, e agora no céu que aos poucos se tolda nuvens brincam de dirigível.

Mal chego à casa, começo a ler os formulários. Mariana fica impressionada com uma das perguntas: *Em caso de alarme, por ocasião dum ataque aéreo inimigo, quer que mandemos seus filhos para casa ou que os levemos para o abrigo da escola?* Mas a pergunta que mais me surpreende está no formulário de matrículas, onde tenho de escrever meu nome, profissão e raça. Pergunta-se-me se sou branco, preto, mexicano ou japonês. Fico mordendo a ponta da caneta, indeciso. Como responder? Depois de sérias cogitações resolvo deixar em branco o espaço reservado para a resposta, e escrevo um bilhete à diretora da escola. Assim: *Dear Principal: O formulário da Argonne School criou para mim uma dúvida que nunca me havia preocupado no Brasil. Estou agora diante dum espelho a perguntar a ele e a mim mesmo se sou branco, preto, mexicano ou japonês. Se me declaro branco, o espelho — que espero seja fiel como o da história de Branca de Neve — por certo replicará:* "Se te consideras branco, ó pretensiosa criatura, como se poderá então classificar uma loura como Lana Turner?". *Realmente não posso afirmar que pertença à mesma raça de Miss Turner. Que não sou negro isso sei eu, pois não consta dos anais de minha família que tenhamos sangue africano. Não sou mexicano porque não nasci no México, nem japonês porque não nasci no Japão. Sempre desconfiei que tivesse sangue índio, mas num* melting pot *como é o Brasil (e, diga-se de passagem, também os Estados Unidos) a gente nunca sabe ao certo que espécie de sangue traz nas veias. Assim depois de muitas e sérias cogitações resolvi fazer uma afirmação que pode não ser esclarecedora, mas que será absolutamente honesta:* "Sou um ser humano". *Isso não é bastante, minha prezada diretora?*

O PARQUE

11 de novembro. Neste dia, há vinte e cinco anos, foi assinado na Europa o armistício que pôs fim à Primeira Guerra Mundial, que havia sido travada — dizia-se então — para acabar definitivamente com todas as guerras, e para salvar o mundo para a democracia.

Vou passear sozinho no parque, que fica do outro lado da rua, à frente de nossa casa. O Golden Gate Park, com as suas nove quadras de largura e seus sete quilômetros de comprimento, é dos maiores e mais belos parques deste país, e possui não somente tudo quanto a gente espera encontrar num parque como também dezenas de coisas que nem imaginamos possam fazer parte dum logradouro público dessa natureza. Dentro dele está situado o Museu De Young, de arte antiga e moderna, um edifício em estilo Renascimento espanhol do século XVI, feito de pedra cor de gemada com vinho. A uns trezentos metros à sua frente erguem-se os pavilhões dedicados à história natural, incluindo magnífico aquário. Não longe deste fica um auditório, onde aos domingos à tarde uma banda de música uniformizada dá retretas.

Espalhados por este parque encontramos lagos pequenos e grandes; lagos com cisnes e lagos sem cisnes; lagos para pescaria, e lagos onde é proibido pescar; lagos para amadores de iatismo e lagos onde os namorados podem passear de bote...

Ao pé duma doce colina vemos o *arboretum*, que é um jardim cientificamente organizado de maneira sistemática, e dedicado apenas a árvores e arbustos; e mais um jardim botânico, onde se cultivam, em estufas ou fora delas, flores dos sete climas da Terra. À direita do museu fica um jardim japonês, o qual, depois do ataque nipão a Pearl Harbor, passou a chamar-se "jardim chinês".

O parque conta também com praças de esporte, *courts* de tênis, diamantes de beisebol e rinques de patinação. E a todo momento estamos topando com monumentos erguidos em honra das personalidades mais variadas: escritores de fama mundial, sacerdotes, estadistas, guerreiros e até jogadores de futebol.

Ao contrário do que acontece em muitos parques que conheço, o Golden Gate tem árvores, e com que abundância! E flores, com que riqueza!

É gostoso andar de manhã por estas estradas, ao longo de canteiros prateados de rocio, aspirando o perfume dos pinheiros e dos eucaliptos. De vez em quando faço uma pausa para dar de comer a um esquilo ou para ler a inscrição dum monumento. Ali naquela pedra cinzenta estão gravados os nomes dos filhos de San Francisco que tombaram nos campos da Europa, em 1917 e 1918.

Mais além, do alto duma rocha parda, Cervantes — uma grande cabeça de bronze — contempla Dom Quixote e Sancho Pança, que estão abraçados e de joelhos diante dela, em atitude de reverência.

No alto dum mastro esmaltado de branco tremula uma bandeira dos Estados Unidos. Crianças brincam, gritam, correm sobre estes tabuleiros de relva. Soldados e civis passeiam dum lado para outro.

O PESCADOR SOLITÁRIO

Sento-me num banco e começo a rabiscar notas para um romance que talvez nunca chegue a escrever. Alguém se aproxima de mim. Ergo os olhos e vejo um chinês que traz algo na mão. Vendedor ambulante — penso. E torno a olhar para o papel. Ouço uma voz:

— *Good morning!*

Torno a alçar o olhar.

— Bom dia.

— Quer me fazer um favor? — pergunta o chinês.

Levanto-me.

— Pois não. Que é?

Ele me dá uma máquina fotográfica e diz:

— Quero que tire o meu retrato. Basta enquadrar minha figura aí... está compreendendo? Depois é só puxar nesta coisinha... assim. O.k.?

— O.k.

O homem se afasta alguns passos e recomenda:

— Quero que apareça no fundo a torre do museu...

Faço com a cabeça um sinal de aquiescência. Fecho um olho e vejo o chinês enquadrado no visor. É um homem de idade indefinível; tanto pode ter vinte e oito como trinta e oito ou quarenta anos. Lá está ele sorrindo. Um tipo simpático. Quem diabo será ele? Dono dum café em Chinatown? Turista? Que me importa?

— Pronto? — pergunto.

— Pronto.

Clique! E as imagens do chinês, da torre do museu, daquele plátano e daquela criança estão agora presas dentro da "kodak" minúscula.

— Muito obrigado! — diz o desconhecido, sorrindo e caminhando para mim.

Devolvo-lhe a câmara. Ele me aperta a mão e se apresenta:
— Chang-Shu-Chi.

O nome não me é estranho. Espere um minuto... Onde será que li ou ouvi esse nome? O homem faz meia-volta e se vai na direção do museu. Museu... quadros... pintura. Já sei!
— *Mister!* — grito.

O chinês se volta. Aproximo-me dele.
— Por acaso será... o famoso pintor?
— Famoso, não... — sorri ele. — Mas sou pintor, sim. Tenho uma pequena exposição ali no museu. Quer ir ver?
— Claro!

Seguimos juntos, passamos pela fonte — em que um menino índio de bronze toca flauta para dois leões feitos do mesmo material, e que o escutam fascinados — e entramos no museu.

Estou agora diante dos trabalhos de Chang-Shu-Chi. O pintor desapareceu. Por onde andará?

Mr. Chang é um aquarelista, e sua arte tem uma sóbria beleza, um toque tão delicado que lembra o leve e reticente encanto dos haicais. Não usa nunca tintas cruas nem colorido berrante, e cada quadro seu tem um valor poemático.

Ali está um que não passa duma mancha. *O bambu e o lótus branco*. A gente tem a impressão de que as linhas e as cores não passam de sombras. O pincel parece mal ter tocado a superfície do papel. O quadro *Bebês felizes* mostra um bando de patos negros e brancos nadando sob cerejeiras em flor. Os títulos das pinturas são poéticos: *O bambu e o pássaro. A carpa e o lírio aquático. A rosa e a borboleta. Lótus de outubro*.

Gosto daquele gato vago ali no pé dum vaso de vidro com flores. Em *Primavera no rio*, peixes com reflexos de ouro nadam na água transparente — tudo em desmaiados tons de sépia, verde e ouro. Em *O pescador solitário* o observador sente a branca solidão do rio com as suas brancas ribanceiras a pique; lá embaixo, como um pontinho negro, o pescador solitário navega na sua sampana, e a única nota colorida do quadro são as flores que o pintor tirou como borrifos dum amarelo alaranjado sobre os galhos sem folhas duma árvore.

Encontro cores mais quentes no quadro *Heróis*, dois galos de rinha de crista cor de lacre a se defrontarem, antes de começar o combate.

Chang-Shu-Chi é uma espécie de embaixador cultural de Chiang

Kai-shek nos Estados Unidos. Antes da invasão japonesa vivia em Nanquim com a mulher e quatro filhos e lecionava pintura na universidade. Mais tarde, quando a capital foi mudada para Chungking, a universidade também o foi, e Chang-Shu-Chi seguiu com ela. Veio para este país em 1941, e faz agora quase quatro anos que não tem notícias da família, que ficou em território ocupado pelos japoneses.

Chang reaparece e me convida para ir ver uma demonstração de sua arte. Senta-se a uma mesa, sobre a qual se vê um papel branco, tubos de aquarela e pincéis. O papel é mantido horizontalmente sobre a mesa, e o artista empunha o pincel como nós seguraríamos um punhal com propósitos agressivos. E o que esse homenzinho faz é simplesmente inacreditável. Pinta as asas dum pássaro em três cores mas com uma única pincelada. É que a ponta do pincel tem uma tinta, o interior do pincel outra e a terceira cor é obtida com uma mistura das duas primeiras. O observador presencia um pequeno milagre: o pincel, que começa pintando com azul, sem erguer-se do papel continua pintando com amarelo e acaba com verde.

Num momento Chang tem o quadro pronto.

Um americano que está a meu lado olha para mim e pergunta:

— Quanto tempo uma pessoa precisa estudar para ficar com essa destreza?

Respondo:

— Dois mil anos, meu amigo.

CONTAR! CONTAR! CONTAR!

24 de novembro. Meu amigo o escritor Raimundo Magalhães me escreve de Nova York contando que a polícia em São Paulo abriu fogo contra os estudantes que desfilavam pelas ruas num silencioso protesto contra o chamado Estado Novo. Procuro ansiosamente nos jornais e revistas norte-americanas a notícia desse fato, que, segundo parece, deve ter ocorrido em princípios de outubro passado. Não encontro nada. Há como que um absoluto blecaute com relação a notícias sobre o Brasil. A censura brasileira é um prodígio de hermetismo. Fico a pensar que é mais fácil ludibriar a Gestapo e descobrir o que vai pela chancelaria de Hitler em Berlim do que ficar sabendo o que se passa nas ruas de São Paulo ou Rio.

Casualmente estive a discorrer em aula esta manhã sobre a "bondade essencial" do brasileiro, o nosso horror à violência e a nossa amável tática que consiste em usar a malícia em vez da maldade. Contei a meus alunos que proclamamos a Abolição e a República sem nenhum derramamento de sangue. Mostrei como tudo isso indica que temos, se não uma *civilização*, pelo menos uma *cultura*, uma serena sabedoria da vida.

E mesmo agora, diante dessa sombria notícia, não vejo nenhum motivo para mudar de opinião sobre meus compatriotas. Porque tenho a certeza de que apenas um grupo reduzido de homens de mentalidade fascista é responsável por esse crime. Não compreendo — ou, antes, compreendo mas não justifico — a razão por que essa mesma imprensa norte-americana que ataca tão ferozmente a Argentina pelas suas tendências nazistas deixe passar em branco, sem a menor menção, uma tão bárbara expressão de nazismo como foi o atentado contra os estudantes paulistas.

26 de novembro. Os russos capturaram Gomel'. Os aliados tomaram Satteburg, na Nova Guiné. Brilha o sol no céu de Berkeley. Esquilos brincam nas árvores. Os carrilhões do Campanile tocam uma marcha triunfal. Mas aqui vou eu de alma escura a caminho de mais uma aula. Não posso esquecer o que se passou em São Paulo. Por mais duma vez falei àqueles estudantes... Lembro-me de muitos dos rostos que de meu estrado de conferencista eu divisava. Quantos desses moços a esta hora estarão feridos? Qual deles terá sido morto? Num monstruoso paradoxo muitos desses mesmos estudantes talvez sejam chamados a integrar a Força Expedicionária Brasileira, que vai para a Itália combater o nazismo, a intolerância e a violência, em nome da liberdade, da igualdade e da fraternidade. Palavras! palavras! palavras! Está tudo errado. Tudo errado! Chuto um seixo com força e ouço-o cair com um glu musical no arroio que margeia a estrada. Estudantes passam. Outros estão sentados nos degraus destes imponentes edifícios do *campus*, estudando seus pontos. Vejo outros tantos deitados na relva, tomando sol. Que aconteceria se a polícia americana chegasse a fazer fogo contra estudantes? Este país viria abaixo ante o clamor de tantos protestos. E não seria de admirar que o responsável pela agressão acabasse na cadeira elétrica ou então pelo menos fosse passar o resto da sua vida na penitenciária de Alcatraz, aquela casa cinzenta que se ergue numa ilha em meio da baía.

Que posso fazer? Paro e repito a pergunta. Os esquilos não respondem: eles não sabem de nada. Os estudantes que me sorriem e que gritam *Hello!* ao passar também ignoram tudo. O país em que vivem não é perfeito, mas aqui há coisas que são sagradas, como sejam a liberdade e a vida do indivíduo. Este é um mundo sem caudilhos e com um mínimo de polícia.

Que fazer? — torno a perguntar. Os carrilhões do campanário continuam a tocar a "Marcha das Forças Aéreas". Acabo contagiado pela música, e meus passos, sem que eu dê por isso, começam a seguir a cadência militar. Sim, já sei qual é a minha obrigação. É contar, contar a meus alunos, ao público das minhas conferências, aos amigos, a toda a gente; contar o que se passa no Brasil, sinceramente, da mesma maneira franca com que freqüentes vezes critico as coisas deste país que me desagradam.

Sim, contar, falar sem hipocrisia nem falso otimismo. Fazer silêncio nesta hora é servir à causa do fascismo.

Esta simples idéia me devolve a alegria, me dá uma força nova.

AVENTURAS DO JABUTI

5 de dezembro. Na aula de hoje falo do folclore brasileiro, onde o observador pode descobrir o fio dessa complicada meada que é o caráter de nosso povo. Qual é o herói de nossas fábulas? O homem forte, o guerreiro, o conquistador? Não! É, antes, um animalzinho minúsculo, pacato, lento e paciente: o jabuti, símbolo da esperteza e da malícia.

Outro símbolo nacional é Pedro Malazarte, cujas histórias escabrosas fizeram a delícia de muitas gerações de brasileiros, embora esse "herói sem nenhum caráter", como diria o grande Mário de Andrade, tenha sido recentemente desbancado por esses ídolos estrangeiros da idade da máquina que nos vêm nos inúmeros suplementos com histórias de quadrinhos fabricadas nos Estados Unidos.

Os brasileiros — explico — preferem a astúcia à força bruta como arma política e social. Seus campeões são os que usam mais o cérebro e a solércia do que os punhos e a violência. Tomo dum giz e ilustro com caricaturas no quadro-negro algumas fábulas em que o jabuti aparece em suas lutas com a onça e os outros animais da floresta. Das proezas do jabuti passo para as proezas do presidente Vargas — herói de mil anedotas que nosso povo repete, deliciado. Concluo que a popularidade de que Vargas goza no Brasil encontra a sua explicação no nosso fabulário indígena. Ocorre-me também que o Departamento de Imprensa e Propaganda cometeu tremendo erro psicológico ao impedir que jornais, revistas e peças de teatro continuassem a reproduzir anedotas e piadas a respeito de Getulio Vargas. É que faltou ao chefe desse departamento o espírito de Malazarte na hora em que resolveu transformar o jabuti que o povo amava e admirava na onça que deve ser respeitada e temida, e conseqüentemente odiada...

O TEMPO, MINHA AMIGA...

22 de dezembro. O excelente dr. Fernandes, médico português residente em Oakland e grande admirador do Brasil, oferece em sua casa uma festa a seus amigos brasileiros. Aqui vamos num automóvel, Mariana, as crianças e eu, rumo daquela cidade. Creio que não há nada de extraordinário nesse fato se não se encontrasse também neste mesmo carro, bem aqui a meu lado, alguém que foi o meu grande e lírico amor quando eu tinha dezesseis anos; alguém cujo retrato, arrancado duma revista, eu mantinha pregado na parede, junto de minha cama: Norma Talmadge. As gerações de hoje que admiram as Betty Grables, as Bette Davis, as Greer Garsons ficarão indiferentes à menção desse nome. Mas os veteranos, os de minha classe, hão de me compreender.

Olhando de soslaio para Miss Talmadge, custa-me acreditar que esta seja a mesma criatura dos meus sonhos de adolescente. Não há Max Factor que suplante o tempo, esse cruel maquilador. Magra, murcha, grisalha, Miss Talmadge não é nem sombra daquela imagem que nos era remetida para o Brasil numa fita muda de celulóide ou em clichês de revistas e jornais. Para nós ela não era uma pessoa como as outras, sujeita a sardas, distúrbios na vesícula biliar, engrossamento do sangue ou caxumba. Era principalmente a heroína de muitas histórias em que dois ou mais homens — um o mocinho, o sem bigode, e o outro o vilão, o de bigode — disputavam seu amor. Ela era a encarnação do romance, da poesia, da bondade e da beleza.

Informaram-me que Miss Talmadge abandonou a carreira artística com um saldo respeitável em caixa, o que não aconteceu com a maioria das estrelas que brilharam nos tempos do cinema mudo. É proprietária de diversas casas de apartamentos e vive alternadamente em Hollywood e San Francisco.

Vestida de preto, elegantíssima, Norma procura por todos os meios combater a idade. Não se rende. Vista de alguma distância parece vinte anos mais jovem. Contou-me alguém que o *boy friend* de Miss Talmadge está na guerra. É por isso que ela aqui vai com seu ar abstrato, a falar com voz fatigada dos horrores da guerra. "Quando irá terminar isso?" — pergunta ela retoricamente. Não me parece que esteja pensando nos outros soldados, mas apenas no seu *boy*. E está certo. Digo-lhe coisas banais, que naturalmente não a interessam. E evito olhar para ela, para manter a ilusão. Faz de conta que Norma Talmadge é ainda a heroína dos filmes. Faz de conta que eu...

Não. É inútil. Depois devo fazer aqui uma confissão. Não tenho saudade da infância. Não escrevi nem creio que jamais chegue a escrever memórias da meninice. Acho mil vezes mais interessante esta realidade presente, o dia de hoje, o minuto que estamos vivendo...

VÉSPERA DE NATAL

24 de dezembro. Clara e Luís nos dão uma surpresa. Ao chegarem da escola aproximam-se de nós, muito sérios, e começam a cantar em inglês uma canção de Natal popularíssima neste país:

> *Jingle bells! Jingle bells!*
> *Jingle all the way.*
> *Oh what fun it is to ride*
> *In a one-horse open sleigh!*

À noite acendemos o pinheirinho. Fora a chuva cai mansamente. Os *speakers* das estações de rádio de Nova York anunciam "a white Christmas", um Natal branco, isto é, com neve.

Comemos passas, nozes, avelãs e falamos no Brasil e nos amigos que lá deixamos. Mrs. Burke aparece com presentes para as crianças. A chuva bate nas vidraças. O vento agita as árvores do parque.

O clima de San Francisco é dos mais absurdos de quantos tenho notícia. As chuvas de inverno começam em dezembro e vão até fins de março. A primavera que se segue é ainda fria e nevoenta. E quando o verão chega, continua a neblina, ao passo que o frio aumenta. Mark Twain afirmou que de todos os invernos que conhecia o mais rigoroso era o verão de San Francisco... O outono aqui oferece avaramente alguns dias luminosos e frescos, principalmente em outubro e durante a primeira parte de novembro. O vento sopra durante quase todo o ano, com pequenos intervalos de calmaria. A Câmara de Comércio local assegura que este clima, sem extremo de calor nem de frio, é "invigorating". Eu — que gosto do sol — acho-o deprimente. E quando me queixo do vento, da chuva e da bruma, Mariana toma do livro que escrevi sobre este país em 1941 e lê em voz alta o trecho em que canto líricos louvores ao clima de San Francisco da Califórnia...

HAPPY NEW YEAR!

31 de dezembro. Meia-noite. Os sinos repicam. As fábricas apitam. Os automóveis buzinam. Estamos reunidos numa pequena sala, ao pé duma lareira branca aquecida a eletricidade. Pelo rádio ouvimos os gritos e as canções na Times Square em Nova York. Afirma-se que este será o ano da invasão da Europa, talvez o último ano da guerra. Lá no porão, no seu apartamento solitário, Mrs. Burke decerto pensa no neto pára-quedista. Que se estará passando nessas casas em cujas vidraças se vêem bandeiras com estrelas azuis — cada estrela representando um membro da família que está alistado nas forças armadas? E naquelas em que há estrelas douradas, simbolizando o número de membros da família mortos em ação?

Penso nos Sullivans, aquele casal de Iowa que perdeu duma só vez os cinco filhos marinheiros que estavam a bordo dum cruzador americano que voou pelos ares em águas do Pacífico. A coisa toda é duma brutalidade que fica muito além de qualquer comentário. Temo que a morte de todos esses soldados e marinheiros — russos, ingleses, americanos, gregos, poloneses, franceses, etc. — não traga para o mundo um benefício à altura de seus grandes sacrifícios. Para usar duma imagem tão ao gosto desta gente, direi que se está pondo em risco um vasto e precioso capital em vidas humanas para se conseguir, ao cabo da sangrenta transação, um magro, triste lucro em benefícios sociais.

Enquanto Mariana lê ao pé do rádio e as crianças brincam, meto papel na máquina e escrevo uma carta ao meu amigo Vasco, que está no Brasil e tanto se preocupa com os problemas do mundo.

DESABAFO...

1º de janeiro de 1944.

... *e o que me deixa apreensivo, meu caro Vasco, é verificar que esses comentaristas políticos raramente ou nunca mencionam em seus artigos as causas profundas desta guerra. Porque a coisa não pode ser simplificada a ponto de afirmarmos que a responsabilidade do conflito cabe unicamente a Hitler, à sua camarilha de gângsteres e mais à* "vontade de poder" *do povo alemão. Não devemos esquecer que a Inglaterra encorajou ou pelo menos tolerou simpaticamente o rearmamento da Alemanha, pela simples razão de que, temendo a expansão da Rússia soviética e desejando o seu aniquilamento, ela esperava que os nazistas atacassem os comunistas numa guerra de que ambos os contendores saíssem de tal modo esgotados, que no fim da história a Grã-Bretanha seria a única vencedora num conflito em que não disparara um tiro nem sacrificara um único soldado.*

Não se pode afirmar, Vasco, que esta seja uma guerra de ideologias. Veja bem. Uma aliança da Rússia com a Alemanha seria, pelo menos no momento, um fenômeno compreensível, não porque eu ache que comunismo seja sinônimo de fascismo, mas sim porque ambos esses países onde impera o capitalismo de Estado, têm um inimigo comum: as potências dirigidas pelo capital privado. O natural seria que, unidas, a Rússia e a Alemanha tratassem de derrotar a Inglaterra, os Estados Unidos e a França, deixando o ajuste de contas definitivo para ser feito entre ambas, para ver qual das duas ficaria com a parte do leão. Mesmo essa guerra final dificilmente poderia ser classificada como "ideológica". *Porque seria ainda uma guerra econômica, uma luta pela ampliação de zonas de influência, de domínios de mercado. Não creio que o fator econômico seja todo-poderoso como força histórica. Os homens e os povos são movidos também pelo orgulho, pela inveja, pelo fanatismo político ou religioso, pelo desejo de vingança, pela adoração da força, pela sede de glória ou de domínio... Mas neste ano de 1944 só um ingênuo, um débil mental ou um fanático do espiritual poderia negar a grande importância do econômico na vida dos indivíduos e das nações.*

Claro, no dia em que os homens estiverem todos bem alimentados e bem vestidos, gozando de boa saúde e morando em casas confortáveis — nesse dia ainda haverá problemas, conflitos, dramas, e as criaturas humanas estarão ansiando por saber o que haverá para além desta vida, perguntando se Deus existe, e desejando que a chama do espírito não se apague na morte. Acontece que como o problema da fome, do conforto e do bem-estar são problemas temporais, eles terão de ser forçosamente resolvidos no plano temporal. É um ab-

surdo, uma traição até (e aqui eu me refiro particularmente ao Brasil) prometer o céu com anjos, arcanjos, ambrosia e delícias às subcriaturas que vegetam no lodo e na miséria, já não digo como porcos, porque ao menos estes têm quem os alimente à farta na preocupação de engordá-los para o matadouro, mas como os mais abjetos animais da escala zoológica pois que, possuindo consciência, vivem como minhocas. Matemos primeiro a fome de nossos marginais; curemos-lhes as feridas; demos-lhes enfim uma vida mais saudável, mais feliz e mais digna. Depois disso tudo, podemos então falar-lhes em Deus.

Mas o que me levou a te escrever foi a lembrança de que a presente guerra está matando a flor da juventude da Terra. Costuma-se dizer e escrever por aqui que o presente conflito é a luta do bem contra o mal. É uma figura de retórica que terá, não nego, o seu valor demagógico. Não mentirá quem afirmar que os americanos estão defendendo o seu ideal de vida, pois a vitória do nazismo significaria a destruição irremediável de seus sonhos de liberdade, igualdade e fraternidade. Significaria que o seu padrão de vida teria de baixar formidavelmente, e que o seu individualismo esportivo e otimista acabaria esmagado pelo tacão dos agentes da Gestapo. Essa é uma verdade indiscutível. Mas é uma verdade horizontal. A verdade vertical tem raízes econômicas. Os soldados de Tio Sam que foram lutar na Europa em 1917 também estavam convencidos de que iam destruir a barbárie e salvar a democracia. Seus filhos agora estão lutando no mesmo terreno, contra o mesmo inimigo, e os escribas tentam fazê-los repetir as mesmas frases e os mesmos gritos de guerra — desta vez, parece, sem grande resultado. Porque embora esses soldados de hoje lutem com coragem e sem ódio, eles se atiram aos combates sem alegria. Esta é uma guerra sem canções. O seu heroísmo é um heroísmo amargo e sombrio, sem retórica nem romantizações. As gerações que estão agora nas trincheiras sabem que a guerra é uma coisa sórdida, cruel, destruidora e absurda. Livra-os da deserção e da covardia, da inépcia ou da indecisão o seu espírito esportivo, o seu senso de companheirismo, e a consciência de que no fim de contas eles estão defendendo sua terra e seu povo, o "American way of life" *e uma série de coisas que lhes são caras. Impele-os também o desejo de acabar com a guerra o mais depressa possível, a fim de que possam voltar para o* "home" *e para a paz.*

Afirma-se que a guerra está na natureza do homem, e que sempre haverá guerras. Não sei até que ponto se poderá manter a paz, se é que o mundo algum dia conheceu a paz verdadeira. O que sei é que, enquanto a sociedade capitalista competitiva e faminta de lucros pensar em termos de vantagens e expansão de negócios e não de bem-estar social; enquanto não houver um entendimento internacional como o proposto por Emery Reves em seu admirá-

vel livro A anatomia da paz; *enquanto houver nacionalismos exacerbados ou exacerbáveis que possam ser usados como meio de alargar impérios econômicos — sempre haverá guerras. Talvez eu esteja a repetir platitudes. Mas há platitudes que devem ser repetidas. E num princípio de ano como este, Vasco, a gente sente vontade de desabafar. Perde esta conversa toda, que provavelmente terá tido um tom dogmático. Mas é que olhando para meu filho que desenha cenas de guerra ali junto da lareira, cheguei a uma conclusão amarga, que pode ser resumida numa frase:* "No estado atual de coisas, a única certeza que um pai pode ter quanto ao futuro, é a de que está criando seu filho para morrer na próxima guerra...".

O MÉDICO E O MONSTRO

5 de janeiro, 1944. Desço ao centro da cidade, entro numa dessas monumentais casas de negócio que aqui se chamam *department stores*, e compro umas calças amarelas de *corduroy*, que é um tecido de algodão com estrias aveludadas. Naturalmente Mariana se escandaliza e as crianças se riem da minha extravagância. Na verdade, as calças são dum mau gosto clamoroso. Explico a minha mulher que vestir essas calças equivalerá para mim a uma mudança de personalidade. Vivemos demasiadamente de acordo com a idéia que os outros fazem de nós. Meus filhos, por exemplo, acham que sou um alegre companheiro. Para a maioria das outras pessoas sou um homem seco, sisudo, calado, incapaz duma palavra ou dum gesto espontâneo. Como escritor sou considerado em certos círculos apenas como um fabricante de histórias adocicadas para mocinhas sentimentais. Noutros setores, apareço como um indecente autor de livros imorais, dum realismo repugnante. Os católicos me classificam de herege. Os fascistas afirmam que sou vermelho. Os vermelhos murmuram sorrindo que sou apenas cor-de-rosa. Pois bem. Agora decidi ser amarelo. É uma mudança salutar que, no fim de contas, me custará apenas o preço das calças, isto é, três dólares. Estes *"pantalones amarillos"*, como diria o cônsul de Metagalpa, passarão a ser o meu protesto contra todas essas prisões criadas pelas convenções sociais e pela opinião dos que me cercam.

Compro também um jaquetão grosso de lã azul, desses usados pelos lenhadores do Canadá. Combina detestavelmente com as calças amarelas, de sorte que, quando os visto, me sinto feliz. Não tenho nenhuma responsabilidade com o passado. Nunca escrevi livros. Nunca fiz conferências. Nunca dei lições. Nem mesmo cheguei a ter um nome.

Desço à zona do cais e entro nessas espeluncas que William Saroyan tão bem reproduziu na sua peça *The time of your life*. Dentro delas vejo homens de todos os mares da Terra, caras e tipos da mais inesperada espécie. Acho excitante andar por esses cafés e casas de pasto de embarcadiços, sem plano nem propósitos certos, a conversar com criaturas que não contam sua história nem perguntam pela nossa, pois para muitas delas *passado* é palavra que não tem sentido. Paro na calçada do Cais dos Pescadores, onde caranguejos agitam agonicamente seus tentáculos dentro de enormes caldeirões de água fervente; fico olhando os mastros dos navios, o movimento dos guindastes, o vôo das gaivotas... Depois volto para casa, como duma longa e misteriosa viagem.

Às segundas, quartas e sextas, vestido como um bom burguês, sou o senhor professor que vai à universidade dissertar perante seus alunos sobre Gregório de Matos, Santa Rita Durão e Frei Santa Maria Itaparica, figuras que para mim têm tanta realidade como o Bicho Tutu e o Lobisomem, isto é, seres que assombraram a nossa infância mas a respeito de cuja existência sempre tivemos nossas dúvidas.

Trecho duma carta a Vasco Bruno... *Queres um conselho de amigo? Quando te sentires cansado, aborrecido de toda a rotina da vida, compra umas calças amarelas.*

HELLO, LOUIE!

12 de janeiro. Luís, que agora passou a ser Louie — pois é assim que os colegas lhe chamam — tem um amigo, David, guri grandalhão de cara simpática que mora na vizinhança e que de vez em quando aparece para brincar. É um gozo ver como ambos se entendem sem que um possa falar a língua do outro. Não necessitam de muitas palavras. David entra e diz *Hello!* Louie limita-se a sorrir. Mete na cabeça uma imitação desses capacetes de aço dos soldados americanos, empunha a metralhadora de pau e dentro em pouco está ao lado de David — que também veio armado até os dentes —, entrincheirados os dois atrás duma poltrona, e fazendo fogo contra soldados japoneses imaginários. Ficam assim por algum tempo, falando a dura língua das metralhadoras — ra-ta-ta-ta-ta-ta-taaa... Depois, aborrecem-se do brinquedo, jogam longe o capacete e as armas, e deitados no chão, com os cotovelos apoiados em cima dum jornal aberto, os rostos repousando nas mãos espalmadas, ficam olhando a página cômica. De quando em quando David cutuca Louie e mostra-lhe uma determinada coisa. Louie solta uma risada, a que o amigo se une. No momento seguinte tornam a botar na cabeça os capacetes e a empunhar as armas, pois o inimigo traiçoeiro atacou-os de surpresa. Mas de novo enfaram-se da guerra e voltam a folhear revistas ilustradas. Durante todo o tempo não dizem palavra. Por fim vem o momento em que David decide ir embora. Diz: *Good-bye, Louie!* Meu filho responde: "Até logo, David!". E separam-se.

Um dia — reflito com amargura — esses dois meninos serão homens e capazes de empunhar metralhadoras de verdade. Em caso de guerra talvez estejam na mesma trincheira, lutando contra um inimigo comum. Mas não é impossível que os dois amigos se encontrem em campos opostos, como adversários, pois a experiência nos tem mostrado que as coisas mais absurdas e cruéis podem acontecer. Que estou eu fazendo para que nenhuma dessas duas hipóteses se possa realizar? As coisas que pensamos, dizemos e fazemos agora podem redundar, no futuro, num inferno ou num paraíso para nossos filhos. Parece fora de dúvida que esta guerra contém já a semente da próxima. Os jornais de Hearst empenham-se, por meio de alguns de seus comentaristas, em intrigar o povo americano com o russo. Representam uma corrente reacionária e imperialista conhecida pelo nome de "America First". Atacam Roosevelt, e todos os líderes e escritores liberais deste país. Já começaram sua campanha contra o presidente, no sentido de impedir que ele seja reeleito. Ora, uma campanha política não é só natural como perfeitamente desejável dentro duma verdadeira democracia. Mas acontece que esses isolacionistas que acusaram Roosevelt de ter arrastado *deliberadamente* o país à guerra, agora o acusam paradoxalmente de não ter preparado a nação para essa mesma guerra, e por não ter compreendido que ela viria...

PROBLEMA?

15 de janeiro. Faço uma conferência para um grupo de estudantes interessados em problemas raciais. É num jantar na Associação Cristã de Moços, perto dos portões da universidade. Sento-me entre um preto e uma chinesinha. Pedem-me para falar no problema racial do Brasil. Levanto-me e começo: "Para principiar, não há nenhum problema".

O VELHO MACHADO

23 de janeiro. Lá fora, a chuva. Aqui dentro da sala 306, vinte e cinco estudantes e eu. O assunto do dia, Machado de Assis. Conto a história do mulatinho Joaquim Maria, filho duma lavadeira, que acabou sendo uma das maiores figuras da literatura de língua portuguesa. Para os norte-americanos em geral esta história tem dois lados. Um escuro e outro luminoso. O lado escuro é fornecido pela cor do herói. O outro, pela sua carreira, pois este povo adora as histórias de Cinderela, as que narram as peripécias dum homem ou mulher que caminha *from rags to riches*, isto é, da miséria para a riqueza, ou então do anonimato para a celebridade. Felizmente meus alunos são em maioria, ou talvez na sua totalidade, contrários à discriminação racial. Esta universidade aceita alunos de todas as cores, credos e raças. Há aqui chineses, japoneses, filipinos, hindus, sul-americanos, italianos, havaianos, armênios...

Falo na vida de Machado de Assis e acabo eu mesmo comovido com a história. É sempre assim. Nós, latino-americanos, somos o que se chama por aqui *sentimental fools*; nossas emoções estão sempre à flor da pele. Não espero que meus estudantes participem da minha comoção. Minhas palavras são simples e a biografia que traço de Machado de Assis é bastante resumida. Acontece, porém, que eu vejo para além das minhas próprias palavras. Imagino Machado de Assis em sua casa do Cosme Velho, viúvo, velho, doente e só, sentado numa cadeira, esperando a morte com um xale sobre os ombros. Pessoas vêm saber de sua saúde, ficam na sala de espera, cochicham. E o velho Machado diz a um amigo: "Escuta... não reconheces esses cochichos? É como num velório". Pouco antes de morrer, ele, o escritor que tanto castigara a vida e os homens, confessa: "A vida é boa". Dizendo isso ele se identifica com o Judeu Errante da sua fábula "Viver!", que não odiava tanto a vida senão porque a amava muito.

Os alunos escutam com interesse. Eu quisera só poder ler seus pensamentos, observar suas reações íntimas a essa história. É estranho que neste dia, nesta hora, neste lugar e para esses jovens eu esteja a falar em Machado de Assis, enquanto aviões da patrulha do Pacífico passam roncando lá no alto, e naquele edifício circular em cima da colina sábios lidam com a energia atômica. Acho singular essa mistura de ciclotrônio, guerra, Califórnia e literatura brasileira. E tudo ficará ainda mais esquisito se eu tentar penetrar no passado desses estudantes, em sua maioria filhos de imigrantes ou então eles próprios nascidos em outras terras.

Lá está Luís Monguió, moreno, rosto cheio, bigode escuro, óculos de lentes grossas; nasceu na Catalunha e lutou em 1937 contra os mercenários de Franco; imigrou para este país no ano seguinte e lecionou espanhol nesta universidade. Se o tipo da pessoa pode indicar sua origem e profissão, eu diria que ele é um paulista de Taubaté que faz corretagem de café em Santos. O outro a seu lado é Fernando Alegria, um simpático e inteligente chileno que leciona espanhol neste departamento; um jovem de voz mansa que acaba de tirar um prêmio no concurso literário instituído para escritores sul-americanos por editores de Nova York.

Aquela moça de rosto de boneca, olhos dum azul-esverdeado e expressão vivaz, é Patrícia Mc Ewen, descendente de irlandeses e escoceses. A outra, de grandes e belos olhos escuros, é Helen Leopold, filha de mãe salvadorenha e pai alemão. Ana Goldenbaum é de origem semítica e ali está com o seu ar encolhido de passarito. A esbelta loura platinada com o rosto pintalgado de sardas é Maryfrances Stilles. A robusta rapariga que acha a língua portuguesa terrivelmente difícil chama-se Virginia Bohr. E aquela risonha senhora de cabelos brancos é Maria Antonieta Cincotta, que alia um temperamento italiano a uma educação americana; interessa-se por problemas sociais e suas idéias são nitidamente socialistas.

Marion Rita de Paar deve ter sangue holandês. Lídia Braccini descende diretamente de italianos. Louise Dias, Loraine Borba, Mercedes Silva e Edna Leal são filhas de portugueses radicados na Califórnia. Sheila Malloy tem avós na Irlanda.

E aquele sujeito moreno de ar melancólico e voz de oboé — d. Remedios Mirando Sarazate — é natural do México.

GARDEN PARTY

30 de janeiro. Vou com a família a uma festa numa casa de campo nos arredores de Oakland. Trata-se duma dessas *parties* em que se nota uma abundância de velhotas ricas, sanduíches de peru, saladas de aipo e bebidas sem álcool. O sr. e a sra. Lyons, os donos da casa, são admiráveis de cordialidade, e querem que todos fiquem à vontade. Mr. Lyon, um homem de negócios, um rotariano e um humorista, toma-me do braço e pergunta:

— Sabe quais foram os dois livros que mais influência tiveram na minha vida?

Imagino que tenham sido a Bíblia e *A cabana do Pai Tomás*, mas, farejando anedota, respondo que não sei. O anfitrião, muito sério, esclarece:

— O livro de receitas culinárias de minha mãe e o livro de cheques de meu pai.

Solta uma risada, faz meia-volta e se vai.

No jardim desta bela residência acham-se umas doze mesas. Sobre as mesas, os pratos de comida. Ao redor das mesas, os convidados: cônsules de quase todos os países da América Central e do Sul, damas e cavalheiros interessados em pan-americanismo. Fazem-se apresentações apressadas, e a gente não guarda os nomes que nos dizem: às vezes nem chega a ouvi-los. Mas estamos todos muito alegres e loquazes.

O vento frio sacode as flores naturais do jardim, as artificiais dos chapéus das damas e os ralos cabelos que cobrem o crânio da maioria desses cônsules quarentões e cinqüentões. As colinas em torno são dum verde-oliva opaco e triste.

Mrs. Mayo, dama russa casada com um ricaço de Oakland, atrai-me para um canto do jardim. É um tipo de valquíria, de amplos seios, senhora duma voz grave e dramática. Gosta de ler e escrever, preocupa-se com problemas internacionais, sonha com a fraternidade universal e considera-se uma espécie de mãe de todos esses sul-americanos que andam extraviados pela Califórnia. Contaram-lhe que escrevo livros e que sou um liberal. Espalmando a mão cheia de anéis de brilhantes sobre o peito, ela me diz com ênfase teatral:

— Qualquer dia desses, *señor*, virei sentar-me a seus pés para beber o vinho da sabedoria.

Fico constrangido, olho para a ponta dos sapatos, não encontro nada a dizer. Mas um moleque que mora dentro de mim exclama, numa voz que felizmente só eu posso ouvir:

— Sinto muito, madame, mas presentemente minha cantina está fechada para reparos.

O HOLANDÊS VOLANTE

6 de fevereiro. Temos hoje a alegria de receber a visita de Vianna Moog e sua senhora. O autor de *Heróis da decadência* acha-se neste país há quase seis meses, numa viagem de estudos. Boa mistura de holandês e brasileiro, é ele um belo tipo de homem, corpulento, de olhos azuis, fisionomia aberta — uma dessas criaturas que sabem rir com naturalidade e não permitem nunca que complicações intelectuais lhe tirem o simples prazer de viver. Como escritor tem um estilo enxuto e claro; e sua ironia é seca e cintilante. Acha ele que o que há nos Estados Unidos é uma civilização passada a limpo. Nestas casas frágeis de madeira, construídas às pressas, sem nenhuma preocupação de solidez, descobre a tendência dos americanos de viverem apenas o momento presente, sem compromissos com o passado e muito menos com o futuro.

São nove da noite e nós dois caminhamos a conversar por uma rua deserta, nas proximidades do parque. Por sobre nossas cabeças paira um nevoeiro denso, cor de pêlo de ratão. Recordamos nossas andanças pelas ruas de Porto Alegre e achamos engraçado que estejamos aqui à beira do Pacífico, nesta cidade de aspecto nórdico tão diferente da idéia que o resto do mundo faz da Califórnia.

— O mal de vocês, ensaístas — digo-lhe, parando a uma esquina —, é que quando visitam um país vêm simplesmente em busca de premissas que sirvam para a conclusão que tiraram antes de desembarcar...

— Seu romancista de má morte! — exclama Vianna Moog, soltando uma risada.

É um homem sem recalques, um dos poucos escritores brasileiros com quem a gente pode ser absolutamente claro e franco.

ATRIBULAÇÕES DUM MARIDO

15 de fevereiro. No Brasil ficamos com uma sensação de inferioridade quando somos vistos na rua carregando pacotes. E quanto maior for o pacote, tanto mais forte será nosso sentimento de humilhação. Pois cá vou eu em plena Fulton Street, gemendo ao peso duma braçada de sacos de papel pardo cheios de comestíveis, e de cujas bordas emergem pontas de cenouras, folhas de salsa, hemisférios de laranja ou cocurutos de cebolas. Vou ao armazém de dois em dois dias. E uma vez por semana desço a Funston Street sobraçando uma trouxa de roupa, rumo da lavanderia. Ora, essas coisas aqui são consideradas naturais. Ninguém olha, ninguém repara. Primeiro porque elas não têm realmente nenhum sentido "moral"; segundo porque nestes tempos de guerra as lojas menores acabaram com o serviço de entrega a domicílio.

É muito comum nas casas particulares, depois do jantar, trazer os convidados para a cozinha, a fim de que ajudem a dona da casa a lavar e enxugar os pratos. E do marido americano — seja ele másculo ou maricas, gordo ou magro, grave ou frívolo — espera-se que ajude a mulher nesses trabalhos domésticos.

Sou dum estado brasileiro em que as atribuições de marido e mulher são marcadas com rigorosa nitidez. Há coisas que um homem lá nunca poderá fazer, sob a pena de ficar desmoralizado. Vivemos de acordo com um código antigo que tem raízes nos tempos feudais. Acrescente-se ainda a influência espanhola e a do *hombre macho* do tango argentino, o tipo de voz grossa e faca na cava do colete, e que nunca *debe llorar*...

Se lá do outro mundo meu avô tropeiro — para o qual a única atividade digna dum homem de verdade era a lida dura do campo —, se lá do outro mundo esse avô gaúcho me visse agora na cozinha de Mrs. Burke, de avental cor-de-rosa, enxugando pratos, havia de sacudir a cabeça, penalizado, murmurando:

— Pra que havia de dar o pobre do meu neto!

O PROFESSOR

20 de fevereiro. O Faculty Glade da universidade é uma bela clareira aberta em meio dum bosquete de carvalhos, orlado pelo Strawberry Creek, ou seja, o Arroio do Morango, e cortada por uma estradinha de areão que vai do edifício da União dos Estudantes até o Faculty Club, que é o clube dos professores, onde às vezes almoço. Sobre a veludosa relva dessa clareira o famoso *metteur en scène* Max Reinhardt fez representar em 1935 o *Sonho de uma noite de verão*, de Shakespeare.

O Faculty Club é um edifício de madeira construído num estilo que lembra certas casas de campo inglesas. É dum pardo-avermelhado e tem a fachada toda coberta de hera. O seu interior, duma simplicidade rústica, parece o dum pavilhão de caça. O menu aqui é geralmente simples, as mesas não têm toalhas e são atendidas por mocinhas, estudantes da universidade que, para fazer esse serviço, recebem cinqüenta centavos por hora, ganhando assim algum dinheiro para ajudar o custeio de seus estudos. Gosto do contraste entre essas jovens rosadas e os professores cinzentos. Sim, o cinzento parece ser a cor oficial dos professores. Têm eles uma certa predileção pelas roupas cor de cinza, e suas idéias políticas são geralmente cinzentas, com raras exceções, como será o caso deste grande liberal que tenho agora à minha mesa — meu amigo o professor S. G. Morley. No fim da casa dos sessenta, é ele um homem magro, alto, um pouco encurvado, de rosto miúdo cor de marfim velho. O cabelo grisalho, mas ainda abundante, cai-lhe às vezes sobre a testa à maneira de franja, dando-lhe um descuidoso, agradável aspecto de mocidade. O cavanhaque curto confere-lhe um ar europeu. Morley é um verdadeiro *scholar*, um humanista de boa têmpera. Ama a Europa e principalmente a Espanha, cuja língua, história e povo conhece a fundo. Lê intensamente todos os gêneros literários e interessa-se por tudo. Já tive ocasião de ver as admiráveis traduções que ele faz para o inglês dos versos de Rosalia de Castro e dos sonetos de Antero de Quental. Vive em Berkeley e em sua casa tem um piano de cauda ao qual às vezes se senta para tocar Mozart ou Beethoven. Nutre uma afeição particular pelas pontes cobertas da Califórnia, a respeito das quais já escreveu uma monografia, e seu *hobby* é tirar fotografias coloridas.

Olhando agora para ele tenho a impressão de que o conheço não há dois meses, mas há muitíssimos anos.

MOMENTO

24 de fevereiro. Desde 12 de janeiro tenho feito todas as quartas-feiras à noite num dos salões da universidade uma série de conferências públicas sobre literatura brasileira. Apesar da chuva, do frio e do vento a assistência tem sido animadora.

Hoje vou realizar a última palestra. São cinco e meia da tarde e estou na casa do dr. Morley batendo na máquina as minhas notas e um pouco perdido numa floresta de nomes de livros e autores. A conferência desta noite terá de cobrir o período entre 1930 e 1943. Quando tratei de escritores de séculos passados, tive a meu lado, como conselheiro, um crítico seguro e imparcial: o tempo. Mas agora que vou falar nos contemporâneos, já não posso contar com esse colaborador. Que nomes mencionar? Que nomes omitir? Como evitar os muitos alçapões de que nossa memória está cheia — alçapões armados por nossas idiossincrasias? Quantos desses escritores brasileiros que hoje fazem sucesso serão lembrados no futuro como figuras realmente representativas?

De cotovelos fincados na mesa, dedos metidos entre os cabelos, olho fascinado para um bojudo vaso de cristal de cujas bordas se escapam ramos floridos de pessegueiro. O vaso se acha em cima do piano de cauda, e o sol da tardinha incendeia-o de reflexos de ouro e prata. Uma abelha voa ao redor das flores; minha atenção voa com ela, escapa-se pela janela, sai pela ruazinha quieta... Uma criança solta um grito. A abelha bate na vidraça. Torno a olhar para a máquina ou, melhor, para meus próprios pensamentos, onde se amontoam nomes, faces, frases, títulos de livros, vultos humanos...

O tempo passa. Em breve virá a noite e eu preciso terminar estas notas. Mas aquele vaso florido e faiscante me fascina...

O dr. Morley entra na sala silenciosamente como uma sombra. Posta-se atrás de mim com sua máquina fotográfica e, sem dizer palavra, fotografa em cores, por cima da minha cabeça, o vaso com todos os reflexos do sol. Fico contente por saber que este momento de beleza foi aprisionado. Quanto a mim, sei que não o esquecerei mais. A casa dum amigo ao entardecer, um vaso florido, o vôo duma abelha, o grito duma criança... E minha perplexidade.

VOCÊ SABE COM QUEM ESTÁ FALANDO?

3 de março. No Faculty Club. Meio-dia. A moça que me serve — e que é uma estudante de filosofia — traz-me o café e um sorriso, e depois se vai. Peço ao cavalheiro que está do outro lado da mesa que me passe o açucareiro. Ele passa, sorrindo, e então entabulamos conversação.

— De onde é o senhor?
— Do Brasil.
— Do Brasil? Pois saiba que sou um fã do Aleijadinho.

Conta-me que compra tudo quanto encontra referente a Antônio Francisco Lisboa, a sua vida e sua obra. Espera um dia tirar férias especialmente para vir visitar as igrejas e monumentos em Minas Gerais.

Meu interlocutor é um homem alto, corpulento, de olhos azuis e rosto sanguíneo. Quando ele termina de almoçar e se vai, o dr. Morley me declara que acabo de conhecer o famoso dr. Herbert Evans, o descobridor da vitamina E, e dos hormônios da glândula pituitária estimulante do sexo e do crescimento. Informa-me também que aquele homem de óculos que ali está tomando o seu sorvete de baunilha, é o professor E. O. Lawrence, do Departamento de Física. Trata-se simplesmente do sábio que tornou realidade o sonho dos alquimistas, conseguindo a transmutação dos elementos por meio do bombardeador de átomos, de sua invenção. O ciclotrônio deu-lhe o Prêmio Nobel de Física em 1939. Lawrence conseguiu também produzir sinteticamente elementos radioativos que podem eventualmente substituir o radium.

Aquele homem baixo e moreno que fuma sossegadamente o seu cachimbo junto da lareira, é o prof. Babcock, uma das maiores autoridades mundiais em genética.

Esses homens todos são duma simplicidade exemplar. Com pouco mais de quarenta anos, com essa sua cara sem mistério, suas roupas incaracterísticas, Lawrence bem podia ser tomado por um modesto médico de aldeia, por um caixeiro-viajante ou — por que não? — pelo ecônomo deste clube.

Fico a pensar em certos homens presunçosos de minha terra, os quais só porque têm fortuna, posição ou algum parente importante julgam que são o sal da terra e vivem a perguntar:

— Você sabe com quem está falando?

O ENCONTRO DAS PARALELAS

6 de março. Sou hoje apresentado a Maurício Wellisch, vice-cônsul do Brasil em San Francisco. Conversamos por algum tempo, e verifico que nossas opiniões sobre política, arte, literatura e sobre a vida em geral divergem muito. É como se ele estivesse dum lado da baía de San Francisco e eu do outro, tentando uma comunicação impossível por meio de sinais. Tenho a impressão de que nunca poderemos ser bons amigos. No entanto, gosto deste vivo, irônico e inteligente brasileiro. (Acho muito difícil não gostar das pessoas.) Estou resolvido a começar a construção duma ponte aqui de meu lado. Se ele fizer o mesmo lá da outra margem, é possível que um dia nos encontremos no centro da baía na ilha de Yerba Buena. Vamos esperar.

8 de março. A ponte ficou pronta mais depressa do que eu esperava. Maurício e eu discordamos um do outro em muitos pontos, principalmente no que se refere à apreciação desta terra e desta gente. Wellisch é um desses intelectuais que viram Paris "nos bons tempos" — e essa visão encantada ainda o persegue, impedindo-o de adaptar-se a outras terras, a outros tipos de vida. Tudo que há por aqui — afirma — se torna desinteressante e sem importância comparado com Paris. Mas apesar das divergências — ou talvez por causa delas — fazemo-nos amigos e dum modo muito natural. É um prazer conversar com os Wellisch. A sra. Wellisch, uma belga morena de olhos azuis, fala português com fluência e com um delicioso sotaque.

Esta noite no carro desses novos amigos atravessamos a ponte de Golden Gate e vamos ver os estaleiros da Kaiser no seu trabalho noturno. Do alto duma colina olhamos para os cascos dos navios que lá embaixo à beira d'água parecem silhuetas de grandes paquidermes.

O espetáculo é fantástico. Saltam faíscas cor de fogo e relâmpagos, dum azul lívido, sobem para o céu, enquanto operários — vultos negros de cujas mãos jorra fogo — trabalham no costado dos navios. O ruído trepidante das brocas elétricas chega até nós. Guindastes movem chapas enormes. Tinem e rangem metais. A água se estria de coriscos e de quando em quando vozes humanas se destacam, gritando ordens. Dia e noite essa gente trabalha, em turmas que se revezam. Chegam à perfeição de aprontar um navio em três ou quatro dias.

Olho os meus companheiros aqui no automóvel. Nos seus rostos reflete-se a luz dos relâmpagos criados pelos empregados da Kaiser. E por cima de nossas cabeças, dos navios, dos operários, dos guindastes, das montanhas, das cidades e da baía palpitam as estrelas — as mesmas estrelas que brilharam há mais de três séculos sobre as caravelas de Sir Francis Drake.

RAPTADOS!

9 de março. Aniversário de Clara. Suas amigas e colegas aparecem com presentes e gritos, devastam a mesa de doces, enxugam as garrafas de Coca-Cola, põem o rádio a berrar, organizam um baile e me obrigam a entrar também no *boogie-woogie*. Num dado momento a campainha da porta soa, e o grupo todo corre a ver quem é a convidada que vai entrar. Da sala onde me deixei ficar estendido no sofá, exausto do esforço, ouço um *oh* de decepção, seguido de exclamações impacientes: "Não pode entrar! É uma festa só de meninas! Dá o fora! Scram!". A porta se fecha com estrondo. Levanto-me, caminho até a janela e vejo Peter-Calça-Frouxa, a olhar desconsolado para a porta que acabam de fechar-lhe na cara sardenta. Bato na vidraça, chamo a atenção do garoto, e por meio de sinais lhe digo que procure a entrada dos fundos. Vou abrir-lhe a porta da cozinha, faço-o entrar clandestinamente, tiro do refrigerador algumas garrafas de Coca-Cola, e ambos nos pomos a beber num grave silêncio de conspiradores, enquanto a algazarra continua no *living room*.

Por volta das cinco horas a festa se transfere da casa para a rua, e as crianças vão brincar nos canteiros da avenida. Ao cabo de alguns minutos aparecem duas garotas que me dizem, alvoroçadas:

— Mister, Clara e Louie desapareceram!

— Desapareceram... como? — pergunto.

— Sumiram-se... evaporaram-se...

Seguido por Peter, desço à rua para investigar. Onde estarão esses dois diabos?

— Foram para aquele lado... — diz uma das meninas.

— Vi um homem num automóvel conversando com eles... — informa outra.

— Um homem? — pergunto. — Como era ele? De que cor era o carro? — Dão-me informações confusas. Um automóvel verde... Não! Era azul... ou preto. O homem estava vestido de escuro, com a aba do chapéu puxada sobre os olhos. Era moreno, parecia estrangeiro... Muito misterioso — acrescentam.

Saio acompanhado de Peter — Dom Quixote e Sancho Pança — à procura de Clara e Louie. As meninas nos seguem como um bando de gralhas assanhadas.

— Foram raptados! — grita uma delas.

— Acho que foi o homem de preto! — exclama outra.

Volto-me e vejo caras ansiosas, mascarazinhas duma tragédia grega em versão infantil. Máscaras que não exprimem apenas susto, mas também uma espécie de prazer — a volúpia de estar tomando parte numa história real, de mocinho e bandido. A verdade é que estou começando a me inquietar. Clara! — grito — Louie!! E Peter repete esses nomes, como um eco galhofeiro. E assim percorremos uma quadra inteira. Sou como o Pied Piper da lenda, tocando a sua flauta mágica e conduzindo para fora do burgo um regimento de ratos. Clara! Louie! Entramos na Cabrillo Street, depois na Balboa. As garotas estão cada vez mais excitadas. Recordações me visitam a mente. O palhaço montado num burro, percorrendo as ruas duma cidadezinha brasileira, e gritando: "O palhaço que é?". E atrás deles, os pés descalços levantando a poeira vermelha do chão, os moleques respondem: "Ladrão de muié!". O palhaço de macacão metade azul, metade encarnado. Eu de calças amarelas. "Hoje tem marmelada?". E o coro: "Tem, sim senhor!". Grito o nome de meus filhos. O bando de gralhas os repete, num uníssono esganiçado. E agora não sei se já estou mesmo alarmado ou apenas irritado diante desta situação ridícula. Ouço uma das meninas dizer:

— *Gee!* É sensacional, bem como nos filmes de gângster!...

E outra:

— *You bet!* Parece uma história de Dick Tracy.

E assim, sem descobrir os desaparecidos, voltamos à Fulton Street. Entro em casa sem saber que fazer e vou direito ao *living room*, para lá encontrar, muito serenos, sentados no sofá e lendo o jornal da tarde, Clara e Louie.

— Onde é que vocês andaram? — pergunto.

Quatro olhos tranqüilos fitam-se em mim.

— Ué, pai... Nós não saímos daqui. Estamos vendo a página cômica do jornal.

Atrás de mim o bando começa uma algazarra feita de surpresa, alegria e — talvez — decepção. Volto-me para as meninas e vocifero.

— Vocês não têm mais nada que fazer?

Amaldiçôo os suplementos infantis dos jornais e os filmes de crime e mistério que enchem de caraminholas as cabeças dessas crianças. Mas a maldição não tem vida longa. Porque no momento seguinte estamos todos nós, inclusive o homem de calças amarelas, ajoelhados no chão, diante dos jornais abertos, a ver e comentar em voz alta as proezas do Super-Homem...

OS CISNES

14 de março. Depois duma semana de chuva quase incessante, o céu hoje amanhece limpo e azul. Tenho a impressão de que estamos criando bolor, que o míldio nos brota na ponta dos dedos, no rosto, na alma. É preciso tirar esta família para rua, a fim de que todos tomem sol, sol, muito sol.

Saímos, manhã cedinho, para o parque. Vem do mar um vento frio e cortante — uma espécie de versão americana do minuano. A relva dos canteiros está grisalha de geada. Nossos pés esmagam no chão bolotas de eucaliptos, que desprendem um cheiro acre e agradável.

Clara e Mariana trazem lenços amarrados na cabeça. Luís está de calças compridas, casaco de couro e tem na cabeça um quepe militar, o que lhe dá um jeito de guerrilheiro russo.

Dizemos bom-dia para a estátua do padre Junípero Serra, o fundador das famosas missões da Califórnia, atiramos um alô! casual para o leão de pedra que monta guarda a uma das alas do Museu Young, e paramos um instante para uma prosa com Cervantes, Dom Quixote e Sancho Pança.

Atravessamos o jardim chinês, passando pelo monumental portão de madeira que lembra a entrada dum templo chinês.

Caminhamos por entre camélias e *maples* por estes estreitos sendeiros pavimentados de lajes, e orlados por gradis rústicos feitos de taquara de bambu. Paramos diante da imagem dum Buda que está placidamente postado à sombra de esbelto pagode pintado de amarelo, vermelho e preto. Olhamos nossas caras no espelho duma sucessão de pequenos lagos onde bóiam lótus brancos e lírios aquáticos, e em cujas águas transparentes, de fundo limoso, nadam peixes vermelhos. Clara e Luís fazem questão de atravessar a ponte semicircular, cujo reflexo na água completa a circunferência perfeita.

Deixando o jardim chinês vamos passear à beira dum lago, que fica numa espécie de platô, no interior do parque. Ficamos olhando um patinho morto que bóia lentamente à flor da água, com um montículo de geada acumulado sobre o peito. (Em algum lugar da Europa — penso — a esta mesma hora deve haver um jovem soldado americano, russo ou inglês, morto, estendido no chão, com um punhado de neve sobre o peito.)

E mais adiante, sob uma ponte rústica de pedra, dois cisnes — um branco e outro preto — nadam serenamente, bem como num fecho de soneto parnasiano.

FINIS

18 de março. Contaram-me hoje uma história impressionante. Acaba de suicidar-se um professor de química dum desses colégios dos arredores de San Francisco. Era um judeu austríaco que se refugiara com a esposa nos Estados Unidos, depois que Hitler anexou sua pátria ao Reich. Apesar do carinho com que fora aqui recebido o pobre homem não se sentia feliz. Achava difícil recomeçar a vida depois dos sessenta, num mundo de língua e hábitos diferentes dos daquele onde nascera e sempre vivera. Sua mulher, atacada a princípio da mania de perseguição, acabou caindo num tão profundo estado de melancolia que teve de ser internada num sanatório. Sem coragem para continuar a viver, o velho professor — ao cabo não sei de que tremendas lutas — decidiu suicidar-se. Era um homem calado, amável e de ar tímido. As suas alunas o adoravam. Antes de ingerir veneno escreveu uma carta ao presidente do colégio, agradecendo-lhe por todas as suas gentilezas, e pedindo-lhe desculpas pelo que ia fazer. *Rogo-lhe encarecidamente que não conte às minhas alunas que me suicidei. Diga que foi um acidente.* E ao bedel que provavelmente ia encontrar-lhe o cadáver na manhã seguinte quando viesse limpar o escritório, deixou uma cédula de dez dólares e este bilhete: *Perdoe-me pelo choque que lhe causei. Como compensação deixo-lhe esta pequena lembrança. Adeus, meu amigo.*

Quando o dia amanheceu e o bedel entrou, o professor de química parecia dormir tranquilamente, debruçado sobre sua escrivaninha. E a expressão de seu rosto não era de ódio ou pavor. Era ainda uma expressão de timidez, como se aquele homem simples e discreto estivesse a pedir desculpa à sociedade pelo que acabava de fazer, por achar talvez que um suicídio era coisa demasiadamente melodramática, excessivamente espalhafatosa para quem como ele atravessara a vida sem acotovelar ninguém, sem fazer ruído, com um sagrado horror de chamar a atenção do mundo sobre sua pessoa.

CROMO

23 de março. A primavera chegou. Cessaram as chuvas. Em San Francisco continua o nevoeiro, mas em Berkeley há sol, e sob as macieiras e ameixeiras floridas que orlam as calçadas destas ruazinhas de ordinário calmas, caminham velhos professores e passam cantando em claros bandos raparigas que nunca ouviram e por certo nunca ouvirão falar em Antônio Nobre.

O BRASILEIRO DOS MOSQUITOS

27 de março. "Há aqui na universidade um brasileiro entendido em mosquitos" — disse-me alguém há dias. Perguntei o nome desse homem fabuloso que, segundo as informações, vive fechado numa sala a dissecar mosquitos e a descobrir coisas novas a respeito deles. É Otávio Mangabeira Filho, que venho a conhecer hoje em seu laboratório, a cuja porta bato. Aparece-me em mangas de camisa um homem ainda jovem, moreno, de óculos, com uma cara pícara, que é a mais absoluta negação de todas as coisas que me contaram dele.

— Vim aqui — digo-lhe — na esperança de que você ainda se interesse um pouco por seres humanos.

Ele me aperta a mão e eu sinto que já somos amigos. Passamos a nos entender desde o primeiro momento e para isso não precisamos de muitas palavras.

Almoçamos juntos numa dessas graciosas *food shops* freqüentadas por estudantes, e depois saímos a visitar livrarias de segunda mão e antiquários. Mas não prestamos atenção a livros nem a objetos antigos, porque passamos todo o tempo a falar na política brasileira.

De volta a seu laboratório ele me fez olhar um mosquito ao microscópio. Que riqueza de cores e desenhos há na asa dum mosquito! Você já olhou a asa duma mosca? E dum gafanhoto?

De insetos passamos a conversar sobre o Brasil, e ambos manifestamos o desejo de ver nosso país de volta ao regime democrático.

— Existe uma França Livre — digo —, uma Polônia Livre. Por que não fundamos aqui o Brasil Livre?

Manga tira a lâmina do microscópio com infinito e amoroso cuidado, e depois responde:

— Não adianta. O Departamento de Estado não reconheceria nosso governo...

E em seguida, esquecendo-se de mim, entrega-se aos seus mosquitos.

OS TRÊS DEMÔNIOS

1º de abril. Germán Arciniegas, natural da Colômbia, mas cidadão do mundo, é um dos raros hispano-americanos que conheço dotado de verdadeiro *sense of humour*. Não trouxe para este país nenhum complexo de inferioridade, nem adotou nenhuma daquelas atitudes extremas tão perigosas, como seja a de "achicarse" e embasbacar-se diante das coisas que aqui se vêem, passando a achar que tudo quanto temos "lá embaixo" é mesquinho, pobre e inútil; ou então a de andar num triste quixotismo investindo contra moinhos de vento, ver por todos os cantos inimigos da "latinidad", e proclamando que a "civilização ianque" é puramente mecânica e que só nós, os latinos, é que conhecemos e amamos a vida do espírito.

Arciniegas, que já foi ministro da Educação em seu país, é um admirável escritor. Seu espanhol é escorreito, gracioso, límpido, sem nenhum excesso de adjetivação. Seus livros sobre história, sociologia e literatura são uma delícia, e vários deles já foram traduzidos para o inglês.

Hoje d. Germán — que é um homem ainda jovem de estatura mediana, testa larga, rosto comprido e que, pelo aspecto, tanto podia ser espanhol, como francês, argentino ou brasileiro — me declara que está escrevendo uma história do mar das Caraíbas, mas que o livro está progredindo muito lentamente. Conta-me de sua preguiça, de sua relutância em escrever. E como Monguió, el Catalán, se reúne a nós para um rápido lanche num restaurante de estudantes, o tema de conversação é simplesmente a boêmia sul-americana, sinal de nossa amável sabedoria da vida.

— O que faz falta a este país — digo — é um pouco mais de pausas ociosas.

— Exatamente — concorda Monguió. — Olhe só essa gente como come às pressas.

— E como é possível não comer às pressas? — pergunta d. Germán. — Veja o olhar ansioso, famélico daqueles rapazes e raparigas que ali estão de pé esperando que uma das mesas fique vaga!

— Outra coisa estranha — prossigo — é que não vemos nas ruas das cidades americanas gente que ande simplesmente passeando. Eles vão a algum lugar determinado, porque têm um encontro a uma certa hora, ou então — andam fazendo compras.

— Nunca se vêem grupos parados às esquinas, proseando — diz Monguió.

Falamos num gostoso costume das gentes das cidades sul-americanas: passear ao redor das praças principalmente nos dias de retreta. Na vida de café, onde pessoas que nunca têm pressa ficam em torno duma mesa discutindo política, mulheres, futebol ou a imortalidade da alma.

— Esse — digo — é um traço ibérico que me parece digno de ser conservado. No fim de contas a arte da conversação... é uma das belas-artes.

E para provar que não somos apenas um grupo de teóricos, saímos do restaurante e vamos nos deitar num tabuleiro de relva, à sombra de pinheiros. De onde estamos se avista, por cima dos altos eucaliptos e carvalhos, a ponta da torre do Campanile. Para muitos desses estudantes a importância do Campanile está em que ele é das torres mais altas dos Estados Unidos; oferece ainda a particularidade de ter sido feita de granito da Califórnia. Acrescentarão outros que ele tem cem metros de altura e que seu carrilhão é formado de doze sinos fundidos na Inglaterra. Para nós o Campanile é apenas uma torre cujos sinos de hora em hora tocam uma musiquinha agradável. E essa musiquinha agora marca a duração desta nossa conversa mole e preguiçosa. Porque é bom ficar aqui deitado, mordiscando talos de grama, olhando o céu ou as estradas povoadas de estudantes, e conversando sobre tudo e sobre nada.

Passa pela calçada que perlonga esse tabuleiro de relva um professor do departamento de geografia. Ao ver-nos, detém-se por um minuto e pergunta:

— Que conspiração é essa?

— Olá, hombre! — exclama Arciniegas. — Venha tomar parte nesta discussão.

— Sobre que é que discutem? — indaga o professor.

— Sobre nada — respondo. — E ainda não chegamos a um acordo.

— Vem ou não vem? — pergunta Monguió.

O homem olha o relógio.

— Não posso. Estou com pressa. Tenho de tomar um trem. *Good-bye!*

Vai-se. Ficamos com o sol e a nossa preguiça. Arciniegas conta que o Almanaque de Bristol, a grande leitura de sua infância, em Bogotá, é o principal responsável pela sua vocação literária. Fica entusiasmado quando lhe afirmo que o mesmo se passou comigo. Cito ainda o Almanaque Ayer, o da Cabeça de Leão. De almanaques passamos a falar em caudilhos; de caudilhos saltamos para comidas; de comidas para a energia atômica. (Que estarão fazendo os físicos lá no alto da colina, metidos naquele edifício circular?)

Os carrilhões tocam uma melodia do velho Sul. Que horas serão? Não poderei nem ao menos por uma vez esquecer o relógio? Vejo delinear-se-me na mente uma figura; o velho Anélio, capataz de estância. Tem na cabeça um chapéu de abas largas — para ele *sombrero* — e veste largas bombachas.

Devo abrir aqui um parêntese para uma explicação. Como é sabido, todos nós temos os nossos demônios particulares. São criaturas que moram em algum recanto de nosso cérebro, ou, melhor, misteriosos peixes que vivem escondidos no fundo do lago da memória e que, de quando em quando, independentemente de nossa vontade, aparecem à tona e dizem uma coisa, fazem um gesto, soltam uma exclamação. Dum certo modo eles dirigem nossa vida. São os nossos censores.

Três demônios me atormentam às vezes os pensamentos. Dona Eufrásia Rojão, Jesualdo e o velho Anélio. Sempre que faço, digo ou escrevo alguma coisa que à luz da boa educação pode ser considerada imprópria; sempre que tomo alguma liberdade com a língua portuguesa ou com qualquer outra língua — dona Eufrásia, minha professora, bota a cabeça para fora do lago, franze o sobrolho, ergue o dedo e diz: "Ai-ai-ai!". E eu fico frio. Jesualdo era um padeiro italiano da minha infância, um homem de dentes miúdos e estragados. Dizia-se carbonário, fumava cachimbo e não tinha ilusões sobre a natureza humana. Se lhe apresentavam os dados dum problema, fosse ele individual, social, político, financeiro ou psicológico — sacudia a cabeça e dizia: *Não tem jeito*, que, na sua meia-língua era: — *No tê jêto*. Esse pessimismo uma vez que outra perturba minha visão do mundo. Sempre que tento olhar a vida e os homens com esperança, Jesualdo me aparece em pensamentos, solta uma baforada de fumaça e diz: *No tê jêto*.

Quanto a Anélio, era um fanático do dever e do trabalho. Para ele um homem "direito", uma pessoa de bem, devia pular da cama às cinco horas da manhã e trabalhar honestamente até o pôr-do-sol. "Eta, índio ruim!" — era a frase que ele atirava, como uma pedra, na cabeça dos preguiçosos.

Pois é Anélio que agora me aflora à tona do lago da memória, gritando:

— Eta, índio ruim! — Não lhe dou atenção. Estou gostando desta preguiça mole. Sei que tenho de estudar o romantismo para a lição de depois de amanhã. Preciso ir até a biblioteca para fazer um trabalho que aqui se designa com uma palavra muito importante: *research*. Mas vou ficando...

— Vá trabalhar, vagabundo — vocifera Anélio. — Ganhando à toa o dinheiro do governo!
Picado de remorso, levanto-me.
— Bom. Vou andando — digo. — Tenho de fazer um estudo sobre o romantismo.
Jesualdo me aparece, faz uma careta e diz:
— Romantismo? *No tê jêto.*
E parece que não tem mesmo.

JACK, O ESTRIPADOR

3 de abril. O sol aparece por uns instantes, rompendo as nuvens pardacentas que cobrem o céu de San Francisco. Como não preciso ir hoje a Berkeley, meto-me no parque.
Naturalmente vou fantasiado de Mr. Hyde, isto é, de jaquetão de lenhador e calças amarelas. Crianças brincam no declive da relva perto duma das alas do museu. Distraidamente levo a mão à cabeça duma delas. É uma meninazinha magra, com os cabelos cheios de papelotes. Ao sentir o contato de meus dedos a criaturinha ergue os olhos para mim, solta um grito e deita a correr na direção dos amigos. Lá do alto do declive ela aponta para baixo e grita:
— Ele quis me pegar! Deve ser um desses gângsteres, um raptor de crianças!
Creio que estou vermelho, tenho as faces e as orelhas ardendo. Estugo o passo e embarafusto pelo túnel, procurando a sombra como um morcego. Agora me ocorre que não me barbeei esta manhã. Vendo uma cara sombria e morena, a criaturinha, trabalhada por centenas de suplementos dominicais com histórias sobre raptores de crianças, e por centenas de filmes de gângsteres — julgou ver em mim um desses bandidos cujos retratos às vezes aparecem na crônica policial dos jornais.
Ainda ouço o grito esganiçado e vejo o dedo acusador. Sinto-me culpado e cruel. Aqui vou numa verdadeira retirada, com a impressão de que todas as crianças dos Estados Unidos estão em meu encalço. Sou Jack, o Estripador. A sombra da forca me persegue. O remorso me espicaça os flancos.
Saio no outro lado do túnel. A luz do sol me ofusca. Caminho

apressado para casa, atiro longe o jaquetão e vou direito ao quarto de banho para fazer a barba.

De trás da porta surge um vulto... Ouço um tiro. Volto-me, num sobressalto. De capacete de aço na cabeça, Luís aponta para mim a metralhadora de pau.

— Ora, vá assustar a sua vó! — grito, antipedagogicamente.

IGUARIA

4 de abril. "Muitos bons dias!" A voz macia e aflautada do prof. Yacov Malkiel soa no corredor de Wheeler Hall. "Bom dia", respondo no singular. E ficamos frente a frente, a sorrir um para o outro. Aqui está diante de mim um dos mais notáveis lingüistas que tenho encontrado em toda a minha vida. Nascido na Rússia, criado na Alemanha, doutorou-se com distinção em filologia, na Universidade de Berlim. Fala russo, italiano, alemão, inglês, francês, espanhol e português. Conhece latim, grego e hebraico. No entanto quem vê este moço de rosto carnudo, com um jeito de mocho e gestos de seminarista, não dá um centavo por ele...

— Quero oferecer-lhe um exemplar do meu último opúsculo — diz Malkiel, entregando-me um folheto. É a separata dum estudo publicado numa revista filológica, sobre a origem da palavra portuguesa *iguaria*: setenta páginas de tipo miúdo.

— Oh! Muitíssimo obrigado.

E quando Yacov Malkiel me deixa e sai no seu passinho macio na direção do escritório, fico a folhear o livreto. Escritor de ficção, homem do mundo do faz-de-conta, estremeço diante de tanta erudição, de tanta paciência, de tanta pesquisa. E não posso deixar de admirar esse incrível professor que — juntamente com Ronald Hilton, da Universidade de Stanford, e com esse notável Marion Zeitlin — é dos que mais têm contribuído na Califórnia para a difusão e conhecimento da língua portuguesa, essa "flor do Lácio, inculta e bela" e — permita-se acrescentar — tremendamente complicada...

DOIS MUNDOS

8 de abril. Uma de minhas alunas, Miss Wolf, é uma refugiada européia que em tempos idos foi bailarina e professora de dança em Viena. É uma mulherinha de meia-idade, apagada e triste. Assiste às minhas aulas de literatura, e revela um interesse especial pelo folclore brasileiro.

Vou hoje tomar chá no seu apartamento de solteirona solitária. Miss Wolf me diz de sua esperança de poder um dia ir morar no Rio ou em São Paulo. Para ela a vida em Berkeley não é das mais fáceis. Já deu um curso de conferências sobre dança na universidade, mas presentemente não tem aqui nenhuma função docente. Ganha a vida fazendo trabalhos de pesquisas para professores ou revisando provas de livros para autores que vivem em Berkeley. Conta-me que está organizando uma antologia poética sobre a amizade, na qual espera incluir autores de todas as terras e de todos os tempos. Confessa-me, entretanto, que os editores a quem já escreveu contando de seu empreendimento não se mostraram interessados na edição do livro.

Enquanto bebericamos chá e mordiscamos biscoitos, penso no drama de Miss Wolf, que não consegue adaptar-se à vida americana. Suas raízes sentimentais ainda se acham metidas em solo europeu. Qual! Pior ainda. Foram brutalmente arrancadas de lá e não puderam ainda afundar neste chão da Califórnia: estão no ar, meio ressequidas e quase mortas. Nada sabe dos poucos parentes que lhe restam. Talvez tenham morrido sob os bombardeios, ou estejam definhando num campo de concentração. Compreendo que envelhecer deve ser doloroso especialmente para uma mulher como Miss Wolf para quem a beleza, a harmonia do corpo e a graça dos movimentos parecem ter sido a sua maior fonte de alegria e esperança. Ela me mostra fotografias da mocidade. Vejo-a envolta num manto grego, dançando ao vento à sombra das ruínas dum templo.

Num dado momento sinto que Miss Wolf está à beira duma confidência. Não sei por que as pessoas acabam sempre por me fazer confidências...

— Vou lhe mostrar uma coisa... — diz ela, erguendo-se. — Mas sob o mais absoluto sigilo...

— Pode contar com a minha discrição — asseguro-lhe.

Miss Wolf abre a gaveta duma cômoda e tira dela uma pasta. Imagino que dali vá sair um diário íntimo ou, então, cartas de amor, escritas talvez por algum arquiduque austríaco. Mas não. O que vejo é uma série de desenhos em papel áspero. E enquanto os estende no chão, vai dizendo:

— Eu só mostro estes trabalhos para aqueles que julgo capazes de compreendê-los, e de compreender também o motivo por que eu os fiz.

Sua voz sem cor perde-se no ar. Ela mal contém um suspiro. Olho os desenhos. São círculos, triângulos, retas que formam complicados ornamentos cujo sentido não logro penetrar. Não me dizem nada. Deixam-me indiferente. Confesso isso francamente a minha amiga, e ela murmura:

— Aí está. Não querem dizer nada mesmo. Isso é arte abstrata.

Sacudo a cabeça silenciosamente. Percebo que todas as paixões, lembranças e sonhos recalcados de Miss Wolf tomaram a forma desses desenhos. Para nós, homens, a dança e o ritmo estão intimamente ligados à forma humana. Ora, dificilmente podemos contemplar um belo corpo de mulher sem ao menos *alguma paixão*, e é-nos por isso difícil dissociar da dança, do movimento do corpo, a idéia de sexo. Está tudo ligado, amalgamado duma maneira inseparável, e no que diz respeito à dança, me parece tolo falar sobre arte pura, etc... Na sua timidez de solteirona, Miss Wolf deve temer tudo quanto possa lembrar o corpo humano e suas paixões. É por isso que busca uma válvula de escape nesses desenhos angulosos, assexuados do abstrato. (Ou será que sou apenas o que os americanos do Norte chamam de *lousy latin* — latino sórdido?)

Das janelas do apartamento de Miss Wolf tem-se uma visão panorâmica da universidade. Vejo lá embaixo, no estádio, um grupo de rapazes de calções curtos e torso nu a jogar voleibol. Seus corpos reluzem ao sol e o vento traz até nós as suas vozes estrídulas. Aqueles moços — reflito — decerto não pensam em arte abstrata. Para falar a verdade não devem pensar em arte nenhuma. Não buscam sucedâneos para a vida, pela simples razão de que têm o artigo genuíno.

Olho para Miss Wolf aqui a meu lado, e, num berrante contraste, vejo-a murcha, a buscar nestes desenhos o que aqueles belos animais encontraram no contato com as coisas concretas. Depois do jogo, uma ducha fria. Depois da ducha, as suas roupas frouxas, despretensiosas e esportivas. A seguir, o encontro com as namoradas, e uma excursão doida através de cafés, *dancings*, rinques de patinação — tudo isso numa troca de beijos e abraços.

Penso na minha curiosa posição entre esses dois mundos. Não pertenço a nenhum deles — concluo. Mas devo confessar que se meu corpo está aqui neste apartamento, minha atenção está lá fora, seguindo os movimentos daquela pelota de couro ao sol.

De resto não terá este contraste uma natureza simbólica? Os desenhos abstratos de Miss Wolf representam uma civilização "sofisticada" em artigo de morte; e os rapazes seminus lá embaixo corporificam a civilização instrumentalista e sadia do Novo Mundo...

Literatura! Pura literatura. A vida não cabe assim em conceitos e imagens. Além do mais, o mundo ideal, parece-me, seria aquele em que a cultura e a experiência da velha Europa pudessem ser revitalizadas, rejuvenescidas ao calor desta contente e tumultuosa terra americana.

A *NONA* E O MARINHEIRO

1º de abril. Tenho dois bilhetes para a ópera, onde a orquestra sinfônica de San Francisco e o Coro Municipal vão executar a *Nona sinfonia*, de Beethoven, sob a regência de Pierre Monteux. Como Mariana infelizmente não pôde vir, aqui estou agora na frente do teatro a procurar alguém a quem dar a outra entrada. Vejo um marinheiro de quase dois metros de altura, com cara de boxeador, encostado a uma coluna.

— Quer entrar? — pergunto-lhe, sem muita esperança de ouvir um sim.

Ele me olha, meio intrigado.

— Por que pergunta?

— Tenho uma entrada aqui...

— Quanto é?

— Não custa nada. Dou-lhe de presente.

Ele me faz então a pergunta que quase todos os americanos fazem em circunstâncias como esta:

— Está certo de que não vai precisar desse bilhete?

— Absolutamente.

— *Thanks!* — diz ele sorrindo.

Quinze minutos depois estamos lado a lado, no balcão da Ópera.

É um belo interior de paredes cor de marfim queimado. No centro do teto pende enorme lustre na forma duma flor estilizada. As cadeiras são estofadas de veludo cor de vinho. O teatro está completamente cheio. Os membros da orquestra e do coro já tomaram seus lugares. Entra, sob aplausos, Pierre Monteux, e não posso deixar de lançar mão duma imagem zoológica para o descrever: parece-se com uma capivara com bigodes de foca.

E não há imagem, nem zoológica nem de espécie nenhuma, que possa descrever minha emoção quando rompe o coro da sinfonia — trazendo consigo, a reforçar as sensações deste momento, a lembrança de todas as outras emoções que senti nas muitas vezes do passado em que ouvi a *Nona*.

No intervalo converso com o marinheiro e faço uma série de comentários literários, desses brilharetes que em geral usamos para esconder a nossa ignorância em matéria de música. E este marmanjo de cara amassada e estúpida me arrasa com uma longa, minuciosa dissertação técnica e erudita sobre harmonia e contraponto...

OS ANTÍPODAS

12 de abril. Travo hoje conhecimento com um dos professores do Departamento de Línguas Orientais da Universidade. É natural da Coréia e tem um nome de tal modo complicado, que nem tentarei reproduzi-lo aqui. Tomamos o mesmo trem de volta para San Francisco. Conversamos sobre a guerra e sobre a paz que há de vir. Ele me pergunta do Brasil; eu lhe pergunto da Coréia. Quando o trem deixa Berkeley, principiamos a palestra um tanto bisonhos e cerimoniosos. Mas chegamos ao outro lado da baía em tão boa e natural camaradagem, que decidimos jantar juntos numa cafeteria para prolongar o diálogo. Empunhando nossas bandejas corremos o balcão, selecionando o menu. Verificamos que, sem a menor combinação, escolhemos os mesmos pratos. Agora estamos sentados à mesma mesa, um na frente do outro. O meu amigo coreano é um jovem retaco, dum amarelo pálido e seco, os olhos oblíquos e humildes. Usa óculos de grossas lentes e sua voz é aguda e pobre de modulações. Acho interessante que estes dois antípodas se tenham encontrado por acaso e agora estejam mastigando em silêncio um sumário jantar numa cafeteria de San Francisco da Califórnia.

O coreano me diz de sua esperança de voltar à pátria, e de vê-la um dia livre do domínio japonês. Falo-lhe do Brasil e do meu desejo de vê-lo com um governo democrático. Trocamos idéias sobre homens e coisas. É interessante: nossas opiniões não diferem muito; nossos sonhos seguem na mesma direção.

Despedimo-nos com um prolongado aperto de mão.

— Se um dia aparecer pelo Brasil — digo-lhe —, não se esqueça de me procurar.

Dou-lhe um cartão com meu nome e endereço. Ele me dá o seu cartão em que seu nome vem escrito em caracteres orientais, com o correspondente em prosódia inglesa logo abaixo.

— E se o senhor algum dia for à Coréia...

— Quem sabe? O mundo está ficando muito pequeno.

Separamo-nos. O coreano some-se no meio da multidão de Market Street.

Wendell Willkie, você tem razão. O mundo é um só.

LANTERNAS NA FLORESTA

14 de abril. A Universidade da Califórnia comemora hoje o dia pan-americano. Alunos e professores reúnem-se no *gymnasium* às dez da manhã para ouvir os dois oradores oficiais. Um deles é Germán Arciniegas; o outro, eu. Toca-me falar em primeiro lugar. Dr. Deutsch, vice-presidente da universidade, diz algumas palavras de apresentação, eu me aproximo do microfone e olho em torno. Nunca em toda a minha vida falei para um público tão grande. Neste vasto salão acham-se sentadas nada menos de cinco mil pessoas. Avisto caras conhecidas. Lá está o prof. Herbert Evans. Mais além o prof. Lawrence, o alquimista. De sua cadeira Morley sorri para mim encorajadoramente. Vejo também generais do Exército, almirantes... Aqui e ali vislumbro uma barbicha ilustre. E nas arquibancadas — toda uma multidão de suéteres coloridos e faces jovens.

Começo o discurso falando na história de Joãozinho e Ritinha perdidos na floresta, e comparo as gerações modernas com os dois heróis do conto. Falo nos tempos medievais em que, entre as classes pobres, prevalecia a antiga idéia de que a felicidade era impossível neste "vale de lágrimas". Os barões feudais procuravam fomentar essa idéia, porque ela servia admiravelmente a seus propósitos. Ser feliz e sentir prazer — diziam eles, secundando os padres — era um pecado, uma pedra de tropeço no caminho do céu. No céu é que estava o verdadeiro prêmio... Assim adormentados por esse ópio, os servos resignavam-se a uma vida de pobreza e duros trabalhos, ao passo que os barões viviam à tripa forra.

Falo nas mudanças que com o passar dos séculos se operaram nesse conceito de felicidade. O progresso técnico e científico dos últimos cinqüenta anos contribuíram para a felicidade e o bem-estar material dos povos. A ciência, servida pela indústria, nos deu coisas que aumentaram o prazer de viver e aliviaram o fardo que as doenças impunham. Inúmeras descobertas e invenções de vários modos contribuíram para tornar a vida mais higiênica, mais bela, mais fácil e, conseqüentemente, mais agradável.

Faço uma pausa e, destacando bem as palavras, ponho uma ênfase toda especial no que vem a seguir:

Há, porém, um importante problema social que está longe duma solução justa. Como fazer que a maioria do povo goze dos benefícios desse progresso? Porque até agora os únicos que desfrutam dele são os que podem pagar. E o mesmo acontece com a educação!

Menciono o problema do lucro, que me parece um dos pontos nevrálgicos da questão. *Em países onde populações inteiras vivem ou, antes, vegetam num estado de subnutrição, gêneros de primeira necessidade são queimados ou jogados ao mar. Os técnicos explicam friamente: É uma questão de preços.* Concluo: *Um mundo que coloca o lucro acima das vidas humanas é um mundo perdido, corrupto e hediondo.*

Passo a falar nos "idealistas" que se recusam a examinar a crise dos tempos modernos à luz da economia. Por quê? Vêem a tremenda luta pelo petróleo, pelo trigo, pelo carvão, pelo algodão, pelos mercados e por maiores lucros e continuam a proceder como se os homens fossem anjos. Nações inteiras têm sido conduzidas como casas comerciais com um olho nos lucros. Mais uma vez confundiram-se os meios com os fins. Esqueceram que o Estado deve servir ao povo, e não o povo ao Estado. Não compreenderam que os interesses do homem comum, isto é, da maioria, devem ser colocados acima das corporações privadas, dos cartéis e dos trustes.

Esta guerra — prossigo, fazendo o possível para não assumir ares proféticos — *é até certo ponto uma guerra ideológica, mas é principalmente uma guerra econômica. E se quisermos descobrir um remédio eficaz para esse horrível flagelo periódico, não devemos ignorar a sua verdadeira natureza. Há um fato que ilustra de maneira dramática o que estou dizendo. Os aviões japoneses que bombardearam Pearl Harbor empregaram, ao que se diz, gasolina americana, e as bombas que lançaram eram provavelmente feitas de ferro-velho também americano.*

Olho o relógio. Tenho apenas mais dez minutos para salvar o mundo — digo para mim mesmo. Falo na cooperação interamericana e na aproximação que se operou entre as nações do continente, motivada pela guerra. E termino assim:

Um sociólogo vosso compatriota comparou a humanidade com um grupo de homens com lanternas acesas a buscar um caminho através de escura e incomensurável floresta. Sim, a imagem é quase perfeita. Digo quase porque lhe faço uma objeção. Não devemos esquecer que muitos dos componentes desse grupo se recusam a cooperar, por pessimismo, egoísmo, preguiça ou simples estupidez. E há também os malvados, os que preferem riscar fósforos e deitar fogo à floresta.

O que importa, meus amigos, é manter acesas nossas lanternas e continuarmos à procura do caminho para a liberdade e para uma vida melhor. A jornada é longa, e terrível é a noite. Mas agora estamos descobrindo o verdadeiro sentido da fraternidade. Avançamos de mãos dadas. E sabemos que, aconteça o que acontecer, não estaremos sós.

Não sei como vão receber minhas palavras. Termino o discurso e meto meio nervosamente os papéis no bolso. Há um hiato de mais ou menos dois segundos. Depois rompem os aplausos — aplausos espontâneos, fortes, prolongados, que são uma resposta à minha dúvida.

Passo o lenço pelo rosto, que está alagado de suor, e volto para a minha cadeira. Ao passar por Arciniegas, não resisto à tentação de piscar-lhe o olho...

CREPUSCULAR

15 de abril. Quem é aquele homem que ali vai com a gola do casaco erguida, e o chapéu de feltro negro desabado sobre os olhos? É um professor do Departamento de Espanhol da Universidade, um homem crepuscular, de olhos escuros, barba sempre azulando, rosto emaciado, olhos fundos e ar soturno. É calado, retraído e franquista. Para falar a verdade, é o único partidário da Falange num departamento em que todos os professores adoram a Espanha e detestam Francisco Franco.

Lá vai essa personagem medieval atravessando a rua, rumo do portão que dá para a Telegraph Street. Nada tem a ver com o sol, com essas raparigas e rapazes que por aqui andam. Ele não caminha através da vida e das criaturas: ele se esgueira. Seu primeiro nome é Erasmo. O segundo não posso dizer. É um nome anatômico, desses que a gente não pode pronunciar diante de senhoras. Se nosso herói tivesse de ir morar no Brasil, na certa seria obrigado a mudar de sobrenome.

Nunca ouvi a voz desse sombrio professor nem espero ouvi-la nunca. Se ele já me evitava antes, agora, depois do meu discurso de ontem, foge de mim como o diabo da cruz. Acontece, porém, que nesse caso a cruz é ele, e o diabo sou eu.

UM RATO É UM BICHO

16 de abril. Sou também orador oficial do Mills College, nas suas comemorações do dia pan-americano. A cerimônia se realiza num belo teatro dentro do *campus*. É o Mills um dos colégios femininos mais importantes desta costa do Pacífico. Aqui se educam moças ricas, que, além de fazer o curso de letras, artes e filosofia, aprendem equitação, natação e dança.

Diante de mim tenho um microfone. Pouco abaixo do microfone, as bandeiras das vinte e uma nações americanas dispostas em forma de leque. Para além delas, seiscentas faces numa quase-penumbra e um mar agitado de cabeças. Atrás de mim, no palco, Mr. Lynn White, diretor do Mills, que acaba de fazer minha apresentação; e mais alguns membros da Junta Administrativa do colégio, senhores simpáticos de meia-idade, bem barbeados, bem vestidos — todos eles pessoas de alta posição no mundo das finanças de San Francisco e Oakland. Acho que este é o ambiente menos adequado para um discurso no qual lanço a maior culpa dos desacertos do mundo e das guerras para cima das largas costas do capitalismo. Que fazer? Meus demônios particulares começam a manifestar-se. Dona Eufrásia me diz que não devo repetir o discurso que fiz ontem na universidade, porque será uma indelicadeza. Não terei eu por acaso o senso da oportunidade? Indiferente e a encolher os ombros, Jesualdo murmura: *No tê jêto.* Mas quem me dá ânimo neste instante é Anélio, o velho gaúcho. Quebra a aba do *sombrero* e grita: "Um homem é um homem; um rato é um bicho!".

Está decidido. Para essas seiscentas meninas bem tratadas, que esperam decerto ouvir um discurso cor-de-rosa em que se diga que as vinte e uma nações americanas são *hermanitas, sisters,* irmãzinhas que vivem num paraíso, dançando valsas e atirando flores umas nas outras; para essas seiscentas mocinhas admiráveis começo a falar na floresta escura, na miséria em que vive a maior parte da população da Terra, nos absurdos do mundo capitalista e do horror de Pearl Harbor, para o qual algumas firmas norte-americanas cooperam, porque no fim de contas, *dear friends*, negócio é negócio, amigos à parte...

Quando termino, os aplausos são prolongados e entusiastas. Os americanos são muito espontâneos no que diz respeito ao aplauso. Vêm para o teatro, para o cinema, para a sala de conferências decididos a *gostar*. Imaginemos um salão cheio de gente. De repente alguém começa a bater palmas. Em menos de um segundo todos ali dentro estarão aplaudindo sem saber por quê. Essa disposição para o aplauso é um dos traços mais simpáticos desse povo, pois é um sinal de boa vontade, de ausência de malícia e de desejo de estimular.

Mr. Kendrick, o presidente da Junta Administrativa, caminha para mim. É um homem alto, de rosto comprido e anguloso. Sei que é um milionário. Não posso esperar que concorde com o que acabo de dizer. Vejo-o, porém, estender a mão para mim. Aperto-a fortemente, enquanto ele diz:

— Como capitalista, discordo de muitas de suas idéias, mas felicito-o pela maneira clara e corajosa com que expôs sua maneira de ver o problema.

E depois, com ar casual:
— Tem condução para San Francisco?
— Não — respondo.
— Venha então no nosso carro. Minha senhora e eu teremos muito prazer em levá-lo.

TÁVOLA REDONDA

20 de abril. Dificilmente se passa uma semana em que eu não seja convidado a falar duas ou três vezes fora da universidade. Assim, tenho feito conferências para grupos de senhoras interessadas em problemas sociais, para clubes de damas amigas do pan-americanismo, para homens de negócios preocupados com o rumo do comércio deste país com a América Latina depois da guerra, e para associações de estudantes. Gosto principalmente do convívio destes últimos. Tenho discutido os assuntos mais imprevistos. Na minha ânsia de explicar o Brasil e os brasileiros para essa gente (e de certo modo para mim mesmo), procuro fugir o mais possível à literatura oficial, tão falsamente otimista e simplificadora. Não escondo os aspectos da vida brasileira que me parecem maus, a fim de que tenha crédito suficiente para utilizá-lo mais tarde, quando tiver de mostrar o que me parece elogiável na nossa terra. Esses auditórios americanos querem saber tudo: como somos, o que comemos, o que amamos, o que odiamos, o que fazemos, como vivemos. Às vezes surgem perguntas tolas, mas estas são paradoxalmente as que mais se prestam para uma resposta viva e oportuna.

Tenho hoje uma experiência nova. Tomo parte numa dessas *round tables*, ou távolas redondas, isto é: discussões entre quatro, cinco ou mais pessoas — escritores, professores, profissionais, industrialistas — em torno de problemas de interesse geral. Há um "moderador", que apresenta ao público os componentes da mesa, que expõe o ponto a discutir, e que, quando a discussão está acesa, trata de evitar que os contendores se afastem demasiadamente do assunto. A *round table* de hoje vai ser irradiada. Uma das regras do jogo é que nenhum pode ler o que vai dizer, pois o desenvolvimento da discussão é imprevisto. O tema a debater é "Boa vizinhança", e aqui no estúdio estamos reunidos ao redor do microfone — uma senhora nicaraguana, um venezuelano, um arquiteto americano, o dr. Eloesser, famoso cirurgião e filantropo, e outras personalidades. Quando chega a minha vez, a pergunta que me toca é:

— Os brasileiros gostam dos americanos?

Resposta:

— É muito difícil responder com um *sim* ou com um *não*. Nossa tendência, no Brasil, é de gostar das pessoas. Mas para não cair em nenhum otimismo convencional preciso dizer que há no meu país várias fontes de propaganda antiamericana.

— E quais são elas... pode dizer?

— Em primeiro lugar, temos os integralistas, ou seja, os fascistas brasileiros, que gostariam de ver seu país do lado do Eixo. Depois, temos os próprios alemães que residem no Brasil... Refiro-me apenas aos nazistas...

— Muito bem. Continue.

— Há ainda alguns membros influentes da Igreja Católica que baseiam seus sentimentos antiamericanos na idéia de que os Estados Unidos são um país protestante, que manda missionários para o Brasil, e cuja influência lhes parece indesejável. Esses membros...

O moderador ergue a mão:

— Espere um momento. O senhor não deve discutir religião...

— Quem é que está discutindo religião? Estou apenas dizendo...

O homem me interrompe de novo:

— Se o senhor conhecesse as leis dos Estados Unidos nem mencionaria esses fatos...

— Perdão. O senhor me fez uma pergunta e eu estou tratando de responder honestamente, e o que ia dizer não envolvia nenhuma crítica ao catolicismo brasileiro ou americano...

— Bom. Vou passar adiante...

— Pois passe adiante, já que não quer ouvir a verdade...

O moderador está vermelho. De meu lugar posso ver o controlador do som, lá do outro lado do vidro, como um peixe de aquário. E o peixe sorri, divertindo-se com a discussão.

Mas estou perturbado. Nunca esperei que me cortassem desse modo a palavra. Eu ia fazer pelo rádio um apelo aos católicos dos Estados Unidos, pedir-lhes que tratassem de explicar aos católicos brasileiros que a Igreja é forte e influente neste país, e que a liberdade de culto que aqui existe e a tolerância religiosa que aqui se exerce deviam servir de modelo para os países da América do Sul.

O moderador de novo se prepara para me fazer uma pergunta:

— Agora, meu amigo brasileiro, quer me dizer...?

Interrompo-o:

— Eu não quero dizer nada. Não acredito que o senhor esteja interessado numa resposta sincera.

Quando saímos do estúdio Mr. W. me procura, toma-me cordialmente do braço e diz:

— Sabe que só por aquelas palavras suas a estação de rádio podia ser processada?

— Não compreendo...

— Pois é. Neste país as seitas religiosas são supersensíveis e reagem imediatamente ante qualquer palavra que possa parecer um ataque, por leve que seja, à liberdade de culto garantida pela Constituição.

— Quer dizer — replico — que por causa da liberdade de culto a liberdade de palavra é atingida.

— Que quer? Num livro o senhor poderá escrever o que quiser contra qualquer religião, e arcar com as consequências. Mas não num programa de rádio ou num jornal. O assunto é tabu.

— Nesse caso... peço desculpas por ter estragado o seu programa.

Ele me bate nas costas, esportivamente.
— Esqueça-se disso.
E me aperta a mão.

A ISCA

23 de abril. Minha magra contribuição para o esforço de guerra consiste em fazer palestras pelo rádio, nos programas transmitidos para a Europa sob o patrocínio de Office of War Information, e ocasionalmente falar em hospitais de marinheiros e soldados convalescentes.

Cabe-me hoje fazer uma conferência para quinhentos soldados num grande hotel de Oakland que foi transformado em hospital. O auditório é dos mais difíceis. Vejo aqui gente que pelo aspecto parece de poucas letras. Ora, sei como falar a clubes femininos, a grupos de estudantes e a rotarianos. Mas esta é a primeira vez que falo a soldados. Vejo entre eles alguns pretos e muitos descendentes de mexicanos. O ar geral é de indiferença. Lá na terceira fila está um já de olhos fechados, na atitude de quem vai dormir. O oficial encarregado do programa me comunica que o microfone levará minhas palavras diretamente aos doentes que ainda estão de cama nos duzentos quartos espalhados pelos andares superiores. O problema me parece difícil. Como interessar essa gente no Brasil? Como podem esses homens que viram o horror da guerra, que sofreram no espírito e na carne toda sorte de violência e de provações interessar-se por notícias dum país tão remoto? Saberão vagamente que o Brasil é uma terra tropical onde nasceu Carmen Miranda e de onde vem o café. Nada mais. O que eles querem é recuperar a saúde, ver a guerra terminada e poder continuar a viver normalmente suas vidas. A esses pensamentos e diante dessas caras — em sua maioria pálidas, emagrecidas e dolorosas — quase me confesso vencido. Tenho, porém, uma idéia. No fundo, esses homens devem ser um pouco crianças. Murmuro ao ouvido dum oficial:

— Arranje-me um quadro-negro e giz de muitas cores.
— O.k. Em seguida!

Agora tenho aqui um quadro-negro, vários pedaços de giz e um plano. E antes de começar a dizer "Meus amigos...", ou "Soldados..." — ponho-me a desenhar as caravelas portuguesas onde marinheiros escrutam ansiosamente o horizonte, em busca de sinais de terra. O interesse do auditório começa a ser despertado. Alguém solta uma risada quando me vê rabiscar a cara barbuda de Pedro Álvares Cabral. Outras risadas brotam. Por fim é uma gargalhada geral. Noto uma transformação nas fisionomias. Leio nelas interesse, curiosidade. Decerto esperavam e temiam um discurso solene, literário, erudito. Mas verificam que nada disso vai acontecer. E entregam-se de tal maneira, que engolem a pílula açucarada que lhes meto garganta abaixo. Com caricaturas na pedra e com anedotas explico-lhes como o Brasil foi descoberto e, em linhas gerais, conto-lhes tudo que aconteceu para virmos a ser o que somos hoje. O resultado é ótimo.

Despeço-me deles, feliz não só porque lhes proporcionei alguns momentos de distração, como também porque como conferencista descobri uma nova técnica que devo aperfeiçoar è usar daqui por diante, seja para que auditório for...

O HOMEM DE PRETO

26 de abril. Quem é esse velho pobremente vestido de preto, de longas barbas brancas e melenas crescidas que parecem de algodão sujo e ressequido? Quem é esse velho que caminha com a cabeça tão baixa que ela chega a formar um ângulo reto com o resto do corpo? Parece uma figura pintada por Picasso — digo para mim mesmo, quando o vejo passar como uma sombra silenciosa por estes corredores do quarto andar do Wheeler Hall.

Hoje encontro a misteriosa criatura sentada nas bordas dum canteiro, no Campanile Way, com os cotovelos apoiados nos joelhos, as mãos espalmadas a cobrir o rosto. Queda-se nessa posição por longo, longo tempo. Escondido atrás dum arbusto, fico a observá-lo, intrigado. Porque esse homem que não fala com ninguém e cuja voz, creio, ninguém jamais ouviu, é um verdadeiro contraste com os jovens cheios de vida que entram e saem desses edifícios, ou que andam por esses sendeiros da universidade.

O velho tem uma pele terrosa e emurchecida. Suas mãos são longas, ossudas e dessangradas. Sua roupa, que já foi preta, tornou-se ruça com o tempo e o uso; e como está agora suja de terra — a impressão que tenho é a de que estou diante dum cadáver recém-desenterrado.

Quem é? — pergunto a professores e alunos. Eles encolhem os ombros. Ninguém sabe ao certo. O zelador do edifício me diz que se trata — parece — dum velho professor de matemática que agora faz as vezes de explicador para um grupo de alunos. Mas é a minha aluna Patsy Mc Ewen quem me oferece a versão mais fascinante da história do homem de preto. Conta-se que há quarenta anos nosso herói foi contemplado com uma herança da parte dum tio que acabara de morrer, deixando expresso em testamento o desejo de que o sobrinho cursasse uma universidade. Para evitar dúvidas, dispôs que a fortuna lhe fosse entregue não duma vez só, mas em pagamentos mensais, sob a condição, porém, de que o "rapaz" nunca abandonasse o curso, pois no caso de isso acontecer as mensalidades cessariam automaticamente de lhe ser entregues. Desse modo, para não deixar de receber a mesada, o nosso homem continuou a freqüentar a universidade. O tempo passou, passaram-se as gerações, subiu o custo de vida, mas a importância dos pagamentos mensais não aumentou. Tudo se tornou difícil para esse homem solitário, que até hoje — eterno estudante — vagueia como uma alma penada pelos corredores da universidade.

Essa história pode não ser verídica, mas é interessante. Temendo que alguém a desminta, decido não perguntar mais nada sobre o homem de preto...

LIBERDADE

27 de abril. Na Market Street. Parado junto da porta monumental do magazine The Emporium, olho as pessoas que passam. De repente, no meio dessa espessa e cálida onda humana que enche confusamente as calçadas, vejo um grupo que me lembra os ranchos carnavalescos do Brasil. São meninas de *high school* que pagam seu tributo à tradição colegial desfilando em trajes grotescos, e com as caras pintadas, pela rua mais movimentada de San Francisco. Fazem uma grande algazarra, cantam canções humorísticas e dançam. As veteranas impõem às calouras várias penitências. Agora, aqui, a poucos passos de onde estou, uma menina está de joelhos sobre a calçada, com as mãos amarradas às costas, e com a boca quase a tocar as lajes sopra numa casca de amendoim, procurando desse modo empurrá-la até uma determinada raia. Ao redor dela amontoa-se uma multidão de curiosos. As outras estudantes incitam-na com gritos. Um marinheiro que, pelo jeito, acaba de chegar da guerra em gozo de licença, bate-me no braço e diz:

— É pra isso que estamos lutando. Pra que todos tenham liberdade de religião, de palavra, e liberdade também para serem doidos como melhor entenderem.

Diz isso e se vai, abrindo caminho com os cotovelos através da multidão.

ACORDO

29 de abril. A um estudante que me pede uma fórmula para promover um mais harmonioso entendimento entre brasileiros e norte-americanos, digo: "Muito simples. Vocês nos ensinam a *fazer* todas essas coisas que tornam a vida mais confortável e fácil e nós, em troca, ensinaremos vocês a *gozá-las*...".

O pior de tudo é que o rapaz toma a minha fórmula ao pé da letra e quer discutir pormenores.

A NOVA AMIGA

2 de maio. Há pelo menos quatro grandes romancistas mulheres na literatura norte-americana. São elas Edith Wharton, que conhecia como ninguém a técnica do romance, e cujo *Ethan Frome* é um clássico moderno; Willa Cather, que reagiu contra o realismo de Theodore Dreiser e cujo ideal era "o romance desmobiliado", isto é, desatravancado de detalhes inúteis e reduzido ao essencial; Pearl Buck, que em suas histórias retratou a vida e a alma da China e que agora começa a escrever sobre a vida norte-americana; e finalmente Ellen Glasgow, cujo romance *In this our life* acabo de ler. É inexplicável que, apesar de eu ter passado esses últimos quinze anos às voltas com escritores de língua inglesa, só agora tenha "descoberto" essa romancista de setenta anos... Quando fechei o livro foi com a impressão de que havia encontrado um novo amigo. Não creio que ninguém tenha usado a língua inglesa com mais graça, limpidez e precisão que Miss Glasgow. Escrevendo sobre o seu estado natal de Virgínia, teve ela a coragem de ver o Sul sem esse romanticismo e pitoresco que leva o leitor a ver naquela vida apenas as mansões de estilo georgiano, com brancas colunas, e em cujo alpendre fazendeiros cavalheirescos tomam refrescos trazidos por velhas pretas, enquanto ao longe negros cantam cantigas sobre o Mississippi, e as magnólias despedem um perfume doce e morno, sacudidas pela brisa do entardecer. Não, Ellen Glasgow olhou o Sul com olhos límpidos; viu a intolerância, os germes de dissolução da aristocracia da terra, a incompreensão entre a geração antiga e a moderna, e a inutilidade de viver chorando uma causa perdida.

Neste seu *In this our life* sinto um ambiente ibseniano — exatamente o tipo de clima que os críticos estrangeiros dizem faltar à literatura dos Estados Unidos, em geral tão rosadamente otimista, tão preocupada com as histórias de sucesso, e não raro enamoradamente voltada para as possibilidades de Hollywood.

Encontro nesse romance alguns trechos preciosos para o observador da vida norte-americana. Um deles é o que descreve os pensamentos de Asa, uma das personagens centrais da história, quando ele contempla um jovem mulato que está tentando fazer uma carreira: *Mas é singular como conhecemos pouco a raça negra. Nossos criados sabem tudo a nosso respeito, ao passo que nada sabemos deles. Estão ligados a nossas vidas cotidianas; acham-se presentes em todas as nossas crises íntimas; conhecem ou suspeitam de nossos motivos secretos. No entanto somos completamente estranhos à maneira como eles vivem, ao que na verdade pensam ou sentem com relação a nós e a qualquer outra coisa. E quanto menos pretos são, mais inescrutáveis se tornam até que, quando chegam quase a cruzar a linha divisória, como esse menino Parry, parecem até falar outra língua e pertencer a outra espécie que não a nossa.*

Asa chega pela madrugada à casa da filha, cujo marido acaba de suicidar-se. Está cansado da viagem, e enquanto sobe as escadas vai dizendo para si mesmo que espera lá em cima encontrar a oportunidade de ao menos tomar um banho e fazer a barba. *Toda tragédia é dolorosa —* pensa ele *— mas a tragédia em que a gente não se pode barbear é sardônica.*

Aqui está um pensamento revelador. A tragédia americana é geralmente uma tragédia de barba feita. A latina em geral é uma tragédia em que a vítima ou o criminoso não está barbeado. Entra aqui uma razão econômica de nível de vida; e também essa espécie de superstição que, além do puro prazer da limpeza, leva os norte-americanos a crer que um homem barbeado pode encarar o mundo com mais otimismo e possibilidades de êxito.

Mais tarde Asa discute a tragédia com a enfermeira. E lhe pergunta:
— Profissionalmente falando, não lhe ocorreu alguma vez que o amor é o demônio?
Quantos puritanos assombram a alma de Asa nesse instante?
E a *nurse*:
— Falando *não* profissionalmente, já me ocorreu, sim.
Depois a enfermeira pergunta a Asa, que pertence à velha geração:
— As pessoas sempre foram levianas como são hoje? Ou será então que agora não existe mais *privado*?

ALERGIA

5 de maio. Estarei ficando alérgico a livros? Sempre que entro na biblioteca da universidade e caminho por estas galerias de aço, percorrendo as estantes de livros, começo a sentir um mal-estar que ora me parece febre, ora canseira. Tento em vão descobrir a causa disso. Saio para o ar livre, vagueio sob os eucaliptos, respiro o ar embalsamado, e em poucos minutos o mal-estar se vai. Faço então nova tentativa. Torno à biblioteca, convencido de que tudo foi apenas "uma impressão". Mas aos poucos me volta ao corpo o formigueiro, a lassidão de membros, a aflição, o desejo de ar livre.

Hoje a coisa se repete. No *hall* da biblioteca encontro Arciniegas a consultar fichas. Tomo-lhe o braço:
— Queres ouvir um segredo?
— Que é?
— Acabo de descobrir que sou alérgico a livros.
Meu amigo ajeita os óculos e responde, sério:
— Não é de admirar. Onde se viu um escritor gostar de livros?

Desço as escadas de mármore branco na direção da porta. Bustos de gente importante que escreveu livros ou que os amou dardejam na minha direção olhares de censura. Não leio os dísticos ilustres gravados nas paredes, exaltando o papel do livro na civilização. Sou um réprobo. Um traidor. Um monstro. Devo consultar um médico? Ou ir apresentar-me ao presidente e dizer: *Non sum dignus*?

De novo o ar livre. O perfume do parque. O vento fresco do mar. O azul do céu. Um verso abominável me vem à mente: "Porque a verdadeira bíblia, ó! Natureza, és tu".

Erico, Mafalda, Clarissa e Luis Fernando no aeroporto de Miami, no momento em que chegam aos Estados Unidos.

Erico com alguns amigos em San Francisco. Entre eles, Anize e Maurício Wellisch, vice-cônsul do Brasil.

Erico e o professor hispanista S. G. Morley, na Universidade da Califórnia, em Berkeley.

A família Verissimo
em San Francisco.

Erico Verissimo com
um amigo.

Erico Verissimo e Nelson Esteves,
na Universidade da Califórnia,
em Berkeley.

Erico e uma professora da Universidade
da Califórnia.

PÁGINA AO LADO:
Octávio Mangabeira Filho,
entomólogo brasileiro,
Erico Verissimo e o chileno
Manuel Olguin, na Universidade
da Califórnia.

A família em almoço na casa dos Taylor, na Califórnia. No verso, uma inscrição a caneta: "Rita Esteves, Sra... (esposa do médico mineiro), Sra. Cônsul Pinheiro, Cônsul Pinheiro, Nelson Esteves... (médico mineiro) Reinaldo Forster, Mr. Taylor, Dr. Luiz Ribeiro do Valle, EV, Luiz, Clara, Sra. E. Verissimo, Sra. Taylor".

Erico Verissimo com os amigos brasileiros
Octávio Mangabeira Filho e Nelson Esteves.

Erico e o escritor James Hilton no Mills College.

Erico, Mafalda, Luis Fernando e Clarissa com o dr. Schevill, diretor da Casa Pan-Americana no Mills College, e a sra. Schevill.

Erico e Mafalda com o cônsul brasileiro Saboia Lima e a esposa, em trajes de gala para o concerto do Quarteto de Budapeste, no Mills College, em Oakland.

Mafalda e Erico diante da Casa Pan-Americana do Mills College.

Erico numa aula ao ar livre, no Mills College. O escritor deu cursos de literatura e história do Brasil em duas Summer Sessions.

Erico com os filhos, em Los Angeles.

Erico e a filha no pátio da casa de Los Angeles, em 1944.

Mafalda, Erico, Luis Fernando e Clarissa na casa de Durango Avenue, em Los Angeles, em 1944. A anotação no pé da foto é de Erico.

Erico Verissimo, Mafalda e Hélio Costa num restaurante em Los Angeles.

Erico Verissimo, em foto
tirada para o passaporte,
quando se preparava para
regressar ao Brasil.

Bilac Pinto, Mafalda, Vera Cave e Erico Verissimo no restaurante Ciro's, de Hollywood, em 14 de março de 1945.

A família Verissimo chegando ao Brasil após os dois anos de viagem nos Estados Unidos.

Finalmente depois de muito andar por estas avenidas, pisando folhas secas e assustando coelhinhos distraídos, descubro uma explicação para o fenômeno. É que o interior da biblioteca está de tal modo superaquecido que seu efeito é exatamente o de um dia abafado de calor.

Reconciliado com a cultura, volto para as galerias de aço...

IDADE DIFÍCIL

7 de maio. Estamos todos ao redor da mesa do *breakfast*. Luís olha para mim e diz:

— Pai, eu acho que tu ficavas muito bem fardado de tenente da Marinha.

— De onde te veio essa idéia?

Ele dá de ombros.

— Não sei. Só pensei isso...

Clara explica:

— Ah! Eu sei. Quase todos os meninos na escola têm pais ou irmãos no Exército ou na Marinha, e o Louie anda envergonhado porque és civil...

Isso me faz lembrar que ainda não me apresentei à junta de alistamento do distrito. Faço-o hoje mesmo e recebo o meu cartão militar. Sou classificado como 4-A, isto é — casado, com filhos e maior de 36 anos.

À hora do almoço mostro o cartão a Luís e explico-lhe tudo.

— Então não foste aceito?

— Não é bem isso, meu filho. Não serei chamado agora. Só os 1-A é que vão para o Exército.

O menino nada diz. Limita-se a olhar para o cartão em silêncio.

— Pai.

— Que é?

— Estiveste na outra guerra?

— Não.

— Por quê?

— Era muito criança.

— E agora não entras nesta... porque estás muito velho?

— Bom, muito, muito velho, não... quer dizer... é difícil explicar...

Mariana sorri. E eu me lembro duns versinhos que li há dias numa revista. Diziam que não há idade ideal para guerra; em nenhum tempo da nossa existência achamos que podemos deixar a vida segura e ir enfrentar a bomba, a bala e a baioneta. A última quadra era assim:

> *Como é possível uma escolha justa,*
> *Se a gente sempre vem a ser*
> *Ou muito velho para a luta*
> *Ou muito moço para morrer?*

O ATLETA E A GRAMÁTICA

12 de maio. No meu escritório. Dez da manhã. Rabisco notas para a aula de hoje sobre a "Semana de Arte Moderna" no Brasil. Batem à porta: *Come in!*

Primeiro entram os ombros — uns ombros largos de *fullback*; depois, uma cabeleira cor de sol a coroar uma cara juvenil e rosada.

— Bom dia!

O rapagão olha em torno, indeciso. Diz que está à procura do prof. Schevill. Informo-lhe que meu amigo não apareceu esta manhã.

— Em que lhe posso ser útil? — indago.

— *Well*, o senhor sabe espanhol?...

— Um pouquinho. Que é que há?

— Tive uma dificuldade com este exercício... — diz o estudante, ainda com ar tímido, mostrando-me um livro aberto.

— Faça o favor de sentar-se.

Ele se senta e me confessa a sua incapacidade de compreender a diferença entre *muy e mucho.*

— É muito simples. — *Muy* é advérbio. *Mucho* é adjetivo.

Os olhos cinzentos do moço fitam os meus, com uma expressão vazia. Seus lábios se abrem, deixando aparecer uma dentadura regular, forte e nacarada.

— Adjetivo... advérbio... — repete ele, coçando a cabeça.

— Naturalmente você sabe o que é advérbio e o que é adjetivo...

— Bom...

— Não sabe? Nem mesmo em inglês?

— Não tenho muita certeza. O senhor me desculpe. A gente esquece essas coisas. É o diabo.

Fico olhando para esse torso musculoso, apertado num suéter grosso de lã verde-musgo. O rapaz deve ser um astro do futebol. Deve ser popular com as meninas e possuir uma saúde de touro, mas não sabe o que é advérbio... Perco-me em divagações, enquanto meu jovem interlocutor resmunga desculpas. Acabo concluindo que não há nenhum mal em que esse esplêndido espécime humano não conheça gramática. Miro-o com simpatia, e com grande paciência tento explicar-lhe o que é adjetivo, advérbio, preposição, conjugação... Muito humilde e cheio de gratidão, ele escuta, sempre sorrindo. Por fim se ergue e aperta minha mão na sua manopla de atleta.

— *Gee, sir. It's mighty nice of you. Thanks a lot!*

Oferece-me um pedaço de goma de mascar. É a única maneira que tem de pagar os meus serviços. Está claro que aceito. Partimos uma barra de *chewing gum* como se partíssemos a frecha da paz.

— Hoje em dia isto vale mais que ouro — diz ele. — Meu irmão que está no Exército me mandou um pacote do campo de treinamento.

Faz meia-volta e se vai.

Ouço seus passos ágeis na escada. Meu amigo Schevill chega alguns minutos depois e eu lhe conto o que acaba de acontecer.

— Muitos desses rapazes — diz ele — vêm para a universidade apenas porque é bonito ser um *college boy*. Pensam que se são bons jogadores de futebol tudo está bem.

No fim de contas — penso — eu podia dizer que não tenho aquela radiosa mocidade, nem aqueles ombros, nem aqueles olhos, nem aquela face — mas em compensação posso distinguir a olho nu um advérbio dum adjetivo. Encarapitado em cima duma pilha formada pelos volumes que tenho lido na minha vida, eu poderia baixar os olhos para esse menino com superioridade, tolerância e complacência... Mas que pobre, pálido consolo isso é! — reflito, mascando melancolicamente o meu pedaço de goma.

VISITAS

13 de maio. Mas tipos como esse louro amigo não constituem regra geral. De quando em vez aparece no meu escritório uma *girl* de óculos que vem discutir Freud; ou um marinheiro que disserta sobre elétrons; ou estudantes que se interessam por trabalhos de assistência social. Pedem opiniões, indagam, sugerem, tomam notas e depois se vão. Tudo isso é feito com uma admirável ausência de esnobismo, com um ar prático e com uma espécie de candura.

Um estudante negro pede licença para me visitar. Tenho-o esta noite aqui no *living room* de minha casa de Fulton Street. Esse rapaz de vinte anos, de pele dum preto-azulado e enxuto, grandes olhos líquidos e nariz surpreendentemente fino, fala um inglês positivamente diferente da língua dos negros americanos.

— É que fui educado na Jamaica — explica ele.

Visitam-nos também hoje o cônsul do Brasil e sua senhora, e o estudante *coloured* parece deliciado por se encontrar sentado no mesmo sofá que a sra. Saboia Lima, que nasceu em Viena, tem a pele alva e os cabelos cor de ouro.

Conversamos sobre o problema racial nos Estados Unidos e sobre a posição do negro no Brasil. E pulando de assunto para assunto, o estudante conta que compõe música. Pedimos-lhe que toque alguma de suas composições. Ele se levanta sem se fazer rogar, e caminha para o piano de Mrs. Burke. Senta-se, espalma as mãos sobre o teclado e tira dois acordes. E depois começa a tocar um noturno de sua autoria.

Quando olho através da porta que dá para o *hall*, vejo Clara e Luís, que, metidos nos seus pijamas, desceram do quarto e estão sentados num dos degraus da escada, escutando a melodia com ar absorto e sério.

Sigo com os olhos os dedos do preto que se movimentam sobre o teclado como tentáculos dum escuro polvo, e penso que hoje, por uma significativa coincidência, é 13 de maio...

O TEMPO

15 de maio. O tempo passa levado pelo vento ou enrolado na bruma — às vezes lépido, outras vezes lerdo. O tempo cheira a maresia, a névoa, a eucalipto e umidade... A chuva o amolece e tolhe, dá-lhe um jeito triste. Mas sob o sol o tempo é ágil, fluido e alegre.

Nas ruas de San Francisco o tempo trepida, tem todas as cores e sons, cheira a gasolina, molhos, frituras e humanidade. Dentro dos bares o tempo é um *gentleman* sem memória que recende a uísque e se deixa embalar pela melodia dum blues. Do outro lado da baía, na universidade, o tempo tem vinte anos e passa cantando. Mas nas águas do mar o tempo é trágico e nervoso como a guerra; e toma um ritmo de eternidade para acalentar os afogados.

Ah! O tempo sobre as montanhas, vales, campos, cidades e almas... Quem sabe mesmo como é o tempo?

Às vezes ele é apenas uma invisível aranha a tecer insidiosamente dentro de nós a teia do hábito...

SHAKESPEARE! SHAKESPEARE!

18 de maio. Milagrosamente Clara e Luís já estão falando inglês. Nos primeiros meses vinham para casa repetindo palavras ou frases, como papagaios. Agora aqui estão à mesa do café, falando fluentemente, não direi a língua de Shakespeare, mas pelo menos a de Jimmy Durante, pois está claro que os companheiros de colégio lhes ensinaram palavras e ditos da rica e pitoresca gíria americana.

Como meus filhos estão num animado diálogo em inglês, resolvo entrar também na conversa, e tenho dentro em breve o desprazer de verificar que eles já zombam de minha pronúncia. Num dado momento Luís chega a corrigir a minha sintaxe! Não posso deixar de sorrir, lembrando-me de que esse menino não tinha ainda nascido e eu já andava às voltas com Bernard Shaw, Aldous Huxley e Edgar Poe... no original.

"A CASA DO PAI TEM MUITAS MORADAS"

25 de maio. No Brasil nossa casa sempre vivia cheia de crianças; era o ponto de reunião dos garotos da vizinhança. Parece incrível que o mesmo aconteça aqui neste casarão de Fulton Street. Os colegas de meus filhos em geral aparecem depois das aulas da tarde e por aí ficam a brincar. A bandeira de Metagalpa anda de mão em mão. Ora serve para vestir solenemente uma dessas Bettys, Sallys ou Marys; ora se transforma em bola que salta no ar dum lado para outro, pondo em perigo lustres, estatuetas e vasos, para depois voltar a ser bandeira e cobrir o "cadáver" de David, Luís, ou Peter — heróis tombados na guerra contra o Japão. De vez em quando um desses garotos ou garotas monta no corrimão da escada e vem deslizando velozmente lá de cima para cair de costas, com estrondo, no fofo tapete do *hall*. Às vezes os pequenos demônios decidem fazer bailes, cantar e bater pés — casos em que o barulho é ensurdecedor. Fico a olhar a cena, entre atordoado e divertido, e não posso deixar de achar extraordinário estarem meus filhos aqui com essas crianças, falando a língua delas, vestidos como elas e portando-se como se nunca tivessem vivido em outro ambiente.

O telefone tilinta. Sento-me calmamente ao pé dele e levo o fone ao ouvido. A voz de Mrs. Burke...

— Que barulho é esse? Sua casa foi invadida por um bando de doidos? Por favor, Mister Berís... Nemir... sei lá como é o seu nome! Por favor, mande esses vândalos embora. Que vão brincar em suas casas. Que vão...

Quero dizer alguma coisa mas a nossa senhoria não cessa de falar. É uma torrente. Não tenho outro remédio senão assobiar baixinho. É a melhor coisa do mundo, quando estamos na presença dum interlocutor enfurecido. Assobiar. Em casos excepcionais recomenda-se o adágio da *Sinfonia nº 7* de Beethoven. E quando o assunto não tem muita importância, até a *Serenata* de Schubert serve.

— Está certo, Mistress Burke.

Ponho o fone no lugar. Levanto-me e vou acabar com o baile, naturalmente sob protestos dos convivas. Ao cabo de alguns minutos de discussões, projetos para o dia seguinte, risadas, as crianças se vão. Uma, duas, três, cinco, sete... Saem numa algazarra. Lá vai o Peter-Calça-Frouxa... A Sharon Sardenta... O David-Mangolão... A Mary Espevitada... a Nelly-Porky...

E o solar de Metagalpa volta à calma, e do alto do velho armário a estatueta de mármore, que ainda ostenta o bigode de tinta que lhe pintei, olha com seus olhos vazios a sala vazia.

DEUS DE SUBSOLO

26 *de maio*. No Brasil é costume dizer-se a crianças travessas: "Não faça isso, que Papai do Céu castiga". E os pequenos ficam com a idéia de que Papai do Céu é um senhor de barbas compridas que mora lá em cima e vive debruçado numa janela, a ver tudo quanto se passa aqui embaixo, com aquele seu olho triangular e fiscalizador.

No seu admirável *Vento sul*, Norman Douglas põe uma de suas personagens a falar na diferença entre o Deus dos cristãos e os deuses dos gregos antigos. O primeiro é um "Deus de andar superior", que nunca vemos de perto e com o qual nos comunicamos precariamente através de gestos, e a distância, ao passo que os outros são deuses amáveis de "andar térreo", que se misturam com os mortais.

Estas notas me foram sugeridas por um telefonema de Mrs. Burke, que lá de baixo torna a reclamar contra o barulho que aqui em cima fazem meus filhos e seus amigos. Passamos os dias a pensar em Mrs. Burke tentando fazer o possível para não cair-lhe no desagrado. Seguimos os seus mandamentos, procuramos viver de acordo com seus preceitos e como recompensa desejamos que não nos expulse desta casa e nos deixe em paz. Ocorre-me agora que esta corada velhota solitária passou a ser para nós uma espécie de "deus de subsolo".

Mas às vezes sinto um prazer mórbido em subir a escada aos pulos, fazendo barulho. A esse gozo poderíamos chamar, de acordo com a técnica do romance-folhetim, "volúpia do pecado".

O MISTÉRIO DA CHARNECA

28 de maio. O que me agrada nesta vida universitária é a diversidade de gente que encontro e a variedade de assuntos que sou convidado a discutir. Almoço com o prof. Pepper, do Departamento de Filosofia, e toda a conversa gira em torno de "uma teoria de valores", que vai ser o assunto do próximo livro desse humanista, cuja cabeça lembra a de Spengler, numa versão menos germânica e mais simpática.

Quando vou para a sala de leitura do Faculty Club um outro professor me faz sentar a seu lado para que eu lhe dê minha opinião sobre a origem das praças. Das praças? Sim, das praças tão típicas das cidades portuguesas, espanholas e sul-americanas.

Um outro professor quer saber se ainda se cultiva a oratória no Brasil e fica surpreendido quando lhe digo que nossas universidades não oferecem cursos de *public speaking*.

Uma jovem que conheci ontem queria saber como se escreve um romance. Assegurei-lhe que ela se estava dirigindo à pessoa menos indicada para lhe dar informações seguras a esse respeito.

— Mas o senhor não é romancista?

— É exatamente por isso.

Mas de todos os interlocutores que tenho tido, talvez o mais difícil de seguir seja Miss Merivale, secretária dum desses departamentos de línguas da universidade. Almoçamos juntos às vezes no Black Sheep, a "Ovelha Negra", um agradável restaurante de Berkeley em cujas paredes se vêem ótimas reproduções de Cézanne, Gauguin e Van Gogh. A comida também é post-impressionista. Mas tudo lá é limpo, e as moças que servem as mesas são estudantes.

Miss Merivale leu o meu romance *Caminhos cruzados* na tradução inglesa e não gostou. Quanto a mim, gosto da franqueza com que ela me confessa isso.

— Suas personagens são *tipos*, mais que pessoas. Tome dona Dodó. É impossível que essa senhora não tenha traços que não sejam caricaturais... enfim, qualidades humanas apreciáveis...

— De acordo...

— ... impossível que não tenha uma partícula de bondade. O senhor pintou as suas figuras de tal forma que elas têm apenas duas dimensões...

— Perfeitamente. Mas a minha intenção foi satírica. Reconheço que *Caminhos cruzados* é um livro cínico e frio. Fi-lo assim de propósito.

Miss Merivale acha que um romance não deve apenas fotografar a vida, mas *iluminá-la*. Conta-me de vagos planos que tem de fazer ficção. O que lhe interessa são as experiências interiores. O resto pouco importa.

Fala-me de Proust, Joyce e Virginia Woolf. Procura provar-me que tenho capacidade para escrever o romance que se lhe afigura ideal.

Minha amiga é uma criatura complicada. De vez em quando mergulha em silêncios misteriosos. Ou então desconfia que não lhe estou seguindo as palavras. Conta-me coisas extraordinárias, que lhe aconteceram certa noite, nas charnecas da Escócia, na região onde nasceram seus antepassados. Dizia-se existir por ali um monstro, um animal fantástico — mastim ou lobo — cujos olhos eram como carbúnculos...

Não sei se meu olhar me traiu, ou se sorri sem querer. A verdade é que Miss Merivale faz uma pausa e pergunta:

— O senhor não está acreditando, não é mesmo?

— Prossiga, por favor.

Ela baixa os olhos para o prato onde o seu sanduíche de peru jaz intato. E sem me olhar continua:

— Uma noite resolvi ir lá sozinha... O senhor não pode fazer uma idéia do que é uma charneca da Escócia, especialmente numa noite sem lua. A gente tem a impressão de que a Terra antes do aparecimento da vida devia ser assim...

A garçonete se inclina sobre nossa mesa para apanhar o pote de mel. De seus cabelos vem um perfume doce.

Miss Merivale continua:

— O silêncio era aterrador. Fiquei imóvel, esperando. De repente vi uma sombra caminhar na minha direção. Era um animal...

Cala-se. Fita em mim os olhos azuis.

— O senhor não está acreditando...

— Por favor, não interrompa.

— Pois bem. Esperei. O animal parou. Seus olhos fuzilavam na sombra. Ficamos ali... minutos, horas? quanto tempo?... a olhar um para o outro... Eu estava hipnotizada. E depois de novo me senti sozinha em meio da charneca...

Miss Merivale me olha com expressão dura, quase agressiva.

— O que é que o senhor acha? Foi uma ilusão? Ou quê?...

Encolho os ombros.

— Se essa cena fosse duma novela minha, creio que a deixaria sem explicação... Teria melhor efeito.

— Efeito! O senhor está pensando em efeito. Eu lhe estou contando uma experiência pessoal que não pode ser descrita em termos de realidade, de coisas concretas... cotidianas...

— Eu sei, é o mistério...

— Aí está. Quero escrever um romance cheio de experiências como essa. Menos cópia da vida, menos relatório...

Ficamos por alguns instantes em silêncio.

— Uma outra vez fui passear no campo — prossegue Miss Merivale — ... isso foi aqui mesmo, do outro lado das colinas de Berkeley. Eu estava sozinha, e era uma manhã muito luminosa, de céu azul. Vi um pássaro pousado nos ramos duma árvore. Fui tomada duma alegria tão grande, diante daquele momento de beleza, que sem querer comecei a cantar... Não posso explicar como foi, mas tenho a impressão que a voz saiu sem que eu fizesse o menor esforço. E o pássaro cantou comigo. Senti que naquele momento eu e o pássaro nos entendíamos. Nós cantávamos para a manhã, num desejo de horizontes, de vôo... Éramos como uma única criatura... Mas o senhor não está compreendendo.

— Que quer? No fim de contas não passo dum *nasty realist*.

— Não é verdade. O que há no senhor é um temor de mexer em coisas profundas.
— E por que pensa isso?
— Vejo nos seus olhos.
— Com tanta clareza assim?
Ela sacode a cabeça afirmativamente.
— Seus olhos vêem uma coisa e suas mãos escrevem outra. Se em seus olhos há uma tão funda compreensão da vida... por que escreve sátira? O senhor precisa vencer esse medo...
— Medo?
— Espero que o seu próximo livro seja diferente... Sei que vai ser.
E eu, que durante todo esse tempo estive a comer as minhas almôndegas com batatas cozidas, sinto-me de repente grosseiro, materialista.
Descanso o garfo nas bordas do prato e olho fixamente para Miss Merivale. Eu só quisera saber o segredo dessa alma. Por um instante ficamos a nos entreolhar, como na cena da charneca escocesa — ela a bela, e eu a fera.
Miss Merivale afasta o prato e, sem tirar os olhos de mim, conclui:
— Tome nota disto. Daqui a muitos anos o senhor vai se lembrar de mim...
Sacudo a cabeça lentamente.

"TORMENTA"

29 de maio. George Stewart é um homem alto, de rosto anguloso e cabeça quase triangular. Encontrei-o nesta mesma universidade há dois anos e meio, quando por aqui passei no meu marche-marche de turista que tem dia e hora certos para chegar e sair dos lugares. Almoçamos juntos e ele me contou, com a sua voz monótona e nasal, que estava escrevendo um romance.
— Sobre quê? — perguntei.
— Sobre uma tormenta.
— Uma tormenta?...
— A personagem principal é uma tormenta. Narro sua biografia desde o momento em que ela se forma na Ásia e vou mencionando todas as coisas que acontecem pelos lugares por onde ela passa através do Pacífico e dos Estados Unidos...

— Mas isso é duma dificuldade tremenda!

O rosto de meu interlocutor continuava inexpressivo como sua voz.

— O homem do observatório meteorológico que acompanha o progresso da tormenta, dá-lhe o nome de Maria. Maria vai vivendo e fazendo estragos, influindo na vida de várias comunidades...

Já nessa hora eu não ouvia mais o que Stewart dizia, porque estava pensando na maneira como eu havia de escrever esse romance. Assim a voz monocórdia de meu amigo soava-me aos ouvidos como essas vozes de caixeiros-viajantes que a gente ouve no vagão enquanto o trem marcha e nós nos deixamos levar de olhos semicerrados, num estado de modorra.

— O livro vai chamar-se *Storm*.

— Bom título.

Olhei para George Stewart, para seus óculos professorais, para os seus lábios estreitos e duvidei que aquele homem seco conseguisse dar interesse novelesco à história de Maria, a tormenta.

Voltei para o Brasil e alguns meses depois revistas e jornais americanos me levaram a notícia do sucesso do romance *Storm*, que entrou para a lista dos *best-sellers* e cujos direitos cinematográficos foram comprados por um estúdio em Hollywood. Consegui um exemplar do livro, li-o e fiquei surpreendido por ver o interesse "humano" que Stewart deu à história de sua tormenta.

Neste instante tenho-o de novo diante de mim do outro lado da mesa, no Faculty Club. Conta-me que está terminando um livro em torno da história dos nomes de lugares dos Estados Unidos.

— No princípio — diz ele —, esta vasta extensão de terra que vai do Pacífico ao Atlântico jazia sem nomes...

Acho a frase fascinante, e George me conta que esse é o período inicial do livro. Os Estados Unidos são o país dos nomes inesperados. Existem aqui lugares que se chamam Paris, Roma, Tróia, Brasil, Holanda, Moscou, etc., e Arkansas, Nantucket, Chickasha... De onde vieram? Como se formaram?

— E quando terminar este trabalho — prossegue Stewart — pretendo escrever a biografia duma certa região deste país, começando do princípio...

— Que princípio?

— Dos tempos pré-históricos. Há milhões de anos passados...

Positivamente, este meu amigo tem a volúpia dos assuntos difíceis.

E eu estou começando a aprender que não se deve avaliar a capacidade de imaginação duma pessoa pela espessura dos lábios, cor dos olhos ou tom da voz...

CONFRONTO

30 de maio. Para caracterizar uma das muitas diferenças entre o brasileiro e o norte-americano, invento a cena seguinte, que conto hoje aos meus alunos:

Estou sentado à minha mesa, escrevendo à máquina, e tenho diante de mim um brasileiro e um norte-americano. Ambos sabem que sou escritor. O brasileiro aproxima-se de mim, por trás, procura ler o que estou escrevendo e pergunta com voz carregada de malícia:

— Que "cavação" é essa?

O americano se limita a indagar de longe, com ar inexpressivo:

— Quantas palavras o senhor escreve por minuto?

Essas perguntas definem duas psicologias diferentes. Malicioso, esperto, o brasileiro sempre está farejando a "cavação", o negócio ilegal, o "golpe". Conhecedor dos homens e da vida, ele "não acredita em histórias da carochinha".

O americano, porém, é o fascinado da eficiência, da produção e do método. Tem a paixão da estatística, e sua pergunta traduz o desejo das minhas relações com o meu *tool*, o meu instrumento de trabalho. E este povo em geral acredita em histórias de carochinha, porque neste país elas de fato acontecem.

Não se poderá por acaso dizer que enquanto o americano se preocupa com a *técnica* o brasileiro dá mais importância à *tática*? Ou será que o uso do instrumento não deixa de ser uma *tática* e o golpe uma *técnica*?

Bom, é melhor parar. Porque lidando com palavras a gente acaba quase sempre como o cachorro Pluto, de Walt Disney, naquela cena em que colou as patas num papel caça-moscas.

O VOVÔ RANZINZA

2 de junho. Gaetano Salvemini, historiador e sociólogo, vivia tranqüilamente sua vida na Itália como um pacato professor quando Mussolini tomou o poder. Preso como antifascista, deixou a Itália em 1925 e foi para Londres, de onde começou a bombardear Il Duce e o fascismo com artigos violentos. Encontro-o agora aqui na universidade a dar um curso de conferências sobre a história da Itália. Homem de estatura meã, cheio de corpo, a calva reluzente, barbas abundantes dum branco amarelado, conserva aos setenta anos uma vitalidade espantosa. Polemista apaixonado, escreve agora artigos políticos para a imprensa norte-americana. Como Il Duce caiu e a Itália foi invadida pelos aliados, ele atira seus petardos contra o Departamento de Estado, criticando-lhe a política com relação às zonas italianas ocupadas.

Faz pouco, aqui no Faculty Club, vi-o trovejar contra bispos, arcebispos, cardeais e papas que, a seu ver, transigiram com o fascismo.

— Eu não ataco a Igreja Católica — explicava ele com sua voz musical —, mas sim o seu alto clero. Como poderia eu atacar os trezentos milhões de pessoas que formam a Igreja Católica no mundo? Estou certo de que nem toda a raça germânica está alucinada por Hitler, e sei também que nem todo o Estado fascista italiano sofre de úlceras quando Mussolini passa mal do duodeno.

Agitava a cabeça em movimentos vivos. Tirava os óculos e limpava-lhes as lentes com um lenço.

— A troco de que afirmar que quando um bispo espirra, toda a Igreja espirra com ele? O que eu afirmei no meu artigo — prosseguiu ele, erguendo o dedo no ar — foi que certos sacerdotes altamente colocados, bispos e cardeais não só favoreceram o fascismo como também fizeram elogios extravagantes e sacrílegos a Mussolini.

Seus olhos brilhavam como carvões vivos. E seus lábios grossos e vermelhos contrastavam com a barba e com os dentes, que são dum branco amarelado.

Gaetano Salvemini ali está na sua poltrona ao pé da lareira. Já papou o seu almoço, o qual, como bom italiano acostumado a pratos ricos e temperados com arte, ele deve ter achado detestável. E agora, enquanto espera a hora das aulas, cochila com a cabeça atirada para trás, a boca aberta, um jornal abandonado sobre os joelhos. Os cabeçalhos desse jornal dão uma idéia dum mundo convulsionado de violência, desentendimentos e angústias. E Salvemini o antifascista, Salvemini o indomável, Salvemini o orador está agora aprisionado nas redes do sono. Com suas barbas brancas e sua calva reluzente parece um tranqüilo vovô a dormir ao pé do fogo, a sonhar talvez com as travessuras dos netos...

BOA TARDE, DOUTOR!

4 de junho. Três da tarde. Estou de borla e capelo, formando numa fila de doutores e professores, no *campus* do Mills College. Hoje é dia da colação de grau, as alunas recém-formadas vão receber seus diplomas e o *board of trustees* decidiu conferir-me um título honorário de doutor em literatura. Parados à sombra de plátanos que o vento da tarde agita, fazendo a poeira verde de suas folhas cair sobre nossas togas acadêmicas — aguardamos a hora de nos encaminharmos para o teatro grego, onde se realizará a solenidade. Arciniegas aqui está na minha frente, muito compenetrado. Vai também ganhar um título *honoris causa*, "por causa do Honório" — segundo a sua tradução.

A procissão põe-se em movimento. Nossos pés produzem um ruído rascante, ao pisar o areão da estrada. Vamos em grave silêncio. E em grave silêncio entramos no palco do teatro grego, que fica atrás do teatro de música de câmara. Somos precedidos por vinte alunas de longos vestidos azuis, com grandes cabeções brancos, que entram em passo de marcha nupcial, cantando um hino religioso.

As arquibancadas do anfiteatro estão cheias. É um conjunto colorido — vestidos vivos, flores, gravatas, jóias, faces, mãos, bolsas, luvas. Também metidas em vestes acadêmicas, as quarenta moças que vão receber seus diplomas acham-se sentadas em nossa frente.

O orador oficial faz um belo discurso. O presidente entrega os diplomas. Chega finalmente a minha vez. O prof. Smith, do Departamento de Inglês do *college*, acompanha-me até o lugar em que se encontra o presidente White, que é um homem ainda jovem, de compleição atlética, cara aberta de gurizão americano, e especialista em história da Idade Média. O prof. Smith faz minha apresentação, enumera os meus títulos — coisa que, segundo uma expressão americana, "cabe dentro duma casca de noz" — e o presidente declara então que, usando dum direito que lhe concede a junta administrativa do Mills College, me confere o título de doutor em literatura, por ter eu em meus romances servido à causa da justiça social e com meu trabalho de professor, conferencista e autor promovido uma aproximação entre as Américas do Norte e do Sul. Neste momento uma professora, que se acha às minhas costas, pendura-me ao pescoço o *hood*, um capuz simbólico com as cores do colégio. (A todas essas vejo com o rabo dos olhos Clara e Luís, que lá nos últimos degraus do anfiteatro se torcem de riso e me fazem sinais frenéticos.) O presidente White me aperta a mão e me entrega um pergaminho, enquanto um fotógrafo bate uma chapa.

O ato está consumado. Boa tarde, doutor!

O NEGRINHO DO PASTOREIO

6 de junho. Visito uma escola técnica de Oakland. Mais de dois mil estudantes de ambos os sexos aqui aprendem gratuitamente diversos ofícios. Almoço com o diretor do estabelecimento e com algumas professoras do Departamento de Economia Doméstica. Foram as próprias alunas que arrumaram a mesa e fizeram a comida, que está deliciosa. São elas próprias que nos servem — e com que graça! Aqui elas aprendem a tomar conta de uma casa, por assim dizer "tecnicamente". E nesse aprendizado entra também a arte de decorar um interior, de dispor flores nos vasos, de combinar cores...

Percorro outros departamentos, onde rapazes inclinados sobre pranchas de desenhos trabalham em *blueprints*, plantas de casa, etc. Em outras salas vejo estudantes de avental de couro a lidar com tornos fazendo mobílias finas, de estilo. Num salão pavimentado de tijolos, alguns meninos com as mãos e as caras manchadas de óleo trabalham ativamente com um motor a diesel, ao passo que outros se divertem aprendendo os segredos dum motor de avião.

— Eles saem desta escola — explica-me o diretor — capacitados a encontrar imediatamente um emprego com salário bastante razoável.

O que noto aqui é um ar de boa camaradagem e contentamento. O ambiente revela a mais absoluta ausência de convencionalismo. A maneira como os estudantes andam vestidos é a mais cômica e simpática que se possa imaginar. Ninguém nem sequer sonha com usar gravata. Vejo calças de *corduroy* em diversas cores e muitas calças de zuarte, dessas usadas pelos caubóis. Dir-se-ia que estes meninos cujas idades vão de quinze a dezoito anos estão mais num parque de diversão que numa escola.

Às duas horas os dois mil estudantes desta escola se encontram num vasto *auditorium* para me ouvirem. Conto-lhes histórias do Brasil. Quando termino a palestra, crivam-me de perguntas. Querem principalmente saber como vivem os estudantes brasileiros, o que comem, o que fazem e quais são os seus divertimentos prediletos. Em dado momento levanta-se no meio da platéia um estudante de seus quinze anos. É um preto retinto de grandes olhos brilhantes, beiçola vermelha como a sua camiseta bordada de ursos pretos. Faz-se um silêncio de expectativa. Com uma voz desmanchada como sua boca, mas com ar grave, o negrinho diz:

— Fale-nos, senhor, da delinqüência juvenil no seu país.

Delinqüência juvenil! A solenidade com que ele pronuncia essas palavras, a sua voz de taquara rachada, a dentuça branca que rebrilha e seus grandes olhos espantados — são um verdadeiro espetáculo. Toda a assembléia desata a rir. Muito sério, de pé e imperturbável, o estudante negro espera. Sinto por ele neste momento uma grande ternura. Ele não é apenas um símbolo de sua raça — um *coloured* que está tentando subir de categoria social, fazer uma carreira; ele representa também todos os meus companheiros de infância negros. Na gargalhada dos estudantes sinto não hostilidade ou intenção satírica, mas uma grande simpatia por esse colega de cor.

Respondo como posso à pergunta embaraçosa. E depois digo:

— Em homenagem ao estudante que fez essa pergunta... Como é o seu nome?

— George Washington.

— Muito bem. Em homenagem a George Washington vou contar uma lenda da minha terra.

George Washington senta-se com dignidade. Faz-se um grande silêncio no recinto. Tomo dum giz e risco na pedra uma paisagem de coxilhas.

— Era uma vez, no interior do estado do Rio Grande do Sul, um fazendeiro muito mau que tinha em sua fazenda um escravo negro...

E conto para esses dois mil estudantes a história do Negrinho do Pastoreio.

QUADRO

8 de junho. Seis da tarde. Sentado sozinho nos degraus do alpendre do Faculty Club, olho um trecho de jardim: uma acácia copada toda pintalgada de flores amarelas no centro dum tabuleiro de relva, contra um fundo de arbustos e sombras; por cima, um céu manso de elegia.

Um pássaro de plumagem azul risca o quadro num rápido vôo diagonal e fere como um dardo a fronde da acácia. Os carrilhões do Campanile começam a tocar uma lenta melodia, e as notas líquidas dos sinos se espraiam no ar, que é como um lago dormente. Um coelho sai da zona de sombra negra, sob os arbustos, caminha até a zona de sombra verde, sob a árvore, e ali fica imóvel, de orelhas em pé, como que escutando...

OS CEGOS

10 de junho. Sou convidado para dizer algumas palavras no almoço semanal dum desses inumeráveis clubes cujos membros em geral são gente das "classes conservadoras". É no salão de banquete dum grande hotel de San Francisco, e os convidados de honra hoje são dois soldados que voltaram cegos do teatro de guerra do Pacífico. Lá estão eles no centro da mesa, por trás dum vaso de dálias vermelhas. Um deles tem uma atadura de gaze a cobrir-lhe os olhos; o outro está de óculos escuros. São ambos extremamente jovens: não devem ter muito mais de vinte anos.

O salão vibra ao ruído de vozes alegres, tinir de talheres, bater de copos e xícaras. Uma orquestra cubana começa a tocar rumbas e seus sons metálicos, vibrantes, dominam todos os outros sons. Os soldados cegos sorriem.

O mestre-de-cerimônias ergue-se, quando a música cessa.

— Como nossos convidados de honra, dois heróis de guerra do Pacífico, não podem ver o que se passa neste salão, quero ter o privilégio de descrever-lhes o ambiente. O salão é vasto e a luz entra pelas altas janelas, fazendo brilhar os pomposos lustres de cristal que pendem do teto...

Os cegos continuam a sorrir.

— Sobre um estrado encontra-se uma orquestra cubana, cujos componentes trajam um bolero cor de fogo...

Segue-se uma descrição dos boleros. Depois o mestre-de-cerimônias menciona os outros convidados ilustres. E os soldados cegos sorriem, sorriem sempre.

Quando a outra guerra terminou — penso — esses moços não eram nascidos. E daqui a vinte anos quem estará ali talvez seja Luís, o meu filho ou David, o seu amigo, ou Peter... Tento comer, mas a comida se me tranca na garganta. Um tremendo mal-estar toma conta de mim. Vontade de gritar, de vociferar. Ou então de dominar-me e fazer um discurso sarcástico.

O senhor que está a meu lado — homem de meia-idade, grisalho e corado — volta-se para mim e pergunta, com ar casual:

— Acha que haverá boas oportunidades para negócios na América do Sul, quando terminar esta guerra?

Os soldados cegos sorriem por trás das dálias vermelhas. E agora me ocorre que todos estamos cegos. Nascemos cegos e vivemos às cegas, num mundo sem memória.

NOITE EM CHINATOWN

17 *de junho*. É sábado e, aproveitando a primeira oportunidade que temos de sair à noite, Mariana e eu decidimos visitar o International Settlement, situado no Quarteirão Latino de San Francisco.

É uma noite úmida e fria. Estamos em Pacific Street, bem no lugar em que, em fins do século passado, ficava a zona conhecida pelo nome de Barbary Coast, que fervilhava de bordéis, casas de jogo e cabarés, onde homens rudes que haviam descoberto ouro vinham divertir-se, aumentar ou diminuir suas fortunas, e às vezes matar ou morrer.

O que hoje por aqui se vê está longe de ter o perigoso encanto da Terrific Street dos velhos tempos. Vemos uma sucessão de pequenos cabarés e bares onde soldados e marinheiros bebem ou dançam com suas companheiras, enquanto alguém bate desanimadamente num velho piano ou uma mulher muito pintada e muito loura canta e quase lambe o microfone que lhe amplifica assustadoramente a voz. Em muitos bares apenas se bebe numa penumbra vermelha ou verde. Outros, numa tentativa de criar o exótico, estão decorados como se fossem cabanas havaianas e os criados que servem as mesas são realmente naturais do Havaí. Num desses *nightclubs* uma chuva artificial cai por trás de grandes vidraças, com relâmpagos e trovões imitando os temporais dos mares do Sul. No Gay Nineties a decoração e o *show*, bem como os garçons, as lâmpadas, os lustres e as canções, lembram 1890.

Em todas essas casas entramos, olhamos e delas saímos após alguns instantes. As calçadas estão cheias de pares alegres. De vez em quando vemos soldados da Polícia Militar que por estas ruas andam a manter a ordem e a recolher os que *passed out*, ou seja, aqueles que a bebedeira fez perder os sentidos.

Na Grant Street, a principal artéria de Chinatown, muitas das casas parecem pagodes chineses. E o resplendor dos letreiros de neônio dá a esta rua um ar de noite de São João, com fogos de artifício.

Saímos à procura dum restaurante, pois são dez horas e ainda não ceamos. A Forbidden City, ou Cidade Proibida, está completamente cheia. Na sala de espera homens e mulheres aguardam vagas, numa fila paciente. O Sky Room regurgita de soldados e marinheiros. Táxis amarelos passam pelas ruas cheios de bandos barulhentos. Pelas calçadas pululam os pares festivos.

Depois de muito andar, de entrar e de sair de uma infinidade de bares e cabarés, de antros e freges; depois de ter passado por corredores indescritíveis, becos úmidos e sombrios, encontramos uma mesa na Cova do Dragão, pequeno cabaré situado num segundo andar. A sala é apertada, e o ar está tão grosso de fumaça, que a gente tem a impressão de que o pode cortar em talhadas, com uma faca. Como acontece em quase todas as casas dessa natureza, a atmosfera é crepuscular. Luzes veladas e azuis dão um tom fantástico às faces das pessoas. Tocanos pequena mesa circular perto da estreitíssima pista onde, daqui a pouco, *girls* chinesas virão dançar. Um homem louro e triste, de *dinner-jacket*, bate desinteressadamente num piano, enquanto um chinês, de aspecto mais triste ainda, sopra num saxofone. Garçonetes chinesas, ostentando costumes de sua terra, passam como sombras ágeis por entre as mesas, carregando pratos de aspecto e cheiro exóticos. A esta hora quase todos aqui estão embriagados. O ar fica cada vez mais viciado e espesso, cheirando a uma mistura de fumo e de uísque, temperada pelo morno odor dos pratos chineses. O homem do piano canta o "Hong-Kong blues", uma canção triste, de ritmo oriental, em que um sujeito diz que quando morrer quer ser enterrado em San Francisco. Oh! A tristeza sem remédio do saxofonista, uma tristeza amarela, seca e milenar de *coolie*. Perto de nossa mesa um fuzileiro naval com o peito todo cheio das fitas simbólicas das condecorações bebe em companhia dum marinheiro. Estão ambos de tal modo bêbedos, que já nem falam. Limitam-se a olhar estupidamente para seus copos. São ambos muito moços e muito louros. O fuzileiro é o que se acha em pior estado. Seus olhos estão mortos, como que velados por uma película fosca; a boca contorcida e flácida; a expressão do rosto é de sonolenta estupidez. Mariana lança-lhe um olhar oblíquo e murmura:

— Vamos para outra mesa. Acho que alguma coisa desagradável vai acontecer...

— Qual! Fiquemos aqui mesmo.

Num dado momento o fuzileiro começa a regurgitar, como uma garrafa que transborda. O vômito lhe jorra da boca, lhe escorre pela túnica, pelas condecorações, cai na mesa, no copo, no chão.

Mariana ergue-se, revoltada, e foge para o fundo da sala. Sigo-a e acabamos encontrando uma mesa num canto remoto. Sentamo-nos. Uma chinesinha vem saber o que desejamos comer. Pedimos uísque e soda, e escolhemos um prato no menu cheio de nomes esquisitos.

A algazarra aumenta. Marinheiros andam dum lado para outro com um copo na mão, cantando e trocando abraços com toda a gente. Desconhecidos confraternizam, trocam amabilidades, com essa ternura que é um subproduto do álcool.

O ar azeda. O homem do piano geme o blues: quer por força ser enterrado em San Francisco. A confraternização é geral. Um soldado vem até nossa mesa e nos abraça. Obriga-me a beber no seu copo, declara que é muito meu amigo. Olhamos em torno e, aflitos, não vemos nenhuma abertura para o ar livre.

Trazem-nos a comida. Omelete de camarão à moda chinesa. Mariana, ainda impressionada pela cena do fuzileiro, olha para o seu prato com repugnância... Não sei por que, sinto-me feliz. Feliz e um pouco inquieto. Alguma coisa parece que vai acontecer. Começo a comer distraidamente. O mestre-de-cerimônias, um chinês ossudo e pálido, anuncia o *show*. Uma chinesa minúscula vem dançar na pista, completamente nua. Os marinheiros aplaudem e gritam. Um deles ergue-se cambaleando, e quer tomar da cintura da dançarina, mas um companheiro puxa-o pelo braço para fazê-lo sentar, e ele rola para o chão, sob gargalhadas. De onde estamos não podemos ver senão a cabeça da dançarina. Desinteresso-me do *show*.

— Em que é que estás pensando? — pergunta Mariana.

— Espera lá. Acho que está me nascendo uma idéia...

— Uma idéia? Dói muito?

— Dói um pouco.
— Que é?
— Talvez um romance.
— Sobre... isto?
— Talvez. O diabo é que estas coisas em literatura tendem a soar falso. — Faço uma pausa e olho em torno. — Mas isto existe! — afirmo, batendo com o punho fechado na mesa.
— O uísque está te subindo à cabeça.
— Uísque? Aí está. Uísque. Ele nunca tinha bebido antes...
— Ele quem?
— A minha personagem.
— Você ainda não me apresentou a ela. Homem ou mulher?
— Homem. Quarenta e cinco anos no máximo. Paulista... ou carioca, não sei. Pode chamar-se... Orlando. Orlando é um bom nome, não é?
— Não tenho nada contra nenhum Orlando.
— Imagina só um professor de História, um sujeito que se tem na conta de equilibrado, senhor duma rica experiência... pelo menos é o que ele pensa. Educação à século XIX. Não. Leituras e idéias à século XIX, mas educação portuguesa com tinturas medievais. Muita convenção, muito preconceito, muita hipocrisia...
— Bom, mas como é que esse camarada veio parar aqui em Chinatown, na Cova do Dragão?
Fico pensando...
— Acho que veio representar o Brasil num congresso de História em Los Angeles.
— Por que em Los Angeles? É melhor trazer logo o homem para cá.
— Ah! Aí é que está a coisa... O congresso termina, o nosso herói tem passagem num avião para Miami. Mas resolve vir primeiro a San Francisco por uma razão muito boa. É que sempre teve uma fascinação por essa cidade...
— A Cidade do Pecado?
— Coisas desse gênero. Quando menino viu numa revista fotografias da cidade após o terremoto e o incêndio, e ficou impressionado. Assim, ele vem...
— Para ser enterrado aqui, não é mesmo? Influência do blues que o pianista estava cantando.
— Influência de coisa nenhuma. Orlando não morre em San Francisco.

— Encontra uma mulher?
— Claro. É sempre bom fazer o herói encontrar uma mulher.
— Esse Orlando é... casado?
— Casadíssimo.
— Sério?
— Bom... Guarda as aparências, como a maioria dos homens. Mas é um poço de desejos recalcados...
— Autobiografia?
— Assim não vale!
— Bom. Continua.
— O homem embarca pra cá. No trem noturno.
— Por que não no Luz do Dia?
— Espera. A história começa quando Orlando acorda com a impressão de que vai ser enterrado vivo. Ergue as mãos para atirar longe a tampa do ataúde... luta com a falta de ar... E lá está o pobre homem sentado na cama, suando, aflito, e só depois de alguns segundos é que ele percebe que está no leito superior dum trem...
— Em que ano se passa isso?
— No ano passado. Orlando salta do leito e naquele carro superaquecido sai em busca duma janela, de ar livre, pois sente que não poderá dormir...
— E está claro que não encontra ar livre, porque nos trens americanos não há janelas abertas.
— Isso mesmo. Resolve vestir-se e ir para o carro comum...
— E lá encontra uma estranha mulher...
— Não. Encontra um homem, um desses portugueses da Califórnia.
— Por que "português"?
— Não sei. A coisa aconteceu assim. Orlando vê nos olhos do homem qualquer coisa de familiar...
— A voz do sangue...
— ... começam a conversar. O homenzinho fica contente por encontrar um brasileiro. Conversa vai, conversa vem, o desconhecido se abre. É pobre, mora num desses lugarejos do vale de San Joaquin e sua filha de dezesseis anos deixou a casa, para ir tentar a vida em San Francisco.
— Ah!...
— Ah! coisa nenhuma. Espera. Passaram-se dois anos sem que a menina desse sinal de vida. Um dia o homenzinho vê num jornal de San Francisco o retrato da filha com uma criança no colo. A legenda ao pé do clichê deixa-o estarrecido... Por ela o português fica sabendo

que a filha se casara com um rapaz de dezessete anos, o qual, desesperado pela falta de emprego, acabara cometendo um crime, deixando a esposa e um filho pequeno ao abandono...

— Não acha isso melodramático?

— Acho. Mas aconteceu que eu *vi* esse clichê e essa história no *San Francisco Chronicle*. É verídica.

— A vida também escreve romances-folhetim.

— O pobre homem vai em busca da filha e do neto, e está um pouco assustado, pois não conhece ninguém em San Francisco...

Faço uma pausa para partir a omelete de camarão. Agora quem dança na estreita pista é uma havaiana. Os marinheiros gritam.

— Um novo dia amanhece. O trem chega. Orlando perde de vista o luso-americano. O único conhecido que nosso herói tem em San Francisco é um médico brasileiro que estuda na Stanford University.

— Quantos dias teu homem vai passar em San Francisco?

— Um ou dois. Quero fazer um romance de ação rápida. Pouca gente. No primeiro plano, apenas Orlando...

— E tu.

— Naturalmente.

Um estrondo. Volto a cabeça. Um marinheiro caiu por cima duma mesa, que emborca num tinir de copos quebrados. A algazarra aumenta. O homem louro bate no piano. O chinês triste mama no seu instrumento. Parece que o nevoeiro lá fora entrou para dentro da Cova do Dragão.

— Já tenho um título para a história — digo.

— Qual é?

— *Nevoeiro*. Puro e simples. O nevoeiro é também personagem da novela. Há uma espécie de nevoeiro na cabeça de Orlando.

— Mas vamos à história.

— Lembras-te da cena que te contei... soldados cegos homenageados num almoço? Pois bem. Orlando é um dos convidados desse almoço. E olhando para aqueles dois rapazes cujas vidas estão cortadas, ele fica comovido e com um sentimento de remorso. De certo modo ele é culpado daquilo. A guerra é, em suma, um resultado dos erros dos homens de sua geração. E aqueles moços estão pagando pelos erros dos pais...

— E esse médico amigo de Orlando, que tipo é?

— Cinqüentão, bom camarada, bom vivedor, homem sem ilusões... meio cínico mas extremamente simpático.

— Disseste há pouco que havia nevoeiro na cabeça de Orlando...

— Sim. Desde o momento em que chega, ele sente um vago mal-estar, uma espécie de premonição de desastre. Uma sensação de medo acompanha-o por todos os lugares aonde vai... O nevoeiro que paira sobre a cidade parece-lhe uma ameaça. Continua, de certo modo, aquela sensação de sufocamento começada no trem. De repente Orlando se lembra dum sonho...

Mariana sorri...

— Tuas personagens sonham muito.

— Um sonho que ele teve quando moço. Sonhou que tinha morrido e que quatro homens esguios, de sobrecasaca preta e chapéu alto, como o de Abraham Lincoln, carregavam seu caixão. E que ele tinha sido enterrado em San Francisco da Califórnia.

— Outra vez o "Hong-Kong blues".

— Não interessa. A verdade é que Orlando passa todo o tempo esperando que algo de mau lhe aconteça.

— Ainda não sei como foi que ele veio parar na Cova do Dragão. No fim de contas teu herói é um homem sério, um professor...

— Vou explicar. Depois de muitas andanças... o almoço no clube... digamos que se chama Clube dos Alegres Ursos... o amigo convida-o para ir à noite ao teatro onde John Carradine representa Hamlet.

— E nessa noite há um tremor de terra.

— Precisamente. E Orlando fica ainda mais abalado. Volta para o hotel cansado, decidido a ir dormir. Mas quando vai atravessar o *hall* na direção do elevador, um homenzinho se aproxima dele. É o português-americano do trem.

— Que sujeito cacete!

— Não sejas cruel. É um pobre-diabo. Mas Orlando fica contrariado. "Que quererá este homem?" — pergunta a si mesmo. O outro lhe conta que descobriu a casa da filha e lá encontrou o neto aos cuidados duma vizinha. A filha, essa tinha saído com um marinheiro. "Mas que é que o senhor quer que eu faça?", pergunta Orlando. O outro responde: "Quero que me ajude a ir procurar minha filha. Dizem que ela costuma ir com os amigos a esses cabarés do International Settlement".

— Mas por que o homenzinho não esperou que a menina voltasse?

— Porque, segundo informou a vizinha, a pequena às vezes ficava dois ou três dias sem aparecer em casa.

— E o português não podia esperar dois ou três dias?

— Não. O dinheiro estava curto.

— Mas por que havia ele de ir procurar logo o teu herói?
— Bolas! Porque era a única pessoa que ele conhecia na cidade. E seja como for preciso que a coisa se passe assim, pois do contrário não descubro jeito de trazer o meu homem até este antro.
— Está bem. Adiante.
— Aí começa a peregrinação do meu herói e de seu companheiro através da vida noturna de San Francisco. Eles visitarão todos os freges e cabarés por onde andamos hoje.
— E as reações de Orlando?
— Está claro que fica a princípio escandalizado, porque é um professor, um homem de "costumes morigerados". Mas a verdade é que, no fundo, a coisa o atrai. Vou explicar que o ponteiro sentimental da vida desse homem recalcado oscilou desde a adolescência entre dois pólos; um representado pelo pai, juiz austero, homem de alguns bens, amante da ordem e do direito; e o outro, o pólo da aventura, do instinto, dos desejos livres. Acabou fixando-se no pólo positivo.
— Qual é o positivo no caso?
— Bom. Não sei. Refiro-me ao pólo do pai.
— Ah!...
A havaiana se vai, e agora aparece em cena um palhaço chinês tocando flauta.
— Ali está uma boa sugestão — digo, fazendo um sinal na direção do *clown*. — Meu herói, ao ver aquele chim, lembra-se dum palhaço de sua infância. Uma vez, quando menino, viu num circo uma moça que trabalhava no trapézio volante e ficou liricamente apaixonado por ela. Desejou fugir com o circo. Desde então a moça do trapézio ficou sendo para ele o símbolo da aventura, a negação do convencionalismo, do método, da ordem, da tradição.
— Mas depois que cresceu... ele nunca se entregou à aventura?
— Timidamente. E quando teve de escolher entre uma aventura amorosa que podia ser o sacrifício duma carreira sólida, teve medo e ficou à sombra do pai. Formou-se, fez um casamento burguês, ganhou boa posição.
— E viveu feliz?
— Sim... superficialmente. E agora, longe do Brasil, ele como que se livra daquele sistema de coordenadas, entra numa outra dimensão. Olhada de longe, no tempo e no espaço, sua vida se lhe apresenta diferente. E nessa noite estranha ele começa a dar voz a dúvidas, a fazer perguntas, a sentir estranhos desejos...

— Por que não fazer o teu herói visitar também o Finocchio's?
— Excelente. Ele vai. Fica chocado, repugnado vendo aqueles homens vestidos como mulheres e pintados como mulheres, falando e rebolando as ancas como mulheres. Fica chocado mas ao mesmo tempo não pode afastar os olhos daquele palco, num invencível fascínio.
— Finalmente o homenzinho encontra a filha?
— Só depois de visitar muitos antros. E o curioso é que eles começaram a jornada sozinhos e aos poucos, sem que percebam, boêmios se vão juntando ao grupo, que no fim é um bando alegre. Boa oportunidade para pintar em pinceladas rápidas algumas "aves noturnas".
— E finalmente acabam neste cabaré...
— Sim. E ali naquela mesa do canto... está a filha.
— Grande cena, não?
— Aí é que te enganas. A menina diz apenas "*Hello, pop!* Senta-te e toma alguma coisa".
— E o velho?
— O velho senta-se. E Orlando também. Todo o mundo confraterniza. Porque o pai da menina já nessa altura tem vários uísques no bucho.
— E Orlando?
— Só mais tarde, depois de muita relutância, é que começa a beber.
— Por que essa relutância?
— Um tio bêbedo na família. Um tio que seu pai desprezava, um tio que ele aprendeu a olhar como sendo o símbolo do pecado, da boêmia, da auto-indulgência e do vício. Ora, como podes calcular, todos esses fantasmas acompanham Orlando. E mais o nevoeiro. Especialmente neste ambiente...
— E depois?
— Orlando vê os soldados bêbedos. Pensa em que o mundo dele, Orlando, está em processo de dissolução. Pensa também na posição que ocupa, nas casas de sua propriedade, nos seus títulos. Lembra-se do filho, da mulher, dos amigos. Teme o mundo que poderá vir, depois da guerra.
— Como é o teu herói, politicamente?
— Reacionário fantasiado de liberal. Desses que às vezes quando escrevem se revelam liberais mas que se portam como os mais ferrenhos conservadores. Em 1936 foi pró-Franco, porque achava que Franco era um baluarte da civilização cristã contra o bolchevismo.
— Em 1938 bateu palmas para Chamberlain.
— Exatamente, porque Chamberlain e seu guarda-chuva simbolizavam a paz. Orlando é um tremendo escapista. Viveu sempre de acordo

com a técnica da avestruz: enterrando a cabeça na terra para não ver o perigo. E agora, neste cabaré sem aqueles "censores" que o coibiam no Brasil, ele se deixa levar pelo instinto e porta-se com naturalidade. Olha para esses jovens soldados que amanhã talvez estejam mortos, com a cabeça decepada, ou os intestinos à mostra...

— Uuu! Não vês que estamos comendo!...

— Perdão, Emília... que amanhã estejam mortos num lugar qualquer do Pacífico ao passo que ele... ele que faz? Nada. Apenas deseja a manutenção do seu mundo, deseja conservar suas casas, seus títulos e sua posição. Mas não luta. Enterra a cabeça no chão. E reconhece, embora não o confesse, que esse mundo de mentiras, hipocrisias e injustiças não merece ser defendido.

— Ele pensa isso antes ou depois de tomar uísque?

— Durante. E sob o efeito do álcool, o verdadeiro Orlando acaba por subir à tona. Confraterniza com os marinheiros, e pela primeira vez em sua vida faz gestos espontâneos. Canta, abraça desconhecidos, sente-se feliz. E conclui, no nevoeiro da embriaguez, que talvez esse sentimento de ternura e aceitação humana — uma espécie de misticismo, não vertical rumo do céu, mas horizontal, rumo dos outros homens — possa salvar o mundo.

— E o homenzinho e a filha?

— Essa gente não me interessa mais. Vamos ver o que faz Orlando. Num dado momento ele se ergue e começa a dizer em voz alta nomes feios. Nomes que ele recalcou desde menino, que desejou dizer aos professores, ao pai, a medalhões. Berra os nomes sonoramente. As palavras lhe voltam contra o rosto, feitas cinzas. Não significam nada: são meras convenções como tantas outras que levam os homens a matar e a odiar.

— Mas como é mesmo esse Orlando na sua vida... digamos *normal*, no Brasil?

— Um desses tipos que a gente considera bom sujeito. Não matam, não roubam, não ferem... Cheios de virtudes negativas. Mas como professor de história ensinava aos alunos uma história convencional, que ele sabia errada.

— E por que ensinava se sabia que estava errada?

— Porque essa é a história que convém às classes dominantes. E porque, se contasse a outra, a secreta, perderia seu lugar. Ao proceder assim Orlando sente-se traidor. Na juventude teve grandes ideais cavalheirescos, sonhou ser uma espécie de Cyrano de Bergerac, e achou que sempre estaria disposto a sacrificar tudo para salvar o seu penacho simbólico. Meteu-se em campanhas políticas, desejou salvar o país... falou em liberdade, igualdade e humanidade... Mas quando subiu...

— Esqueceu os sonhos.

— E terminou, como tantos outros de sua geração, acomodado num cartório. Guardou o penacho no guarda-roupa, com naftalina. E tratou de garantir a sua estabilidade, uma cômoda aposentadoria para a velhice sob a proteção da lei.

— Mas todas essas coisas... Orlando só compreende agora?

— Não. Há muito que essas idéias lhe tumultuavam na cabeça, mais ou menos informes. Mas só agora é que acham expressão clara, porque ele está num outro mundo, chocado pelos aspectos da guerra, e por outro lado os "censores" — parentes, amigos, interesses de classe — não podem exercer aqui uma influência direta.

Faço uma pausa e depois:

— Garçom! — digo. — A nota!

CLÍMAX

Pago. Levantamo-nos. Descemos a estreita escada que leva à Grant Avenue. É bom respirar de novo ar livre. O nevoeiro está mais baixo. As ruas, menos movimentadas. Damos algumas passadas em silêncio.

— Tu abandonaste teu herói na Cova do Dragão — diz Mariana.

— Ah! Eu vinha justamente pensando nele. Nessa mesma noite Orlando conhece uma mulher. Uma dessas muitas criaturas cujas vidas a guerra cortou. Perdeu o marido e não teve, como a maioria das americanas, a coragem de manter a cabeça erguida. Entregou-se. Vive por aí a beber...

— Bonita?

— Creio que sim. Atraente. E o nosso Orlando no fim de contas é um homem cheio de desejos recalcados. Imagina só as centenas de mulheres que em todos esses anos ele desejou possuir mas não pôde, porque queria guardar as aparências, porque temia um escândalo... ou então porque elas não o quiseram.

— Como se encontram?

— Não sei exatamente. Mas encontram-se. Ela não se interessa especialmente por ele. Acha vagamente engraçado aquele homem moreno com sotaque estrangeiro. No fim de contas os homens não a atraem nem a assustam. O que ela quer mesmo é morrer. Acha que não vale a pena arrastar essa vida.

— E como termina a noite?

— Orlando sai com a mulher, e vão para o apartamento dela. Estás vendo aquele edifício ali? Pois bem. É lá que mora a desconhecida. Terceiro andar, apartamento 315. Há na vidraça uma bandeirinha com uma estrela dourada.

— Orlando está embriagado?

— Não. Apenas "alegre". Não te preocupes. Uma xícara de café resolveu tudo.

— E depois?

— Naturalmente ele ama a mulher violentamente. Para Orlando a criatura que se entrega a ele não é mais uma desconhecida. É a Bem-Amada, uma espécie de súmula de todas as mulheres que ele desejou. Uma soma das namoradas da adolescência, das amantes sonhadas. Mais ainda, *ela é a menina do trapézio volante, a Aventura*!

Paro, entusiasmado com o "achado". Duma casa próxima chega-nos o som duma orquestra. Um ar frio nos bafeja o rosto. Bêbedos passam por nós e nos dizem coisas que não entendemos.

— E a mulher?

— A mulher naturalmente não sabia de nada. Apenas se deixou amar. Passivamente, desinteressadamente. Sabia que aquele homem iria embora no outro dia, desapareceria de sua vida. E por falar em desaparecer da vida...

— Quê?

— Nada. Imagina isto. A fúria passou. Orlando agora está deitado, o corpo lasso e abandonado, mas o espírito inquieto. Através da vidraça vê o nevoeiro, sempre o nevoeiro. Pensa no Brasil, naquele mundo tão distante.... Terá ele coragem de voltar à velha vida? De ser o mesmo de antes? Não terá agora os olhos abertos? A vida que sempre viveu foi uma vida egoísta, demasiadamente cautelosa e estéril. Onde ficaram os seus sonhos? Ele sente uma verdadeira ternura humana por essa desconhecida silenciosa que respira de leve a seu lado...

— A mulher a todas essas não diz nada?

— Nada.

— Não se queixa? Não conta sua história?

— Não. O seu silêncio é impressionante.

Continuamos a andar. Longe gemem as sereias dos carros do Corpo de Bombeiros.

— Finalmente a mulher se ergue e vai para o quarto de banho. Orlando fica com seus pensamentos, suas dúvidas, suas perguntas e já com uma leve sensação de constrangimento. O tempo passa. O nevoeiro lá fora se adensa. O silêncio do quarto é um silêncio frio de jazigo perpétuo. A mulher não volta. Que aconteceu? Orlando levanta-se e vai até o quarto de banho.
— E encontra a mulher estendida no chão...
— Isso mesmo.
— Suicídio?
— Sim. Seconal. O vidro está preso nos dedos crispados...
— Folhetim...
— Qual nada! Vida. No duro.
— Bom. Continua.
— Imediatamente aquela mulher que para Orlando era o símbolo de tantas coisas, passou a ser apenas... um inimigo... o perigo...
— E que faz o teu herói?
— Só pensa em sair: sair dali sem ser visto. Está apavorado à idéia de que seu nome possa aparecer num jornal, às voltas com a polícia, envolvido naquele suicídio. Imagina a repercussão do caso no Brasil... o escândalo, a sua vida estragada... Começa a vestir-se, às pressas, atabalhoadamente, nervosamente, com os olhos na porta, temendo vê-la abrir-se de repente...
— De súbito o telefone tilinta.
— O detalhe é de bom efeito. Mas muito falso. Cinema...
Descemos na direção de Sutter Street. Num terceiro andar, as coristas do cabaré de Mr. Wong cantam. No fim da perspectiva duma rua avistamos foscamente em meio da névoa o colar de luzes amarelas que perlongam a ponte que leva a Oakland.
— Tu compreenderás que vou tirar todos os efeitos possíveis daqueles momentos passados por Orlando no apartamento, depois de descobrir a mulher caída no chão. Abre a porta, vai sair, mas ouve o ruído do elevador que sobe, e recua. Olha apavorado para o telefone, com medo de ouvi-lo tilintar. Por fim desce as escadas, com o pavor na alma... Finalmente ganha a rua. Põe-se a caminhar na direção do hotel...
— E de repente descobre que deixou o relógio de pulso em cima da mesinha-de-cabeceira da suicida.
— Ótimo. Descobre e fica gelado. Mas metendo a mão no bolso, mais tarde, encontra ali o relógio. Chega ao hotel. Sobe para o quarto mas não consegue dormir. Clareia o dia. Clareia não é bem o termo...

— Porque o nevoeiro continua.
— Exatamente. Orlando não pregou olho durante toda a noite. E só agora lhe ocorre uma idéia horrível. E se a mulher não estava morta? No seu atarantamento esqueceu-se de verificar isso. Podia tê-la socorrido, chamado a Assistência... No entanto, por covardia, por pura covardia tratara apenas de safar-se, para que seu nome, seu honrado nome não fosse envolvido naquilo...
— E o amigo médico?
— O amigo telefona pela manhã, promete vir mais tarde. Orlando examina, sôfrego, os jornais da manhã, procurando a notícia do suicídio. Estará apenas ansioso para saber se a criatura de fato morreu? Ou apenas quer verificar se a polícia descobriu vestígios de sua visita?
— Está ficando sensacional.
— E ali fechado naquele quarto do hotel, Orlando pensa na sua vida, nas muitas vezes em que falhou como ser humano, em que, velado pelo egoísmo ou pelo medo, ele prejudicou outros, ou negou-se a auxiliar os que recorreram a ele. O tempo passa. O nevoeiro continua.
— Vêm os jornais da tarde.
— No primeiro que examina, Orlando não encontra nada. Finalmente descobre no *Call Bulletin* uma pequena notícia que lhe conta que Nancy Rogers, residente em California Street nº 1543, no apartamento 315, foi encontrada em estado de coma por sua companheira fulana de tal, que partilha o quarto com ela, trabalhando à noite e dormindo durante o dia. Graças à intervenção da amiga, que a levou para um hospital, Miss Rogers está fora de perigo.
— Ufa! Que alívio.
— Alívio para ti, para mim e para Orlando.
— No fim de contas esse pobre homem consegue dormir?
— Não. Vai voltar no trem da noite. O amigo médico aparece. "Que cara é essa, homem?", diz ele, achando Orlando pálido e abatido. Finalmente o nosso herói se vê de novo no trem a caminho de Los Angeles. Volta-lhe a sensação de angústia, de prisão...
— Lá está num dos carros o português...
— Isso! Mas não está só. Tem no colo o neto.
— E a mãe da criança?
— Ficou em San Francisco. O pobre português está abatido, triste, desmoralizado.
— Naturalmente entabula-se um diálogo.
— Sim, mas um diálogo chocho.

— E como termina a história?

— Ali no trem. Orlando pensa em tudo quanto se passou em San Francisco. Seja como for — conclui egoisticamente — está vivo. E que tremendo apetite de viver ele sente agora! Daria tudo, tudo para voltar a ter vinte e cinco anos... para recomeçar... Olha para a criança que dormita nos braços do avô e pergunta a si mesmo qual será o destino da geração que a criaturinha representa, entregue assim aos erros, à imprevidência e aos vícios das gerações representadas por aquele homem. E embalado por esses pensamentos, Orlando deixa cair a cabeça contra o respaldo do banco e dorme. Acorda dentro em pouco, sobressaltado, com uma sensação de angústia, de prisão. De novo sonhou que tinha sido enterrado vivo. Precisava de ar livre, de muito ar. E assim, ainda estonteado, sai pelo trem à procura duma janela, duma janela, duma janela...

— Esse é o fim?

— É.

— E quando vai começar a escrever a história?

— Nunca.

— Por quê?

— Escuta. Primeiro, porque a história terá um tom falso, pela simples razão de se passar em San Francisco da Califórnia...

— Talvez sim, talvez não...

— Segundo: o leitor ficará com uma impressão errada desta cidade, deste país. Imaginará que toda a gente vive bebendo e tomando Seconal. Você bem sabe como essa gente está se portando com relação à guerra. Os rapazes que encontramos hoje na Cova do Dragão são soldados que voltaram da guerra em gozo de licença; querem divertir-se, querem esquecer... e bebem.

— E nem todos os soldados que voltam da guerra se embriagam.

— Claro. E mulheres vencidas como a minha pobre heroína são raras.

Tomo o braço de Mariana, e mostro-lhe um grande ônibus parado a uma esquina.

— Olha. Aquele ônibus está esperando os trabalhadores que vão para o turno da madrugada num desses estaleiros de Richmond. Olha só quantas mulheres estão lá dentro, metidas em calças de homem, com capacetes de alumínio na cabeça. Ali estão brancas, mulatas, pretas, moças, velhas... E há, também, homens de todas as classes, de todas as cores...

Pausa.

— E depois — prossigo — um romancista não pode nunca escrever uma história interessante em torno de gente normal e feliz.

— Mas haverá no mundo muita gente normal e feliz?

— Essa é uma pergunta difícil...

Continuamos a andar.

— Então... não sai história?

Sacudo a cabeça negativamente e acrescento:

— Acontece também que Hollywood deitou tudo a perder. Invadiu o mundo com suas convenções e fórmulas. Não há mais espontaneidade. Tudo soa falso, porque tudo lembra o cinema. E a coisa é de tal maneira besta que um leitor me confessou um dia que quando lê um romance de amor, imagina sempre uma música de fundo, como nos filmes.

— No entanto tua história é verossímil...

— Queres dizer que ela podia ter acontecido. Sim. Mas nem tudo que acontece é verossímil.

— De sorte que... nada feito?

— Nada feito.

Ditas essas palavras, encerramos o assunto e tratamos de chamar um táxi.

CARA DE PAU

20 de junho. A última aula. Faço uma rápida recapitulação de toda a matéria dada durante o semestre. Depois fico a conversar com os meus estudantes, a maioria dos quais talvez eu nunca mais torne a encontrar.

Sou muito sensível às relações humanas, e habituei-me a ver pelo menos três vezes por semana estes jovens que aqui tenho diante de mim. Com muitos deles andei a caminhar pelo *campus* ou almocei nesses cafés boêmios dos arredores da universidade. Muitas dessas moças foram a meu escritório e me levaram seus "casos", alguns dos quais o romancista escutou com delícia e o homem com embaraço...

Não acredito possa afirmar honestamente que meus alunos conheçam *literatura brasileira*. Em compensação, estou certo de que despertei neles não só o interesse e a curiosidade pelo Brasil, como também uma certa simpatia pelo nosso povo, nossos sonhos, pelo nosso *jeito*.

Pergunto-lhes agora que pretendem fazer no segundo semestre de 1944. Alguns permanecerão na universidade para terminar o curso. Outros tencionam procurar um emprego. Patsy vai para Nova York tentar uma carreira no rádio. Helen quer visitar o Brasil. Marion Rita vai para o México, Monguió foi chamado para o Exército. Maryfrances vai casar. Maria Antonieta destina-se a uma universidade em Minnesota.

Dou-lhes o ponto de exame. Quero que me escrevam um ensaio sobre o povo brasileiro, através do que puderam depreender de minhas conferências e dos livros lidos em aula.

Finalmente ouço as badaladas dos carrilhões do Campanile, anunciando que a hora terminou.

Good-bye! Estou comovido, mas aposto que meu rosto não revela esse sentimento.

Alguém já disse que, na sua impassibilidade, ele lembra às vezes essas caras talhadas em madeira nos postes totêmicos dos índios do Alasca...

MINUTO PARA LEMBRAR

Ainda a 20 de junho, às três horas de minha última tarde na universidade da Califórnia. Da janela de meu escritório vejo um campo de relva parelha e verde, onde oito universitárias, postadas numa longa fila, empunham arcos e lançam setas contra grandes alvos com grossos círculos concêntricos azuis, vermelhos e brancos. Ao se cravarem nos discos, as setas produzem um ruído cavo e breve. Nas quadras de tênis vultos brancos movimentam-se dum lado para outro, e a batida da bola no cordame das raquetas tem um tom claro, elástico e alegre. Na piscina do ginásio feminino banhistas espadanam na água, e seus gritos trespassam o ar como frechas atiradas contra o azul. Longe os arranha-céus de Oakland parecem flutuar na bruma dourada. No Music Building alguém com arco incerto arranha enjoativamente as cordas dum violino. Lá embaixo, ao pé da fonte de mármore, um par de namorados conversa de mãos dadas. A luz da tarde é doce e madura nas colinas de Berkeley.

Mais um momento para lembrar.

Interlúdio
(De 30 de junho a 6 de agosto de 1944)

MAPA DO PARAÍSO

Imagine-se um parque, ao norte de Oakland, num calmo vale, ao pé de colinas que a mão morena do estio ordinariamente pinta de sépia, e as chuvas de inverno fazem reverdecer... Um parque cortado de estradas de cimento debruadas de altos eucaliptos, ciprestes, carvalhos, plátanos e lampiões antigos... Dentro desse parque, edifícios brancos erguem-se em meio de vastos tabuleiros de relva... O teatro para música de câmara, num estilo de igreja do Renascimento espanhol, tem a seu lado um lago circular sobre o qual salgueiros se debruçam, como que a brincar de poema simbolista. Também branco, mas sem estilo, o *auditorium* fica perto duma ponte de pedra, sob a qual um arroio desliza, calado e sereno, por entre pedras e arbustos, rumo das colinas... A galeria de arte, cuja fachada é uma longa sucessão de arcadas brancas, está guardada pelos dois Cães de Fu, talhados em mármore branco, à maneira da dinastia Ming. Num bangalô simplíssimo encontramos uma livraria, a casa de chá — A Lanterna de Ouro — e uma agência postal. Há ainda vários grandes *halls*, com seus jardins, fontes e lagos artificiais... E casinhas em estilo de missão espanhola, dentro de paisagens com cactos e magnólias... No edifício da biblioteca, cujas persianas verdes se abrem para um largo de forma oval, todo tapetado de relva, reina sempre um silêncio erudito.

Mas há em geral gritos alegres e claros nas quatro quadras de tênis, no *gymnasium* e na piscina.

E durante nove meses de cada ano letivo, esse paraíso — que se chama Mills College — fica povoado de belas raparigas que aí fazem cursos de belas-artes, línguas, literatura e ciências sociais, naturais e matemáticas.

De 30 de junho até o fim da primeira semana de agosto o colégio se abre para a Summer Session, ou seja, Sessão de Estio, em que oferece tanto a mulheres como a homens — estudantes e professores de outras universidades — cursos especiais intensivos de inglês, espanhol, francês, português, chinês, artes plásticas, bem como conferências sobre literatura, história, arte e costumes da China, da França e dos países latinos-americanos. E para que esse estudo siga o espírito prático e instrumentalista do ensino americano, o Mills proporciona também aos estudantes a oportunidade dum convívio com professores naturais desses países, em casas separadas que são como hotéis, nos quais os grupos vivem, discutem problemas, assistem a palestras e realizam festas típicas, dispondo também duma biblioteca especializada e dum pequeno museu.

Durante o verão, funcionam aqui as chamadas Casa Pan-Americana, a Maison Française, o English Language Institute e o Chung Kuo Yuan, ou Casa Chinesa.

A Summer Session não tem finalidades comerciais, e só pode ser mantida graças à subvenção que o escritório do coordenador de Assuntos Interamericanos dá ao Mills College especialmente para esse fim.

O que mais agrada neste *college* é a graça despretensiosa de seus edifícios e jardins, nos quais se nota uma ausência absoluta de novo-riquismo. Todos estes *halls* têm um ar de "casas vivas", um calor de intimidade. Decorados com discreto gosto, com suas poltronas fofas, as suas lareiras rústicas, as suas lâmpadas veladas e seus tapetes — ele realiza o milagre de fazer que quatro brasileiros extraviados possam neles sentir-se "em casa", desde o primeiro dia.

Neste paraíso entro com minha tribo numa doce tarde de junho, perfumada de eucaliptos.

CHUNG KUO YUAN

O Chung Kuo Yuan ou Casa Chinesa fica na parte ocidental do *campus*. É uma mansão quieta e triste como um mosteiro, onde alunas americanas, escassas em número, caminham miudinho e falam baixinho, como que influenciadas pelo ambiente chim.

Mr. Chan ensina chinês elementar para principiantes e a língua mandarim para estudantes mais adiantados; ao passo que Mr. Mach, que fisicamente não difere muito de Mr. Chan, faz conferências sobre a cultura chinesa e sobre as relações entre a China e os Estados Unidos. Herr Otto Maenchen, que não se parece com Mr. Mach nem com Mr. Chan, interpreta para seus alunos as formas de arte e técnica chinesas, desde seus princípios até nossos dias.

E no lago artificial do jardim nadam peixinhos dourados.

OS MONGES E OS MEXICANOS

No Orchard-Meadow Hall estudantes aperfeiçoam seus conhecimentos da língua inglesa, e uma especialista em prosódia tudo faz — inclusive meter o cabo duma colher na boca do paciente para lhe assentar a língua na posição conveniente — a fim de conseguir determinados sons. O coordenador de Assuntos Interamericanos proporcionou a um grupo de professores e professoras mexicanos a oportunidade de freqüentar esse curso de verão aprofundando seus estudos de inglês, especialmente no que diz respeito à prosódia. Assim, o *campus* está cheio de faces e vozes mexicanas. As vozes em geral são musicais e a língua que falam, agradável. As faces, nem todas são musicais e muito menos agradáveis. Os homens apresentam um aspecto façanhudo e agressivo, e vivem numa atitude de franca hostilidade com relação ao ambiente. Sei que os mexicanos têm velhas diferenças com os Estados Unidos; não discutirei a razão dessa desconfiança que lhes torna o olhar torvo e as palavras ásperas. Acontece, porém, que todos os representantes de outros países — e especialmente os "donos da casa" — procuram tratá-los com a mais carinhosa atenção, o que não impede que os "maestros" mexicanos se ericem como porcos-espinhos, dando a entender que — "nós estamos aqui porque queremos, e não acreditamos que esses gringos tenham alguma coisa a nos ensinar...".

Mariana, que freqüenta um curso de fonética, me conta da atitude agressiva e sarcástica de alguns desses "maestros" em aula. Um deles — um indiote de nariz quebrado, ex-jogador de boxe — acende seu cachimbo e fica com os pés em cima da mesa, numa atitude provocadora. Alguns sorriem sorrisos misteriosos, dizem coisinhas. Conduzem-se, enfim, como *niños malos*.

A tudo isso os professores Smith e Rotunda ficam indiferentes, portando-se com uma paciência beneditina.

Domenico Rotunda, americano descendente de italianos, é um homem robusto, de ar pachorrento, bigode negro — desses tipos que sempre andam com a lapela do casaco polvilhada de cinza de cigarro. Fala devagar e quase sempre em voz baixa. É um apaixonado dos estudos lingüísticos e às vezes convida-me para ir conversar sobre Pirandello à sombra das árvores do pátio. Alto, louro, vermelho e sardento, Willard Smith, lente de inglês do Mills, é um enamorado da filologia.

Freqüentes vezes esses dois homens são vistos a caminhar lado a lado por estas alamedas. Rotunda e Smith são amigos inseparáveis, irmãos na gramática e oficiais do mesmo ofício. Voluntariamente votaram-se à tarefa de ensinar inglês aos operários mexicanos — em sua maioria analfabetos — que foram contratados para trabalhar nas ferrovias da Califórnia. Três vezes por semana vão esses dois monges misturar-se com os *paisanos*, tentando meter-lhes nas cabeças noções de inglês que tornem mais fácil e proveitosa para eles a estada neste país.

E aqui no Mills, todas as manhãs, dia após dia, eles suportam com paciência as palavras e atitudes agressivas dos "maestros", pagando de certo modo pelos pecados imperialistas do falecido coronel Theodore Roosevelt.

ÎLE DE FRANCE

Insulada no alto dum outeiro, ergue-se orgulhosa a Maison Française, no meio dum bosquete de eucaliptos e carvalhos. Cada verão ela hospeda escritores e professores ilustres de França. Em 1941 aqui esteve André Maurois, e em suas *Memórias*, que ele começou a escrever à sombra dessas árvores, encontro o seguinte trecho: *Pátio à espanhola onde murmura uma fonte em meio de ciprestes. Líamos e comentávamos grandes livros; o quarteto de Budapeste executava Beethoven à noite; Darius Milhaud ensinava música; Fernand Léger ensinava pintura; Madeleine Milhaud ensinava a fonética; René Bellé, a poesia — todos com ardor e talento. Essa* Maison Française *é uma tradição no Mills College, e, dos lados de Middlebury, um dos centros de estudos franceses da América.*

Este ano venho encontrar aqui quase toda essa gente. Darius Milhaud, um dos grandes compositores modernos da França, leciona música neste colégio durante o ano letivo regular. É um homem gordo, dum moreno pálido, e de expressão imensamente triste. E a bondade desse artista, que o reumatismo agora confina a uma cadeira de rodas, revela-se na maneira terna como ele olha as pessoas e as coisas. Sua esposa, Madeleine, professora de dicção e arte dramática, é uma criatura miúda, de porte altivo, cabelos claros e ar de quem sempre está no palco, no terceiro ato duma tragédia.

M. Bellé, alto, moreno, com o cabelo cortado à escovinha, é um homem gentil, de "maneiras continentais" — como se diz neste país — isto é, um *gentleman* cheio de curvaturas e de expressões como — *Enchanté... Mais non, mon cher monsieur... Pas du tout, chère madame.*

Solene como uma preceptora, mas tímida como uma estudante provinciana no seu primeiro dia de internato, Mlle. Cécile Reau, diretora da Maison, parece ter um medo pânico aos homens. Fala baixo, não encara o interlocutor e, depois dum relutante e rápido aperto de mão, vai recuando aos poucos, como uma ave acuada por um mastim, como que no temor de que sua virgindade cinqüentona possa ser comprometida pela simples presença duma pessoa do sexo oposto.

Aos sábados e domingos estudantes e professores organizam uma *soirée* literária e musical. E no jardim espanhol lêem, sob as estrelas, peças de Racine e Molière.

Seguindo um hábito americano, neste *campus* estudantes e professores começam a confraternizar desde o primeiro dia. É *hello!* para cá e *hello!* para lá. Ninguém espera apresentações formais. *Mais non!* Os habitantes da Maison são diferentes. Caminham devagar e com mais dignidade. Não atiram *hellos!* esportivos para os passantes. Limitam-se a sorrir, inclinar a cabeça e murmurar: *How do you do?* ou *Comment ça va?* Essa maneira de ser formalista contagia até certo ponto os próprios estudantes americanos que vivem na "casa do alto da colina". Parecem pensar que, pertencendo ao mundo de Voltaire e Montaigne, de Gide e Debussy, não devem misturar-se cá embaixo com esses bárbaros adoradores do *jitterbug* e ledores de suplementos dominicais. Eles lá em cima são a Cultura, a Sabedoria dos Séculos. É por isso que passam como sombras ilustres, com um sorriso condescendente e meio irônico por entre essa colorida, desrecalcada e jovem população da planície.

JARDIM FECHADO

Este ano a "estrela" da Maison não é André Maurois, e sim Julien Green, romancista nascido em Paris, filho de pais norte-americanos, educado na França. Escreve em francês, pensa em francês, sente como um francês. É, em suma, um escritor francês, e seus livros, em que predomina um tom noturno, encontram-se entre os melhores romances psicológicos desses últimos vinte anos.

Julien Green é um homem de estatura meã, construção sólida, tez dum moreno claro, cabelos e olhos escuros e um nariz gaulês, longo e fino. É retraído e tímido, dessa timidez que à primeira vista pode parecer empáfia.

Só depois duma apresentação formal, durante a qual ele tirou da cabeça o panamá creme, é que passou a me cumprimentar, mas sempre cerimoniosamente.

Assisto a uma de suas conferências sobre a arte da ficção. Afirma ele que o essencial para um romancista é acreditar na história que está contando. O ficcionista é, em última análise, um alucinado que acredita nas cousas que ele próprio inventa. Acha Green que sem sinceridade não é possível escrever-se uma boa história. Alguém lhe perguntou se um autor deve aplicar a seus romances os ensinamentos da psicanálise. Sua resposta foi negativa. Conta também que o famoso professor Steker escreveu que seu *Adrienne Mesurat* era o romance psicanalítico dum escritor que não conhecia psicanálise.

"Com isso estou de perfeito acordo" — prossegue Julien Green — "porque na verdade não conheço psicanálise."

Escreveu certo crítico que *Adrienne Mesurat* era um auto-retrato de Green, ao que este, irritado, retrucou que no fim de contas ele *era* um pouco todas as personagens de seus livros.

Por que escreve o senhor romances tão sombrios? — perguntam-lhe às vezes. Green responde que Ticiano achava o negro a mais bela de todas as cores. Como pintor de caracteres, Green confessa-se incapaz de tirar bons efeitos com cores claras.

Falando no caráter das personagens de ficção, afirma que não é possível criar um tipo absolutamente bom e ao mesmo tempo verossímil. Referindo-se à pequena Nell, de Dickens, classifica-a como um tipo *affreux*.

Conta também que, conversando um dia com Jacques Maritain em Nova York, alguém perguntou a este último se seria possível para um homem verdadeiramente voltado para a vida do espírito escrever um bom romance. Maritain respondeu pela afirmativa, mas Green replicou com uma pergunta: *Conhece algum santo que tenha escrito romance?*

E aqui desta última fila de bancos, onde me encontro instalado, a ouvir a interessante conferência de Green, penso em que na verdade o romancista tem mais de demônio que de anjo.

Green tem uma voz branda e atenorada. Raramente nessas conferências se permite fazer uma observação humorística. Vim para cá esperando uma série de revelações autobiográficas. Entretanto Green mostra-se reticente, relutante em contar seus segredos de homem e de escritor. Aflora apenas os assuntos, e um exemplo dessa tendência para a evasiva é a menção da frase de Ticiano sobre a cor preta para justificar o tom sombrio de seus livros.

O seu *Adrienne Mesurat* — romance cujo título é o nome da heroína da história — foi traduzido para o inglês como *Jardim fechado*.

Creio que o próprio Julien Green é um jardim fechado, um jardim de sombras e de mistério, povoado de almas penadas, e onde só de raro em raro penetra um raio de sol. Mas um grande e profundo universo, esse jardim crepuscular!

CASA PAN-AMERICANA

De todas as casas, esta é talvez a mais amiga, a mais sem-cerimônia, a mais alegre e, por tudo isso, a mais freqüentada por elementos de outros *halls*, os quais de vez em quando aparecem — principalmente à noite — em busca duma atmosfera mais familiar e festiva.

Ocupo com minha gente um bom apartamento, e minhas obrigações como professor consistem em duas horas maciças de aula por dia — português para alguns estudantes adiantados, história e literatura do Brasil para um grupo mais numeroso — e uma que outra conferência extracurricular sobre assuntos que são determinados ao sabor da fantasia do auditório.

Luís e Clara fazem amigos e hábitos, e andam felizes, duma felicidade ruidosa e alvorotada. O menino vai todas as manhãs à mesma hora ler livros na biblioteca da Casa. Faz isso com uma tão séria e compenetrada regularidade, que Miss Garden, a loura bibliotecária, me disse há pouco:

— Enquanto o Louie não aparece, eu não considero o meu dia oficialmente começado.

Rudolph Schevill e sua senhora são os diretores da Casa Pan-Americana. Mrs. Schevill, uma simpática morena de olhos vivos e negros, nasceu no México mas foi educada nos Estados Unidos. Rudolph e eu continuamos aqui a boa camaradagem começada na universidade. Cada vez estimo e admiro mais esse homem de setenta e dois anos que em muitos respeitos é muito mais jovem que eu. Às vezes, quando me encontra no *hall*, entrincheira-se atrás duma poltrona e, muito sério, começa a fazer fogo contra mim com uma metralhadora imaginária; e eu não tenho outro remédio senão defender-me, alvejando-o com um revólver invisível

— tudo isso para espanto das pessoas que acontece passarem no momento, e que não sabem do que se trata. Pela tardinha saímos juntos por essas avenidas, e Rudolph me conta de suas viagens por terras da Europa, e das muitas gentes que viu e das muitas cidades que visitou.

Entre os outros professores da Casa Pan-Americana destaca-se Enrique Rodríguez Fabregat, um uruguaio admirável, autor de vários livros, ex-ministro da Educação de seu país, orador e polemista de renome. Adora o Brasil, onde viveu muitos anos como exilado político. Visitou a floresta amazônica, a respeito da qual está escrevendo um livro com apaixonado ímpeto. Outra de suas afeições arraigadas é a que tem pela figura de Abraham Lincoln, em cuja biografia trabalha há dois anos com lento e amoroso cuidado. Esse uruguaio que viajou por toda a América do Sul, deixando nos lugares por onde passou partes de sua bagagem e muitos, muitos amigos — esse homem inquieto e imprevisto percorreu comovido o estado de Illinois, seguindo a rota histórica do grande presidente.

Rodríguez Fabregat é um tipo de estatura mediana, calva lustrosa, rosto comprido de expressão pícara. O que mais impressiona nele é a voz, redonda, profunda e veludosa, que ele sabe modular magistralmente. Pelas manhãs aparece-nos na sala de refeições, metido numa espécie de dólmã de veludo marrom, que lembra o de Stálin, e sua voz ecoa na sala como que amplificada por um alto-falante. Paciente, tolerante e amiga, a sra. Fabregat, que segundo suas próprias palavras é brasileira e uruguaia, *"mitad por mitad"*, parece-me uma admirável combinação de esposa e secretária.

É um gosto ver no meio das *girls* desse colégio, Rodríguez Fabregat de bonezinho na cabeça, empunhando uma cuia e chupando por uma bomba de prata o seu chimarrão gaúcho. As pequenas o cercam e lhe fazem perguntas, encantadas. Muito grave, com voz misteriosa e cava, ele lhes conta histórias inventadas no momento, coisas fantásticas sobre a América do Sul, a *jungle*, as montanhas e os índios. A expressão de seu rosto é séria. O seu ar, dramático. E de vez em quando ele faz pausas para dar um chupão na bomba.

Um dia uma velhota de San Francisco, dessas que lêem um pouco de espanhol e se interessam pela história das repúblicas do Pacífico, leu que certos manuscritos *"fueran devorados por las llamas"*. Traduzindo a palavra *llama* por *lhama*, em vez de por *chamas*, ela ficou tão excitada, que não resistiu à tentação de comentar tão interessante particularidade com Rodríguez Fabregat.

— Mas que exótico, *señor*! Eu não sabia que as lhamas do Peru comiam papel.

Fabregat baixou um pouco a cabeça, mirou a interlocutora por cima dos óculos e depois, lentamente, com uma gravidade doutoral, disse:

— Comem, madame, pois não... Comem...

A RONDA DAS ESTAÇÕES

O clima é de tal maneira delicioso nesta parte de Bay Area, que num mesmo dia a gente vê e sente passar, numa espécie de paráfrase, a ronda das estações. Quando saio pela manhã, às oito, para ir buscar a correspondência ao correio, é inverno; o céu está coberto de cerração, o ar é frio. Às dez, quando me dirijo para o pavilhão das aulas, vem chegando a primavera; o sol doura o nevoeiro, que começa a esgarçar-se e erguer-se, e as primeiras nesgas de azul aparecem para além das franças dos eucaliptos. Do meio-dia às cinco da tarde estamos em pleno verão, brilha um sol de ouro, o ar é quente e seco, o céu em geral limpo, e a piscina se enche de banhistas. Depois das cinco começa o outono, a luz se faz mais madura, entra a soprar um vento fresco, e os banhistas, meio arrepiados, deixam a água. Com a noite vem o inverno, e as mesmas raparigas que ainda há pouco nadavam na água azul da piscina enfiam seus suéteres e saem em grupos por essas estradas, vão para os diversos *halls* onde há concertos, conferências, reuniões...

E num céu onde a bruma é como um véu muito tênue, brilham estrelinhas de gelo.

O POETA

Alto, corpulento, monumental, com seu bigode aparado, olhos de índio, Carlos Carrera-Andrade me dá a impressão de ter fugido dum quadro mural pintado por Diego Rivera para o *hall* de alguma repartição pública em Quito. Cônsul do Equador em San Francisco, é ele um dos mais interessantes poetas modernos da América espanhola. Viajou pela Europa e pelo Oriente, casou-se com uma francesinha loura de olhos cor de violeta, e agora aqui está no *campus* do Mills a fazer conferências sobre a poesia lírica latino-americana. Temos feito longos passeios pelo parque, a conversar sobre homens e livros, viagens e idéias. Carrera-Andrade me pede que lhe fale em português, pois diz amar essa língua que *"suena tan exquisitamente bella"*, e que tanto se parece com a espanhola.

Ao cabo de dois dias começamos a divergir em quase todos os assuntos que atacamos. Com sua voz macia e apertada e a sua prosódia quitenha, o poeta de vez em quando pára e diz:

— *Pero es una cosa tremeenda!*

Prolonga o segundo *e* de *tremenda*, cerrando os dentes e apertando os lábios. E o que ele acha tremendo é que eu goste deste país e desta gente, e que discorde de sua afirmação de que não há vida espiritual nos Estados Unidos. Carrera-Andrade vive também perseguido pela visão duma Paris feliz, boêmia e literária, que conheceu nos "bons tempos", e acha que a civilização americana é grosseira e vulgar. Sua má vontade para com este povo se revela nas menores coisas. Vive em permanente estado de desconfiança com relação a tudo e a todos.

Um dia, ao cabo de uma dissertação que lhe fiz relativamente à minha atitude diante do mundo, concluiu:

— Mas você não é um escritor latino.

— Por quê?

— É um homem frio, metódico, insensível.

— Insensível? Frio? Essa é boa...

— Eu o tenho observado todos esses dias, tenho acompanhado as suas reações às coisas que lhe dizem, às pessoas que o cercam.

Sorrio e acho que não vale a pena explicar a esse inteligente e inquieto equatoriano que se ele arranhar essa casquinha de aparência ilusória que me reveste, há de encontrar um sentimentalão.

Fala-me de seu amor pelo povo e de seus pendores socialistas. Mas escandaliza-se quando ponho em dúvida esse *amor* pelas massas, achando-o demasiadamente teórico e vago. Faz um gesto de impaciência quando levanto a hipótese de que esse amor não passe de pura atitude literária.

— *Pero es una cosa tremenda! Usted no ama el pueblo?*

Sacudo a cabeça negativamente.

— Amo um reduzido número de pessoas e coisas. Gosto dos meus amigos e do gênero humano duma maneira geral. Interesso-me por todas as pessoas. Desejo ser-lhes útil na medida do possível. Mas esse *amor* de que você fala, tão grande, tão sublime, tão cálido... eu simplesmente não posso compreender. Olhe aqui. Vamos sentar neste banco. Veja bem... Procuremos definir a palavra *amor* e depois a palavra *povo*.

Carrera-Andrade dá uma palmada na coxa.

— Mas assim não se pode discutir...

Pela estrada passam raparigas num bando alegre. Acompanho-as com o olhar. Como pisam firme! Como reluzem de ouro suas cabeleiras! Volto-me para o meu interlocutor:

— É natural, meu amigo, que neste *campus* a gente veja aumentada a sua capacidade de amar...

— *Pero usted es malicioso, amigo...*

Carrera sorri e desconversa. Fica olhando para o Mills Hall, que se ergue, à nossa frente, branco e imponente. Depois torna a falar dos Estados Unidos e dos absurdos desta terra.

— Que se pode dizer dum país onde nem criados existem!

— Mas, meu caro poeta — observo —, você não me disse que era socialista?

— *Pues si, amigo... Pero eso es diferente. Siempre habrá señores y esclavos.*

— Fresco socialismo!

De longe chegam-nos as vozes das raparigas. Um repuxo de água irisada atira diamantes sobre as corolas dos hibiscos.

O MAJOR E O NIRVANA

De vez em quando saio deste paraíso e vou a Oakland, Berkeley ou San Francisco fazer conferências ou tomar parte em távolas-redondas. Hoje participo do programa de rádio de Miss Margo, que entrevista "celebridades" em torno duma mesa de almoço. É em San Francisco, no *roof* do Hotel Mark Hopkins, uma sala quadrada com paredes de vidro, de onde se avista toda a San Francisco, a baía, as outras cidades para além desta, e um bom trecho do oceano Pacífico. Este bar — conhecido na crônica mundana da cidade como o *Top of the Mark* — é um ponto de *rendez-vous* social. Uma fauna variada e ruidosa reúne-se aqui depois das cinco, para o aperitivo. Um empregado da casa, junto do elevador, interpela os cavalheiros, perguntando-lhes se as mulheres que trazem consigo já passaram dos vinte e um anos. Se acontece dirigirem a pergunta a uma dama que já entrou na casa dos trinta, ela sorri, encantada, e diz simplesmente: *Oh, thank you!*

Estamos ao redor duma mesa redonda, papando o nosso almoço. Aqui estão Dicke Tyler e Joan Shepard, duas crianças prodígios que aparecem com grande sucesso na peça antinazista *Tomorrow the world*, que se representa num dos teatros de San Francisco. A terceira celebridade é o major Meraj ud Din, do 10º Regimento Panjab do Exército hindu. É um homem baixo, reforçado, de pele bronzeada e cabelos ralos. Enverga um uniforme cáqui com gola e ombreiras vermelhas. Traz no peito muitas condecorações, pois é um dos heróis da campanha da Birmânia. Quanto a mim, creio que estou aqui não em caráter de celebridade, mas de raridade, pois não é todos os dias que essa gente vê um romancista do Brasil. (*Gee, how interesting!*)

Miss Margo, magra e loura, começa as entrevistas. O microfone está no centro da mesa. Os pequenos narram suas experiências teatrais, dizem da impressão que tiveram no primeiro dia em que se viram no palco diante do público. O major hindu conta com muita discrição suas experiências na Birmânia, às voltas não só com os inimigos japoneses mas também com as febres, os mosquitos, os jacarés, as cobras e a mata.

Que posso eu contar? Não creio que os ouvintes deste programa estejam interessados na minha biografia. Por isso lhes falo do Brasil, das qualidades do nosso povo e do que seremos no dia em que as classes desprotegidas tiverem assistência médica e escolar, melhores oportunidades de progresso material e espiritual; em suma: no dia em que — para usar duma frase de Sidney Hook — os nossos marginais passarem do plano animal para o plano humano. A seguir falo mais uma vez do que uma melhor distribuição dos benefícios proporcionados pelo progresso científico poderá trazer para as massas. Durante essa dissertação, mais de uma vez emprego a palavra *felicidade*. Terminada a palestra, o major hindu me chama à parte e diz:

— Eu gostaria de conversar mais longamente com o senhor...

— Por que não nos encontramos em algum lugar esta tarde?

Ele sacode a cabeça.

— Impossível. Sigo dentro duma hora para Nova York e de lá para Londres.

— É pena...

— Mas deixe que lhe diga uma coisa. O senhor está enganado...

— Claro. Há um mundo de coisas em que devo estar enganado. Mas a que é que o senhor se refere?

— Refiro-me à sua idéia de felicidade. Para nós na Índia, felicidade não é comer bem, vestir bem e ter essas coisas que o progresso mecânico pode dar...

Contemplo-o em silêncio e ele continua:

— Para nós felicidade é a comunhão com o Absoluto. É o Nirvana. Essa é a profunda, a verdadeira felicidade.

— Bom. Eu me referia à felicidade social, e não à metafísica.

— Para nós, hindus, a metafísica é a mais importante.

— Pois é. Enquanto os senhores vivem em contemplação, em comunhão com o Absoluto, os ingleses, que não acreditam em absolutos, vão mantendo o povo hindu em escravidão, encorajando nele essa idéia de que a felicidade não consiste em ter melhores casas, melhor alimentação, melhor salário e... liberdade.

O major sorri, olhando para a ponta do seu cigarro. Sorri porque compreende que a felicidade que eu busco pode durar quando muito o tempo duma vida, ao passo que a sua felicidade durará por toda a eternidade...

QUARTETO

Os membros do quarteto de cordas de Budapeste — talvez o melhor conjunto de seu gênero do mundo — passam o verão na Maison Française. Eu os vejo às vezes pela tarde na piscina, em trajos de banho, ou então em outras horas, metidos em frouxas roupas esportivas, a passear por estas alamedas. Nas noites de quarta-feira eles vão de *dinner jacket* para o palco do teatro de música de câmara esfregar seus arcos nas cordas de seus instrumentos, mantendo em estado de verdadeiro sortilégio um auditório dumas seiscentas pessoas — residentes do *campus* ou estranhos vindos de Oakland, Berkeley e San Francisco.

Os aplausos são frenéticos. E Roisman, Ortenberg, Kroyt e Schneider curvam-se, imperturbáveis, agradecem e se vão. Como as palmas continuam, tornam a voltar... duas, três, quatro vezes. E sempre serenos.

Depois do concerto, vão comer batatas fritas e beber cerveja num restaurante de beira de estrada — o Pal's — que fica a dois passos do portão do *campus*. É uma casinha de madeira, pequena e fumarenta, que cheira a frituras. Um homem de avental branco atira chumaços de carne moída para cima da chapa quente dum fogão. E com uma atividade espantosa serve a um freguês batatas fritas, dá a outro um cachorro-quente e a um terceiro uma cerveja e um sanduíche. Por cima do fogão, acha-se um cartão com estes dizeres: "Silêncio! O gênio trabalha". E nos fundos dessa gostosa espelunca, numa saleta estreita de paredes rústicas forradas de papelão pardo, onde cada freguês deixa uma marca — assinatura, verso, desenho ou frase —, os membros do quarteto de Budapeste, pedindo férias a Beethoven, Mozart e Brahms, cantarolam e batem com os pés, acompanhando o ritmo dos *boogie-woogies* que saem dum *jukebox* barulhento.

A ALCACHOFRA

Acha Carrera-Andrade que Julien Green habita uma torre de marfim, alheio aos conflitos e inquietações sociais do momento.

— E se promovêssemos um encontro... por exemplo, um almoço com Green, para submetê-lo a uma sabatina? — pergunta-me ele.

— É uma boa idéia — respondo.

Seaver Gilcreast, professor da Universidade de Buffalo, excelente lingüista e um mestre consumado na arte de fazer amigos — leva o convite a Julien Green, que vem sentar-se à nossa mesa, sem suspeitar da cilada que lhe arrumaram.

Muito empertigado e meio constrangido, ele olha fixamente para a alcachofra solitária que está no seu prato, como uma verde granada de mão.

Falamos do racionamento, de Gide, do tempo e da guerra. Finalmente Carrera-Andrade aproveita uma deixa e entra no assunto:

— Mister Green, não encontramos nos seus romances nenhuma inquietação relativa aos fenômenos sociais de nosso tempo. Não há neles nem mesmo menção desses problemas...

Green fita no interlocutor seus olhos sombrios. O poeta continua:

— Talvez tenha sido para evitar essa dificuldade que o senhor situou a ação de *Adrienne Mesurat* antes das duas Guerras...

Todos nós esperamos a resposta com interesse. Uma expressão quase de agonia passa pela fisionomia de Julien Green. Ele olha para os lados, como a pedir socorro. Finalmente tartamudeia:

— Problemas sociais? Como poderei escrever a respeito deles... se não os conheço? Só posso escrever minha experiência humana... Essas questões sociais estão fora da minha experiência... Não é que eu não me interesse... Acontece que me sinto verdadeiramente perdido neste mundo.

Carrera vai insistir. Isso me parece crueldade. Crueldade de toureiro que, depois de farpear um touro, de vê-lo sangrando, exausto, quer ainda ir até o golpe final de espada.

Penso que um escritor da importância de Green merece não apenas admiração, mas também respeito. É, sem a menor dúvida, um romancista sério. Não falará a nossa língua, o que não quer absolutamente dizer que seja mudo. Não pertence ao nosso mundo, o que não quer dizer que deva ser votado ao inferno. Por outro lado parece-me que seus livros serão lembrados muitos anos depois que a obra de alguns dos escritores modernos de propaganda tenha sido completamente esquecida.

Carrera-Andrade continua a tirar suas farpas. Acho melhor desviar a conversa do assunto. Vê-se claramente que Julien Green está infeliz. Pergunto a Smith de sua atividade entre os trabalhadores mexicanos. E o professor de inglês toma a palavra. Green, porém, parece não escutar o que ele diz. Continua a olhar perdidamente para a sua alcachofra.

GEO

Entre os homens que admiro e estimo neste *campus*, encontra-se George Hedley. Baixinho, franzino, encurvado, ágil e ativo como um esquilo; de rosto rosado, marcado de rugas, mas nem por isso envelhecido; um cigarro sempre preso aos lábios — ele anda em passo acelerado por estes sendeiros, entra na Lanterna de Ouro, toma um chá ou um café, torna a sair, distribuindo para a esquerda e para a direita alôs cordiais, atravessa canteiros, vara *halls*, detém-se aqui e ali para falar com um e outro, e finalmente se enfurna no edifício da administração, onde fica a lidar com os problemas da Summer Session, da qual é diretor. No dia em que fez, no *auditorium*, a apresentação oficial do corpo docente do curso de verão para um auditório composto de alunos e visitantes, mencionou de cor — sem o menor erro ou hesitação, com partes dum humor irresistível pela discrição e pelo ar casual — o nome, os títulos e as atribuições de uns quarenta professores de pelo menos oito nacionalidades diferentes.

George Hedley é um humanista e um liberal. No curso regular do Mills, leciona teologia. E nesta temporada de verão aos domingos faz sermões na capela do *campus*.

Tem um automóvel pardo, de modelo antigo que "lhe fica muito bem". É um carro sem *glamour* mas extremamente simpático, que parece ter absorvido a maneira de ser do dono. Um dia George me convida para entrar no seu automóvel. Abro a porta, salto para dentro da engenhoca e no momento seguinte me vejo atrapalhado, sem saber onde sentar, perdido no meio de medonha confusão feita de jornais e revistas velhos, garrafas vazias de água de soda, sapatos, tacos de golfe e discos de gramofone...

Ontem assisti a um espetáculo que para mim foi dum grande pitoresco. Ia George Hedley passando pelas quadras de tênis quando um dos jogadores gritou lá de baixo:

— *Hello*, Geo!
— *Hello there!* — respondeu o meu amigo.
— Vamos jogar uma partidinha?

Geo olhou o relógio.

— Tenho quinze minutos. O.k.

Desceu correndo para a quadra, descalçou os sapatos de passeio, enfiou sapatos de tênis — saídos não sei de onde e não sei por que artes mágicas —, tirou o casaco e, com as calças do seu inseparável terno azul arregaçadas até meia canela, começou a jogar. Corria dum lado para outro, sempre de cigarro na boca, e, cada vez mais vermelho e mais agitado, dava tremendos golpes na bola. Passados quinze minutos, desenrolou as calças, trocou os sapatos, enfiou o casaco e lá se foi, sempre apressado, a continuar sua atividade.

Estou agora a seu lado, junto duma mesa, debaixo dum pára-sol, no pátio da Lanterna de Ouro. Geo conta-me que um dia escreveu uma peça de teatro em torno do conflito moral dum pastor protestante que lutava indeciso entre suas inclinações liberais e a espessa burrice duma paróquia hipócrita e reacionária.

Em dado momento Geo ergue-se e, como se fosse um desses vendedores clandestinos de alguma droga proibida pela lei, ele me passa discretamente um pequeno livro de capa de percalina parda. Feito isso, dá meia-volta e se vai. Olho o volume. É uma coletânea de poemas. O título: *In brief*. O autor: George Hedley.

OS SILÊNCIOS DO GENERAL BARROWS

Torno a deixar hoje por algumas horas o *campus* do Mills para ir tomar parte num fórum, na Universidade da Califórnia. Professores vindos de San Francisco e Los Angeles vão discutir a origem das ditaduras na América do Sul. Tenho a meu lado, silencioso e imponente, o gal. David Prescott Barrows, oficial reformado do Exército americano, doutor em ciências políticas — um homem alto, corpulento, de porte marcial, cabelos e bigodes brancos, e rosto dum vermelho arroxeado. Metido num grosso trajo de *tweed* cinzento, parece um desses *gentlemen* ingleses que vão periodicamente caçar tigres na Índia. Tem um vozeirão retumbante e grave, mas fica em profundo silêncio enquanto os outros colegas, que se encontram em cima do estrado, na frente dum auditório atento, expõem seus pontos de vista.

O prof. Macdonald dirige a discussão como moderador. Chega-se preliminarmente à conclusão de que o fator raça nada tem a ver com o caso. Vão passar adiante quando peço a palavra.

— Está claro — digo — que falar em superioridade de raças é entrar em terreno incerto e perigoso. Mas parece-me que não podemos deixar de levar em conta as *diferenças* raciais.

— Que diferenças? — pergunta um louro professor de Los Angeles.

— Diferenças de temperamentos, de inclinações... — respondo.

— Exemplifique — pede o moderador.

— Tomemos os alemães... — prossigo. — Amam o método, a organização, as paradas, as demonstrações coletivas de força, e têm uma tendência perigosa para seguir fanaticamente o primeiro messias que lhes acene com qualquer cruzada tendente a demonstrar a superioridade do Vaterland sobre o resto do mundo... Já os norte-americanos são diferentes. Amam com menos paixão o método e a organização, sabem pensar coletivamente, compreendem a necessidade da cooperação, mas recusam-se a seguir cegamente os demagogos, e me parece que são incapazes de fanatismo.

Ao meu lado o gal. Barrows funga, e ao ritmo de sua respiração forte, os pêlos de seu nariz vibram como finas antenas.

— Tomemos os chamados latino-americanos... — continuo. — São povos rebeldes, difíceis de governar. Na minha terra cada homem é um partido político. Cooperação para nós é palavra quase sem sentido. Somos improvisadores imaginosos, mas desorganizados. Creio que as diferenças raciais não podem deixar de ser levadas em conta...

O general sacode a cabeça, aprovando silenciosamente o meu ponto de vista.

Quando chega a minha vez de opinar sobre as causas das ditaduras na América do Sul, digo mais ou menos o seguinte:

— Os sul-americanos, principalmente os povos hispânicos, são uns enamorados do heroísmo, coisa que acontece em grau menor com os brasileiros. Para nossos vizinhos o herói é o caudilho, o general, o bandoleiro. *Honra e coragem* são as palavras que eles usam com mais freqüência. Ora, os heróis norte-americanos são homens de ação social ou científica, homens que não vestiam farda e que andavam geralmente a pé. Os heróis hispano-americanos são homens de ação militar e política, no que esta última palavra tem de mais estreito. Usam fardas e quase sempre estão em cima dum cavalo. Em suma: são heróis eqüestres.

(Confesso que vim para este fórum sem ter estudado o assunto da discussão; para não desmentir o que disse há pouco dos brasileiros, estou também improvisando...)

— Outra coisa... — continuo, depois de breve pausa. — Não devemos esquecer que nós na América do Sul fomos colonizados por dois países essencialmente feudais: Portugal e Espanha. De certo modo o regime feudalista existe ainda em maior ou menor grau através das repúblicas centro e sul-americanas. O senhor do engenho, o homem da casa-grande é um chefe de clã e um líder político que eventualmente se transforma em general. O peão em tempo de paz é o eleitor e em tempo de guerra o soldado. Nossas ditaduras são uma conseqüência dessa organização feudal, combinada com o problema das distâncias, da falta de meios de transporte e comunicação, mais o analfabetismo e a falta de saúde das massas — tudo isso agravado pela indiferença ou mesmo pela cumplicidade de boa parte das classes intelectuais. Entre nós os bons, os justos, os honestos, os lúcidos em geral são fracos ou cépticos ou ambas as coisas juntas. Há um corajoso grupo de rebeldes que formam a população crônica das prisões; em suma: sua voz é abafada pela polícia. Infelizmente é grande, por outro lado, a legião dos aproveitadores, que tudo fazem por prestigiar, amparar e prolongar um regime político que lhes proporciona vantagens, lucros, favores e posições. Temos ainda as massas apáticas, subalimentadas, doentes e ignorantes. Tudo isso forma uma engrenagem monstruosamente sólida que vem funcionando durante séculos. Um entrelaçamento de interesses mantém em constante funcionamento esse hediondo e cruel robô que se alimenta de vidas humanas, sem o menor senso de justiça social. A mola real desse robô me parece o lucro e a sua tática, a exploração do homem. Por que as massas sacrificadas não destroem o monstro? Porque forças poderosas o protegem, uma vez que seu desmantelamento seria a ruína de uma série de organizações, as quais por seu turno alimentam outras organizações, cuja destruição implicaria o prejuízo de uma centena de outros interesses nacionais e estrangeiros.

O gal. Barrows continua silencioso.

— Ora, somos povos semicoloniais — continuo —, devedores crônicos, e aparentemente em estado de insolvência, de países como a Inglaterra e os Estados Unidos. A nossa liberdade por isso tem sido muito relativa durante toda a nossa História. Tomemos o caso atual do Brasil, onde prevalece o patriarcalismo de tipo português... Dissolvendo a assembléia em 1937, instituindo a censura postal e a de imprensa, passando a governar por decretos sem dividir a responsabilidade de governo com nenhum grupo de representantes do povo, Getulio Vargas destruiu os ditadores municipais e estaduais e promoveu a unidade nacional reunindo por assim dizer todos os baronatos num só país do qual se fez ele o único ditador. E esse caudilho de cidade, inteligente e malicioso, compreendeu que os tempos mudaram, que a era do homem comum se aproxima, e que o herói tende a descer de seu cavalo para ser o chefe de consciência social que caminha na direção das massas e trata de conquistá-las não mais com discursos bombásticos, mas com atos de alcance prático. Deu, assim, ao Brasil leis de trabalho avançadas. Do conflito criado por ele próprio entre o descontentamento das classes conservadoras, a que timidamente aparou as asas, e o vago contentamento das classes trabalhadoras, que favoreceu sem contudo chegar a melhorar-lhes efetivamente a vida — desse conflito o ditador tira habilmente o seu equilíbrio. Diferente da generalidade dos ditadores a cavalo, que adoram o ímpeto das cargas de lança, que se entregam a delírios epilépticos de alegria ou pesar, Vargas — que não é cruel nem truculento — porta-se urbanamente, com um amável maquiavelismo temperado de humor. E é preciso a gente fazer um grande esforço para resistir ao fascínio dessa personalidade serena e sorridente... Porque por trás desse sorriso aliciante o que há é ainda corrupção política, irresponsabilidade e opressão.

O moderador me interrompe:

— Parece-me que o senhor está particularizando demasiadamente o assunto.

— *Sorry*.

— E a sua visão do seu próprio país é muito pessimista — diz outro.

— Chamberlain foi um otimista em 1938... — retruco. — Mas... voltando ao assunto de ditadores, não posso deixar de mencionar "o perigo vermelho" que tem sido o grande pretexto para os golpes de força na América do Sul.

— Até onde esse perigo existe? — indaga Mr. Macdonald.

— Está claro que há comunistas na América do Sul, como os há neste país. E parece-me que o número deles cresceu recentemente no Brasil não tanto pelos méritos das teorias de Marx e Lênin como em virtude do sucesso dos Exércitos russos nesta guerra, e da absoluta cegueira e estupidez da alta burguesia, que se entrega a uma orgia de lucros extraordinários e que continua a achar que o problema social é um caso de polícia.

O gal. Barrows torna a sacudir a cabeça, sempre em silêncio.

— Em suma, acha que essa "doença ditatorial" é incurável na América do Sul?

— Absolutamente! O que estou mostrando é a tremenda complicação do problema. O mundo se faz cada vez menor. Há questões que só poderão ser resolvidas no plano internacional. Não esqueçam que muitas vezes os destinos duma republiqueta centro ou sul-americana são até certo ponto resolvidos dentro duma sala dum edifício de Wall Street, por um grupo de homens para os quais Guatemala, El Salvador ou Bolívia são apenas nomes sem nenhum sentido humano. Esses homens de negócios são em sua maioria ótimos cidadãos que doam milhões a universidades, bibliotecas e hospitais; que dizem *hello* democraticamente ao menino do elevador; que amam a mulher, os filhos e os amigos. Mas esses admiráveis cidadãos se acham de tal modo deformados pela profissão, que só raciocinam em termos de lucros. Seriam incapazes de puxar o gatilho dum revólver para matar um rato, no entanto deflagram guerras e revoluções a distância pela simples razão de que os dados que o papel lhes apresenta são apenas símbolos matemáticos ou estatísticos, e dizem respeito a lucros...

— O senhor não estará fantasiando? — pergunta alguém.

Retruco:

— Nesta altura dos acontecimentos, depois do bombardeio de Rotterdam, dos massacres dos campos de concentração, não teremos o direito de perguntar se por acaso tudo isso que se está passando no mundo, não será apenas a fantasia dum cérebro doentio, ou — como diria Wilde — o pesadelo dum louco?

A discussão se prolonga. Noto que todos esses homens são cultos e bem informados quanto a teorias sociológicas, mas quase completamente ignorantes dos dados da realidade sul-americana. E o fórum termina sem que tenhamos chegado a um acordo quanto às causas das ditaduras na América do Sul.

Fico por algum tempo a palestrar com o gal. Barrows, que finalmente quebra seu silêncio. Fala-me da Universidade da Califórnia, de cujo Departamento de Ciências Políticas já foi diretor, e, para frisar a natureza cosmopolita do *campus* de Berkeley, conta-me a seguinte história:

— Em 1917, como o senhor sabe, o nosso governo mandou uma força expedicionária à Sibéria. Eu era assistente do chefe de estado-maior, e o general Semenoff, comandante dos Russos Brancos, me nomeou *aide-de-camp* dum cossaco cujo aspecto jamais esquecerei. Era um homem de dois metros de altura, de ombros largos e bela cabeça coroada por uma juba leonina. Tinha o peito cheio de medalhas e suas vestes revelavam um esplendor asiático.

O gal. Barrows faz uma pausa para acender seu cachimbo.

— Eu estava um pouco perturbado — continua o general —, imaginando o trabalho que ia ter para me entender com aquele cossaco, quando o vejo dirigir-se a mim num inglês de primeira ordem, claro e correto. E sabe o que ele me disse?

Sacudo a cabeça negativamente. O general solta uma baforada de fumo e conclui:

— Disse exatamente estas palavras: "O senhor não me conhece, general, mas eu o vi muitas vezes no *campus* de Berkeley. Estudei durante dois anos no vosso Colégio de Mills".

Há uma pausa breve, ao cabo da qual o general me diz:

— Estive há alguns anos no seu país. O Rio é uma cidade portentosa...

Por trás da fumaça, seus olhos cinzentos têm um brilho líquido.

— Que fim levou aquele romancista que tanta fúria estava causando nos tempos em que visitei o Rio?

— Que romancista?

— Não me posso lembrar do nome... Só sei que era um realista. Tive a honra de receber um exemplar autografado de seu primeiro romance.

— Como se chamava o livro?

— Espere lá... chamava-se... ah! *O mulato*.

— O senhor se refere a Aluízio de Azevedo...

— Exatamente. *That's it!*
— Mas isso foi no século passado, general...
É com ar sonhador que ele murmura:
— Pois é. Foi no século passado...

HOMENS E NÚMEROS

Trecho duma carta a Vasco Bruno:

... talvez Göring não tivesse nervo para matar a frio, com suas próprias mãos, meia dúzia de judeus. Mas sentado atrás de sua escrivaninha era-lhe fácil assinar uma ordem condenando à morte cento e vinte mil filhos de Israel. Porque esses milhares de seres humanos estavam representados no papel por uma cifra, eram o que se poderia chamar "uma tecnicalidade". (Os estrategistas falam às vezes em "material humano" quando se referem aos soldados.) Quando as pessoas são transformadas em símbolos aritméticos ou algébricos, elas perdem perigosamente não só a sua individualidade, como também a sua condição humana. É relativamente fácil a destruição de símbolos, porque na sua expressão gráfica eles não têm carne nem sangue nem nervos.

Essa é uma das muitas razões por que nós, os "liberais românticos" — se assim nos quiserem chamar —, devemos combater com todas as nossas forças qualquer regime, seja qual for o seu nome, que tenda a roubar a pessoa humana de sua individualidade, reduzindo-a a uma expressão numérica e considerando-a como combustível para as insaciáveis caldeiras da máquina do Estado...

"CINCO SEMANAS EM BALÃO"

Li num prefácio de Julien Green que os homens são palavras duma frase cujo sentido só Deus conhece. Olhando as gentes que povoam o *campus* do Mills, pergunto a mim mesmo qual será o sentido dessa tão estranha e variada combinação de palavras... Será apenas uma legenda ociosa escrita na superfície dum lago? Uma frase fútil atirada ao vento? Não creio. Esta sociedade heterogênea em que se misturam chineses, franceses, brasileiros, guatemaltecos, salvadorenhos, mexicanos, alemães, judeus, filipinos, peruanos, chilenos, pode bem ser o símbolo do mundo do futuro, um mundo de fronteiras apagadas, sem barreiras alfandegárias, sem passaportes e sem nacionalismos agressivos — um mundo de cordialidade e compreensão. Sonho? Que outra coisa se pode fazer senão sonhar, neste doce clima, neste amável convívio?

Os dias aqui deslizam dourados e fluidos.

De onde estou agora, posso ver, através da janela, um grupo de crianças à sombra de altos eucaliptos, ao pé do arroio. São os alunos do curso de artes plásticas; Clara e Louie estão entre eles. Com as pranchas de desenhos sobre os joelhos e um pedaço de carvão entre os dedos eles procuram copiar a paisagem, os troncos das árvores, a ponte de pedra, o fio d'água...

À hora das refeições professores e alunos sentam-se em grupos de oito em torno de mesas redondas. Fala-se em geral espanhol, mas há momentos em que palavras inglesas, francesas, espanholas, italianas e portuguesas se entrecruzam e chocam no ar.

A primeira impressão que este *campus* dá é a de um maravilhoso hotel de veraneio. Mas se atentarmos mais nos movimentos, atos e palavras dos hóspedes veremos como trabalham, como dividem bem o tempo entre o estudo e a conversação, a piscina, as conferências, as aulas e as diversões. Para escrever seus *papers* sobre história ou literatura latino-americana, essas raparigas passam horas na biblioteca a consultar livros e revistas, com uma fúria erudita de que eu não as julgava capaz.

Miss Marta Allen — que ama a língua e as gentes do Brasil — leciona português a principiantes, cuja grande dificuldade é a pronúncia das palavras terminadas em *ão*. Ontem, no *hall* da Casa, Aurora Quirós, uma bela mexicana educada neste país, leu admiravelmente, em inglês e espanhol, versos de poetas das três Américas. Magda Arce, com o seu jeito calmo e a sua discreta veia humorística, contou-nos histórias do Chile.

Norma Addleston, que tem a vocação do teatro, representou um diálogo da peça *Vidas particulares*, de Noel Coward, fazendo ao mesmo tempo os papéis do herói e da heroína, e tudo isso num delicioso inglês de Oxford.

Para uma platéia de cinqüenta crianças eu me prestei um dia desses a ir para trás dum palco de fantoches a fim de "ser" a voz de oito das personagens da famosa farsa de *Punch and Judy*. Creio que, pela primeira vez na história do teatro de marionetes, Polichinelo, Arlequim, o Prefeito, o Fantasma, o Carrasco e o Doutor falaram inglês com sotaque brasileiro.

Às quartas-feiras à noite vamos ouvir o quarteto de Budapeste, no teatro para música de câmara. São momentos de pura magia, em que a gente fica como que suspensa no ar...

O programa da semana está sempre cheio de conferências, sessões de cinema educativo, festas típicas nas diversas Casas, e representação ou leitura de peças de teatro.

Certas noites o esplêndido Ted Nichols, um jovem estudante de Oakland, vem para o *hall* com a sua vitrola, as suas sinfonias de Chostakovitch, o seu Brahms e o seu Beethoven.

À tarde vou para junto da piscina, onde fico seguindo os movimentos das raparigas que saltam da prancha e mergulham na água azul.

Ontem Mariana aproximou-se de mim exatamente no momento em que eu estava absorto na contemplação duma adolescente que se preparava para o mergulho.

— Pra que o livro? — perguntou ela.
— De vez em quando leio uma palavra... — expliquei.
— Mas com o livro de ponta-cabeça?
— Claro. Por que não? Neste colégio acontecem milagres. Duvidas?
— Não. Mas não te esqueças da história do doutor Fausto...

As tardes são douradas, as noites azuis, o vento é fresco e o convívio dessas gentes, doce e amigo. Muitas vezes dou minha aula no jardim do nosso *hall*, ou sob os pára-sóis da casa de chá.

Aos sábados há *fiesta* na Casa. *Muchachos* de diversos países latino-americanos aparecem para dançar com as *girls* num salão do subsolo, onde ao som de rumbas ficam a rebolar festivamente as nádegas com um vago ar de gigolôs. E uma noite, vendo Mr. Fook Tim Chan a dar pulinhos ao ritmo duma conga, acreditei mais que nunca na fraternidade universal.

E assim se escoam cinco semanas, e chega o dia de dizer adeus ao Mills College e aos nossos novos amigos.

EM BUSCA DE SOL

Fernanda: — *Terminei minha tarefa no Mills e, de volta a San Francisco, encontro de novo o mau tempo. Estou cansado de nevoeiros e de céus de cinza. Vou com o meu bando para o sul da Califórnia, em busca de sol. Espero alugar uma casinha nos arredores de Hollywood, cidade frívola mas de clima adorável. Tentarei realizar ali um grande, antigo, audacioso projeto: passar uma larga temporada sem obrigações definidas de trabalho, livre tanto quanto possível da tirania do relógio. Num desafio aos meus demônios particulares espero passar os dias conhecendo gente e lugares. Está claro que continuarei trabalhando para o* Office of War Information, *fazendo* broadcastings *para a Europa e falando de quando em quando para soldados e marinheiros, pois isso é o mínimo que um cidadão 4-A como eu pode fazer como contribuição ao esforço de guerra. Quanto ao resto, não quero outros compromissos senão o de viver, olhar, escutar, indagar, conversar, observar, numa tentativa de compreender este povo, esta terra e esta hora, dando ao mesmo tempo um balanço mental na minha própria vida. Quando permanecemos por muito tempo num só lugar, vendo as mesmas pessoas, fazendo as mesmas coisas, acabamos ficando prisioneiros de hábitos, superstições e prejuízos que nos entontecem, turvam os olhos e deformam a nossa visão do mundo e de nós mesmos. Faz um ano e meio que não escrevo uma linha sequer de ficção. Creio que passarei três anos nessa abstinência literária. Não há nada melhor para um autor que fazer de quando em quando uma longa pausa, entregando-se a uma espécie de "cura pelo silêncio". Ora, só poderemos fazer isso de maneira efetiva se viajarmos. Cá estou eu a vários milhares de quilômetros dos lugares onde sempre vivi e não quero perder esta oportunidade, que bem pode ser a última...*

Confesso-lhe que me sinto um pouco como uma personagem que tivesse saído do romance a que pertence, e no qual tem uma fisionomia psicológica definida, e obrigações determinadas — para entrar clandestinamente numa outra história cujo autor e cujos leitores de mim nada esperam pela simples razão de eu não estar no elenco...

Meus demônios interiores lançam protestos. Dona Eufrásia me diz que vou cometer um erro, pois o trabalho nobilita e a ociosidade é a mãe de todos os vícios. O tropeiro Anélio me fulmina com uma frase: Eta índio vadio! Mas Jesualdo sacode os ombros cépticos e me assegura que, faça eu o que fizer, a coisa simplesmente "não tem jeito"...

Diário de Hollywood
(*De 10 de agosto de 1944 a 28 de junho de 1945*)

O TREM, O TEMPO E O CHIM

10 de agosto. Estou de novo dentro do Luz do Dia, a caminho de Los Angeles. Deixei minha família em San Francisco e vou à procura duma casa para alugar nos arredores de Hollywood.

Meu companheiro de banco é um chinês de cara triste, que está fardado de fuzileiro do Exército norte-americano. Quando embarquei na estação de San Francisco, ele me saudou com um *hello* desanimado e débil. Depois fechou-se num mutismo providencial para mim, pois ao cabo dessas cinco agradáveis semanas no Mills, através das quais andei dum lado para outro a fazer conferências, a dar aulas e a tomar parte em távolas-redondas, estou precisando de silêncio, de muito silêncio.

O trem rola maciamente. Há sol lá fora sobre os campos amarelecidos. A meu lado o chinês dormita. Temos dez horas de viagem pela frente, mas para o meu companheiro, que deve ter herdado o espírito filosófico e a paciência de seus ancestrais, o tempo no fim de contas não existe, e só esses tolos ocidentais é que estão sempre a fazer coisas para encher as horas.

Começo a ler uma novela policial, mas em breve meu espírito foge do livro, volta para San Francisco, para Oakland, para o Brasil. Revejo mentalmente faces, ouço vozes, melodias...

As horas passam. O chinês continua em silêncio. Ao meio-dia vamos até o carro-restaurante, almoçamos à mesma mesa e não trocamos uma única palavra. Voltamos para nossos lugares e sentamo-nos para enfrentar a longa tarde. A janela a nosso lado é como uma tela de cinema onde passa um filme natural, em tecnicólor: O *vale de San Joaquin*. Às cinco horas o chinês suspira. Volto a cabeça e digo:

— Que viagem comprida, hein?

— Muito.

Dou-lhe a minha novela.

— Por que não lê um pouco?

Ele apanha o livro, folheia-o com indiferença, e depois mo devolve.

— Não gosta de ler histórias policiais? — pergunto.

— Não tenho paciência — responde o chinês.

E de novo mergulha no silêncio.

ONDE O AR SABE A MEL

Chego numa tardinha calma, clara e quente, e hospedo-me no Hotel Plaza, em Hollywood.

Quem foge das névoas da Bay Area e desce para esta cálida região, não pode deixar de ficar contagiado pela alegria de feriado que nada na atmosfera luminosa. Porque o ar do sul da Califórnia sabe a mel. A luz aqui é em geral tão intensa, que às vezes chega a ser esbranquiçada. Dizem que nesta parte do estado há um mínimo de trezentos e cinqüenta e cinco dias de sol por ano. As tormentas são praticamente inexistentes, de sorte que os californianos do sul nunca ouviram o ronco do trovão nem ouviram o fuzilar dos relâmpagos. No inverno as chuvas caem mansas e discretas. A temperatura baixa sensivelmente em dezembro, janeiro e fevereiro, mas não a ponto de exigir-nos o uso do sobretudo ou roupas demasiadamente grossas. E durante os restantes nove meses do ano reina o verão — um verão seco que está longe de ser abafado e suarento como o do Rio, o de Washington, Nova York ou Miami. E as noites, durante a primavera, o verão e o outono, são sempre frescas e, de dezembro a março, quase frias.

Entre Los Angeles e San Francisco existe velha rivalidade. Se pedíssemos a um san-franciscano uma definição de Los Angeles, ele provavelmente diria: *É uma reunião de vilarejos com pretensões a grande cidade. Fica a quatrocentas e oitenta e duas milhas ferroviárias ao sul de nossa Metrópole. Indústrias principais: petróleo, frutas cítricas e loucos. Comparada com San Francisco, onde há cultura e tradição, Los Angeles é um circo de cavalinhos em que palhaços desvairados vivem a fazer piruetas e a exibir roupas espalhafatosas para chamar sobre eles a atenção do resto do mundo. A temperatura que gozamos aqui, onde nunca faz calor, é revigorante, mas Los Angeles tem um clima de deserto. Se porventura o rio Colorado secasse, aquele conglomerado de aldeias ficaria mais morto que o Saara.*

Fundada por espanhóis em 1781, Los Angeles chamava-se a princípio Nuestra Señora de Los Angeles. Sessenta e seis anos depois passou definitivamente para o domínio dos Estados Unidos, e desde então o seu crescimento tem sido fantástico. Primeiro houve o *boom* causado pela descoberta do ouro; depois, a corrida do petróleo; e mais recentemente, a do cinema. O núcleo inicial — aldeia de índios, mexicanos, espanhóis e missionários — foi se expandindo de tal forma que, procurando o caminho do mar, absorveu Wilmington e San Pedro; espraiando-se para leste, alcançou Hollywood e transformou-a num subúrbio; avançou depois na direção das montanhas e cercou Beverly Hills, cidade residencial, e, descendo na direção do oeste, abraçou Santa Monica. O automóvel facilitava esses espichados avanços, de sorte que dentro em pouco Pasadena, Burbank e Glendale ficaram também ligados a Los Angeles, que — segundo afirmam orgulhosamente os "angelinos" — é a mais vasta área urbana do mundo inteiro. Dizem que se pode viajar quase cem quilômetros sem sair de dentro desta cidade descomunal. A megalomania local tem dado origem a muitas anedotas. Referindo-se recentemente na sua coluna diária de jornal a soldados americanos que passeavam em Paris, Gracie Allen escreveu que esses *boys* estavam ainda praticamente dentro dos limites da cidade de Los Angeles.

Com seus largos e longos bulevares, os seus sessenta parques, Los Angeles é a cidade mais sem-cerimônia que conheço. Aqui ninguém sente a angústia da falta de espaço, do abafamento, da claustrofobia. Tudo é amplo, arejado, luminoso e abundante. A vegetação desses jardins e parques é em parte um produto da mão do homem com a colaboração do rio Colorado, cuja água é trazida para cá em aquedutos. Repuxos e fontes faíscam ao sol na relva dos jardins particulares ou nos parques públicos. Por todos os lados se nota a presença refrescante da água. Homens de torso nu trabalham nos seus jardins cortando a relva ou regando as flores, os arbustos e a terra. O resultado de tudo isso é que os angelinos transformaram um deserto adusto num verde e rútilo oásis.

Raul Bopp, cônsul do Brasil em Los Angeles e em cujo automóvel tenho corrido esses bulevares e ruas, na ansiosa busca duma casa, não se cansa de dizer:

— Veja só o que a água faz! Água, meu caro, água! Tudo isto é um milagre da água.

E com seu jeito agitado e pitoresco fala apaixonadamente dos problemas do Brasil e dos benefícios que a água abundante poderia trazer para certas regiões de nosso país. Esse extraordinário Raul Bopp, poeta e andarilho, é uma verdadeira figura de lenda. Um dia saiu a cavalo da sua pequena Tupanciretã para uma grande conquista de horizontes. Foi parar no Amazonas, onde, segundo suas próprias palavras, fez a volta do mundo. Escreveu depois disso um dos mais notáveis poemas folclóricos da nossa literatura — *Cobra Norato*. No ano seguinte estava na China, montado num jumento, visitando templos milenares. E assim, sem plano nem bússola, viajou por quase todo o mundo. Segundo a expressão feliz de Vargas Neto, Bopp sofre de "dom-juanismo geográfico". Homem de fala pitoresca, a agitação às vezes nem lhe permite terminar as frases. E andando em sua companhia por estas ruas, convenço-me de que de certo modo Raul Bopp — desordenado, inquieto, generoso — se parece maravilhosamente com a cidade de Los Angeles. Deve ser por isso que de todos os cônsules que aqui vivem, é ele o mais querido e admirado.

Com uma área capaz de abrigar oito milhões de almas, Los Angeles tem normalmente um milhão e seiscentas mil, e nestes tempos de guerra viu sua população crescer de tal forma que se calcula tenha passado de dois milhões. Quanto à alma de Bopp, creio que vive assombrada por incontáveis milhões de fantasmas e lembranças — pessoas e paisagens e coisas dos lugares por onde andou e dos sonhos que sonhou.

RUAS, GENTES E HÁBITOS

20 de agosto. A crise de habitações em Los Angeles é assustadora. O *clerk* do hotel me comunica que se me permite ficar aqui *apenas* cinco dias, pois devo ceder meu quarto a outros... E esses outros não cessam de chegar. Aos sábados surgem soldados aos magotes em busca de acomodações para o *weekend*. Vêm das cidades ou acampamentos dos arredores de Los Angeles, trazem uma maleta de pano cáqui e uma imensa vontade de se divertirem. Hollywood para eles é o paraíso da vida noturna, das aventuras fáceis, e muitos desses soldados nasceram em vilarejos do interior e sempre desejaram visitar a meca do cinema. Ali naquela esquina ficam os estúdios da NBC e da CBS, para cujos espetáculos eles têm prioridade na distribuição de bilhetes. A duas quadras deste hotel está situada a Cantina de Hollywood, onde podem ver em carne e osso estrelas como Bette Davis, Betty Grable ou Greer Garson; e onde Ronald Colman ou Ida Lupino virão em pessoa servir suas mesas...

O Hotel Plaza fica perto duma encruzilhada de ruas — o ponto onde o Hollywood Boulevard cruza a Vine Street — a que a Câmara de Comércio local convencionou chamar "a esquina mais famosa do mundo".

E nessas duas quadras que medeiam entre essa esquina e o Sunset Boulevard encontram-se lugares célebres como o restaurante Brown

Derby — a cuja porta estacionam os caçadores de autógrafos, na esperança duma gorda caçada — e uma série de pequenos cabarés e bares. É por aqui que vive essa gente de rádio — atores, técnicos, *speakers*, músicos, diretores de orquestra, escritores. É preciso distinguir a gente de rádio e de cinema do resto dos mortais. Para principiar, esses exemplares da fauna hollywoodiana vestem-se de maneira particular. Falam alto, sempre com o sentido no público, e empregam uma gíria toda especial. Quando saem à rua, as estrelas usam óculos escuros para não serem reconhecidas pelos fãs ou pelos curiosos. As outras mulheres usam também óculos escuros para que os basbaques pensem que elas são estrelas.

Nestas duas quadras pulula uma humanidade narcisista e espetaculosa, que busca a notoriedade através da excentricidade.

Vivem de mitos numa atmosfera de mitos, de sorte que acabam mitômanos. *Show* e *success* são aqui palavras mágicas.

Alguns atores não se limitam a representar no palco, ante o microfone ou na frente duma câmara cinematográfica. Às vezes representam também na rua, nos cafés, nos restaurantes. Almocei ontem no Brown Derby com um grupo de amigos perto da mesa a que se achava Eddie Cantor, e para a qual em dado momento o garçom trouxe um telefone: "Um chamado para você, Eddie". O que se seguiu foi uma perfeita cena de comédia. Quando Cantor percebeu que o estávamos observando, começou a representar: "Alô! Não ouço...". Olhava para dentro do fone, fazia caretas, limpava o ouvido com o indicador. Com isso chamou a atenção da maioria das pessoas que se encontravam nas vizinhanças: e seu furor histriônico aumentava na razão direta do crescimento do público...

O negro que me engraxou as botinas há pouco também representou para mim. A menina que esta manhã me serviu *grapefruit*, torradas e café no restaurante do hotel estava com o rosto maquilado de modo a torná-la parecida com Katharine Hepburn. O gerente do hotel usa bigode à maneira de Warner Baxter.

E essas moças que andam pelas ruas preocupam-se de tal modo com os penteados e a pintura do rosto, e seguem de tal forma um tipo padronizado de "beleza", que às vezes chegamos a ter a impressão de que todas estão usando máscaras feitas de acordo com o mesmo molde.

O bulevar — centro da vida comercial de Hollywood — é um espetáculo policrômico. O pavimento da rua é cor de chumbo, quase negro, em contraste com as casas claras, os cartazes de colorido vivo, o amarelo-gemada dos táxis e o vermelho dos bondes. Todo o movimento das ruas se concentra numas cinco ou seis quadras, onde ficam as filiais dos maiores magazines de Los Angeles, os cinemas e um grande número de casas de modas, de curiosidades e bricabraque e mais cafés, bares, livrarias, etc... E se o visitante espera encontrar aqui bom senso urbanístico ou estilo nas casas, ficará decepcionado ao ver que os edifícios ou semelham caixões cheios de janelas ou então constituem extravagâncias arquitetônicas como o Teatro Egípcio, o Teatro Chinês e essa série de casinhas brancas de madeira que imitam chalés bávaros, mansões Tudor, castelos medievais, ou missões espanholas... Porque as residências graciosas e confortáveis, de que tanto se orgulham os californianos, ficam em Beverly Hills.

O movimento de pedestres é grande e vivo no bulevar. Predomina nas roupas uma absoluta ausência de formalismo e a paixão da cor. O turista aqui se distingue em geral dos residentes por usar gravatas e chapéu. As mulheres que vivem nesta parte de Los Angeles costumam sair à rua de *slacks* e blusa leve de seda ou jérsei; mas mesmo quando seus trajos são sumários e esportivos, elas nunca descuram a pintura do rosto e o penteado, de sorte que se o corpo está vestido para a rua, a cabeça está como que preparada para um baile.

Ao cabo de algumas andanças ociosas por este bulevar, o observador acaba convencendo-se de que o mal de Hollywood é que ela sofre demasiadamente a influência de Hollywood. Não é paradoxo. Olhando esta cidade e seus habitantes, penso num cachorro que andasse à roda tentando morder a ponta do próprio rabo. É um círculo vicioso. Turistas vêm para cá a fim de ver as celebridades do cinema, e por sua vez adoram a idéia de serem também tomados por estrelas ou astros, de sorte que se portam de modo a encorajar nos outros essa ilusão. Assim, são atores e ao mesmo tempo espectadores duma peça tola que eles acham altamente excitante. Para essas pessoas, Hollywood é um lugar de prazer e imprevistos, uma cidade que vive numa perpétua atmosfera de feira e de feriado. E por isso tudo a metrópole do cinema é uma das comunidades mais coloridas dos Estados Unidos. Em parte alguma encontrei como aqui tão grande e variada exibição de cores nas roupas, nas faces, na linguagem, nos hábitos e na moral.

Sem dúvida alguma, Hollywood tem um encanto especial. Mas às vezes pergunto a mim mesmo se o *glamour* de suas ruas, gentes, casas e coisas não será apenas uma lenda fabricada e mantida pelos cronistas de jornais e revistas cinematográficos e pelos departamentos de publicidade dos estúdios... Porque o próprio espírito de Hollywood torna difícil para o forasteiro discernir o falso do genuíno. Seus filmes padronizaram gestos, frases, modas e até sentimentos, e essa padronização estendeu-se alarmantemente pelo mundo inteiro, chegando a penetrar até em certos setores de países como a China e a Índia, os quais, pela sua idade, sabedoria e peculiaridades pareciam impermeáveis a influências de tal natureza.

Como exemplo dessa padronização citarei uma gague que os filmes exploram com freqüência: O herói conversa pelo telefone com a heroína: de repente a ligação é cortada e o homem exclama impaciente: *Hello! hello!*; por fim, desanimado, trata de repor o fone no lugar, *mas antes olha para dentro dele com uma expressão de perplexidade*.

Ora, isso é um gesto artificial, que nunca ninguém fez mas que muitos já estão começando a fazer (principalmente quando se sentem observados) por influência do cinema. Outra gague deplorável — mas de efeito sempre cômico — é a da reação retardada. Uma pessoa não entende no primeiro momento o que lhe dizem ou não presta a devida atenção a uma coisa que vê, e após um ou dois segundos, quando a compreensão lhe vem, ela sacode a cabeça, rapidamente, com uma expressão de imbecil espanto no rosto.

Todas essas coisas, enfim, constituem a superfície de Hollywood. Se quebrarmos esse revestimento de verniz, encontraremos aqui todos os eternos elementos da comédia humana: histórias de fracassos, vitórias, paixões, mesquinharias, traições, invejas, gestos de nobreza, de coragem ou de desespero... Às vezes a deformação profissional leva essa gente de cinema a proceder cinematograficamente nos dramas ou comédias da vida real. Por outro lado estou convencido de que o prestígio erótico desta cidade é mantido e encorajado principalmente pela população flutuante, pelos turistas, pelos aventureiros, por todos aqueles — em suma — que vêm para cá apenas em busca do prazer fácil e despreocupado. Porque os que trabalham e produzem em Hollywood precisam repousar e habitualmente não ficam até a madrugada nos bares e cabarés. Além disso a cidade para eles há muito deixou de ser "novidade". Depois de 1920 — quando o cinema começou a ganhar importância mundial — astros e estrelas entregavam-se a verdadeiras orgias, viviam escandalosamente e muitos cultivavam vícios que não procuravam esconder, na crença de que eles pudessem acrescentar um exótico prestígio a seus nomes. Duns quinze anos para cá, tudo mudou. A "colônia" cinematográfica é em geral muito respeitável e o trabalho exige de atores e atrizes que durmam cedo e bem — para que no dia seguinte à hora da filmagem os vestígios da noite mal passada não lhes apareçam no rosto e na voz — e que se portem com moralidade, para que nenhum escândalo lhes diminua aos olhos do público a estatura de heróis ou de ídolos. Há estrelas e astros que vão à missa todos os domingos. E a estatística prova que a percentagem de divórcios em Hollywood não é tão alta como em geral se imagina.

Seria coisa erradíssima e injusta julgar os Estados Unidos por Hollywood. Porque — com um pouco de fantasia ainda hollywoodesca — podemos dizer que a capital do cinema não é apenas uma cidade diferente das outras: é um país, ou melhor, um mundo à parte.

ROOSEVELT OU DEWEY?

25 de agosto. A propaganda eleitoral está acesa. Quem será o futuro presidente dos Estados Unidos — Dewey ou Roosevelt?

Hearst atirou todo o peso de seus dezenove jornais contra o candidato democrata. Dewey desfecha tremendos ataques contra a atual administração. Claire B. Luce, escritora e congressista, esposa de Henry Luce, proprietário das revistas *Time* e *Life* — fez recentemente um discurso em que lançou toda a culpa desta guerra sobre os ombros de F. D. R. Por que é que nossos *boys* estão morrendo na Europa e nas ilhas do Pacífico? Por culpa de Roosevelt. Por que é que os gêneros alimentícios e tantos outros artigos estão racionados? Por culpa do presidente. Por que foi que os japoneses bombardearam Pearl Harbor? Por culpa do "homem da Casa Branca"!

Tenho visto e ouvido Dewey na tela dos cinemas, em *newsreels*. Ele me dá a impressão dum desses meninos ricos que vão à escola bem vestidinhos e penteadinhos, que sabem a lição na ponta da língua, e que de vez em quando trazem uma maçã para a professora... Nota-se que seus discursos são previamente estudados diante do espelho. A modulação de sua voz é desagradável e pretensiosa. Por tudo isso Dewey está longe de ter a simpatia e a espontaneidade de Roosevelt.

Em Los Angeles um único jornal — o *Daily News* — é favorável ao candidato democrata. As pessoas com quem tenho conversado — homens de negócios, industrialistas, banqueiros — são em sua maioria violentamente anti-Roosevelt. A campanha que a alta finança move pela imprensa contra o atual governo não visa apenas o candidato: alveja também o homem.

O que acho admirável é que em meio duma guerra de vida e morte como esta em que os Estados Unidos se acham empenhados, as eleições vão processar-se como em tempos normais, e a propaganda se desenvolva sem a menor censura. Tenho lido e ouvido ataques ao presidente, à esposa do presidente, aos filhos do presidente e até ao cachorro de estimação do presidente.

Ontem à noite vi um *newsreel* em que Dewey, com sua voz teatral, seu colarinho duro, seu dedinho dogmático, investiu contra o *New Deal*. Numa determinada passagem de seu discurso — preparando o espírito do auditório para uma tirada demagógica — ele fez esta pergunta: "Em última análise, quem é que deve governar este país?".

Do meio do público, na vasta platéia, ergueu-se sonora, entre gaiata e irritada, uma voz masculina:

— *Wall Street!* Não é isso que você quer, seu bobalhão?

O DRAMA DE DON MANOLO

10 de setembro. Um dos *boys* do elevador do Hotel Plaza tem mais de cinqüenta anos e é um tipo espigado, de postura digna, rosto murcho e raras falripas grisalhas a cobrir-lhe o crânio lustroso. Quando entro no elevador esta manhã o homem me sorri acolhedoramente e, enquanto vamos descendo, cantarola *coplas* espanholas.

— É sul-americano? — pergunto.
— Não, senhor. Sou espanhol.
— Ah...
— Nunca ouviu falar em Manolo Alba, o famoso tenor de Espanha?
— Manolo Alba? — repito. — O nome não me é estranho...

O elevador chega ao andar térreo. Os passageiros saem. O *boy* se perfila todo e recita:

— Eu sou Manolo Alba, primeiro tenor de zarzuelas. Cantei no Teatro Dona Amélia, de Lisboa, no Solís de Montevidéu, no Municipal do Rio de Janeiro e em todos os teatros da Espanha... Um cronista madrilenho escreveu que eu era o "melhor jeune premier do teatro opereta".

Manolo sorri e no seu rosto vejo uma inefável expressão de devaneio.

— "Bela presença", escreveu o cronista, "bom jogo de cena, voz educada e firme, de timbre agradável..."

Outros passageiros entram, ao passo que me deixo ficar no fundo do elevador, imaginando Manolo Alba metido na casaca do conde Danilo e cantando *A viúva alegre*.

— Mas que é que você está fazendo aqui, *hombre*? — pergunto.

Manolo faz um gesto dramático.

— *La fatalidad, señor...*

Um sujeito grandalhão que masca um toco de charuto, berra:

— Esta joça sobe ou não sobe?

— Perdão, cavalheiro — desculpa-se Manolo, respeitoso mas digno.

Movimenta a alavanca e lá nos vamos de novo para *arriba*. E em duas viagens de ida e volta Manolo Alba me conta sua vida, suas glórias e viagens, desde o primeiro sucesso teatral até o dia em que veio para Hollywood, há quinze anos, para tentar a carreira no cinema. Com o advento dos *talkies* conseguiu bons papéis em filmes falados em espanhol. Depois andou pelo México com uma companhia de *vaudeville* formada por canastrões hispano-americanos encalhados em Hollywood. A sorte levou-o a hospedar-se mais tarde num hotel de pequena cidade do interior dos Estados Unidos, onde uma viúva de meia-idade, seduzida por seus encantos, pediu-o em casamento. Manolo deu-lhe o sim, casou-se e voltou a Hollywood para de novo bater às portas dos estúdios. Os tempos tinham mudado. O Screen Actors Guild, ou seja, a Sociedade dos Atores de Cinema, com o propósito de acabar com o desemprego entre os extras, reduzira estes a um número razoável, a fim de que pudessem sempre encontrar trabalho.

— E agora aqui estou — conclui Manolo, baixando os olhos para o seu uniforme. — Não consegui nada... a não ser esta libré de lacaio...

Fico em silêncio, sem saber que dizer. Finalmente pergunto:

— Mas não consegue trabalho nos estúdios?

— Não posso.

— Por quê?

— Porque não sou sócio do Actors Guild.

— Por que não entra?

— Impossível. O número de extras está limitado. Faz cinco anos que venho tentando entrar. Cinco anos! E tudo em vão!

Conta que a mulher é inválida, vive em casa sempre estendida na cama, com um câncer no estômago.

— A velhinha gostaria tanto de me ver de novo na minha antiga profissão... — diz ele com voz dolorosa e tocada de ternura.
— Mas você não tem nenhum amigo influente que o possa ajudar?
Manolo faz um gesto de desamparo.
— Quem é que vai se lembrar de mim nesta cidade egoísta em que uns espezinham os outros sem piedade, para agarrar as melhores oportunidades?
Dou-lhe uma pancadinha no ombro.
— Não há de ser nada, Manolo. Um dia tudo se arranja...
Saio para Vine Street acompanhado pelo eco dessas palavras fúteis. *Um dia tudo se arranja.* Como? Manolo está liquidado. Fala mal o inglês, deve ter perdido a voz. Não tem amigos. Não tem padrinhos. Não conseguirá jamais sair da gaiola do elevador. *Dali só para o cemitério... Só para o cemitério...* Essas palavras me perseguem, como que marcam a cadência de meus passos. *Só para o cemitério...* Adeus, sonhos de glória! *Doña Francisquita... Los Gavilanes...* Noites de triunfo no Rio, em Santiago, Buenos Aires, Barcelona... Adeus, d. Manolo! Sim, um dia, a morte arranjará tudo... Mas... se *eu* resolvesse o problema de Manolo? Tolices! Como empregar em Hollywood a técnica brasileira do pistolão?

Entro no Chinese Theatre. As lajes de sua entrada mostram a impressão de mãos, pés, pernas e narizes ilustres. Aqui também está o autógrafo e a marca do tacão de Carmen Miranda. E o autógrafo de artistas que já morreram ou então andam por aí pobres e esquecidos.

Não consigo prestar atenção ao filme. Penso na *viejecita* que vive com a atenção dividida entre a carreira de Manolo e a perversa flor que lhe desabrochou no estômago. Do elevador para o caixão. Do Hotel Plaza para o cemitério.

Saio antes de o filme terminar. A noite está fria, e contra um céu violeta faísca um anúncio de Coca-Cola.

O CONDE DE LUXEMBURGO

12 de setembro. Desço às nove da manhã para tomar meu *breakfast.* Manolo Alba mete-me no bolso um chumaço de papel.
— Quando tiver tempo leia isto, senhor.
— Está bem, Manolo.

Enquanto tomo o meu café vou examinando estes recortes de jornal amarelados e velhos. São crônicas a respeito do tenor Manolo Alba, e todas elogiosas. Encontro entre elas um programa impresso em papel cor-de-rosa, com estes dizeres:

Grandiosa Cia. de Opereta y Zarzuela de Ambos Gêneros
RENACIMIENTO
Debut!   Debut!
Del celebrado y aplaudido tenor
MANOLO ALBA
PROGRAMA
1 — Sinfonia por la orquestra.
2 — La inspirada y popular opereta del glorioso Maestro Franz Lehár
EL CONDE DE LUXEMBURGO

Num outro recorte: uma caricatura em preto-e-branco de Manolo Alba, metido numa casaca, de chapéu alto. A legenda diz: "O Árbitro da Elegância".

Tenho amanhã um jantar na casa do ator Walter Abel. Lembro-me vagamente de ter lido não sei onde que Abel faz parte da diretoria do Actors Guild... E se eu tentasse convencê-lo a ajudar o meu pobre tenor?

Às três da tarde batem à porta de meu quarto. É Alba, que terminou o seu turno e deseja conversar comigo. Convido-o a entrar e sentar-se. Ele entra, fecha a porta e fica parado no centro do quarto, olhando fixamente para mim.

— *Señor brasileño... Mi amigo...*

Sua voz é dramática e a expressão de seu rosto dolorosa. Faz avançar na minha direção ambas as mãos, uma apertando a outra, num gesto de súplica. De repente sua máscara se altera. O que vejo nela é um esgar de revolta.

— Cristo! No fim de contas eu sou um ator. Que são esses extras todos? Estivadores que não conhecem a arte de representar. Burros! Cretinos! Brutos!

Sentado numa poltrona, olho e escuto. A cena é dum grotesco constrangedor. Porque brotam lágrimas nos olhos de Manolo, ao mesmo tempo que sua boca se abre num sorriso de dentes miúdos e escuros.

— Imagine só isto... Eu entro para o Guild, consigo logo uma pontinha numa película... O diretor está me observando... Vê logo: "Aquele sujeito sabe representar... sabe envergar uma casaca... tem boa presença... Como é mesmo o nome dele?". O assistente do diretor consulta a lista e diz: "Manolo Alba!...". E estou feito!

Manolo deixa cair os braços. De novo a tristeza e o desalento lhe acentuam as rugas do rosto, envelhecendo-o ainda mais.

— Mas como é que vou conseguir trabalho se não sou do Guild? Como é que vou entrar para o Guild se não tenho quem me ajude? Todo meu desejo agora está concentrado nisto: terminar meus dias honradamente, como artista...

Devo dar-lhe esperanças? Não será pior, mil vezes pior fazer-lhe promessas vãs? Perco-me em conjeturas e quando volto a prestar atenção em Manolo ele está dançando e cantarolando, com as mãos ora na cintura, ora no ar, num estralar de dedos imitativo de castanholas. Suas magras pernas se movimentam ao ritmo da música.

— Posso bailar, cantar e representar... — diz ele, meio ofegante.

— Sente-se, Manolo. Descanse um pouco.

— *Gracias, señor*. Agora preciso ir. A *viejecita* está me esperando.

Apanha os recortes e mete-os melancolicamente no bolso. De repente deixa-se cair sobre a poltrona, esconde o rosto nas mãos e desata a chorar como uma criança. Os soluços lhe sacodem os ombros ossudos.

Não sei que fazer nem dizer. O melhor é deixá-lo chorar em paz. Vou até a janela. Fora o dia é um clarão cegante. Lá embaixo as capotas dos automóveis chispam, reverberando a luz do sol. Os montes que se erguem para as bandas do norte, cobertos duma vegetação escura, estão envoltos numa bruma lilás. Há no ar uma indiferença preguiçosa e narcotizante.

Finalmente Manolo Alba levanta-se, enxugando as lágrimas, e diz:

— Perdoe-me, amigo.

— Está bem, Manolo. Um dia tudo se arranja.

Outra vez me escapou a frase idiota! Traduzirá ela verdadeira esperança ou será apenas uma expressão convencional, de sentido puramente retórico?

Manolo está com a mão na maçaneta da porta.

— Olhe — conto-lhe — vou jantar amanhã com um *big shot* do Actors Guild. Talvez eu possa fazer alguma coisa por você...

O rosto do tenor se ilumina de repente, remoça, ganha brilho.

— *Señor*... — balbucia ele. Mas cala-se, engasgado.

CAIM E ABEL

13 de setembro. Os Walter Abel moram numa bela vivenda de estilo californiano, situada nesse gracioso labirinto de Brentwood, um bairro residencial de ruas curvas que se cruzam e entrecruzam no propósito — parece — de desorientar os intrusos. Por alguns minutos meu táxi anda perdido sem encontrar a casa que procuramos. Finalmente chegamos ao nosso destino, ajudados por um providencial jardineiro de barbas brancas, vaqueano do lugar.

Walter Abel é um simpático sujeito a quem nunca deram a categoria de astro pela simples razão de que não tem dois metros de altura nem a cara que os fãs esperam do mocinho dos filmes. É no entanto um ator consciencioso, que conhece a sua arte e que, além do mais, tem uma razoável erudição. Mais interessante ainda que ele é sua esposa, dona duma voz impressionante, grave e seca. Conversamos sobre livros e ela fica escandalizada ao saber que admiro o urbano J. P. Marquand. Seus favoritos são decididamente John Steinbeck e Ernest Hemingway.

A cozinheira preta dos Abel nos serve perdizes com arroz selvagem e salada verde. À mesa conversamos sobre vinhos — um dos muitos assuntos a respeito do qual minha ignorância é completa, e sobre livros. Vamos tomar café no *living room*, onde comento filmes e atores, pois quero levar a conversa para o caso de meu amigo Manolo. Walter Abel me conta que o último filme em que apareceu foi *An American romance*. Com um copo de uísque na mão, ele parodia o "ator desesperado de Hollywood".

— Não tenho trabalhado nestes últimos seis meses... — diz ele. — Ando irascível, nervoso... Rôo as unhas. Quebro vasos. Maltrato os criados. Bato na minha mulher...

— Espero que não bata nos visitantes... — observo.

— Quem sabe?

A conversa salta de cinema para bebidas. Fabrica-se uísque no Brasil? Qual é a bebida favorita dos brasileiros?

Aproveito um silêncio para falar nos extras — nessa legião de pobres criaturas que vivem sonhando com a glória. A senhora Abel procura levar-nos para outro terreno. Quanto tempo lecionei na Universidade de Berkeley? Oito meses — respondo apressadamente, e volto ao assunto que me interessa.

— Lá no meu hotel conheci no elevador...

O tilintar duma campainha me interrompe. Walter Abel pede licença e vai até o *hall* e lá fica a conversar longamente ao telefone. E quando volta para o *living*, informa:

— É o Brian Donlevy... conhece?

— De cinema...

— É dono de minas de cobre. Sabia?

— Não. Essa é novidade.

— Está muito preocupado porque não tem nenhum contrato para este ano...

— Para o cobre?

— Para filmes.

Tento voltar ao meu assunto:

— Imagine só o drama desses pobres extras...

Walter me apresenta a caixa de cigarros.

— Obrigado. Não fumo.

Mrs. Abel acende um Camel e diz:

— A primeira vez que vi Donlevy em carne e osso fiquei decepcionada. A gente se acostuma a ver nele um herói... um sujeito forte, decidido, seguro de si mesmo. Na realidade é um homem triste, preocupado com a calvície e com o desenvolvimento do próprio abdômen...

Ri a sua risada curta e seca.

— Mais uísque? — pergunta-me o marido.

— Aceito. — E, mudando de tom: — Pois... como eu ia dizendo, lá no meu hotel conheci um tenor espanhol...

Conto-lhes toda a história de Manolo Alba e depois, com o ar mais casual que posso fingir no momento, acrescento:

— Por falar nisso... você não é membro da diretoria do Actors Guild?

Walter Abel olha para o seu copo de uísque e diz:

— Sim, sou vice-presidente.

— Que é que podia fazer em favor desse pobre homem? Ele crê que toda a sua felicidade depende de sua entrada para o Guild. Acha você que com sua influência... ele poderia... quero dizer... pelo menos facilitar... pobre homem!... talvez... que me diz?

Fico esperando. Abel faz avançar o lábio inferior, num trejeito que reflete seu cepticismo.

— É inútil — diz. — Sinto muito. Mas nem tente. Outros já tentaram isso sem resultado. Centenas, milhares... O Guild é inflexível...

— Mas é uma crueldade!...

Abel encolhe os ombros.
— É uma lei tola, mas é uma lei.
— Então não há nada mesmo a fazer?
Abel hesita. Finalmente diz com alguma relutância:
— Mande seu amigo fazer nova proposta... Mas não lhe faço nenhuma promessa positiva. E é quase certo que a solução será desfavorável.
Leva aos lábios o copo de uísque. Penso em Manolo, na velhinha e na sua flor...

A BOA ESTRELA

20 de setembro. O novo requerimento de Manolo Alba foi indeferido. No Guild disseram-lhe que desistisse duma vez por todas de suas pretensões. Encontro-o hoje abatido.
— Não perca a esperança — digo-lhe.
— Enfim — responde ele — faz cinco anos que ando nesta luta. Já devia estar habituado...
Torno a bater-lhe no ombro, mas desta vez não lhe afirmo que tudo se arranjará. Estou, entretanto, decidido a não desistir. Deve haver algum meio de empurrar Manolo Alba para dentro do Guild.
Passo a manhã na busca duma casa. Finalmente à tarde recebo um telefonema do consulado. Álvaro Diniz anuncia que me conseguiu uma bela vivenda em Durango Avenue, nas vizinhanças de Beverly Hills. Vou vê-la em sua companhia.
Álvaro Diniz é um pernambucano que veio para esta cidade há vinte anos e aqui exerceu com sucesso extraordinário a profissão de vendedor de automóveis, a qual abandonou há quatro anos para vir trabalhar no consulado do Brasil como funcionário contratado. É um homem cordial, que conhece toda a gente, que sabe tudo; a pessoa, enfim, a quem os brasileiros levam seus problemas quando estão em Los Angeles. Com sua voz grave, o seu jeito de falar com a cabeça atirada para trás — Diniz é duma franqueza que a muitos choca, mas que acho admirável.
A casa de Durango Avenue pertence a um tenente do Exército que acaba de ser transferido para Wyoming. É branca, de telhado cor de ardósia, com um torreão ao centro, e um jeito elisabetano.
Fica numa rua calma, sombreada de árvores, e a pouca distância do Pico Boulevard, centro comercial da zona.

O tenente e a esposa mostram-se amáveis e fáceis. Cedem-me a casa por um ano, não exigem contrato nem nos dão inventário dos móveis e utensílios.

Tudo se ajusta com simplicidade e rapidez. Minha boa estrela continua a brilhar — concluo.

Dou a notícia a Manolo, que fica melancólico.

— Agora o senhor deixa o hotel e me esquece...

— Qual, Manolo!

— Esquece, sim. Esta cidade é infernal. Aqui não há amigos; há competidores.

— Não seja tão derrotista.

— Se fosse já teria metido uma bala no crânio — exclama o tenor, teatralmente. — E não seria o primeiro nem o último.

DURANGO AVENUE, 1625

30 de setembro. Minha tribo chegou ontem de San Francisco. Ficaram todos encantados com a casa e a rua. Temos uma boa escola pública, mercados, lojas, cinemas e bancos a curta distância.

Mariana começa a fazer arranjos na nova morada. Muda a posição dos móveis e trata logo de esconder um navio a vela que se encontra no *living room*, sobre um consolo. ("No creo en brujerías, pero que las hay... las hay.") Descubro uma máscara vermelha, de terracota, no fundo da garagem — a cara de um fauno —, trago-a para o *living room* e penduro-a por cima da lareira. Removo da sala de jantar para o fundo da garagem uma horrenda tela pintada por um amador (amigo da família do tenente), e substituo-a pela reprodução dum quadro de Van Gogh (meu amigo).

Conheci esta manhã um de meus vizinhos. Estávamos ambos metidos em calças velhas, e de torso nu, cortando relva em nossos jardins. Olhamo-nos, sorrimos um para o outro e:

— Alô! — disse ele.

— Alô!

— Lindo dia.

— Muito lindo. O outono aí está...

— É o novo inquilino?

— *Yes.*

— Espanhol?
— Brasileiro.
— Ah...
Digo-lhe o meu nome.
— O meu é Ericksen, Christian Ericksen.
Apertamo-nos as mãos por cima da cerca de fícus.
Isso feito, fazemos a volta de nossos jardins, empurrando o cortador de relva. Há mel e leite no ar. Folhas secas desprendem-se das árvores, tombam sobre as calçadas. Longe azulam as montanhas da Sierra Madre.
Meu vizinho e eu tornamos a nos encontrar junto da cerca viva.
— Trabalha no comércio? — pergunto.
— Não. No estúdio da Fox.
— Ator?
— Eletricista.
— Ah...
Tornamos a nos separar. Sinto nas costas, nos braços, no rosto a carícia morna do sol. O cheiro verde e úmido da relva cortada sobe-me às narinas.
Clara e Luís vêm correndo comunicar-me uma descoberta sensacional. No fundo de nossa casa mora um ator característico de cinema — um sujeito alto, vermelho, de rosto comprido, que em geral faz papéis de garçom ou de chofer imbecil.
Passa pela rua um automóvel esmaltado de branco tocando musiquinhas de realejo. Meus filhos já sabem que se trata do "carro do sorvete", e precipitam-se na direção dele.
É incrível, mas começo já a ter a impressão de que moro nesta casa há muitos meses. Fico a pensar em se essa capacidade de adaptação — que toda a minha família também parece possuir — é uma coisa *boa* ou *má*. E chego à conclusão de que ela apenas é...

EPÍLOGO

20 de outubro. Nessas últimas semanas tenho feito novas tentativas para fazer o pobre Alba entrar para o Actors Guild. Cheguei a interessar no assunto o meu excelente amigo Geoffrey Shurlock, do Hays Office. Tudo inútil.
Esta manhã Manolo me telefona:

— No Guild me disseram que só há uma coisa capaz de me dar o cartão de sócio...
— Que é?
— Uma carta assinada por um *producer* importante, dizendo claramente que me vai contratar para o seu próximo filme...
— Bom... isso é o diabo...
— Cristo! Eu sei que isso é impossível. Quem é que vai me dar essa carta?
— *Impossível* talvez não seja...
Um hiato na conversação. Sinto que a respiração de Alba foi subitamente cortada.
— Não é impossível?... *Diós mio!* Acha que me pode conseguir?...
— Calma, Manolo. Pode-se tentar...
— *Bendita la madre que te puso nel mundo!*
Reponho o fone no lugar e fico pensando. Onde diabo vou eu encontrar nesta cidade de gente ocupada e preocupada um *producer* capaz de assinar tal carta? De repente me ocorre um nome. Walter Wanger... Sim, aí está o homem. É um liberal, um sujeito inteligente e compreensivo. Além do mais, tenho com Wanger um pequeno crédito, pois a seu convite tomei parte em dois programas por ele organizados para entreter soldados convalescentes.

Olho o relógio. Dez da manhã. Telefono para o estúdio da Universal. A secretária do *producer* me põe em comunicação com o chefe. O diálogo é rápido. Comunico a Walter Wanger que tenho um assunto importante a tratar com ele. "Venha hoje almoçar comigo aqui no estúdio."

Depois de rodar em dois ônibus e num bonde, chego, ao cabo de uma hora maciça de viagem, à Universal City. Almoço com Wanger no restaurante do estúdio. Charles Laughton, de calças e camisa pretas, come, com cara aborrecida, um sanduíche. A papada flácida cai-lhe cor-de-rosa sobre o peito, e a cabeleira muito longa dá-lhe a aparência duma velha gorda. Perto dele, esbeltíssima, os olhos muito claros, Ella Raines mordisca uma alface. Franchot Tone também aqui está. E Yvonne De Carlo, que Wanger me apresenta. É a estrela de *Salome, Where she danced*, cuja filmagem está sendo terminada. Passam por entre as mesas mulheres e homens vestidos à moda de 1810. E agora, lá vem entrando, de cabelos tingidos de ouro e de *slacks* azuis, Deanna Durbin. Quando voltamos ao escritório de Wanger e ele me convida a sentar, acho que chegou a hora de entrar no assunto. O marido de Joan Bennett me oferece um cigarro. Infelizmente não fumo. Mais uma vez me convenço de que fazer a personagem fumar é um excelente recurso para o ficcionista, um jeito natural de criar pausas na narrativa. "O mancebo tirou uma baforada de fumo e ficou olhando a espiral azulada que subia no ar." (Ah! os folhetins que líamos aos dezoito anos... *O abade Constantino... Elzira, a morta virgem... João de Calais...*)

Wanger já acendeu o seu cachimbo e agora espera. Tem uma cara larga, morena e tranqüila, os cabelos muito grisalhos, as sobrancelhas espessas. Sua voz é fosca e branda.

— *What is up, my friend?*
— Pois... o que me traz aqui é o desejo de ajudar uma pessoa. Devo dizer-lhe, antes de mais nada, que meu interesse nessa criatura é puramente sentimental...

Wanger sorri.
— Loura ou morena?
— É um homem, Walter...
— Ah...

Conto-lhe a história de Alba da maneira mais dramática possível.
— Mas que quer você que eu faça?
— Quero que assine essa carta mágica.
— É muito fácil. Dite-a à minha secretária...

No momento seguinte estou na outra sala, ditando à simpática secretária de Wanger — que também já está comovidamente interessada no caso — a carta que vai ter a virtude de abrir para Manolo as portas do paraíso, libertando-o da gaiola do elevador. Segundo minhas palavras, nessa carta Mr. Wanger declara ao presidente do Guild que conhece Manolo Alba, sabe que é um bom ator, e está decidido a contratá-lo para o seu próximo filme. Resta agora saber se Wanger concordará em assinar uma declaração tão positiva, uma vez que nesta terra os *producers* e *executives* dos estúdios vivem em contínuo sobressalto, temendo chantagens, processos por quebra de contrato e coisas desse gênero...

Mordendo o cachimbo e sorrindo quase imperceptivelmente, Walter Wanger lê a carta e assina-a sem a menor hesitação.
— Só isso? — pergunta, entregando-me o papel.
— Você acaba de fazer a felicidade dum homem. De um? Qual! De dois. Eu também estou feliz. Deus lhe pague!

Três horas da tarde. No saguão do Plaza. O elevador desce, a sua porta se abre, os passageiros saem. Diviso Manolo Alba no seu dólmã azul

com botões prateados. A princípio não me enxerga. Faço-lhe um sinal... Novos hóspedes começam a entrar no elevador. Ergo a carta no ar... Alba me avista, tem um sobressalto e corre para mim, de mãos postas...
— *Señor...*
Mudo e ofegante, fica olhando para o envelope.
— Que é isso? — pergunta.
Está pálido. Seus lábios tremem.
— Uma carta dirigida ao Guild e assinada por Walter Wanger... dizendo que você é um colosso...
— *No!*
— Sim. E declarando que vai contratar você para o próximo filme...
— *No! No es possible! No! Diós mío!*
Atabalhoadamente abre o envelope, começa a ler a carta, segurando-a com mãos trêmulas. Lágrimas lhe escorrem pelas faces.
— *Bendita la madre...* — balbucia.
A voz se lhe tranca na garganta. Num salto Manolo Alba me enlaça o pescoço com ambos os braços e me aplica um sonoro beijo na face. No elevador os hóspedes nos miram, indiferentes, pois em Hollywood tudo pode acontecer. Manolo volta cantarolando e pulando para sua gaiola. Agora está livre! Amanhã será membro do Guild, depois terá trabalho nos estúdios... A *viejecita* ganhará novo alento. *Libertad! Oh, doña Francisquita-a-a! Libertad!*
Antes de fechar a porta do elevador ergue o dedo para o alto e exclama:
— *Abajo de Diós... usted! Solamente usted* — e me atira um beijo.
Faço meia-volta e me vou. Penso em que há alguns dias um brasileiro que visitou Hollywood e passou aqui quatro dias gabou-se de ter sido beijado por Veronica Lake. Vejam só como são as coisas... Ao cabo de dois meses nesta cidade de lindas mulheres só fui beijado por um homem. E por um tenor!

BRINCANDO DE SOLDADO

Carta a Vasco Bruno:

Você me pergunta como é que a juventude americana, educada para a vida — e para uma vida de conforto, fácil, agradável e emoliente —, pode enfrentar com tanta coragem e eficiência gerações fanaticamente educadas para o sacrifício e para a morte, como as japonesas e as alemãs.

Quero primeiro deixar bem claro que, nestas cartas dirigidas a você e Fernanda e nas quais procuro dar-lhes minha opinião sobre gentes e costumes dos Estados Unidos, tentando às vezes traçar paralelos entre brasileiros e americanos — tempero sempre minhas observações "com um grão de sal", pois seria tolo fazer afirmações categóricas, principalmente nesse terreno...

Creio que o sucesso das armas deste país na presente guerra se deve aos seguintes fatores:

1º — Os americanos amam as máquinas em geral, sentem prazer e são hábeis no trato delas.

2º — A escola primária, o ginásio e a universidade ensinaram-lhes que o modo de vida americano é o melhor e o mais belo do mundo, e que portanto deve ser defendido e mantido; mais ainda, prepararam-nos para o team work, o trabalho de conjunto, dentro dum sentido de cooperação e boa camaradagem.

3º — O nível de saúde e preparação física deste povo é muito alto — e isso é um resultado de sua prosperidade econômica, de seu desenvolvimento técnico e ainda da atenção que a escola primária, o ginásio e a universidade dispensam à educação física.

4º — O poderoso e eficiente parque industrial do país foi posto a trabalhar para a guerra; e tem fornecido ótimas armas mecânicas a soldados capazes de manejá-las com habilidade e eficiência.

Dentro de cada americano agita-se um pequeno Thomas Edison ou um Henry Ford em estado potencial. Não esqueça, meu caro Vasco, que os heróis da História desta nação foram homens que fizeram coisas. Benjamin Franklin é um admirável símbolo nacional, pois ele foi tudo quanto o americano comum admira e deseja ser:

> Um homem que se fez pelo próprio esforço;
> um curioso, no que diz respeito a máquinas;
> um filósofo prático;
> um humorista;
> um filantropo;
> e um turista...

Algumas cenas do filme Winged victory forneceram-me a chave do segredo do sucesso das armas americanas nesta guerra. Uma delas foi a em que jovens aviadores se acham postados diante do avião que acaba de ser-lhes en-

tregue: um bombardeiro Liberator. Comentam eles a máquina com tal paixão e encantamento, que a gente tem a impressão de que se trata dum grupo de meninos diante do brinquedo novo ou então de adultos fascinados por uma mulher bonita. "Olhem só as curvas... Que seios! Que ventre liso! Como bate com ritmo regular seu grande coração! Como deve ser macia sua marcha, ágeis seus membros, mornas suas entranhas!"

Esse amor dos jovens aviadores pelo seu instrumento de trabalho, que é ao mesmo tempo o seu veículo e a sua arma, lembra-me a paixão do gaúcho pelo cavalo. Entre as muitas histórias pitorescas que se contam em família a respeito de meu avô tropeiro, encontro uma que me parece particularmente reveladora do caráter do homem do campo. Um dia saíram ele e um compadre — amigo do peito — a percorrer a cavalo uma invernada. De repente a cavalgadura do compadre desembestou, tomou o freio nos dentes e frechou em tão doida velocidade coxilha abaixo, que acabou rolando por terra e atirando longe o cavaleiro. Meu avô precipitou o cavalo a todo o galope na direção do infeliz compadre e ao chegar junto dele, apesar de vê-lo estendido no chão, empoeirado, esfolado e quase sem sentidos, perguntou-lhe apenas isto: "Machucou-se o cavalo?".

Hitler cometeu um grande erro ao desafiar para uma guerra mecanizada uma nação de mecânicos. É difícil encontrar um americano que não saiba dirigir automóvel ou que não goste de lidar com motores.

Tenho a impressão de que estas gentes são gadget minded, *isto é, têm a mania das engenhocas, dos aparelhos mecânicos. No seu desejo de conforto e simplificação, aceitam todas as invenções que possam tornar-lhes a vida mais fácil e agradável. São um povo de engenheiros (*engineer *em inglês quer dizer também maquinista) e um povo engenhoso.*

Essa afeição às coisas mecânicas como que os leva às vezes a fugir dos problemas que não possam ser resolvidos pela técnica. É difícil encontrar aqui grupos a discutir Deus e a imortalidade da alma — temas tão do agrado das gentes latinas. E não é pois de admirar que se dê o nome de instrumentalismo a certa forma de pragmatismo tão do agrado de pensadores e educadores americanos.

Segundo os instrumentalistas — que se opõem a qualquer forma de absolutismo — a realidade não é nada de fixo ou de completo, e sim algo suscetível de mudança e desenvolvimento. Para eles as idéias são instrumentos de ação e sua utilidade é que lhes determina o grau de verdade. Vemos assim que aqui até as idéias são às vezes transformadas em gadgets, *engenhocas, aparelhos... John Dewey é um dos sumos sacerdotes do instrumentalismo, e sua filosofia aplicada ao ensino nos Estados Unidos levou este país a abandonar os métodos autoritários em favor da experimentação e da prática.*

Nas universidades americanas (e nisso elas se parecem com as inglesas), o espírito esportivo e o de boa camaradagem são levados em alta conta, e o jogo limpo deve ser observado por todos os estudantes, não só no campo de esportes, no tratamento do adversário e dos companheiros, como também nas aulas, onde colar é considerado um ato indesculpável e desonroso.

Numa outra cena de Winged victory *observei uma coisa que já me havia chamado atenção na vida real. É que os americanos lutam sem ódio e nunca declararam dramaticamente que querem morrer pela pátria. No entanto suas missões de combate são cumpridas com o mais completo sucesso; e a eficiência do Exército e da Armada americanos nesta altura da guerra já é coisa que não pode ser objeto de dúvida.*

Penso que ainda a universidade é em grande parte responsável por esses traços do caráter americano. Quando esses jovens soldados saem numa missão qualquer, eles procedem sempre com espírito de team. *O que está em jogo é a bandeira do seu clube, a sua honra de esportistas, o seu orgulho masculino. Não precisam excitar-se com hinos e discursos bombásticos. Basta-lhes a idéia de que vão tomar parte numa competição, num* match. *(Nisso eles se parecem muito com seus primos ingleses, cujo comportamento na Primeira Guerra Mundial André Maurois estudou com tanta finura e penetração em seu livro* Os silêncios do cel. Bramble). *Esses* boys *sabem que vencerá o* team *que aliar ao ímpeto uma verdadeira disciplina e a capacidade de seguir um plano,* blueprint *— eis uma palavra importante para eles.*

É, antes de mais nada, necessário obedecer ao capitão do team. *Mas acontece que — diferente dos alemães que vêem nos chefes homens superiores a que obedecem cegamente e diante dos quais se portam com fanatismo ou abjeção — o americano vê no sargento, no capitão, no coronel, no general um homem como ele: o companheiro. Não pertencemos todos a um país de liberdade e igualdade? Não descendemos todos de imigrantes? Mais que isso: o soldado sabe que se* jogar bem, *poderá galgar posições e um dia botar três estrelas em suas ombreiras.*

Foi, pois, a escola primária, o ginásio, o colégio e a universidade que ensinaram esses soldados a fazer jogo de conjunto, e jogo limpo.

O mesmo espírito se observa na frente interna. Cada trabalhador — pertença ele a uma fábrica de munições, de jipes, de tanques, de canhões ou de aviões — recebe uma incumbência e procura cumpri-la com regularidade e "de acordo com as regras do jogo". Se se trata de bater pregos durante sete horas diárias, ele bate pregos desde a hora em que entra na fábrica ou na oficina até a hora em que sai, e o fato de essa tarefa ser ridiculamente monótona e inglória não o preocupa. Porque esse operário tem em mente esta convicção:

"Bater pregos é necessário à produção; é parte dum trabalho complicado que só poderá ser completado com a colaboração de centenas de trabalhadores anônimos, alguns dos quais fazem coisas aparentemente tolas e sem importância como bater pregos todo o santo dia". Ora, nós, latinos (usemos por conveniência essa palavra tão imprecisa), em matéria de jogo somos antes de tudo tremendos dribladores. Dificilmente passamos a bola ao companheiro; desprezamos o jogo de conjunto e estamos sempre prontos a dizer: "Eu não sou homem pra fazer um trabalho desses". O individualismo americano é de natureza cooperativa. O nosso é um individualismo um pouco orgulhoso e exclusivista. Lembro-me de que quando instalaram sinaleiras de tráfego num movimentadíssimo cruzamento de ruas em Porto Alegre, alguns gaúchos consideraram-se cerceados na sua liberdade pessoal só porque não podiam atravessar a rua quando bem lhes desse na veneta! Reconheço, entretanto, que quando se trata de improvisar, nós, brasileiros, talvez sejamos mais vivos e imaginosos que os americanos. Mas não terá sido o vício da improvisação um dos nossos maiores males?

A preocupação americana com o show *e o conforto levava-os a conduzir esta guerra como uma espécie de espetáculo e a procurar diminuir-lhe o mais possível as agruras. O equipamento do soldado americano é de primeira ordem. Belos, bem concebidos, bem pintados e bem impressos são os cartazes que fazem propaganda dos bônus de guerra ou transmitem instruções ao povo com relação à espionagem e às providências em casos de bombardeio. Muitas das batalhas travadas pelo Exército americano na Europa e no Pacífico têm sido filmadas — e algumas até em tecnicólor! —, e esses filmes são usados não só no preparo de novos combatentes como também exibidos em todos os cinemas do país. Nos intervalos entre combates, nos acampamentos, nos hospitais organizam-se* shows *em que atores e atrizes da Broadway e de Hollywood cantam, dançam e representam para divertir os soldados. Goma de mascar, cigarros da melhor qualidade, sorvete e até peru no Dia de Graças — são levados aos* doughboys *nas frentes mais longínquas.*

Um observador apressado concluiria, após um exame superficial da vida americana, que esse povo tem tendências militaristas. Puro engano. A afeição dessa gente aos uniformes e às paradas, a curiosidade com que eles olham, comentam e manejam máquinas e instrumentos de guerra são sentimentos e interesses que nada têm de belicosos. Tudo isso não passa duma atração juvenil por essas engenhocas e uniformes em si mesmos — pelo que eles possam oferecer como espetáculo, curiosidade ou obra do engenho humano. É algo completamente desligado da idéia ou da intenção de agredir, ferir, matar, destruir.

UM DIA DECISIVO

7 de novembro. Realizaram-se hoje as eleições presidenciais. Tudo correu na maior ordem, e os soldados americanos nas diversas frentes do Pacífico, da Europa e da África votaram, estão votando e ainda votarão nos próximos dias, nos intervalos entre os combates.

Esta noite Clara e Luís — que têm um entusiasmo espontâneo e quase delirante por Franklin Roosevelt — deixam de ouvir seus habituais e queridos programas de radioteatro para acompanhar os resultados parciais das eleições. E quando verificam que seu candidato vai na dianteira, começam a dar pulos e vivas.

Vão para a cama excitados e só a muito custo conseguem dormir.

Fico a sós no *living room*, olhando para os girassóis de Van Gogh e pensando naquele homem envelhecido e cansado que a esta hora deve estar ao pé do fogo na Casa Branca, refletindo, lembrando, esperando, confiando, sonhando...

Terá forças para ir até o fim? E que acontecerá se ele morrer?

A máscara vermelha do fauno sorri ali na parede o seu sorriso sardônico. Na casa vizinha um relógio bate as doze badaladas da meia-noite. Penso no carrilhão do Campanile e de repente a sala se povoa dos espectros de meus amigos da universidade. E então vejo o meu próprio fantasma a caminhar na bruma pelas ruas de San Francisco...

O ESPETÁCULO CONTINUA

8 de novembro. Já se sabe que a vitória de Roosevelt está garantida, embora não se tenha ainda o resultado total da votação entre os soldados. Dewey passou um telegrama ao adversário reconhecendo sua derrota eleitoral e dando sua solidariedade ao presidente.

Essa eleição foi um grande exemplo objetivo de democracia. Um latino que tivesse observado de perto o desenvolvimento da campanha de propaganda julgaria que este país estava às portas duma nova guerra civil. No entanto a votação se processou dentro da maior ordem e decência. Hoje ninguém mais fala nela. Ninguém parece guardar ressentimentos, e os que votaram em Dewey estão de acordo em que chorar uma causa perdida é o mais tolo e inútil desperdício de tempo e energia que se possa imaginar.

Apesar dos jornais de Hearst, de Wall Street e de todas as forças de reação, Roosevelt foi eleito. Os votos dos sindicatos operários desta vez pesaram na balança em seu favor. O homem do povo, o homem do campo, das fábricas, das ruas não precisou que os grandes jornais viessem dizer-lhe qual entre os dois candidatos era o melhor...

RETRATO DE JEAN

15 de novembro. Passo a tarde a conversar com Jean Renoir, diretor de filmes na França e agora preso a Hollywood por causa da guerra e dum contrato com a 20th Century-Fox. É um homem de meia-idade, pesado e corpulento, de pele rosada e olhos muito azuis. Verifico que de seu famoso pai, o pintor Auguste Renoir, só possui em casa um original, pequena mancha a óleo.

Conta-me que está dirigindo a versão cinematográfica do livro *Hold Autumn in your hand* e que vai amanhã para Santa Monica com sua equipe de fotógrafos especialmente para filmar nuvens.

— Nuvens?

— Sim. Preciso de nuvens fantásticas para o fundo duma cena.

Acrescenta que a história do filme é em torno de agricultores pobres do Texas, na sua luta contra a intempérie.

Jean Renoir, que é casado com uma brasileira, refere-se com simpatia ao Brasil. É um homem de jeito tímido que evita falar de si mesmo. Não sei por que, desde que o vi fiquei vagamente a pensar num edifício de fachada escurecida pela pátina, com uma vasta escadaria na frente... Aos poucos outros pormenores me vêm à mente: nessa escadaria há dois leões de pedra... É um dia de forte nevada. O lago congelado... Chicago! O Art Institute! Sentado numa poltrona, Jean Renoir tira do bolso um lenço. Agora sei por que pensei no Art Institute. É porque há quase quatro anos encontrei em sua pinacoteca o retrato que Auguste Renoir pintou de seu filho Jean quando menino. Sim, parece que ainda vejo o quadro... Com seus três ou quatro anos, metido numa camisola vermelha, os cabelos muito louros e longos, como de menina, o pequeno Jean, de cabeça baixa, olha para um lenço que tem nas mãos pequeninas e rosadas. Lembro-me perfeitamente da expressão de seu rosto; um ar de choro, um jeito bisonho e recolhido. E agora aqui na frente do original ainda descubro neste homem de cinqüenta anos traços de menino; a mesma bolsa desmanchada, a mesma expressão reconcentrada, os mesmos olhos tímidos, dum azul vago e distante...

O PATRIOTA

22 de novembro. Meu admirável amigo Carl Dentzel — um americano tão exuberante, tão emotivo e tão barulhento que até parece latino, me telefona pela manhã.

— Qual é a sua opinião sobre Villa-Lobos? — pergunta.
— Villa-Lobos? Acho que é um dos cinco maiores compositores da atualidade.
— Quais são os outros quatro?
— Ora, Carlos! Uma pergunta dessas às oito da manhã!
— O.k., o.k.! Pois Villa-Lobos chega hoje. Vem visitar a cidade a convite do maestro Werner Janssen, sob o patrocínio do Southern California Council.

(Dentzel é o secretário do Council em Los Angeles.)

— Esplêndido. Eu já havia lido nos jornais...
— *My friend*, vou lhe pedir um favor...
— Diga lá.
— Eu queria que você fosse o intérprete do maestro durante a sua estada aqui...
— Você sabe que o maestro é um homem difícil, explosivo, irritadiço?
— Sei, mas seja patriota, faça um sacrifício.

Há uma pausa em que o hino nacional brasileiro me soa na cabeça, tocado por longínquas bandas de música militares.

— Está bem, Carlos. Pela pátria, por você, pela minha admiração pela música de Villa-Lobos... farei o que me pede.
— *Wonderful!* Agora, escute. O homem chega hoje à tardinha, e hoje mesmo à noite o Occidental College lhe conferirá em sessão solene um título *honoris causa*. Vai ser uma festa muito bonita. Eu passo por sua casa às seis para levar você em meu carro. Está bem?
— Está, Carlos.

Segue-se a série de perguntas que Dentzel sempre faz. Como está a senhora? E Clara? E Luís? *That's wonderful!* E você, como vai? *Splendid!* Tem tido notícia do Brasil? *Fine! Fine!*

Ponho o fone no lugar e fico refletindo. Minha admiração pela música de Villa-Lobos data de há uns bons vinte e três anos. Creio que nasceu quando da minha cidade natal, adolescente, eu acompanhava a Semana de Arte Moderna de São Paulo... Vinte anos mais tarde fui apresentado a Villa-Lobos, que me pareceu um homem distraído, desligado e egocêntrico.

BACHIANAS

São oito da noite e acho-me em companhia dum grupo de professores togados, na frente do *auditorium* do Occidental College. A situação é angustiosa. Até há poucos minutos o avião que traz Villa-Lobos e sua companheira não havia ainda chegado. O teatro do colégio está completamente cheio de gente. Até as estrelas sobre nossas cabeças parecem ter um brilho inquieto. Carl Dentzel, o maestro Janssen e o representante do prefeito de Los Angeles encontram-se no aeroporto. Para encher o tempo converso sobre *O paraíso perdido* com um professor de literatura inglesa que por força me quer convencer das belezas do poema de Milton, que considero um dos mais cacetes dos grandes livros da humanidade.

A noite está agradável, perfumada e fresca. E não deixa de ser curioso a gente ficar olhando homens vestidos de togas pretas a conversar aos grupos num jardim de ciprestes, sob o céu noturno.

De repente ouvimos o som de muitas sereias, como um gemido longínquo que se vai fazendo cada vez mais forte. Dentro de cinco minutos os holofotes de seis motocicletas da polícia dardejam seus feixes de luz por entre as árvores do parque. As sereias cessam. Cessa também o ruído explosivo dos motores das motocicletas. E uma vasta limusine preta estaca a pouca distância de onde estamos. Os homens togados se agitam e acabam formando uma fila — na ordem em que devem entrar no teatro. De dentro da limusine saltam algumas pessoas. Avisto Carlos, que arrasta um homem pelo braço. Reconheço nesse homem Villa-Lobos. Seus cabelos voam, soprados pela brisa desta noite acadêmica, seus olhos brilham e seu ar é de atarantamento. Atrás dele, muito loura, sua senhora caminha.

Carl puxa o maestro para o meu lado e apresenta:
— Maestro, este é o Verissimo.
Villa-Lobos olha para mim com ar espantado, aperta-me a mão e diz, abstrato:
— Luís? — E com ar mais íntimo: — Como vais, Luís?
É inútil explicar que não me chamo Luís. De resto, que é que há num nome? — como dizia Shakespeare.
Enquanto pergunto ao maestro (que não me escuta) se fez boa viagem, alguém veste nele um capelo negro e mete-lhe na cabeça a borla. Pedem-me que lhe indique o lugar que ele tem de ocupar na bicha. Sigo-o como uma sombra. Estou feliz. Isto equivale a um novo par de calças amarelas. Agora eu me chamo Luís e sou o Intérprete.
A procissão põe-se em movimento e entra no teatro ao som duma marcha triunfal. Rompem os aplausos. Subimos para o palco e nos instalamos em nossos lugares. Uma orquestra toca o hino americano e depois o brasileiro. Um coro, composto de dez alunas do Occidental College, canta uma canção de Villa-Lobos. Depois o London String Quartet executa um dos quartetos do maestro.
A cerimônia da entrega do título é tocante. Um dos professores faz o elogio da obra do compositor brasileiro, e este recebe o título das mãos de Mr. Byrd, presidente do Occidental. Desta vez os aplausos são mais ruidosos ainda que antes.
Voltamos para nossas cadeiras. Werner Janssen, cuja orquestra Villa-Lobos dirigirá dentro de poucos dias, caminha para o microfone e lê um caloroso elogio da obra do homenageado.
Villa-Lobos me cochicha ao ouvido:
— Luís, pergunta ao presidente se eu tenho de falar.
Aproximo os lábios do ouvido de Mr. Byrd e traduzo-lhe a pergunta — pedindo à Providência que a resposta seja negativa. Mas o presidente sorri e diz:
— Se ele quiser, pode falar. É uma boa idéia.
Trago a resposta para o maestro, que decide:
— Pois diga que vou falar.
Fico frio. Inclino-me para Mr. Byrd e informo: "O maestro vai falar". Quando Werner Janssen termina a sua apologia, o presidente ergue-se e anuncia que Villa-Lobos vai fazer um discurso.
— Vamos embora, Luís. Você vai traduzir.
Erguemo-nos e aproximamo-nos do microfone.
Quando os aplausos cessam, Villa-Lobos pigarreia; imito-o, num

eco. E o maestro principia contando de sua viagem pelos céus da América, de sua chegada... Vou traduzindo como posso. Depois duma pausa, mudando de tom, o orador diz:

— Sou um filho da Natureza...

Traduzo:

— O senhor Villa-Lobos declara que é um filho da Natureza.

— Aprendi a canção da liberdade com um pássaro da selva brasileira...

Ponho essa frase em inglês e, mudando de tom, volto a cabeça para o maestro e lhe pergunto com ar familiar, mas ainda em inglês.

— Que pássaro é esse, hein?

Na platéia explodem risinhos. Villa-Lobos cochicha ao meu ouvido. "De que é que eles estão rindo?" Como única resposta encolho os ombros de leve, na certeza de que o microfone não poderá amplificar meu gesto.

— Sim — continua o orador —, foi na selva brasileira que aprendi a canção da liberdade!

Traduzo:

— O senhor Villa-Lobos diz que aprendeu a canção da liberdade na selva brasileira... E eu acredito, porque liberdade no Brasil hoje em dia... só mesmo na selva...

O adendo se me escapou quase sem eu sentir. Lembro-me de que neste mesmo palco, nesta mesma sala, falei há poucas semanas para uns oitocentos estudantes, aos quais contei da verdadeira situação política do Brasil.

O discurso prossegue sem novidade até o fim.

Depois de encerrada a cerimônia o homenageado é levado para uma sala, onde fotógrafos de todos os jornais de Los Angeles batem chapas. Nessa hora fujo, vou para o jardim a assobiar confusamente um trecho do quarteto que ouvi esta noite.

Villa-Lobos e sua senhora são conduzidos para outro pavilhão do colégio, para uma sala onde serão servidos frios e bebidas, e onde o maestro receberá seus admiradores. São estes gente de Los Angeles e adjacências. Vejo entre eles alguns atores e atrizes de cinema, cônsules, escritores, compositores, músicos, jornalistas. A um canto do salão, cansado, aborrecido, o maestro assina autógrafos, responde a perguntas que lhe fazem em francês e espanhol, e olha com seu ar abstrato para a cara dos fãs, com o jeito de quem deseja que tudo isto acabe o mais depressa possível...

CHOROS

23 de novembro. Dez da manhã. Estamos no palco do Philharmonic Auditorium. Na minha frente, sobre um estrado, o maestro, sem casaco, de suéter cor de cinza e calças e polainas da mesma cor. Atrás de mim, a orquestra sinfônica de Werner Janssen. Para além do maestro, a vasta platéia, boiando na penumbra, com suas poltronas vazias, o seu teto dourado, as suas colunas, galerias e cortinas...

O ensaio começa. Sinfonia nº 2 de Villa-Lobos: *Ascensão*. Tudo vai muito bem. Eu me deixo embalar por uma longa frase de violino, dessas que produzem mesmo em nós um desejo de ascensão. Estou penetrando a estratosfera e continuo a subir com tal ímpeto, que espero em breve descobrir os mistérios do céu. Mas de repente tombo com a velocidade do raio e de novo me vejo no palco do *auditorium*. Villa-Lobos bate freneticamente com a batuta na estante e grita para mim:

— Diga pra esses animais que eles têm de dar essa nota juntos!

Transmito aos instrumentos de corda a ordem do maestro. O trecho é repetido e Villa-Lobos, satisfeito, exclama sorrindo:

— *Ça va! Ça va!*

A sinfonia prossegue e de novo estou pairando no ar. Mas novas interrupções vêm. Num dado momento o maestro larga a batuta, senta-se no estrado, fita os olhos no chão e fica murmurando:

— Isto não é orquestra nem aqui nem em Cascadura. São uns barbeiros. Estou arrependido de ter vindo.

Mas ao cabo de alguns instantes torna a erguer-se, e o ensaio recomeça. Terminada a sinfonia, há um intervalo de descanso. É meio-dia e Carl Dentzel — sempre muito vermelho e agitado — aparece com montões de sanduíches e garrafas de Coca-Cola. O maestro não tem fome. Eu tenho. O maestro não come. Eu como.

Um novo drama se esboça. Para os seus *Choros nº 6* Villa-Lobos mandou fazer nos estúdios da Universal uns tambores quadrados, que devem ficar na ponta de hastes de madeira, à maneira de estandartes. Aproxima-se a hora do ensaio dos *Choros* e os instrumentos não chegam. O maestro olha o relógio, impaciente, e começa a resmungar coisas, e a andar dum lado para outro, com um ar de alma perdida. Finalmente chegam os tambores. Villa-Lobos toma duma maceta e fere com ela um dos instrumentos.

— Não foi isto que eu pedi! — vocifera. Bate de novo, uma, duas, três vezes. — Escutem só... Não foi isto! Preciso dum som retumbante, vibrante. Isto está malfeito. Não fizeram o que pedi!

Carl Dentzel, carinhoso, tenta consolá-lo numa mistura de espanhol, francês e inglês. Mas o maestro parece não querer deixar-se confortar em língua nenhuma. Senta-se de novo na plataforma e segura a cabeça com as mãos. Entra Werner Janssen e vem abraçá-lo e dizer-lhe palavras amigas.

— Tenha paciência. Isso se arranja. Não há de ser nada...

Outra celebridade entra em cena. É Alfred Frankenstein, do *San Francisco Chronicle*, considerado um dos críticos musicais de maior autoridade nesta costa do Pacífico. Quer conversar com Villa-Lobos para escrever sobre ele um ensaio para seu jornal. Pede-me que sirva de intérprete nesse colóquio. Conseguimos arrastar o maestro para o restaurante do Biltmore Hotel, que fica do outro lado da rua.

O maestro detesta a cozinha americana. Depois de muito estudar o menu, decide-se pela *broiled chicken*. Já descobriu que meu nome não é Luís — o que muito me entristeceu — e responde sem muito interesse às perguntas do crítico.

Confesso que começo a gostar desse homem franco, que diz o que pensa e sente, e que parece não dar a menor importância ao que possam pensar ou dizer dele.

SALUDOS, AMIGOS!

26 de novembro. Finalmente, o concerto! Os jornais têm andado cheios de Villa-Lobos. O *auditorium* está completamente lotado. E quando me vejo instalado junto de Mariana na platéia, olho para a orquestra de Werner Janssen com um certo sentimento de orgulho, como se eu pudesse dizer — "Foi eu quem ensaiou aquela charanga".

O concerto — a *Sinfonia*, os *Choros* e o *Rudepoema* — é um sucesso absoluto. Os aplausos são prolongados e entusiásticos. E quando o espetáculo termina, o camarim do maestro se enche de admiradores e admiradoras, jornalistas e críticos de música. No meio desses grupos vejo Igor Stravinski, o grande compositor russo que recentemente declarou que o melhor meio de um artista livrar-se de Hollywood é vir morar em Hollywood. Ele cumprimenta Villa-Lobos, que conheceu em Paris há alguns anos e com o qual mantém correspondência.

À noite no Women's Club oferecem um jantar ao maestro, que, com sua senhora, fica sentado à mesa principal, junto do representante do prefeito, de Raul Bopp e do vice-cônsul do Brasil — Otávio Dias Carneiro, um homem inteligente e culto que realiza o prodígio de ler filósofos alemães neste ambiente ensolarado da Califórnia.

O representante do *mayor* aproxima-se do microfone e começa a explicar a Villa-Lobos, através da minha tradução, quem são as pessoas que aqui se acham a homenageá-lo. Fulano de Tal, famoso pianista. Beltrano, notável escritor. Sicrano, consagrado compositor...

Fumando o seu charuto, Villa-Lobos escuta com indiferença. Está de tão bom humor que quando lhe traduzo um título — magnata do petróleo, presidente de banco, autor disto ou daquilo — ele murmura em português: "E eu com isso?". "Não interessa!" Finalmente anuncio a presença de Jack Cutting, representante de Walt Disney, e acrescento:

— O estúdio que recentemente produziu *Saludos, amigos!*

Com um risinho de garganta Villa-Lobos comenta com pachorra:

— Que por sinal é uma boa droga!

MOMENTO MUSICAL

28 de novembro. Temos hoje o almoço que a associação dos compositores do cinema oferece a Villa-Lobos, no Beverly Hills Hotel. Aqui estão Jerome Kern, autor de melodias que correm mundo, Nat Finston, Joe Green e vários outros autores que o filme e o disco popularizaram. Tenho a meu lado um senhor idoso, de óculos, de fisionomia plácida e simpática. Fico surpreendido por saber que se trata dum compositor cujo nome li inúmeras vezes nos programas de concertos vocais no Brasil: Castelnuovo-Tedesco.

Minha surpresa vem do fato de que eu o julgava morto há muito tempo. É um velhinho de ar triste. Conta-me que compõe acompanhamentos musicais para um estúdio e que detesta o espírito de Hollywood.

— Mas que é que se vai fazer? Veja como está a Itália... a Europa toda. Tenho uma casinha em Beverly Hills onde vivo em paz com minha família...

O almoço decorre sem graça nem cordialidade. Villa-Lobos está caceteado. Percebe-se que os outros desejam livrar-se o quanto antes da homenagem. Dizem reconhecer gênio no compositor brasileiro, mas eu só queria saber quantos desses autores de foxes, valsas e *boogie-woogies* compreendem e aceitam o *enfant terrible* da música.

Pergunto ao ouvido de Walter Wanger, que está à minha esquerda:
— Você também compõe música?
Ele sorri e responde:
— Não. E você?
— Também não, mas se este almoço continuar assim, vou acabar compondo uma marcha fúnebre.

Em breve tenho de exercer de novo minhas funções de intérprete. Nat Finston já leu — a toda velocidade e muito mal — o seu discurso em nome do Guild. Villa-Lobos, com o charuto a fumegar-lhe entre os dedos, levanta-se. Levanto-me também. E ficamos a discursar a quatro mãos...

RUDEPOEMA

30 de novembro. Tenho andado por jantares e festas como a sombra de Villa-Lobos. Nunca vi homem tão franco e tão rude. Cheguei à conclusão de que como um menino, como um verdadeiro *child of nature*, ele simplesmente diz o que pensa e sente. Não concordo — agora que o conheço melhor — que ele seja, como muitos querem, simplesmente um cabotino. Ele sabe o valor que tem, e, fugindo à falsa modéstia, proclama-o aos quatro ventos. Não recalca nenhum desejo, nenhum impulso natural. Seja como for, isso é um ato de coragem.

Outro traço simpático da psicologia de Villa-Lobos é que ele adora os filmes de caubóis, os palhaços de circo e as "comédias de pastelão". A Motion Pictures Society for the Americas ofereceu ao casal Villa-Lobos um jantar no Earl Carroll, o mais pomposo cabaré de Hollywood, e o maestro assistiu impassível e aborrecido ao espetáculo, até o momento em que apareceu o *clown* da noite — Pinky Lee, um sujeito fisicamente parecidíssimo com Procópio Ferreira. Durante todo o ato não olhei para o palco, mas sim para Villa-Lobos. É que esse músico tão requintado e intelectual parecia uma criança sentada nas arquibancadas dum circo, comendo amendoim e rindo às gargalhadas das piruetas do palhaço. E se alguma dúvida eu tivesse sobre a personalidade de Villa-Lobos como criatura humana ela teria desaparecido naquele momento.

São quatro da tarde e estou com Mariana e um pequeno grupo de brasileiros numa vasta mansão de Bel-Air, bairro residencial que fica para além de Beverly Hills e onde vivem os mais ricos artistas, *producers* e diretores de cinema. É uma maravilhosa cidade no meio dum bosque. As sombras aqui são verdes e frias, e o ar está cheio de perfumes agrestes. O silêncio é tão grande que chega a lembrar o silêncio lugar-comum da floresta virgem, embora seja um absurdo associar a Hollywood a idéia de virgindade.

A casa onde nos encontramos é a de Mr. Stahl, diretor e *producer*. Estão aqui reunidos hoje os sócios dum clube de amigos da música, e vejo entre os presentes o compositor George Antheil, e mais uma interessantíssima coleção de belas mulheres muito bem vestidas, entre as quais se acha uma *starlet* da Metro. Convidaram-me para fazer uma conferência sobre o Brasil, coisa que me é não só fácil como também agradável, e que eu faço em tom de palestra, sentado numa poltrona, ao pé dum piano de cauda, numa sala com pesadas cortinas de veludo verde-musgo, móveis Chippendale e estatuetas antigas. Mas o que me impressiona realmente são essas estatuetas grandes que se movem, que respiram, donas desses olhos azuis, castanhos, verdes, cor de malva que neste momento estão voltados para o conferencista. (Vá para o diabo, Anélio! Retire-se, dona Eufrásia!)

Conto maravilhas do Brasil, e sinto que dentro de cada uma das pessoas que aqui se encontram mora um turista.

Mas no fim de contas esta festa foi organizada especialmente para Villa-Lobos, que ainda não chegou. Olho para o relógio de ouro à Luís xv que está dentro duma redoma de vidro sobre a lareira. Parado! Ergo o pulso esquerdo à altura dos olhos. Cinco e meia. E o maestro não aparece...

Ofereço-me para uma sabatina. Chovem perguntas. Em sua maioria são tolas: perguntas de gente feliz. O tempo passa. Finalmente noto uma comoção à entrada da mansão dos Stahl "É ele..." — murmura-se. "É ele." E Villa-Lobos irrompe na sala, sob aplausos. Caminha para mim, aperta-me a mão e pergunta, já meio irritado.

— Que negócio é este?

— Fique firme. E faça o favor de sentar-se aqui...

Ele senta-se na minha poltrona e eu me empoleiro na guarda da mesa. E quando se faz silêncio — quando todas essas mulheres bem tratadas e perfumadas, cujos custosos casacões de pele repousam no guarda-roupa da entrada, tomam posição, umas no fundo de fofas poltronas, outras sentadas no chão — uma loura balzaquiana, com sua voz de clarineta, começa a falar, dirigindo-se a mim:

— Faça o favor, meu amigo, diga ao maestro que este clube tem recebido em seus salões celebridades como Toscanini, Stravinski, Stokowski, Rachmaninoff e outros.

Faço a tradução para Villa-Lobos, que resmunga, azedo:

— Não interessa... não interessa...

— Que foi que ele disse? — indaga a loura.

— Ah!... ele disse: esplêndido... esplêndido...

A balzaquiana sorri e continua:

— Diga também ao senhor Villa-Lobos que o fato de ele não falar inglês não tem a menor importância. Nós o admiramos tanto, que só de ficar aqui a olhar para ele sentimo-nos felizes...

Transmito essas palavras ao maestro, que exclama:

— Diga a ela que não sou papagaio nem palhaço de circo!

Volto-me para o auditório e traduzo:

— O maestro declara que se sente felicíssimo por estar aqui hoje...

Há um murmúrio de contentamento no salão. Segue-se uma sabatina, que me dá um grande trabalho. As respostas de Villa-Lobos são ásperas, contundentes e quase sempre paradoxais.

Por fim o maestro decide tocar uma composição sua. Deixa a cadeira e caminha para o piano. Senta-se, tira um acorde, faz uma careta e volta-se para mim:

— Diga pra dona da casa que o piano dela está desafinado. Um verdadeiro realejo!

Depois que o maestro termina de tocar somos levados para outra sala, onde sobre longa mesa vejo uma profusão de pratos com os mais variados tipos de sanduíches, empadas e canapés. As conversas enchem o ar perfumado e morno. Formam-se os grupos. Fazem-se apresentações. Combinam-se encontros, jantares: trocam-se amabilidades e números de telefone.

Quando procuro o maestro e sua senhora, informam-me que eles já se retiraram.

RELIGIÕES

Fernanda: *Você me pede que lhe fale das religiões dos Estados Unidos, e eu acho melhor fazer isso num diálogo em que procurarei dividir-me em dois. No fim de contas todos nós precisamos do nosso dr. Watson, e quando isso não seja para outra coisa mais séria, será pelo menos para que esse tolo imaginário faça perguntas acacianas a fim de provocar nossas dissertações sublimes ou eruditas. Suponhamos que meu interlocutor se chame Tobias, e vamos ao diálogo:*

Tobias — *Você afirmou o outro dia que os americanos, enamorados das máquinas, fogem dos problemas que não podem ser resolvidos por meio de aparelhos mecânicos. Muito bem. Como explica, então, a existência de tantas seitas religiosas neste país? Melhor ainda: a que atribui a preocupação religiosa dos americanos?*

Eu — *Parece-me que o problema da alma e o problema de Deus perderam neste país a sua qualidade metafísica para se transformarem de certo modo em problemas quase tão práticos e objetivos como o da irrigação do sul da Califórnia e do combate à pelagra. No fundo, religião para esta gente é um tipo de* gadget, *de engenhoca. Uma espécie de "máquina de ir para o céu".*

T. — *Mas isso é caricatura!*

E. — *De acordo. Mas caricatura não exclui parecença. Ela tem sempre sua dose de verdade. De resto, esta terra ama a caricatura. Não sou um ensaísta nem um sociólogo e muito menos um homem de ciência. É ainda com os instrumentos de ficção que estou procurando examinar esse problema da realidade.*

T. — *Mas eu gostaria que você me explicasse seu ponto de vista, embora não me sinta nem um pouco inclinado a concordar com ele.*

E. — *Olhe. As criaturas humanas em geral sentem-se em maior ou menor grau inclinadas para o mistério, a cabala, o ocultismo. Não direi que os americanos fujam à regra. O que eles gastam anualmente consultando* swamis, *videntes, cartomantes, é simplesmente fabuloso, segundo informam as estatísticas. Isso revela uma inclinação juvenil: mistura de curiosidade quanto ao futuro, simplicidade de espírito e gosto pelo mistério. Mas por outro lado os americanos são extrovertidos, objetivos, arejados e práticos, de sorte que querem ver o problema da* outra vida *posto sobre bases deste mundo. Enfim, seu espírito é, por assim dizer, a negação do misticismo. Essas criaturas podem gritar, pular, ficar num entusiasmo delirante diante duma luta de boxe, numa partida de futebol ou num concerto sinfônico, mas são em geral incapazes dum sentimento de verdadeiro êxtase religioso. Você não conhece nenhum santo americano, conhece?*

T. — *Não. Mas como explica você a existência dessa seita de fanáticos que pegam cobras venenosas, põem-nas na cabeça, enrolam-nas no pescoço?*

E. — *Trata-se duma psicose local, duma minoria no meio desses cento e trinta milhões de almas.*

T. — *E como explica a atitude desses milhares de americanos que fazem parte da seita chamada Evangelho Quadrangular e acreditam em Aimee McPherson, a sacerdotisa que declama dramaticamente os sermões, aparecendo como uma mistura de Berta Singerman, Santa Maria Egipcíaca e Greta Garbo?*

E. — *Isso é ainda o resultado do espírito juvenil do americano, de sua curiosidade e inclinação para o exótico e para o espetacular. É ainda a confirmação de minha tese de que para muitos habitantes deste país, mesmo que eles não saibam disso, religião é uma espécie de "máquina de ir para o céu".*

T. — *Você ainda não explicou sua absurda teoria.*

E. — *O problema do tempo é muito sério num país que descobriu tantas formas de divertimentos, tantas atividades, e que não encontra tempo suficiente para gozar desses divertimentos e exercer essas atividades. É preciso inventar coisas que simplifiquem a vida e portanto espichem o tempo. Essas coisas são máquinas e fórmulas. Tome como exemplo a máquina de lavar roupa. Você compra uma dessas engenhocas, pega o livro que traz as instruções para o seu manejo, coloca a roupa suja no lugar indicado, aperta no botão, tudo de acordo com as recomendações do livrete, e a máquina começa a funcionar. Você pode ir tratar doutra coisa, na certeza de que no momento devido a roupa sairá lá do outro lado, alva, limpa, imaculada, numa economia de tempo, esforço e preocupação.*

T. — *Mas que é que isso tem a ver com as religiões?*

E. — *Com o devido respeito que as religiões e os religiosos merecem, direi que para o espírito prático dos americanos religião é em última análise uma máquina de lavar almas. Complicada, não há dúvida; séria, sim senhor, mas máquina. No caso dos protestantes a Bíblia é o livro que contém as instruções sobre como usar a máquina que leva ao céu. Ora, o sucesso de certas religiões novas como a de Aimee McPherson — que não sei se será uma iluminada, uma chantagista ou ainda uma estranha combinação de ambas as coisas — nada mais é que a atração da máquina nova. Babbitt tem hoje um Chevrolet de 1940 mas está ansioso por comprar o modelo de 1941 que traz simplificações práticas... Amanhã Babbitt comprará, em vez de um automóvel, um avião ou um helicóptero. Essa gente americana é doida por novidades, principalmente as mecânicas.*

T. — *De sorte que você acha que religiões como a do "Four Square Gospel" e outras seitas modernas oferecem simplificações...*

E. — Exatamente. É a máquina de manejo mais simples. A novidade.

T. — E você também não estará simplificando demais o problema?

E. — Claro que estou, homem! E esta não é a terra da simplificação?

T. — É! E não acha que tanta simplificação acabou criando uma complicação dos diabos?

E. — Acho. E por falar em diabo você não observou que, como um vestígio do puritanismo, palavras como diabo, danação, inferno são aqui consideradas blasfêmia e por isso pessoas verdadeiramente religiosas não as pronunciam nunca? E a coisa passou do terreno religioso para o do bom-tom. Um cavalheiro ou dama de "boas maneiras" não usa essas palavras na conversação.

T. — E a todas essas... onde coloca você a fé?

E. — Está claro que este é um país de homens não só de fé em Deus como de boa-fé. Esta afirmação não destrói minha teoria caricatural. E há uma coisa que me parece certa...

T. — Diga lá...

E. — Os americanos não têm tendências místicas e preferem trazer os problemas religiosos para este mundo.

T. — E como explica isso?

E. — A fonte de tudo está no protestantismo, que é uma religião de caráter prático. Dum modo geral os pastores protestantes tratam mais de servir que de doutrinar. Para eles, a prédica é mais importante que os sacramentos. Empenham-se em campanhas tendentes a reformar os pecadores, a combater a delinquência juvenil, o crime, a prostituição, enfim: todas as formas de pecado. As Associações Cristãs de Moços — que são em última análise espécies de céus terrestres e inocentemente mundanos onde os moços encontram oportunidade para se educarem, gozarem de boa companhia e se entregarem a divertimentos sadios — são uma criação protestante, como o é também o Exército de Salvação, que teve sua origem na Inglaterra.

T. — Os Estados Unidos, portanto, são um país protestante...

E. — Poderemos afirmar isso? Não resta dúvida de que idéias protestantes têm dirigido este país. Mas a Igreja Católica é muito importante aqui. Todas as denominações protestantes reunidas perfazem um total de cerca de trinta e três milhões de crentes, ao passo que só a Igreja Católica tem quase vinte e três milhões de membros, e nos últimos tempos tem crescido muito, ganhando, segundo suas próprias estatísticas, cerca de quinhentos novos adeptos por mês. Talvez se possa afirmar que a atmosfera americana é protestante, no sentido de que mesmo as pessoas que não pertencem a nenhuma congregação evangélica e nunca vão à igreja procedem de acordo com o espírito protestante...

T. — E que vem a ser esse espírito?

E. — É o do homem que lê a Bíblia e trata de seguir-lhe os mandamentos. O do homem que na vida procura portar-se como o Bom Samaritano, evitar a blasfêmia e fazer boas obras.

T. — Você afirmou que a Igreja Católica é importante nos Estados Unidos. Refere-se à importância apenas numérica?

E. — Não. Trata-se de importância que já se traduz em influência social e política. Afirma-se que Roosevelt não prestou apoio decidido aos republicanos espanhóis na sua luta contra Franco para não desgostar os católicos americanos. Observe que Hollywood está filmando histórias cujos heróis são sacerdotes católicos. Os protestantes já começaram a ficar enciumados. Ora, é sabido que os diretores dos estúdios são em sua maioria judeus, protestantes ou homens sem religião, e mesmo assim têm procurado cortejar o público católico. Está claro que nenhuma empresa comercial perderia tempo nem arriscaria dinheiro para agradar a um grupo que não tivesse influência social ou expressão pelo menos numérica...

T. — Até que ponto foi o catolicismo influenciado pela maneira de ser americana?

E. — O catolicismo nos Estados Unidos sofreu nitidamente a influência (na superfície, é claro) do modo de vida americano. Seus sacerdotes não usam batina na rua e suas igrejas são menos dramáticas e sombrias que as igrejas dos países latinos. Como o catolicismo neste país é uma minoria, e como em tempos passados chegou a sofrer com a intolerância protestante, a tendência dos católicos aqui é para a tolerância e para a colaboração com o protestantismo e o judaísmo. Nestes tempos de guerra tenho visto comitês inter-religiosos formados de sacerdotes católicos, pastores protestantes e rabinos judeus...

T. — Há realmente liberdade de culto nos Estados Unidos?

E. — A mais completa.

T. — Como são em geral os padres católicos neste país?

E. — Americanos... isto é, homens joviais que fazem esporte, amam a vida ao ar livre, sabem rir, bebem o seu uísque, gostam de ouvir e contar anedotas... E por falar nisso ouça a seguinte história: Quando passei pela cidade de San Antonio, no Texas, numa excursão de conferências, tive a oportunidade de jantar uma noite com seis padres católicos no campus dum colégio de religiosas. Pois bem. A mesa era farta, o vinho de primeira ordem e a companhia amabilíssima. Falamos de tudo, menos religião. E ao fim do jantar um monsenhor, velho de voz rouca, convidou-nos para subir a seu quarto, onde continuamos a boa prosa. Comodamente sentados em fofas poltronas, os seis padres começaram a fumar com visível delícia. De todo o grupo eu era o único que não fumava. Num dado momento alguém falou em Harry Truman, que naquele dia pres-

tava juramento ao tomar posse do cargo de presidente. Acendendo com toda a pachorra seu cachimbo, o mais jovem dos padres observou:

— Disseram-me que o novo presidente não bebe nem fuma...

Houve um curto silêncio ao cabo do qual, sem tirar o charuto da boca, o esplêndido monsenhor resmungou:

— Aposto como Truman é um desses malditos puritanos!

T. — *Que são os negros em matéria de religião?*

E. — *Batistas, em sua maioria. Mas alguns entregam-se à macumba e muitos são adeptos do Pai Divino, um negro que mora em Nova York, anda de Rolls Royce, e mantém os "céus", casas onde dá de comer a seus fiéis, que se chamam "anjos".*

T. — *Onde fica a maior concentração de protestantes deste país?*

E. — *Nos estados do Sul.*

T. — *E há aqui estados de tradição nitidamente católica?*

E. — *Sim. Maryland, Califórnia, Novo México e Louisiana.*

T. — *De sorte que, resumindo, o espírito protestante predomina na vida americana...*

E. — *Parece-me que sim. Para usar novamente da técnica de caricatura, direi que protestantismo é catolicismo desidratado. É a Igreja de Roma simplificada e trazida para a terra ou, antes, para o nível de Babbitt, o homem prático que deseja ver as coisas claras e os resultados imediatos. Em suma: o bom Babbitt quer colher dividendos concretos e materiais de seus "negócios" espirituais.*

T. — *E as outras religiões?*

E. — *São inúmeras. Há os mórmons, cujo número não vai muito além de seiscentos mil. A eles se deve o desdobramento e a colonização do estado de Utah e a fundação dessa interessante Salt Lake City. A poligamia foi abolida entre os mórmons, que são gente piedosa, muito honesta e de costumes severos. Há ainda os adeptos da "Ciência Cristã", que é uma igreja baseada nos ensinamentos de Mary Baker Eddy. Afirmava esta que Deus é Pessoa no sentido infinito, e não no sentido humano limitado. Os membros dessa igreja acreditam em Deus, em Jesus Cristo e no Espírito Santo. Não recorrem nunca a médicos, pois para eles só Cristo tem o poder de curar. Boston é a Roma dessa igreja, que conta com milhares de membros, e cujo jornal,* The Christian Science Monitor, *é considerado um dos diários mais sérios e autorizados dos Estados Unidos.*

T. — *E que me diz dos outros milhões de americanos não filiados a nenhuma igreja?*

E. — *Em geral, como já lhe disse antes, eles procedem mais ou menos cristãmente, porque os ensinamentos bíblicos como que andam no ar. E porque os* heróis da História americana eram homens que liam e seguiam a Bíblia, e lendo a vida desses vultos os leitores naturalmente absorvem um pouco de seu espírito e de sua fé. *Mas não me parece que o problema espiritual dos Estados Unidos deva ser estudado à luz dessa divisão do país em dois campos: o católico e o protestante. Seria mais sensato dividi-lo assim: mundo cristão e mundo semipagão. Nas grandes metrópoles como Nova York e Chicago tende a formar-se uma espécie de filosofia da vida cínica e amoral, cujos objetivos são imediatos e puramente materiais. Nós vimos como o protestantismo e o catolicismo, ambos sadiamente cristãos, nunca entram propriamente em conflito com o conforto e a felicidade terrenos, não se opõem ao automóvel, ao avião, ao refrigerador, ao rádio, às vitaminas e às máquinas em geral, embora continuem prevenindo seus fiéis contra a preocupação de amontoar tesouros terrenais. Mas o espírito pagão tende a adorar o progresso quase como um fim, e não como um meio. E na sua ânsia de sucesso, de lucro e de prazer ele põe em perigo muitos dos ideais americanos nitidamente cristãos. É por isso que protestantes, católicos e judeus não raro se unem em suas cruzadas contra o vício, a cobiça e o ateísmo.*

T. — *Para terminar, você acredita mesmo que os americanos considerem a religião como uma "máquina de ir para o céu"?*

E. — *Não.*

E aqui, Fernanda, terminou o nosso diálogo. Vamos guardar Tobias, pois sinto que esse belo moço ainda me vai servir para outros diálogos.

GARY COOPER E CAMÕES

12 de dezembro. Le Roy Johnston, agente de publicidade da International Films, me pede que escreva algumas palavras em português para Gary Cooper pronunciar diante da câmara, num *trailer* destinado a anunciar no Brasil o seu filme *Casanova Brown*. Convida-me também a ir ao estúdio, a fim de ensinar Mr. Cooper a ler o seu "discurso".

Estou agora num dos *sound stages* da International. Chove torrencialmente e Gary Cooper ainda não chegou. Tudo aqui dentro lembra uma caixa de teatro: cenários, cortinas, refletores, bastidores, cabos...

Finalmente entra o astro. Tira as galochas e a capa de borracha. Está metido numa roupa de *tweed* cor de cinza, impecavelmente cortada, e tem na cabeça um vasto chapéu branco de caubói...

Gary Cooper é um homem caladão, de ar tímido, e que parece nunca saber onde botar as mãos e como acomodar as longas pernas.

No fundo não passa dum vaqueiro. Adora a vida do campo, e às vezes sai a caçar em companhia do escritor Ernest Hemingway ou de Clark Gable. O segredo de seu sucesso e da sua permanência em cartaz está num misterioso traço de simpatia de seu rosto, na sua voz ou no seu jeito, pois não me posso convencer de que deva merecer o título de grande ator quem como Gary Cooper tem apenas duas ou três expressões fisionômicas, que usa de acordo com a cena.

Enquanto, no camarim, o maquilador lhe passa no rosto uma camada de pintura cor de tijolo, leio em voz alta o discurso em português.

— Que língua! — exclama Gary Cooper. — O espanhol não me parece tão difícil...

Repito a leitura, pronunciando lentamente as palavras, enquanto ele as figura num pedaço de papel, da melhor maneira possível. Depois disso escrevo todas as palavras num quadro-negro, seguindo a grafia figurada de Gary Cooper, e finalmente, ao cabo de vários ensaios, tudo fica pronto para a filmagem.

Gary Cooper sai de trás duma cortina vermelha e caminha até o primeiro plano. Sorri para o público e começa a falar... Na terceira linha, porém, muda de tom, faz um gesto de impaciência e diz:

— *Nuts!* Cortem... Errei tudo.

Mas continua a sorrir, sempre com calma, como se no fundo se estivesse divertindo com a coisa.

Novo ensaio. E a filmagem recomeça. Enquanto o filme rola, Gary Cooper lê disfarçadamente o que está escrito na pedra. Tudo vai muito bem até a quarta linha, quando:

— *Christ!* — exclama ele. — Que língua complicada!

E assim as horas passam. E enquanto lá fora a chuva cai incessantemente, fico eu acocorado debaixo da câmara, olhando para esse sujeito grandalhão, desajeitado mas simpático, que luta com as palavras da bela língua em que Camões escreveu *Os lusíadas*, mas que para esse caubói de Montana não passa dum *hell of a language*, uma língua dos diabos.

"QUEM TE DEU TAMANHO BICO?"

15 de janeiro, 1945. A diretora da Biblioteca Pública de Visalia me escreve, convidando-me a ir a essa cidade realizar uma conferência. A signatária da carta esclarece que estava presente à convenção das bibliotecas da Califórnia no dia em que falei sobre "Books in Brazil", e deseja que eu repita essa palestra na sua cidade. Mas... onde fica Visalia, que eles aqui pronunciam "Vaissêilha"? Informam-me que é a sede do condado de Tulare e está a meio caminho entre Los Angeles e San Francisco.

O dia ainda não clareou e aqui vou de mala na mão, rumo do Pico Boulevard, onde apanho um ônibus azul, do qual me transfiro, dez minutos depois, para um bonde amarelo que, ao cabo de quarenta minutos, me deixa na esquina da Broadway com a rua 9, onde entro num outro bonde que me leva em quinze minutos à estação. Meu lugar no San Joaquin Daylight está reservado faz já alguns dias. Portanto não levo pressa nem dúvidas.

Chego a Tulare ao meio-dia. Avisaram-me que alguém aqui me espera para me conduzir a Visalia em seu carro. Esse alguém acontece ser uma senhora idosa e morena, esposa do juiz de direito da cidade. A meio caminho o auto enguiça, bem na frente duma casa de madeira, cujo alpendre está encimado por uma tabuleta com este nome — Tony Pimentel. Lá de dentro sai um homem grande, gordo e grisalho, de bochechas coradas e com um toco de cigarro colado aos lábios muito vermelhos. Está de avental branco e sua pança oscila ao ritmo lerdo de seus passos.

— *Hello*, Mister Pimentel! — diz a minha companheira.

— Como vai o senhor Juiz? — pergunta o homem gordo.

Por causa da palavra juiz fico a repetir mentalmente os absurdos versos dum jogo infantil:

> *Bico-bico surubico*
> *Quem te deu tamanho bico?*
> *Foi a velha chocarreira*
> *Que andou pela ribeira*
> *À procura de ovos de perdiz*
> *Pro filho do senhor Ju-iz*

Mr. Pimentel, que lembra esses estalajadeiros dos romances de capa e espada, vem muito obsequioso oferecer seus serviços. A senhora do juiz pergunta:

— Posso usar seu telefone? Vou pedir a meu marido que mande um carro para nos rebocar até Visalia.

E enquanto a simpática senhora entra no armazém, fico a conversar com meu estalajadeiro.

— Você é português? — pergunto.
— *Yes.*
— Não fala mais sua língua?
— *Not much.*
— Pois eu sou brasileiro.
— *Fine.*

Pimentel debruça-se à janela do automóvel. Seus olhinhos negros brilham. Seus dentes escuros, miúdos e parelhos, apertam o toco de cigarro. De repente, com um riso pícaro a alargar-lhe as bochechas coradas, ele pergunta em português:

— Que fazes aqui, rapaz?

E como que excitado pelo simples fato de ter falado português, começa a rir convulsivamente. Conta-me a seguir que veio de Portugal ainda criança e que este condado de Tulare está cheio de portugueses proprietários de tambos, granjas e fábricas de queijo.

— Eu ia ser padre — explica Pimentel. — Cheguei a cursar um seminário.

— E por que não se ordenou?

Pimentel pisca o olho e confessa:

— É que eu gostava demais das boas coisas da vida...

Com a volta da esposa do juiz, a conversa passa a ser feita em inglês e com um pouco mais de dignidade.

Vinte minutos depois entramos a reboque na cidade de Visalia, cuja população não vai além de quinze mil almas, e que, para não fugir à regra, tem a sua Rua Principal, onde ficam os cinemas, hotéis, *drugstores*, bombas de gasolina e filiais de bancos.

Hospedo-me num hotel tranqüilo, igual a cem outros onde já estive. O condado de Tulare passa por ser um dos distritos agrícolas mais ricos do mundo. Seus queijos e conservas são renomados, e o algodão, as nozes, as uvas e o vinho acham-se entre os principais produtos desta privilegiada região do vale de San Joaquin.

À tardinha saio a andar pelas ruas, a olhar faces e vitrinas. No fundo dum café alguns velhotes, com chapéus de caubói na cabeça, fumam e jogam pôquer ao redor duma mesa coberta de pano verde, e por cima da qual pende uma lâmpada elétrica com um quebra-luz cônico. Rapazes jogam bilhar num salão. Sentados junto dos balcões dos restaurantes e cafés, homens e mulheres comem. Mocinhas passeiam pelas calçadas... E uma fresca paz, uma doce paz parece descer das grandes montanhas e do pálido céu onde começam a apontar as primeiras estrelas. (O diabo é que eu tenho a impressão de que tudo já aconteceu antes...)

Entro num cinema para ver uma fita de faroeste. O público faz um barulho infernal, torce, grita, ri, aplaude, dá vaias. O menino que está sentado junto de mim agita-se de tal modo que a todo instante está a dar-me violentas cotoveladas. Resolvo então participar do entusiasmo geral, entro no coro dos bravos e dos fiaus, e passo a me interessar pela sorte do mocinho e da mocinha, e a odiar com todas as minhas entranhas o bandido. Isso, entretanto, não me é fácil. Porque tanto o herói como o vilão e muitos dos caubóis são gente que estou acostumado a encontrar em Hollywood na rua, nos mercados e nas vizinhanças de minha casa...

Depois do cinema — o quarto do hotel, o sono e um estranho sonho.

O SONHO

É madrugada e sei que estou em minha cidade natal, à esquina da quadra em que fica a casa onde nasci e *sempre* vivi. A escuridão em redor é absoluta. De repente sinto a presença de mais alguém. É meu pai, que já morreu, e que aqui está junto de mim, parado, silencioso — um vulto escuro envolto numa capa como a que G. K. Chesterton usava. De onde estou não lhe posso ver o rosto. Sei que ele está morto, mas aceito sua presença sem estranheza nem temor. Aos poucos percebo que ele tem erguido na mão direita um guarda-chuva aberto, que parece um cogumelo preto. Ouço sua voz no silêncio: "Tua mãe está te esperando, meu filho". A voz e a escuridão são como que feitas do mesmo elemento. Desço na direção de casa com o coração a bater descompassado, numa sensação de culpa, porque sei que é madrugada e há muito eu já devia ter chegado. Sinto-me como um filho pródigo e temo pelo que possa acontecer. É preciso apressar o passo... E se a porta estiver fechada? Não. Lembro-me que em minha casa as portas nunca eram fechadas à chave...

Depois fica tudo confuso e eu passo a me preocupar com um ônibus que vai sair para Los Angeles — ou para o Brasil? — e que não devo perder...

OS MICROSCÓPIOS

16 de janeiro. Visito esta manhã a Biblioteca Municipal, onde Miss Dorothy Woods me conta que dispõe duma verba de sessenta mil dólares anuais para empregar na compra de livros para as escolas e bibliotecas dos distritos de Tulare.

Ao meio-dia um grupo de senhoras de mais de cinqüenta anos — todas alegres e muito enfeitadas —, querendo proporcionar-me um almoço "com cor local", levam-me a comer no restaurante mexicano El Patio, e quase me matam com *enchiladas, tamales* e *chili con carne*.

Às quatro estou numa sala da Visalia Junior High School diante dum auditório de criaturas simpaticíssimas, para as quais falo do Brasil, dos brasileiros e dos livros que escrevemos e lemos.

Depois da conferência, oferecem-me um chá durante o qual, como uma bola, ando de mão em mão, atirado de grupo para grupo, respondendo as perguntas e sorrindo... ("Como é difícil ser um *gentleman*!" — meu filho me disse um dia.)

O ônibus para Los Angeles parte às seis. Às cinco e meia ainda visito o edifício da escola, que é de linhas muito modernas. Na sala de leitura da biblioteca, cujas paredes estão pintadas em vários tons de bege, Miss Woods me pergunta:

— Quantas gradações de bege o senhor calcula que haja na pintura desta sala?

Olho a parede com ar de conhecedor e arrisco:

— Umas doze...

Ela sorri e me corrige:

— Cinqüenta.

Passamos agora para outros departamentos. Visito o laboratório de física, o de química, e no de biologia Miss Woods, com a maior naturalidade deste mundo, respondendo a uma pergunta ociosa que lhe faço — "Quantos microscópios tem o colégio?" —, abre vasto armário em que vejo, novíssimos em folha, vários desses aparelhos, e diz:

— Sessenta e quatro.

— Só para este colégio?

— Sim. Que é que há de extraordinário no fato de um colégio ter sessenta e quatro microscópios?

Penso nas escolas e universidades brasileiras e, muito desanimado, respondo.

— Realmente. Não há nada de extraordinário nisso. É... Nada.

No ônibus, a caminho de Los Angeles, penso ainda nos microscópios, ponto de partida duma série de reflexões melancólicas.

O HERÓI E O VILÃO

26 de janeiro. Almoço com Lou Edelman no Salão Verde do estúdio da Warner Bros., em Burbank. Edelman é o que se chama no jargão de Hollywood um *producer*, isto é, o homem responsável perante o estúdio por um certo número de filmes, dos quais ele é o coordenador: o que escolhe a história, o elenco, o diretor, e o que sabe quanto deve gastar e como distribuir as verbas.

Lou Edelman, que visitou o Rio recentemente, gosta do Brasil e espera poder um dia produzir um filme capaz de mostrar aos americanos a verdadeira vida brasileira, sem exageros nem fantasias.

Conta-me que está terminando uma película baseada no livro de Vicki Baum *Hotel Berlim '43*.

— Golpe errado... — digo-lhe.

— Por quê?

— Primeiro, porque a história é falsa e medíocre. Segundo porque tudo indica que a Alemanha em breve se renderá, e assim o filme perderá a atualidade.

Edelman sacode a cabeça.

— Acho que você está enganado. Vou lhe mostrar as alterações que fizemos na história.

Leva-me depois do almoço ao seu escritório, faz-me sentar numa poltrona, acomoda-se na sua cadeira, atrás da escrivaninha para cima da qual atira os pés, apanha o *script* de *Hotel Berlin* e diz:

— Vou ler uma das cenas que acrescentamos à história. Preste bem atenção neste diálogo. É um quarto de hotel, e um velho professor de universidade, que foi obrigado a colaborar com o nazismo, afoga sua humilhação na bebida. De repente entra na sala um membro do *underground* que está refugiado no hotel. Ora, acontece que esse jovem foi em tempos passados um dos alunos prediletos do professor...

Durante uns dez minutos Lou Edelman fica a ler o diálogo.

— Então? — pergunta, ao terminar.

— Acho ainda que a história é fraca e falsa. E que vai ser mau negócio.

— E eu só faço votos para que você não tenha razão... — E mudando de tom. — Vamos visitar alguns *sound stages*?

Entramos no *set* de *San Antonio*, película em tecnicólor, em que aparecem Errol Flynn e Alexis Smith. Os filmes coloridos são muito mais caros que os em preto-e-branco, e todas as cores — a dos trajos dos artistas e comparsas, a dos móveis e tapeçarias, cortinas, objetos — são antes cuidadosamente estudadas e determinadas por um técnico que por assim dizer "desenha a produção". Filmes dessa natureza exigem uma iluminação mais forte e um *make-up* especial.

A cena que vão filmar agora se passa em San Antonio, vilarejo de caubóis, em fins do século passado. Vejo o interior duma estalagem de estilo mexicano com sua lareira rústica, suas mesas e cadeiras de pau tosco e sua cerâmica indígena. À frente dessa estalagem há um trecho de rua, casas de tábua com alpendres, vendo-se no primeiro plano a fachada duma taberna. Sento-me com Edelman a uma das mesas da estalagem e fico olhando... Por aqui andam extras vestidos como *peóns* e tropeiros mexicanos, com seus chapéus de copa cônica e largas abas, jalecos escuros, calças muito justas, pistolas na cintura, caras tostadas e lustrosas, onde a barba azula. Há também mulheres morenas, com vestidos de cores vistosas, lenços no pescoço, e todas enfeitadas de braceletes, colares e anéis. E caubóis americanos, com duas pistolas na cintura e as cartucheiras recheadas de balas. No meio desse mundo de faz-de-conta, os empregados do estúdio movimentam-se dum lado para outro, a ajustar fios e refletores, a tomar medidas com uma trena, a verificar com um fotômetro a intensidade da luz, e a dar ordens aos gritos. Alta e esbelta, chega Alexis Smith — que está vestida à moda da época, com saia rodada, anquinha, cintura de vespa, golilha, e um chapeuzinho de palha sobre o qual repousa uma ave empalhada de plumagem azul. Tem ela (a atriz, e não a ave) um belo rosto no qual se nota, entretanto, uma expressão não sei bem se de crueldade ou se de frieza. Aqui está também o velho Szakall, metido num fraque pardo. E uma pitoresca velhota gorda, com ar de cantora de café-concerto aposentada, fumando com gosto um cigarro e soltando grandes risadas às histórias que Monte Blue lhe conta. Este último acha-se vestido à maneira deste ano de 1945 e nada tem que ver com o filme. O antigo galã do cinema mudo faz agora pontinhas em filmes para a Warner e freqüentemente vem assistir às filmagens e conversar com os amigos. Mora no meu bairro e eu o encontro freqüentemente no ônibus.

Errol Flynn sai de seu camarim seguido do homem encarregado do *make-up*. Ao vê-lo tão bem cuidado, tão belo, vem-me uma compreensão aguda do que o cinema tem de falso. Como seria possível existir no impetuoso Texas do século passado — numa região de violência, aventuras e asperezas — um tipo tão bem cuidado? Ali está o herói, o "mocinho", o bravo caubói, de rosto barbeado e rosado, com reflexos de bronze nos cabelos ondulados. Para ele não existe sol nem poeira. Sua barba nunca cresce, assim como a carga de balas de suas pistolas nunca se esgota. Como única concessão ao realismo, Errol Flynn deixou crescer um pouquinho as pontas do bigode — mas não tanto que isso lhe pudesse prejudicar a aparência mundana.

Agora a gorda senhora das risadas homéricas está no nosso grupo. Alguém lhe pergunta se ela seria capaz de se apaixonar por Errol Flynn.

— Qual! *Aquilo* ali? Esses meninos não me interessam...

E depois, baixando a voz, cicia:

— Prefiro um tipo como Walter Pidgeon... madurão... isso é que é homem!

E solta ao mesmo tempo uma baforada de fumo e uma risada. Szakall está a dizer piadas para um *peón* mexicano, que ri tão convulsivamente que sua papada treme como gelatina, enquanto ele segura o ventre que o riso também sacode.

O diretor acha-se sentado numa cadeira de lona, em cujo respaldo está pintado seu nome. O assistente do diretor — que é em última análise uma espécie de moço de recados, aquele que vai dizer aos extras onde eles devem ficar e como devem portar-se — anda agora dum lado para outro distribuindo as últimas instruções. Um mexicano cochila na boléia duma diligência, cujos cavalos foram escolhidos de acordo com as exigências do tecnicólor. Outro *peón* está sentado no alpendre da casa de jogo. Na frente desta, parado no meio da rua, um caubói alto, de cara comprida e expressão antipática, espera...

— Quem é aquele sujeito? — pergunto a Edelman.

— É o *heavy* da história.

Heavy traduzido ao pé da letra é *pesado*, mas no presente caso quer dizer *vilão*.

Soa uma campainha. O diretor pede silêncio, o que não consegue imediatamente. A gorda matrona ainda ri. Silêncio! — berra o assistente. Um operário aparece diante da câmara com um pequeno quadro-negro, no qual estão escritos a giz o nome do filme e o número da cena. "Ação!" — grita o diretor. Alguém perto de mim dá um tiro de revólver. Estremeço. O homem no meio da rua também estremece. (O estremecimento dele está no *script*; o meu, não.) Errol Flynn avança e fica de costas para a câmara, empunhando duas pistolas. O vilão não reage.

— Que foi que aconteceu com tuas armas? — pergunta o herói.

O outro faz meia-volta e se dirige, cambaleante, para a casa de jogo, mas antes de chegar ao alpendre tomba por terra, num baque surdo. Os caubóis que estavam no *saloon* precipitam-se para fora e estacam junto do corpo.

Nesse ponto termina a cena.

— Por que tão pouca luz? — pergunto a Edelman, que me informa:
— Porque a cena se passa à noite.

Dentro de alguns minutos tudo fica pronto para que a mesma cena seja de novo filmada. É costume tomar a mesma seqüência três, quatro e não raro até cinco vezes, para que mais tarde os técnicos escolham dentre todas a que ficou melhor.

O homem do *make-up* com a sua caixinha de cosméticos aproxima-se de Errol Flynn e esfrega-lhe no rosto uma esponja com uma pintura cor-de-rosa. Depois, tomando dum pente, passa-o pelos cabelos do valente caubói.

Como eu esteja olhando a cena com interesse, o maquilador volta a cabeça para meu lado, pisca o olho e me diz, sorrindo:

— Preciso conservá-lo bem bonitinho...

CONFRONTOS

Fernanda: *Esse admirável e paciente Tobias parece ter tomado gosto pelas discussões, pois aqui está novamente a me convidar para uma conversa em torno de confrontos entre norte e sul-americanos. Sente-se, fique quieta e escute.*

T. — *Costuma-se dizer que os sul-americanos são mais vivos que os norte-americanos. Por quê?*

E. — *Talvez porque em geral falamos mais alto e gesticulamos mais; porque gostamos ou desgostamos das coisas e pessoas com mais ardor; porque nos apaixonamos com maior facilidade...*

T. — *O simples fato de predominar entre nossos homens o tipo moreno, de cabelos e olhos escuros e barba cerrada, faz que eles existam duma maneira mais contundente, e que sua presença se faça sentir, digamos, com mais força.*

E. — *Se tomarmos um norte-americano de pele clara, lábios estreitos, cabelos louros e olhos azuis e o colocarmos ao lado dum sul-americano moreno, de lábios grossos e vermelhos e cujos olhos são como dois carvões vivos — teremos a impressão de que o primeiro é um desenho apenas delineado, e o segundo um retrato completo em que o desenhista carregou nas tintas, principalmente no preto. O mesmo se passa também com relação aos sentimentos.*

T. — *Parece também certo que somos mais epidérmicos e saltamos do ódio para o amor com muita rapidez.*

E. — *E a atitude do sul-americano na sociedade é de desconfiança e crítica, com uma leve tintura de ironia e não raro de sarcasmo. É a posição do homem que espera ser sempre enganado pelo competidor (isto é, pelo próximo) e que portanto tem de estar sempre "com um pé atrás"... O nosso homem tem um olho agudo para descobrir o ridículo, e teme ao mesmo tempo ser posto em ridículo pelos outros; mas é com um prazer enorme que ele ridiculariza os que o cercam...*

T. — *Tomemos um exemplo do dia-a-dia. Numa festa de americanos do norte quase todos os convivas acabam cantando alegre e naturalmente. Numa festa de sul-americanos em geral só canta aquele ou aquela que tem boa voz e que pode, portanto, fazer bonita figura. E se por acaso o cantor ou cantora desafina, começam os risinhos e os comentários à socapa. Tudo é motivo para sátira, para o exercício de nossa malícia.*

E. — *O que não deixa de ter a sua graça...*

T. — *Os norte-americanos cantam pelo puro e simples prazer de cantar, pouco lhes importando que os cantores sejam ou não esplêndidos. Eles sabem que os cantores realmente bons podem tornar-se profissionais e ganhar bons salários no teatro, no rádio ou no cinema. O que eles querem é ter* good time, *divertir-se. Tudo é pretexto para isso. Um aniversário, um* cocktail party, *uma reunião improvisada...*

E. — *E nós esperamos pelos três dias de carnaval para dar vazão ao nosso desejo — recalcado durante todo o ano — de pular, gritar, brincar, cantar e vestir fantasias.*

T. — *Olhando a sociedade norte-americana os latinos sorriem com adulta condescendência e exclamam: "Que crianças grandes! São uns palhaços...".*

E. — *Ao passo que os americanos do norte acham que nós somos excessivamente apaixonados,* emotional, *e demasiadamente preocupados com o sexo, além de muito* selfconscious, *isto é, muito preocupados conosco mesmos, com nossas roupas, gestos, palavras, e com a impressão que os outros possam estar tendo de nós.*

T. — *Você tem exaltado as facilidades da vida dos Estados Unidos. Pode dizer-me qual é, na sua opinião, a razão principal por que tudo aqui parece rodar rápida e maciamente sobre os trilhos da normalidade e da eficiência?*

E. — *É o fator confiança recíproca. Todas as criaturas aqui são consideradas honestas até o momento em que alguém prove o contrário. Ora, nos nossos países temos de andar constantemente provando, com documentos selados, que somos honestos e não estamos tentando enganar ninguém. A confiança aqui facilita tudo. O serviço postal, o comercial e bancário, as relações sociais...*

T. — *Ainda ontem comprei num estande cinco revistas, que eu mesmo tirei das prateleiras, pondo-as debaixo do braço. Quando fui pagá-las a moça da caixa perguntou: "Qual é o total?". Respondi: "Um dólar e cinqüenta". Ela registrou a venda, apanhou o dinheiro e me sorriu, sem tentar sequer verificar se eu tinha feito a minha soma direito.*

E. — *Há neste país um ditado popular segundo o qual "a honestidade é a melhor política". O norte-americano, criatura de fundo religioso, porta-se de acordo com os dez mandamentos. Nós em geral gostamos de fazer praça de nossa honestidade. Em certos casos, temos o que se poderia chamar "a volúpia da honra". (Uso dessa expressão tirando o chapéu para Luigi Pirandello.) Os americanos do norte, entretanto, encaram o problema da honestidade duma maneira mais fria e mais prática. Não pedem prêmio nem louvores por serem honestos. Porque sabem que fazer jogo limpo nas transações comerciais e sociais facilita a vida. Chegaram também à conclusão de que um dos truques mais eficientes é o de falar a verdade.*

T. — *Isso me faz lembrar a facilidade, a naturalidade com que os norte-americanos dizem e recebem um não.*

E. — *Coisa importantíssima! Nossa gente brasileira, por exemplo, não está preparada para aceitar respostas negativas. Somos criaturas amáveis e gostamos de parecer aos outros simpáticos, e isso nos impede de dizer não aos convites e pedidos que nos fazem.*

T. — *Porque quem diz "não" é nosso inimigo — refletem os sul-americanos. Assim, fazemos as voltas mais incríveis para não usar a negação. Ficamos no "talvez", no "apareça depois", no "vou estudar o caso", no "volte na segunda-feira"...*

E. — *E não raro usamos o eufemismo dos eufemismos, dizendo "sim" quando na realidade queremos dizer "não".*

T. — *No desejo de ser agradável ou de resolver depressa uma situação embaraçosa fazemos promessas que sabemos não vamos cumprir. Tudo isso dificulta formidavelmente a vida.*

E. — *Mas tem lá a sua graça, meu caro Tobias. Pode não ser uma coisa prática, lógica ou direita, mas é divertido. Afinal de contas, se as pessoas che-*

gassem à perfeição, que seria dos romancistas? Onde iriam eles encontrar condimento para as suas histórias?

T. — *Outro traço que admiro no norte-americano é a coragem de dizer "Não sei" quando na verdade não sabe.*

E. — *Nós, brasileiros, dificilmente usamos essa expressão. Temos o horror de parecer incultos.*

T. — *Preferimos "tapear". Graças a nossos dons de improvisação e a nossa capacidade de versar com certo brilho sobre assuntos que na realidade não conhecemos, conseguimos quase sempre dar a impressão de que sabemos...*

E. — *Não é de admirar que Pedro Malazarte, o grande empulhador, seja um símbolo ibérico. Mas convenhamos que esse espírito nos torna mais pitorescos e interessantes que os norte-americanos. Apesar de toda a minha admiração e simpatia por esta gente continuo a achar que um círculo de conversação em que haja latinos — em que se fala mal da vida alheia, em que se discute religião, espiritismo, futebol, cinema, livros, mulheres, música e pintura — é mais vivo, mais teatral, mais animado e pitoresco que os círculos americanos em que gente controlada (a que o uísque pode eventualmente dar um certo brilho e graça) fala de cachorros, cavalos, automóveis e hotéis. E aqui, meu caro Tobias, quero outra vez fazer uma ressalva. Todas essas afirmações que tenho feito a você vão temperadas com um grão de sal. É danadamente perigoso generalizar.*

T. — *E saltando dum assunto para outro, já observou você a importância do judeu na vida americana?*

E. — *Existem duas minorias raciais importantíssimas nos Estados Unidos. Os judeus e os negros. Este país muito deve ao judeu e ao negro no que diz respeito à música e aos* shows *dum modo geral. Digo-lhe mais. O famoso* sense of humour *americano não será mais anglo-saxônico que judaico.*

T. — *Como?*

E. — *Veja bem. Quais são as fontes de humorismo aqui? As charges dos magazines e jornais, os filmes, o teatro de* vaudeville *e o rádio. Os* gag writers, *os escritores que inventam essas piadas, cenas cômicas e anedotas para o cinema, o rádio e o teatro, são em sua maioria judeus. Muitos dos mais famosos caricaturistas deste país são de origem semítica. A espécie de humorismo criada pelos irmãos Marx não só encontrou aqui um público entusiasta como também fez escola. O povo absorve esse espírito e depois, saturado dele, passa a adotá-lo como seu e daí por diante as anedotas que inventa, as pantomimas em que toma parte são influenciadas por esse tipo de humor.*

T. — *Não acredito que você encontre muitas pessoas que concordem com esse seu ponto de vista.*

E. — *Tanto melhor para o ponto de vista e para mim. Outra coisa: Você deve ter observado que as canções que este povo mais canta e ama foram compostas por judeus como Irving Berlin, George Gershwin, Dave Rose e tantos outros. Judeu é Oscar Levant, pianista e humorista. Judeus são Charlie Chaplin e Walt Disney. Por outro lado...*

T. — *Há grandes pianistas e violinistas judeus.*

E. — *Sim, Horowitz, Jascha Heifetz, Yehudi Menuhin. E volte os olhos para o teatro. Uma enorme percentagem de atores judeus você encontrará na Broadway. Em Hollywood se passa o mesmo. E voltando à música, veja esta coisa interessante: Duas raças sofredoras e perseguidas encontraram-se neste novo mundo americano e aqui criaram uma música que não será sublime, mas que é muitíssimo interessante.*

T. — *E que talvez um dia se torne importante.*

E. — *E quando judeus e negros se juntam, o resultado é às vezes um maravilhoso espetáculo como* Carmen Jones, *versão negra da ópera* Carmen. *Oscar Hammerstein II (judeu) escreveu um libreto especial para essa peça, aproveitando com leves modificações a partitura de Bizet. A mulata Carmen Jones trabalha numa fábrica de pára-quedas. Don José — que no caso é apenas Joe — é um sargento do Exército, e Escamillo, um campeão de boxe. A peça tem um sabor negro. Negros são os artistas, negras as danças e as vozes. A montagem de* Carmen Jones *(feita também por judeus) é um primor de colorido e graça.*

T. — *Para terminar esta conversa, eu lhe perguntarei qual foi na sua opinião o trecho da Bíblia que consciente ou inconscientemente mais influência tem exercido sobre o espírito dos norte-americanos?*

E. — *A parábola do bom samaritano. O americano é o homem preocupado com a caridade, com as boas obras. Está sempre disposto a ajudar o vizinho. Sociedades de assistência social existem aos milhares neste país. Seu raio de ação passa às vezes as fronteiras e atinge as mais remotas regiões do globo. O Rotary não deixa de ser uma expressão de bom samaritanismo. As Associações Cristãs de Moços e o Exército de Salvação, embora não sejam instituições de origem norte-americana, são muito populares aqui e elas também são animadas pelo espírito do bom samaritano.*

T. — *E que me diz do escoteiro?*

E. — *No* boy scout *combinam-se o bom samaritano, Robinson Crusoe e o pioneiro.*

T. — *O escoteiro é, enfim, o audaz menino que sabe orientar-se no meio da floresta, fazer fogo esfregando pauzinhos cilíndricos uns nos outros, finalmente, é o* boy *de bom caráter que gosta de ajudar os outros e que anda pelo mundo a semear boas ações.*

E. — *O próprio Babbitt — o herói de Sinclair Lewis — tem tinturas de bom samaritanismo. Bons samaritanos foram Washington e Lincoln. Até o próprio Buffalo Bill foi um bom samaritano truculento que não se limitava a deitar vinho e azeite nas feridas do homem que ia para Jericó, e a levá-lo na sua cavalgadura para uma estalagem; ele saía em perseguição dos malfeitores e liquidava-os à bala, um a um... E pra finalizar, veja que esplêndido samaritano é esse Franklin Delano Roosevelt.*

T. — *Um samaritano que vive às turras com os vendilhões do templo.*

E. — *Silêncio, Tobias!*

ENTRE ROMA E HOLLYWOOD

28 de janeiro. Mora na minha rua e chama-se Rosario Guadalupe Cabeza de Vaca Morales. Nasceu no México, viajou por todo o mundo em companhia do marido, um diplomata de carreira, e agora — viúva e já avançada na casa dos cinqüenta — vive nos arredores de Hollywood e ganha a vida nos estúdios fazendo pontas em filmes. É uma criatura adorável. Muito gorda e morena, de fartos seios contra os quais ela bate ritmadamente o leque nos dias quentes, duplo queixo, buço cerrado a coroar uma boca carnuda de querubim, olhos negros e graúdos, cabelos levemente estriados de prata, doña Rosario nos lembra esses retratos de grandes damas de linhagem espanhola, que se erguem nos vestíbulos das casas senhoriais do México, por cima de velhas arcas de ferro batido. Tem um temperamento apaixonado, uma voz levemente rouca, e seus braços gorduchos e inquietos parecem sempre querer estreitar o mundo em amoroso abraço.

Na Warner Brothers precisam duma senhora mexicana para fazer papel de mãe da mocinha, num filme de faroeste? O estúdio telefona para o Central Casting Office, faz a encomenda e o funcionário dessa repartição aperta em vários botões correspondentes aos característicos — *mexicana, gorda, meia-idade* — e como resultado de tudo isso, do maravilhoso arquivo automático salta uma ficha com o nome de Mrs. Rosario Guadalupe Cabeza de Vaca Morales, seguido de seu endereço e do número de seu telefone. O funcionário disca esse número, e numa casinha branca de estilo californiano, a dez quilômetros do Casting Office, uma mão gorda e pequena, onde cintila um brilhante, toma o receptor:

— Alô!

— *Doña* Rosario?
— *Yes.*
— Aqui é o Joe.
— Que Joe?
— Do Casting Office.
— Oh! Como vais, Joe? Como vão os meninos? Então, comprou sempre aquele carro? E a Sally já sarou da coqueluche? *Splendid!*
— *Doña* Rosario, a Warner precisa duma mãe mexicana.
— Que tipo de fita?
— Faroeste.
— Parte grande?
— Pequena.
— O.k., Joe.
— Apresente-se amanhã às nove no estúdio, vestida de camponesa. Essa mãe mexicana é cozinheira num hotelzinho em Tia Juana.
A mão gorda agora segura um lápis e toma notas.
— Está bem, Joe.
— *Good-bye*, meu bem.

Em Hollywood a linguagem é doce e carinhosa. *Minha querida, meu bem, meu amor, queridíssimo* — são expressões tão correntes como as moedinhas de cinco centavos.

E assim lá vai *doña* Rosario no seu carro, já com a cara preparada, isto é, coberta por uma camada de pintura cor de tijolo. E se acontece haver no caminho qualquer interrupção no tráfego, *doña* Rosario desce do carro, fantasiada de mãe mexicana, e começa a gesticular e dar ordens aos condutores de automóveis até descongestionar a rua.

Nossas relações são as melhores possíveis, e um destes dias estava eu a uma esquina esperando o ônibus que me levaria ao centro de Los Angeles quando *doña* Rosario passou no seu carro, parou e me ofereceu uma "carona". Aceitei e começamos logo a conversar sobre a infância do cinema sonoro, e minha amiga lamentou que houvesse passado o bom tempo das operetas. "O senhor se lembra daquelas lindas valsas?" Começou a cantarolar, enquanto o carro deslizava com um chiado agradável sobre o cimento da rua, e dum lado e de outro passavam casas, terrenos baldios, arranha-céus, jardins e cartazes. A alegria de *doña* Rosario era tão contagiosa que acabei aderindo às valsas, e foi cantando em dueto *Noites vienenses* que entramos na Broadway.

Uma destas noites estava eu com minha família no cinema do bairro quando, de repente, numa cena que representava uma *fiesta* mexicana, ouvimos, vinda do fundo, uma voz familiar. Por fim a dona dessa voz avançou correndo para o primeiro plano. *Doña* Rosario! — exclamamos todos nós ao mesmo tempo. Sim, lá estava na tela a imagem de nossa amiga — roliça, *rebosante* de alegria, gesticulando, gritando no meio da algazarra geral. Viva o México!

Mas há ainda uma outra face muito interessante do caráter de *doña* Rosario. Apesar de todo o seu exterior expansivo e ruidoso, da sua condição de extra de Hollywood, sua conduta moral é irrepreensível. *Doña* Rosario é uma dama respeitável e piedosa. Católica, confessa-se e toma a comunhão regularmente e vai todos os domingos à missa. Em sua casa, onde vive com uma sobrinha, tem sempre as portas abertas para os amigos. Sua mesa é farta e *doña* Rosario sempre tem comensais.

Contou-me ela que está agora com um papel muito bom num filme da Metro-Goldwyn-Mayer. Vejo-a hoje passar no seu Cadillac preto, rumo dos estúdios, em Culver City; quando seu carro defronta nossa casa, ela acena para nós e atira-nos beijos.

E assim se passam os dias de *doña* Rosario Guadalupe Cabeza de Vaca Morales, nessas andanças entre a igreja e o estúdio, acendendo com igual devoção uma vela a Roma e outra a Hollywood.

A VIAGEM

7 de fevereiro. Claremont, que fica a uns cinqüenta quilômetros de Los Angeles, vive apenas em função de seus dois famosos colégios, o Scripps e o Pomona. O primeiro, só para moças, é um estabelecimento de ensino caro, para gente rica; o segundo, que é misto, está mais ao alcance dos estudantes que vêm de famílias da classe média baixa. Ambos esses colégios têm uma administração comum, e dessa administração recebi um convite para passar três dias no *campus* do Pomona e do Scripps como "professor visitante".

Assim, hoje às sete da manhã faço a combinação do ônibus azul com o bonde amarelo e finalmente com um ônibus vermelho e, ao cabo de duas horas e meia de viagem por entre laranjais, e sempre a avistar grandes montanhas de pico nevado, passando por uma sucessão de belos vilarejos, granjas e cidadezinhas, chego à estação de Claremont, onde um homem me espera.

Imaginem um sujeito já entrado na casa dos cinqüenta, alto, de pernas finas mas de tronco avantajado, cabeça grande, rosto redondo, nariz largo, lábios delgados e uma expressão um pouco sardônica no rosto de tez muito clara... Ponham-lhe uns óculos de lentes redondas, finquem-lhe na boca um cachimbo de sabugo de milho, vistam-lhe uma roupa meio amarfanhada, enterrem-lhe na cabeça um chapéu marrom que de tão amassado já perdeu a forma... Façam tudo isso e terão uma idéia da pessoa que me espera, e que se chama Hubert Herring, jornalista, escritor e professor do Pomona College. Especializado em História latino-americana, visitou ele várias vezes a América do Sul, e a respeito do Brasil, da Argentina e do Chile escreveu um livro intitulado *Good neighbors*. É um realista e um humorista à maneira ácida de Swift. Mas é principalmente um homem sincero. Odeia o escapismo, a hipocrisia e essa falsa boa vizinhança baseada em mentiras, ilusões douradas e contemporizações. Acha que nossos problemas têm de ser estudados com olho realista e atacados de frente.

— Boa viagem? — pergunta, ao me apertar a mão.
— Ótima.

E a caminho do dormitório do Pomona, onde me vou hospedar, ele me dá conta do programa. Querem que eu fale sobre História do Brasil, sobre as diferenças de costumes e psicologia entre os brasileiros e os norte-americanos, e sobre literatura brasileira. Além disso, serei levado a várias classes, em ambos os colégios, e convidado a dirigir a palavra aos estudantes.

— E se depois de tudo isso você estiver ainda vivo... — conclui Herring — pode voltar para casa.
— Perfeitamente.

Falo para as alunas do Scripps, num pequeno mas confortável *auditorium*. Para ilustrar a palestra rabisco caricaturas a giz num quadro-negro. Ao meio-dia almoço com professoras e alunas. O menu é duma sobriedade impressionante, só explicável pelo fato de estarmos num colégio de moças preocupadas com fazer dieta. Servem-nos uma modesta porção de salada de alface e feijão-branco... Durante as refeições as meninas cantam... Um sol alegre entra pelas vidraças, respingando de ouro essas cabeças jovens. A meu lado está uma francesinha de cabelos ruivos e rosto sardento, olhos castanhos e expressão meiga. Conta-me que com a invasão de sua pátria teve de fugir com a família para os Estados Unidos.

— As meninas fazem troça de meu sotaque... — queixa-se ela, sorrindo, meio vexada, e olhando para as companheiras.

— Não perca nunca esse sotaque — peço-lhe. — É uma marca de personalidade. Lembre-se de que Thomas Mann ainda não perdeu o seu.

— Nem Charles Boyer... — acrescenta a americanazinha loura que nos escuta.

Quando servem a sobremesa — sorvete de baunilha —, a deã do colégio me pede que fale às suas alunas sobre as moças brasileiras. E cá estou eu mais uma vez a palrar, a palrar, massacrando impunemente a língua de Mark Twain, enquanto a francesinha me sorri como uma aliada, pois verifica que, como ela, tenho um sotaque tão espesso que às vezes chego a dar peso de chumbo a palavras leves como pássaros de papel...

Quatro da tarde, na Casa Espanhola do Pomona College. É aqui que o professor Herring vem discutir com seus alunos problemas interamericanos. O tema de hoje é o caso da Argentina. Os alunos vão comentar e criticar a política do Departamento de Estado com relação àquele país.

É uma sala mobiliada bem como uma residência particular: sofá, poltronas, tapetes, cortinas, lâmpadas veladas, quadros nas paredes. Os alunos, em sua maioria moças, sentam-se à vontade, como numa visita sem-cerimônia. Umas fazem tricô. Outras apenas descansam sobre o colo as mãos entrelaçadas, e escutam. Há em tudo um ar de intimidade, de natural camaradagem que predispõe a gente a ficar neste ambiente acolhedor, conversando, perguntando, ouvindo, respondendo...

Sou mais uma vez sabatinado sobre assuntos sul-americanos. Que penso dos argentinos? E de Mr. Hull? E da atitude dos Estados Unidos com relação aos seus vizinhos do sul? O interrogatório dura uma hora maciça.

Saio a caminhar à noite por Claremont. Fico longo tempo parado a uma esquina, contemplando as montanhas cujos picos nevados o luar clareia. Não se vê viva alma nestas ruazinhas. Nos bangalôs dos professores as janelas estão iluminadas. De repente um trem apita. Outros trens apitam em minha memória. Onde estão os trens de antanho? — indaga o poeta. Havia um que apitava sempre às dez da noite, quando eu já estava na cama e o sono me atirava areia nos olhos. Vinha-me então uma vontade dorminhoca de viajar. E agora esse apito de trem na Califórnia desperta outra vez em mim o apetite de horizontes novos.

Viajar... Mas que tolice! Pois não estou *agora* viajando? Nããão! — responde tremulamente o apito. É extraordinário — reflito. A verdadeira Viagem nunca está no tempo presente, mas sim no passado, no futuro ou então naquele quarto e misterioso tempo que não sei se chamo de desejo, sonho ou imaginação.

O melhor mesmo é voltar para o quarto e ir para a cama. Adeus lua, árvores, casas, montanhas! Adeus, que eu vou viajar. Porque o sono, amigos, é uma viagem através dos quatro tempos.

UM CACHIMBO E VÁRIOS PROBLEMAS

Oito da manhã. Um sol de âmbar tinge a neve dos cimos. Piso geada na estradinha que leva do *hall* onde estou hospedado ao edifício onde fica o refeitório. Tomo o meu *breakfast* num vasto salão abobadado, que lembra o interior duma catedral. Vejo lá na parede do fundo um quadro mural pintado por Clemente Orozco: enorme Prometeu a erguer os braços para o céu. Seu corpo dá a impressão de estar todo esfolado, e suas carnes, dum vermelho arroxeado, parecem já em processo de decomposição. É um painel admirável, mas sua figura principal tem uma qualidade tão cadavérica, que me parece a coisa menos apropriada que se possa imaginar para um refeitório.

Às nove estou numa aula riscando na pedra a caricatura de d. Pedro I, pois tenho de comprimir nos cinqüenta minutos que se seguem a história política e social do Brasil, desde os dias do amante de d. Domitila até a era getuliana. Os estudantes querem saber se no Brasil todos os professores costumam transformar as lições em histórias ilustradas.

Quando termino a aula, Hubert Herring vem me apertar a mão e dizer-me ao ouvido:

— Irmão, você ainda não percebeu que ensinar é a sua verdadeira vocação?

Retruco:

— Quer saber duma coisa? O que sou mesmo é um viajante nato. Levei quase quarenta anos para descobrir isso...

À tarde estou diante de uns seiscentos rapazes e raparigas, professoras e professores, com a difícil incumbência de falar-lhes das diferenças de temperamento, inclinações e gostos entre brasileiros e norte-americanos.

— Para principiar — digo — suponhamos que eu tenha aqui à minha direita um brasileiro, e à esquerda um americano. Digo-lhes: Se a vida é uma peça de teatro... que espécie de peça será? O americano dirá logo: "É uma comédia musicada". — Mas o brasileiro sacudirá a cabeça, murmurando: "Não. A vida é um drama".

Passo a falar na maneira como encaramos a vida, a morte e o amor. Menciono nossos tabus sociais, religiosos, econômicos e históricos. E nessa conversa levo mais de uma hora.

À noite janto com Hubert e sua esposa, uma senhora franzina, de cabelos e olhos claros, que esta tarde vi pelas ruas de Claremont pedalando bravamente a sua bicicleta e comprando a galinha, as cenouras e os tomates que agora aqui temos sobre a mesa, deliciosamente preparados.

Vamos tomar café no *living room*, sentados perto da lareira acesa.

— Visitei o Brasil há uns quatro anos... — diz o dono da casa.

Faz uma pausa para meter fumo no cachimbo. Espero em silêncio.

— Os brasileiros — diz ele com sua voz musical —, benza-os Deus!... são o povo mais exuberante, mais amável e menos prático de todos os filhos da Ibéria.

— Filhos de quem?

— Da Ibéria...

— Ah...

Herring risca um fósforo, aproxima a chama do bojo do cachimbo e fica a dar-lhe fortes chupões, enquanto bebo o café que sua *missus* acaba de trazer.

— Quem visita Copacabana e vê arranha-céus, cassinos cheios de gente bem vestida, bem manicurada, perfumada de essências caras fabricadas em Paris..., quem vai num domingo ao Jockey Club e olha aquelas mulheres bonitas que exibem vestidos e chapéus elegantíssimos, tem a impressão de que o Brasil é um país rico e feliz...

Atira o fósforo na lareira, onde a lenha crepita.

— Mas, meu irmão, que miséria naqueles morros que ficam a dois passos do Jockey Club e dos cabarés de Copacabana! Visitei essas favelas com um amigo norte-americano, um belo dia de sol e de mar verde. Jesus Cristo! Aquelas casinholas feitas de pedaços de madeira e de lata velha, de chão de terra batida... aquelas crianças com farrapos imundos a cobrir-lhes os ventres inchados... Tudo isso é de causar arrepios no homem mais insensível. Meu amigo inocentemente apanhou alguns instantâneos... Um policial muito delicado nos convidou

a ir à delegacia, onde outro funcionário da polícia, com a mesma delicadeza, nos tirou o rolo de filme... — Mudando de tom ele pergunta:
— Que é que você acha?
— É uma velha atitude reacionária, muito comum no Brasil. O que eles fizeram com seu amigo têm feito também com livros e artigos que fotografam ou comentam a situação de miséria em que vive a maior parte da nossa população. Censurando os artigos e os livros eles pensam criar a impressão de que os problemas estão resolvidos. Odeiam os escritores objetivos e sinceros porque estes revelam aos leitores aspectos desagradáveis de nossa vida, que aos "pais da pátria" convém sejam escondidos e ignorados. Tratam por isso de desviar o assunto para o lado da moral. Acusando os autores de indecentes, erguem-se como heróis duma cruzada em prol da moralidade e dos bons costumes. E enquanto isso os únicos problemas realmente sérios que há no Brasil, isto é, o da miséria, do analfabetismo e o da falta de saúde das massas, continuam sem solução...
— O trabalhador brasileiro, segundo pude observar, mora em casas miseráveis, sem água corrente, sem nenhum conforto, e muitas vezes famílias enormes se aglomeram em duas peças estreitas. Comem pouco e mal e não têm assistência médica...
— A mortalidade infantil é pavorosa... — acrescento.
— Quem é o culpado disso? Os trabalhadores? Claro que não. Os patrões? O governo? Talvez. Mas não creio que a resposta seja tão simples assim.
— Então...
— Essa pobreza tem origem em defeitos vindos dos tempos coloniais. Portugal e Espanha sofreram do mesmo mal que o Brasil.
Observo:
— Com relação às suas colônias em certos respeitos Portugal foi mais indulgente que a Espanha.
— E menos eficiente... — retruca Herring. — Exigia impostos exagerados, impunha-lhes restrições tremendas... Portugal conservava o monopólio do sal, do pau-brasil e da pesca da baleia. Nunca encorajou os brasileiros no uso pleno da terra e muito menos na expansão da indústria.
Herring levanta-se e, tomando dum atiçador de ferro, acocora-se junto da lareira e começa a mexer nos toros ardentes.
— Outra das causas dessa miséria — prossegue ele — foram os três séculos de escravatura negra. Os brancos eram os donos da terra e os pretos trabalhavam nela.

— Esses senhores de plantações nos transmitiram o horror, ou melhor, o desprezo ao trabalho manual. Até hoje, quando nos referimos a algum serviço que tem de ser feito com as mãos, dizemos "isso é coisa pra negro".

Herring ergue-se e volta para a sua poltrona.

— Falei no Brasil com vários empregadores que me contaram de sua absoluta impossibilidade de levar para o campo esses moços que se formam em agronomia e veterinária. Parece que eles acham desmoralizantes as ocupações rurais.

— Até hoje muitas famílias pensam que seus filhos só podem ser políticos, médicos, advogados, sacerdotes...

— E literatos... — acrescenta Herring.

— Nossa língua é um convite à aventura literária — digo. — Literatura no Brasil é uma coisa bonita, mas nunca útil. O título de literato é uma espécie de flor no peito, e por isso nossa literatura por tantos séculos nada teve a ver com a nossa vida, nosso povo, nossos problemas. Ainda a herança dos tempos coloniais!

A sra. Herring entra e vem com o seu tricô acomodar-se silenciosamente num canto do sofá.

— Outra das causas da pobreza do Brasil — prossegue Herring — é a sua exagerada dependência de um único produto. O café recebeu todos esses anos um cuidado tal, que as outras fontes de riqueza econômica do país foram negligenciadas.

— Essa história pode ser contada paralelamente com a história do açúcar, do ouro, do cacau, do algodão, da borracha e do café.

— Vocês perderam o mercado do açúcar no século XVIII para as Índias Ocidentais.

— O do ouro não durou mais de dois séculos...

— Perderam o da borracha para o arquipélago malaio. E só depois de 1930 é que se convenceram de que o café se tornava um produto cada vez menos seguro e por isso se voltaram para o algodão.

Há um breve silêncio, em que penso na população das favelas e dos mocambos; no vaqueiro e no peão de estância; nos retirantes da seca e nos habitantes dos cortiços. Vem-me à mente a imagem duma graciosa brasileira que encontrei em San Francisco e que pulou da sua cadeira, indignada, quando lhe falei no pauperismo brasileiro. "Não, senhor! No Brasil não há miséria. O senhor está esquecido..." Esquecido... É preciso fazer um tremendo esforço para que o sol da Califórnia, as ameixeiras floridas do vale de San Bernardino e os jardins de Beverly Hills não me façam esquecer que há miséria no Brasil... Por alguns instantes meu espírito foge pela janela da casa do professor Herring e se vai por cima das montanhas na direção do sul... E quando minha atenção volta a esta quieta e morna sala, o dono da casa está falando outra vez.

—... vossa distribuição de terras defeituosa, uma sociedade ainda semifeudal, uma demasiada dependência de venda de matérias-primas baratas...

—... as tremendas diferenças de câmbio — digo — e mais o preço altíssimo de vossos automóveis, refrigeradores, rádios e outros artigos...

Herring aponta para mim com a haste do cachimbo, acusadoramente:

—... e a ganância de vossos comerciantes... não se esqueça disso.

Falo-lhe da industrialização do Brasil que tudo indica parece estar em boa marcha.

Herring faz uma careta de dúvida.

— Até onde a industrialização poderá melhorar a vida de vossos trabalhadores? Acha que o homem comum brasileiro viverá melhor na fábrica que na lavoura, na granja, no campo? Acha que um crescente consumo de artigos manufaturados vai aumentar o conforto e a segurança da vida de seu povo?

— Mas não foi isso que aconteceu neste país? — pergunto.

— O que temo é que essa industrialização, longe de aumentar as rendas da nação, sirva apenas para encher a bolsa dos exploradores, dessa minoria esperta que tem dinheiro.

— Tudo isso prova uma coisa: o absurdo monstruoso do sistema econômico dentro do qual nós vivemos e os marginais vegetam...

Herring encolhe os ombros. E de olhos cerrados fica chupando o seu cachimbo.

O NEGRO DA VOZ DE VELUDO

9 de fevereiro. Tivemos hoje um grande dia. À tarde Mariana e eu assistimos a um concerto do pianista brasileiro Bernardo Segall no Philharmonic Auditorium; e à noite fomos ver Paul Robeson no *Otelo*, de Shakespeare, no Biltmore Theatre. Creio que nunca me emocionei tanto num espetáculo, nem presenciei uma mais perfeita representação teatral...

Foi um grande momento aquele em que Robeson, o esplêndido negro, entrou em cena com suas roupagens vistosas. Da primeira fila onde estávamos, podíamos ver-lhe bem o rosto. Achamo-lo um pouco envelhecido: alguns cabelos brancos riscavam-lhe de prata a carapinha. Seu rosto é de cor acobreada, lustrosa e lisa, sem o menor *make-up*. Sua voz — que uma escritora inglesa descreveu como sendo de veludo negro —, sua voz grave, redonda, musical, enchia o teatro. E era esquisito ouvi-lo dizer com máscula ternura — *Sweet Desdemona!*

Nascido em Princeton, foi Paul Robeson um estudante aplicado e ao mesmo tempo um atleta de renome, chegando a ser campeão de futebol. Freqüentou a Faculdade de Direito da Universidade de Columbia e entrou para o teatro por acaso, pois uma certa Miss Dora Cole, que dirigia no Harlem um espetáculo de amadores, convenceu-o a aceitar pequeno papel.

"Eu estava estudando direito" — conta Robeson — "e andava muito ansioso com relação a meu futuro, pois queria fazer alguma coisa em favor de minha raça. Acontece também que fui educado segundo a idéia de que o teatro é um lugar de vício e maldade. Um dia um sujeito chamado Jasper Deter veio me procurar, leu para mim a peça *Imperador Jones*, de O'Neill, e declarou que desejava oferecer-me o papel principal. Fiquei tão indignado com a história, que quase expulsei Deter da minha casa. Foram precisos vários anos para eu me convencer de que tudo aquilo tinha sido tolice. Finalmente concordei em fazer *Imperador Jones* e depois a peça *Tabu*, de sorte que com o tempo me fui habituando à idéia de ser ator e mais tarde, cantor."

Poucos negros têm feito tanto por sua raça como Paul Robeson. Convenço-me agudamente disso esta noite, ao ver e ouvir centenas de espectadores que o aplaudem delirantemente, que o obrigam a voltar à cena, muitas, muitas vezes.

Vendo esse homem preto abraçando a louríssima Desdêmona, fico a imaginar a reação de muitos dos americanos brancos que aqui estão e para os quais um negro é um ser à parte na escala zoológica, naturalmente mais alto que o macaco, não tão belo como o cavalo e positivamente muito abaixo do homem...

Por mais empolgado que eu estivesse por Paul Robeson não deixei de observar que muitas cenas em que ele aparecia foram *roubadas* por José Ferrer, um porto-riquenho de extraordinário talento histriônico, que faz o papel de Iago, um dos melhores Iagos — afirma a crítica — que o teatro jamais teve.

E a gente aceita todas as convenções do teatro shakespeariano para acreditar na história do Mouro de Veneza, e seguir, tenso, sentado na beira da poltrona, o desenvolvimento do drama.

E agora — meia-noite passada — estou na frente de minha casa a caminhar insone na calçada, para cima e para baixo. A voz de Iago (*Put money in thy purse!*) e a voz de Otelo (*A soldier's a man; a life's but a span*) ainda me soam na memória. Não sei que estranhos ecos essas duas figuras despertaram em mim. Elas me trazem à mente pensamentos vários. Reminiscência de velhas leituras. Considerações sobre o problema racial neste país.

Mas em breve esqueço Shakespeare, Otelo, Iago e as questões de raça para tentar descobrir por que as noites suburbanas de Los Angeles são menos silenciosas e evocativas que as dos subúrbios brasileiros. E concluo que é porque as nossas noites têm a acentuar-lhes a poesia e a quietude, o canto dos galos. Aí está! O silêncio desta rua é leve e azul; é um silêncio que a bruma amortece ainda mais. Mas esta calma noturna não me diz nada, ao passo que nas madrugadas brasileiras o canto dos galos nos terreiros me fazia pensar em cemitérios sob o luar, trazia-me vozes do passado, acordava fantasmas, e parecia ecoar longe nos corredores insondáveis da noite.

O MINISTRO

21 de fevereiro. Sou convidado a fazer um discurso por ocasião do jantar que o Southern California Council for Inter-American Affairs oferece hoje, num clube de Los Angeles, ao ministro da Guerra da República de Metagalpa, o qual, com oficiais de seu Estado-Maior, percorre os Estados Unidos em visita de cortesia.

Fico sentado entre Mr. Rosencrantz, presidente do Council, e um capitão metagalpense. No lugar de honra, sua excelência o general Urbina luta com a salada, faz prodígios de equilíbrio para evitar que o molho amarelo lhe salpique a túnica. É ele tudo o que a gente espera dum homem de sua nacionalidade e profissão: gordo, de meia-idade, bonachão e cheio de alamares dourados. Aqui estão nesta mesma mesa uns cinco outros oficiais do Exército de Metagalpa, com seus laços húngaros e as suas condecorações. Premido pela falta de assunto, pergunto ao capitão que tenho à minha esquerda:

— Qual é o efetivo do Exército de Metagalpa?
O homem permanece num curto silêncio reflexivo e depois diz:
— Uns quinhentos homens.
Repito, intempestivo:
— Quinhentos?! — Mas em seguida, dominando a surpresa, baixo a voz e digo com calma: — Ah... quinhentos...
Mr. Rosencrantz levanta-se para fazer as apresentações.
— Considero um privilégio raríssimo para este Council ter como convidado de honra uma personalidade tão ilustre como a do general Urbina, ministro da Guerra de Metagalpa, essa república amiga centro-americana.
Respirando forte como um touro, as pálpebras caídas, o ar sonolento, o general escuta...
— Devo dizer — continua o sr. Rosencrantz — que o nosso convidado, que é primo-irmão do presidente de Metagalpa, exerce também funções de vice-presidente da República.
Mr. Rosencrantz, evidentemente um humorista, inclina a cabeça na direção do general e acrescenta, gaiato:
— De sorte que tudo lá fica em família, não é mesmo, nosso amigo?
Há uma pausa difícil. Risinhos constrangidos brotam de vários pontos da sala. Mr. Rosencrantz percebe a gafe que cometeu e começa a ficar vermelho: suas orelhas parecem de lacre. Enquanto isso "el general" brinca pachorrento com uma bolinha de miolo de pão, talvez com a mesma indiferença com que jogará com os destinos de Metagalpa...

GLAMORIZANDO A VIDA

Minha querida Fernanda: *Quem observa a vasta, variada e tumultuosa superfície da vida norte-americana conclui que estas gentes procuram, por assim dizer, passar uma camada de verniz na vida. Essa tendência tem muito a ver com a palavra* glamour *e com o verbo dela derivado,* to glamourize. *Segundo* The Oxford English Dictionary glamour *quer dizer: "Magia, encantamento, sortilégio; beleza mágica ou fictícia que se atribui a uma pessoa ou objeto; encanto ilusório e fascinante".*

Hollywood deu prestígio universal à palavra glamour. Glamour, *quando atribuído a uma mulher, não significa propriamente beleza, porém algo mais profundo (ou superficial?), uma irradiação, um lustro, um fascínio que até certas mulheres que não podemos considerar belas possuem. Há beleza sem glamour, explicam os entendidos.*

Dum modo geral os filmes de Hollywood glamorizam a vida no sentido de lhe emprestarem um colorido e um encanto que nem sempre ela tem. Esse vício de Hollywood é uma conseqüência do espírito americano tão inclinado para os contos de Cinderela, de sucesso, e tão disposto sempre a fugir de tudo quanto é mórbido e triste. Uma prova disso é que os escritores mais cruamente realistas são os que encontram menos público neste país. Ora, glamorizando a vida e as pessoas, Hollywood contribui para que se agrave essa tendência glamorizante — digamos assim — do caráter nacional. São, pois, os estúdios, fantásticas fábricas de glamour *cujos produtos — curiosa forma de entorpecente — encontram mercado entusiasta em todo o mundo.*

Examine os livros e revistas que se publicam neste país. São bem impressos, bem ilustrados, em suma, cheios de glamour. *Suas ilustrações falam-nos dum mundo admirável, aerodinâmico, vitaminizado, mecanizado e colorido. Não conheço um único magazine americano que publique histórias realistas, em que a miséria e as paixões das criaturas apareçam nuas.*

As próprias frutas e legumes são aqui glamorizados não só pelos agricultores, que, por meio de drogas especiais, procuram produzi-los maiores e mais belos, como também pelos revendedores, que os apresentam em invólucros de celofane ou em caixas de papelão com rótulos brilhantes e vistosos.

Neste país até os cemitérios têm glamour. *Não exagerou Aldous Huxley ao descrever um cemitério californiano cujo nome romântico aparece à sua entrada em letras luminosas de gás neônio. (Explicarão os americanos do Leste, não sem alguma verdade, que tais extravagâncias só acontecem na Califórnia...) Conheço um cemitério que faz anúncios em programas de teatro e em magazines de luxo, apregoando as delícias de seu "Jardim das Lembranças" (a palavra cemitério é tabu), onde poderemos repousar à sombra de carvalhos, pinheiros e faias, ao som de regatos murmurantes e, a certa hora do dia, sob o sortilégio da música de Bach ou Händel tocada num órgão invisível...*

A indústria do glamour, *no que diz respeito às mulheres, é explorada neste país através da venda de cosméticos, de perfumes e duma série de pequenas coisas relacionadas com a maquilagem. Helena Rubinstein, Max Factor, Elizabeth Arden são alguns dos sumos sacerdotes desse colorido rito de vaidade e ilusão.*

A mania do glamour *chega em certos casos a contagiar até as religiões. Diga-se de passagem que a Igreja Católica — com o seu sólido* glamour *latino e milenar — é mais impermeável que as seitas protestantes a esse tipo de* glamour *americano. Muitas igrejas e capelas evangélicas glamorizam suas* fachadas e jardins, e alguns de seus pregadores — pelo menos aqui na Califórnia — escolhem títulos glamorosos para seus sermões, chegando ao ponto de fazerem estampar, na página religiosa da edição de sábado dos jornais, anúncios dos serviços dominicais de suas igrejas — mas anúncios ilustrados com seus retratos, como se eles próprios fossem glamour boys.

O glamour *por sua vez tem uma certa relação com as palavras sexo*, show, *personalidade, sucesso. Em matéria de fascínio sexual, o glamour é uma isca poderosa. Muitas* glamour girls *saem do ginásio ou da universidade e vão para a Broadway ou para Hollywood. O glamour lhes abre muitas vezes a porta do casamento ou a do sucesso na vida comercial ou artística. Afirma-se que as pessoas que têm* glamour *quase sempre têm personalidade, coisa tão apreciada num país em que há — força é confessar — uma certa tendência para a padronização.*

Os americanos chegaram à perfeição de glamorizar até a morte. Quando uma criatura morre é ela entregue a um técnico que se encarrega do velório, do funeral e do resto. Esse técnico poderia chamar-se simplesmente undertaker, *ou seja, armador. Mas não! Oh, não! Eles se dão o glamoroso título de* mortician, *e o corpo inerme que lhes confiam deixa de ser um defunto para ser um paciente. O* mortician *embalsama-o, lava-o, veste-o, pinta-o; se se trata dum homem, escanhoa-lhe o rosto. Se é mulher, poderá em certos casos chegar ao requinte de fazer no cadáver uma ondulação permanente. Enfim, o* mortician *tudo faz para que na sua última morada — o esquife — o paciente mantenha uma postura não só digna como também até certo ponto agradável aos olhos dos vivos. Ninguém guarda defunto em casa, Fernanda. O morto é entregue aos* mortuaries, *empresas mortuárias que se encarregam de tudo, desde o preparo do corpo até o enterro com acompanhamento de "técnicos" passando pelo velório, que é uma cerimônia que se parece mais com um* cocktail party *que com qualquer outra coisa. Esses mortuários são casas de aspecto risonho e gentil, algumas em estilo Tudor, outras à feição das mansões espanholas, e não poucas imitando templos gregos ou mansões georgianas. Têm nomes românticos como Jardim do Silêncio, Morada das Recordações, Mansão do Bom Samaritano, Casa do Consolo... Seus jardins são verdes e à noite faíscam em suas fachadas letreiros de luz neônio. Dentro desses* mortuaries *há espelhos, tapetes fofos, vasos com flores, quadros de arte e uma atmosfera glamorosa que procura tirar à morte toda a sua qualidade macabra. Minha amiga, morre-se muito confortavelmente neste país!*

Não será a glamorização da vida uma forma de escapismo, um desejo de fugir de tudo quanto a realidade nos oferece de feio e desagradável? Sim, é possível, mas talvez essa tendência possa ser interpretada também como uma inclinação artística, se não para a beleza profunda e rara, pelo menos para o bonito de superfície, para o que é agradável aos sentidos.

Porque apesar dessa vocação para o escapismo que manteve os Estados Unidos por tantos anos isolados, os americanos quando necessário sabem enfrentar a realidade. E não precisarei invocar exemplos da história passada. Basta lembrar a maneira como agora eles se estão portando na presente guerra. Uma guerra — confessemos — que procuram por todos os meios glamorizar... uma vez que não lhes é possível ignorá-la.

OF GANGSTERS AND TOMATOES

17 de fevereiro. Um dos gângsteres mais odiosos do cinema é Sheldon Leonard, sujeito alto, moreno e corpulento, de ondulados cabelos negros, e uma expressão de sarcasmo e maldade constantemente a crispar-lhe os lábios. Pois encontrei esse temível facínora hoje pela manhã no mercado do nosso bairro, a fazer compras com um cesto no braço. Apanhei-o em flagrante no ato de escolher legumes... E com a mesma mão assassina afeita ao punhal e à metralhadora, ele apalpava delicadamente beringelas, cenouras, aipos e tomates...

O SILÊNCIO É DE OURO

5 de março. Minha mulher me considera um sujeito muito mal-educado e vive criticando meu comportamento social. Assegura-me ela que costumo dormir de olhos abertos na sala, diante das visitas. Diz que não presto nunca atenção ao que me perguntam, e que em geral me fecho num silêncio não de ouro, mas de pedra.

Lembro-me duma cena patética no refeitório do Mills College, na noite em que à mesa do jantar me fizeram sentar ao lado duma visitante ilustre, com o fim de entretê-la. Era uma senhora ainda moça, a que o pincenê e um coque antiquado envelheciam caricaturalmente. Disseram-me que se tratava de pessoa muito culta e profundamente interessada na América Latina. Por mais que me esforçasse eu não encontrava assunto. Já havia esgotado todas as perguntas formais — "De que estado é?" "Vive há muito na Califórnia?" "É a primeira vez que visita o *campus*?" — e não queria, por uma questão de dignidade, falar do clima de San Francisco. Houve um momento em que andei voando por um vago mundo de abstrações, mistura de sonho, sono e distração... De repente senti um golpe na canela. Era Mariana, que usava a contundente linguagem do bico do sapato para me chamar à realidade. Tive um sobressalto. Olhei para os lados, atarantado, enquanto minha mulher explicava:

— Essa senhora acaba de te fazer uma pergunta...

— Oh! *I am so sorry*... Que foi que a senhora perguntou?

Com uma voz de cinza fria a cair de lábios descorados e estreitos, ela repetiu:

— Que providências foram tomadas para restaurar a biblioteca pública de Lima, Peru, destruída pelo fogo?

Por um instante fiquei como que cristalizado de espanto. Depois, lentamente, respondi:

— Sinto muito, minha senhora. Não tenho a menor idéia.

E desse ponto em diante mais fundo e espesso foi meu silêncio.

Hoje somos convidados para uma festa na casa de Gerald Smith, que mora em North Hollywood. Refiro-me ao admirável Gerald Smith, que representa o coordenador dos Assuntos Interamericanos em Los Angeles, e não ao odioso Gerald J. Smith, imperialista, isolacionista e reacionário.

Gerry convidou umas duas dezenas de amigos para assistirem à exibição de filmes sonoros de dezesseis milímetros que mostram trechos do Rio, de São Paulo e de Belo Horizonte.

A reunião está muito agradável. Mariana me segreda que espera com ansiedade a hora das bebidas, pois descobriu que só depois do primeiro copo de uísque é que ganha coragem e desembaraço para falar inglês.

— Estou com a língua amarrada — diz ela. — E por falar em língua já reparaste como aqui ninguém fuma?

— Fica firme — digo-lhe. — Não te esqueças de que todos são mórmons. Os mórmons não bebem álcool nem fumam.

— Mas eu vou arriscar...

Inclina-se para uma senhora e pergunta-lhe:

— Será que posso fumar?

A dama sorri delicadamente e hesita:

— Bom... a senhora compreende... nós não aprovamos... mas se a senhora quiser, quem sabe... na outra sala...

E sorri um sorriso que é em si mesmo um acanhado pedido de desculpas.

— Ah! Não, absolutamente.

Chegam as bebidas e os sanduíches. Enormes copos com um líquido esbranquiçado. Limonada... Mariana me olha significativamente.

Depois da exibição dos filmes, Gerald Smith me pede que faça uma palestra sobre o Brasil. Recosto-me numa porta e começo a conversar... Não sei se foi a limonada que me soltou a língua... Só sei que vou falando, sem atentar no tempo que passa. Mariana me lança olhares de surpresa. Conto como foi descoberto o Brasil, que tipos entraram na formação da nossa raça; descrevo em traços gerais a geografia brasileira, e procuro contar das diferenças que hoje há — no físico e na psicologia — entre os diversos estados do Brasil. E assim nessa digressão gasto uma hora inteira.

De volta para casa no automóvel, digo a Mariana:

— Bem, hoje não podes dizer que não falei...

Com a cabeça atirada para trás no respaldo do banco, ela murmura:

— Hoje falaste demais.

SEGREDOS DA MATERNIDADE

22 de março. Vou almoçar com Robert Nathan no estúdio da Metro-Goldwyn-Mayer. O autor de *O retrato de Jennie* ocupa um gabinete no edifício central do estúdio. Reina tamanho silêncio nestes corredores limpos e reluzentes, que este departamento da Metro é conhecido pelo nome de "maternidade". Creio que o nome é apropriado, pois, quando os manuscritos saem destas salas prontos para serem entregues ao homem que lhes dirigirá a filmagem, eles podem ser comparados a crianças que acabam de vir ao mundo depois de longo, laborioso processo de gestação; e sua entrada neste vale de lágrimas muitas vezes se processa graças a intervenções cirúrgicas. Porque o que se faz nesses *scripts* — cortes, emendas, adições — equivale a verdadeiras operações. Outro pormenor importante: dificilmente se poderá determinar o pai das "crianças" que nascem nesta "maternidade", cujo presidente é Mr. Louis B. Mayer.

Tomemos por exemplo um caso concreto. Imaginemos que um romance intitulado *Borborigmos do coração* (tudo é possível neste país em matéria de títulos...) conseguiu grande sucesso de livraria. Há uma corrida para a compra de seus direitos cinematográficos, mas a Metro ganha a concorrência e abocanha o romance.

Isso feito, o estúdio entrega o livro a um grupo de peritos na arte de transformar uma história literária numa história cinematográfica. Os peritos terminam o trabalho e submetem-no à leitura dos chefes. Os chefes acham que falta — digamos — um "toque de Robert Nathan", isto é, uma coisa que pode ser reduzida à seguinte fórmula: *sophistication* + poesia + leve melancolia + mistério. O *script* é enviado a meu amigo Nathan, que lhe põe a sua marca, introduzindo diálogos e cenas novos, e alterando os antigos. Assim em sua nova forma, com o *Nathan's touch* volta o manuscrito para o chefe da produção, que o lê, franze o nariz e diz que está faltando ainda qualquer coisa... Que será? Masca o charuto, atira os pés para cima da mesa, brinca com um lápis e de repente uma palmada na coxa. Achei! O que falta é um toque másculo, um pouco de violência à James Cain. Ora, James Cain é um escritor de novelas patológicas, cujos heróis em geral são gente rude com inclinações para o homicídio, para a fraude e para a violência. Assim o manuscrito é remetido ao escritório de Mr. Cain, que funga, tosse, franze as sobrancelhas híspidas e introduz nele umas cenas violentas, uns diálogos brutais, esmagando assim com seus coturnos de ferro as lindas flores que Robert Nathan com gosto artístico e sentimento poético semeara pela história. E de novo lá vai o *script*, cheio de novas emendas, para as mãos do *producer*, que acaba achando que ainda falta na coisa toda um toque de humor. Mas quem é que poderá dar esse toque? Ora quem... Ludwig Bemelmans, o famoso humorista satírico! Mas Mr. Bemelmans está em Nova York! Não faz mal. Consigam-me uma ligação telefônica com ele. O.k. Dez minutos depois Mr. Bemelmans, que está no seu apartamento em Nova York, metido num banho morno, comunica-se por telefone com Mr. Producer, que está no seu escritório, no estúdio da Metro, em Hollywood.

— *Hello*, Ludwig!
— *Hello there!* Como vão as coisas?
— Aqui em Los Angeles faz calor como sempre.
— Pois aqui em Nova York está caindo neve.
— Veja só como é a natureza!
— *Hey!* Você me chamou só para conversar sobre o tempo?
— Oh! Não. Escute, Ludwig. Tenho um *script* aqui e queria que você desse uma mão nele...

— Estou muito ocupado, meu velho.
— Mas é uma coisinha de nada. Quero meia dúzia de boas piadas.
— *Honest?* Só meia dúzia?
— Palavra de honra.
— Mande-me então o *script*.
— *Say*, Ludwig. Temos pressa... queremos começar a filmagem logo.
— O.k. Em quatro dias tudo ficará pronto.
— *Splendid!*... Escuta, Ludwig, qual é o teu preço?
— Vinte mil.
— *Phew!* Vinte?
— Vinte. Nem um cent menos.
— Está bem. *Bye-bye!*

E assim no próximo avião o manuscrito voa para Nova York, a fim de que Mr. Ludwig Bemelmans inclua nele um par de piadas. E ao cabo de alguns meses de trabalho, e ao preço de várias centenas de milhares de dólares, o manuscrito fica finalmente pronto para ser filmado. E na sua forma definitiva qualquer semelhança que possa ter com o original de *Borborigmos do coração* terá sido mera coincidência...

Contaram-me que faz mais de um ano que os escritores da Metro estão trabalhando na versão cinematográfica do livro de Marjorie Rawlings, *The yearling*. E afirma-se que até esta data a companhia já gastou perto de setecentos mil dólares só com esse trabalho de adaptação.

Almoço no *commissary* da Metro, que é um vasto restaurante decorado em bege e azul. Sento-me entre Robert Nathan e Leslie Charteris, escritor de novelas policiais e criador do Santo, figura romântica de aventureiro. É um homem grande, de cara larga de gurizão. Na nossa frente James Cain luta com uma perna de galinha. É um tipo moreno, de óculos, cabeleira grisalha e revolta, nariz largo, boca apertada e amarga, sobrancelhas muito cerradas; tem exatamente a expressão que o leitor espera encontrar no rosto do autor de *Pacto de sangue*. Suas personagens, que falam gíria, estão sempre inventando estratagemas infernais para acabar com a vida de alguém, a fim de ficar com alguma coisa — a mulher da vítima ou a importância de seu seguro de vida.

Olho em torno e vejo faces familiares. Lá está Walter Pidgeon. Mais além, Gene Kelly e Marsha Hunt. De quem é aquele rosto miudinho tão conhecido? É de Margaret O'Brien, que está ao lado de Edward Robinson, horrendo na sua caracterização para *Our vines have tender grapes* — um bigodão escuro a cair-lhe pelos cantos da boca. Lana Turner passa por nós, e seus cabelos muito claros reluzem.

Depois do almoço saio com Robert Nathan a visitar os *sound stages*. Apresenta-me ele a Judy Garland e Robert Walker, que estão filmando uma cena de *The clock*, em cujo *script* Nathan imprimiu sua marca. Conheço também o diretor Vincente Minnelli, que nos intervalos dos ensaios abraça e beija Judy, com quem, dizem, vai casar. É um homem magro, de cabelos escuros e de ar serelepe. Conto-lhe que vi as ilustrações que ele desenhou para uma edição especial das *Memórias de Casanova*. Minnelli faz um gesto de horror, pois considera esses desenhos um pecado da juventude; acha-os não só amaneirados como também uma péssima imitação de Aubrey Beardsley.

Fico para assistir à filmagem. Quem imagina que a feitura duma película tem muito encanto e pitoresco, engana-se. É um trabalho lento, cacete, sonolento, repetido. Levam às vezes uma tarde inteira para filmar uma cena cuja exibição na tela não gastará mais de cinco minutos.

Vejo por aqui uma quantidade enorme de trabalhadores. Cada um tem sua função. Dois encarregam-se da câmara, outros dois puxam o carro em que a câmara está montada e muitos outros tomam conta dos refletores, do microfone, do controle do som, etc...

Imagino que haverá milhares de pessoas que gostariam de estar agora no meu lugar, que dariam tudo para entrar aqui e aproximar-se de Judy Garland ou Robert Walker. No entanto anseio por sair deste barracão. Faz calor e já estou cansado de ver a mesma cena repetir-se tantas vezes: Judy e Robert andam à procura dum juiz para casá-los. A arrumadeira do escritório lhes informa que o juiz acaba de sair. Os dois jovens voltam correndo e encontram o homenzinho junto do elevador. Há um diálogo rápido, impaciente, ao cabo do qual o juiz decide voltar para casar os dois jovens.

Robert (o Nathan, não o Walker) e eu não esperamos pelo casamento.

Saímos para o ar livre e voltamos rumo da maternidade. No caminho pergunto a Nathan se está escrevendo algum livro.

— Que é que se pode escrever nesta hora do mundo? E depois — acrescenta ele, com a sua voz calma — como é possível escrever alguma coisa séria na Califórnia, com este sol, com este ar...

Passa por nós José Iturbi, fumando cachimbo e com a cara maquilada. Vai decerto tocar o concerto de Grieg ou um *boogie-woogie* de Duke

Ellington. Ginger Rogers cruza a rua no seu automóvel. E um caubói solitário fuma sentado num caixão vazio à sombra dum caminhão.

— O que eu faço agora — continua Robert — é escrever argumentos para cinema. Não tem a menor importância. Eles pagam bem e no fim de contas meu nome mal aparece nessas coisas...

(Nathan ganha dois mil dólares por semana.)

Quando voltamos a seu escritório, sento-me à sua mesa e ele se estende no sofá, acendendo um charuto. Confesso que tenho uma grande simpatia por esse homem tranqüilo, que escreve com ternura e compreensão sobre menininhas antigas, pintores boêmios e artistas notívagos. Descendente de judeus, tem ele um perfil fino, uma tez pálida, cabelos e olhos escuros.

Atirando para o ar a fumaça do charuto, ele pergunta:

— Você se preocupa com o futuro de seus livros? Quero dizer... deseja que eles sejam lidos muitos anos depois de sua morte?

Encolho os ombros:

— Sei que não serão. Mas confesso que isso não me dá o menor cuidado.

— Pois a mim me dá — diz Nathan, depois duma curta pausa. — Muitos críticos negam minha obra. Mas há uma coisa que me traz grande conforto e me faz esperar que meus livros não morram tão cedo. É que a gente moça parece gostar muito deles...

Essa confidência cândida me sensibiliza. Ela não revela o *touch* irônico de Nathan. Mas feita sem nenhum alarde nem falsa modéstia, dentro dum estúdio de Hollywood, e por um homem que realizou uma obra séria que ele próprio parece amar profundamente — tem um sentido extraordinário.

Estamos ainda a falar na sobrevivência de livros quando James Cain irrompe na sala e vem pedir informações a Nathan sobre a menção dos direitos para televisão nas cláusulas de novos contratos em torno de livros. Quando Cain se retira, fico a sorrir.

— Por que é que está sorrindo? — pergunta Nathan.

— Porque dificilmente se poderão encontrar numa mesma sala dois tipos tão diferentes. O poeta que escreveu *O retrato de Jennie* e o "ogre" que engendrou o crime de *O destino bate à porta*.

Nathan soergue-se no sofá.

— É curioso, não é mesmo? E sabe que na realidade Cain gosta de caça grossa, adora ver sangue?

Depois dum silêncio acrescenta:

— E o mais estranho é que de nós dois o reacionário é ele. Votou em Dewey porque abomina Roosevelt.

Há uma pausa em que mais fundo se faz o silêncio da maternidade. Penso no processo de gestação de tantos *scripts* que a esta hora estão tomando forma, como monstruosos fetos que antes de surgir para a luz andassem de ventre em ventre, para depois, sem pai certo, sem outro nome de família que o da M. G. M., saírem pelo mundo a divertir milhões de criaturas, através duma vida que por mais gloriosa que seja não deixará nunca de ser efêmera.

Todo esse processo não será por acaso mais um desses muitos horrores da idade da máquina?

O PRESTÍGIO DO AMANHÃ

25 de março. Os jornais e revistas americanos traduzem bem a mania que uma parte da população deste país tem de correr à frente do tempo. As revistas de agosto por exemplo são postas à venda em princípios de julho. E há jornais que se gabam de dar hoje as notícias de amanhã. E o mais melancólico ou, melhor, o mais tolo é que com tal preocupação essas publicações só conseguem andar atrasadas...

Vejo hoje num magazine esta charge: É no corredor duma maternidade, e uma enfermeira sai de um dos quartos com um recém-nascido nos braços. Uma segunda *nurse* aproxima-se dela e pergunta, surpresa:

— Mas esse bebê não estava sendo esperado para o mês que vem?

— Estava, sim — responde a primeira. — Mas acontece que ele é filho dum diretor de revista...

Positivamente, o que salva este povo é a capacidade que ele tem de zombar de si mesmo.

O PROBLEMA NEGRO

Fernanda: *Tobias, que se tem especializado ultimamente em assuntos difíceis, esta manhã me tomou do braço e lançou em rosto esta pergunta: "Que me diz da discriminação racial neste país?". Estávamos sentados num banco* de Pershing Square, tomando sol e olhando preguiçosamente os vagabundos, os pássaros e as crianças.

— Custa-me acreditar — respondi — que um país onde impera o bom samaritanismo; que uma nação de cristãos empenhados em fazer boas obras; que um povo, enfim, tão pronto a falar em democracia e igualdade mantenha os negros segregados, portando-se com relação a eles dum modo tão desumano.

T. — Qual a raiz desse sentimento antinegro?

E. — Para principiar havia essa coisa absurda, errada e cruel que era a escravatura. E a necessidade de braços para as lavouras do Sul. Depois, esse sentimento aristocrático que é um dos característicos da raça anglo-saxônica. O pioneiro anglo-saxão dificilmente ou nunca se misturava com os índios. Ora, esses descendentes de ingleses que eram e são os brancos do Sul achavam e acham o negro ainda mais repulsivo que o indígena. A repulsa assumiu proporções tamanhas, que de certo modo o escravo acabou sendo olhado mais como um animal do que como uma criatura humana. Algumas pessoas de fundo religioso tratavam de conciliar a Bíblia com suas idiossincrasias racistas, dizendo que Deus fez todos os homens iguais, não há dúvida, mas ficou claro que as Escrituras não classificam os negros dentro do gênero humano.

T. — Só esse sentimento anglo-saxão explica a posição dos negros hoje?

E. — Claro que não! Em cima desse erro, isto é, do trabalho escravo, ergueu-se toda uma estrutura econômica cuja segurança e integridade ficariam em perigo caso os negros obtivessem sua liberdade. Essa dependência duma raça que eles consideravam inferior, criava um ressentimento que se traduzia em muitos casos em maus-tratos.

T. — Teve ou tem esse sentimento antinegro alguma causa sexual?

E. — Sim, até certo ponto. Apesar de todos os preconceitos raciais, alguns homens brancos tinham curiosidade sexual com relação às mulheres negras. Muitas vezes (e não raro tinham de se embriagar para isso) coabitavam com elas. Os resultados desses casos eram quase sempre: a) a produção dum mulato, que ainda continuaria a ser "um negro"; b) escândalo entre os brancos e uma atitude de repulsa para com o branco renegado que dormira com a negra; c) ódio pela negra, principalmente da parte das mulheres brancas. Aconteceram freqüentemente histórias como a que o nosso Jorge de Lima conta no seu admirável poema "Essa nega fulô". E quando um negro assaltava e violava uma branca, ele era perseguido e linchado.

T. — Ainda há linchamentos hoje em dia?

E. — Apenas nos estados mais atrasados. Os linchamentos eram mais freqüentes na época que se seguiu ao fim da Guerra Civil. E observe esta coisa curiosa. O destino do negro sempre esteve ligado intimamente à economia do

Sul. Ficou provado que, quando o preço do algodão baixava, o número de linchamentos aumentava.

T. — A velha teoria do bode expiatório...

E. — Hoje em dia os linchamentos diminuíram sensivelmente a ponto de se tornarem raríssimos, e isso se deve em grande parte à atitude, com relação a eles, do resto do país, a qual deixou de ser tolerante ou desligada para ser de franca censura.

T. — Que outros fatores causaram ou exacerbaram a discriminação racial?

E. — A competição. O trabalhador negro, antes da abolição, era um concorrente — involuntário, é verdade — do trabalhador branco, pois trabalhava mais e de graça. Depois da abolição entrou na competição livre.

T. — Livre?

E. — Na verdade não se pode usar o termo livre, uma vez que os empregadores sempre deram preferência ao trabalhador branco.

T. — Por alguma razão técnica?

E. — Não. Ainda por um preconceito racial.

T. — Em que consiste a discriminação racial no Sul?

E. — O negro é, no dizer do sulista, "mantido no seu lugar". Nos cinemas, nos ônibus, bondes e trens, eles têm lugares separados. Até mesmo nas igrejas essa separação existe. Nas estações de estrada de ferro dos estados do Sul vemos uma sala de espera para brancos e outra para negros. Quando levado a júri, o negro sempre tem menos chances de absolvição, pois seu caso raramente é examinado com simpatia ou tolerância, como poderia acontecer se se tratasse dum branco. Mais ainda: segundo uma convenção do Sul não se deve dar a um negro o tratamento de Mr. (mister).

T. — Os negros têm direito ao voto nesses estados sulinos?

E. — Teoricamente sim. Mas na prática existem muitos truques legais, semilegais, ou ilegais para evitar que o negro vote.

T. — Que oportunidades tem o negro para se educar?

E. — Muitas. Há escolas primárias e secundárias gratuitas para os pretos e situadas nos distritos onde eles vivem. Há também universidades só para gente de cor.

T. — E que chances encontra neste país o negro educado?

E. — Um negro que se forma em direito, engenharia ou medicina pode fazer carreira entre os de sua raça. Mas a educação torna-os ainda mais infelizes, pois o negro esclarecido sente ainda mais agudamente o isolamento social em que vive.

T. — Mas essa discriminação existe legalmente em todo o país?

S. — *Não. Há muitos estados em que tal segregação não é legal. Em geral a situação dos negros nos estados do Norte e na Califórnia é melhor que no resto do país. Nessas regiões eles podem votar sem precisar pagar* poll tax *e podem freqüentar universidades de brancos. (É o caso da Universidade da Califórnia, onde vi muitos negros, alguns dos quais assistiram a algumas de minhas conferências.)*

T. — *Fazem-se campanhas em prol dum melhor tratamento para os negros?*

E. — *Muitas! É preciso fazer justiça a uma boa parte da população americana, que não aprova o tratamento que se dá aos seus compatriotas de pele escura. Há inúmeros escritores, educadores e jornalistas liberais que conduzem através do livro, do jornal, do rádio, da tribuna e da cátedra uma séria campanha contra a discriminação racial. Mas dum modo geral o assunto negro é tabu nos Estados Unidos. Agatha Christie escreveu um romance policial que se publicou na Inglaterra sob o título de* O caso dos dez negrinhos. *Pois bem. Na sua edição norte-americana esse título teve de ser mudado para* O caso dos dez indiozinhos, *pois a experiência aconselha os comerciantes a evitar a palavra* negro *sempre que seja possível.*

T. — *Mas é incrível!*

E. — *Ainda mais. Hollywood produziu recentemente uma comédia em que o ator negro Rochester faz papel relevante. Essa película não foi passada no estado de Mississippi porque — alegaram alguns "mississipenses" — nela se dá a um preto um papel social demasiadamente importante, o que não só é absurdo como também pode tornar-se mau exemplo...*

T. — *Em suma, o negro não é considerado propriamente um ser humano...*

E. — *Alguns americanos levam sua repulsa pelos pretos ao ponto de não os considerarem seus semelhantes. Li a carta que um americano escreveu a uma agência brasileira de Nova York perguntando até que ponto Gilberto Freyre, em seu livro* Brasil, *escrito em inglês e contendo uma interpretação de nosso país, falava a verdade ao afirmar que no Brasil os pretos têm direitos iguais aos dos brancos. Dizia o feroz missivista: "Esse sr. Freyre comete grave erro se está procurando provar-nos que essa miscigenação é o caminho certo. Acho que a universidade americana que convidou um professor com tão perigosas idéias para dar um curso de conferências a seus jovens alunos devia ser repreendida". Mais adiante continuava: "Eu e minha senhora pretendíamos em breve visitar o Brasil. Mas se o sr. Freyre falou a verdade, nós não poderemos nos sentir bem num país em que tais absurdos acontecem". Quando terminei a leitura dessa carta murmurei: "O Brasil não precisa de gente dessa espécie".*

T. — *Mas como é que os protestantes (eles são maioria no Sul, não são?) encaram o problema? Melhor, como justificam a discriminação?*
E. — *Não conheço o pensamento oficial do protestantismo. Mas um metodista um dia me disse que a Bíblia ensinou aos americanos que Deus proíbe a fornicação, um de cujos aspectos sacrílegos é a mistura de branco com negro.*
— *Em suma — concluiu ele —, segundo as Escrituras a separação entre brancos e pretos corresponde a uma vontade expressa do Altíssimo.*
T. — *Mas há realmente na Bíblia alguma passagem que condene claramente essa união?*
E. — *Que eu saiba, não. Mas devo confessar que o protestante que me deu essas razões não era nem um pastor nem mesmo um homem culto. Se eu lhe recolhi e aqui registro o pensamento foi porque me parece que ele traduz o modo de sentir e pensar dum vasto grupo.*
T. — *Há outro problema que me intriga. É a origem, função e sobrevivência da sociedade secreta Klu Klux Klan.*
E. — *Quando terminou a Guerra Civil os brancos sulistas viram com um sentimento de revolta e agonia que os negros adquiriam direitos de cidadãos e que num certo estado — Carolina do Sul — chegavam a ser maioria na Casa dos Representantes. Por outro lado, exploradores sem escrúpulos vindos do Norte usavam o negro com o fim de afrontar ou prejudicar os brancos do Sul. Como conseqüência de tudo isso, os ex-confederados, feridos no seu orgulho, na sua economia e na sua tradição, resolveram tomar medidas de represália contra os pretos. Levando em conta o espírito supersticioso do negro, tão pronto a acreditar em assombrações e almas do outro mundo, fundaram os brancos sociedades secretas como os Caras Pálidas, a Fraternidade Branca, os Cavaleiros da Camélia Branca. (Veja a insistência com que a cor branca é usada no título e nos símbolos dessas sociedades.) De todas essas associações, porém, a que mais poder reunia e a que maior raio de ação teve foi o chamado Império Invisível da Klu Klux Klan...*
T. — *É singular como essas coisas possam acontecer nos Estados Unidos!*
E. — *É por isso que eu sorrio quando alguns observadores latinos, do alto de sua suficiência, pensam que podem definir este povo como sendo apenas "uma nação de crianças grandes". Agora, é possível que, no fundo, esses membros adultos da terrível K. K. K. não tenham passado de eternos adolescentes fascinados pelos romances de capa e espada. Nota-se entre os americanos o gosto pelas sociedades e clubes combinado com o amor ao mistério. A Maçonaria é uma grande instituição neste país. A Klu Klux Klan, pois, não só teve uma finalidade política e social (de acordo com os interesses dos brancos do Sul) como também correspondeu ao estado de espírito duma coletividade.*

T. — *Mas qual era a sua finalidade?*

E. — *A princípio simplesmente a de assustar os negros. Aconteceu, porém, que os pretos estavam cada vez mais "sabidos" e ao cabo de algum tempo já não se impressionavam com aqueles homens metidos em togas brancas e com as cabeças cobertas por misteriosos capuzes. Começaram então os* Klan men *a usar de outros recursos: flagelavam os negros e, em muitos casos, encorajados pelo anonimato, pelo segredo, cometiam crimes que nada mais eram que a explosão de diferenças pessoais e de desejos de vingança longamente recalcados. A Klu Klux Klan estendeu o seu império por todos os estados e passou a ter um sentido terrível, chegando a preocupar a opinião pública.*

T. — *Mas a K. K. K. só hostilizava os negros?*

E. — *Não. Era uma organização de caráter, digamos, parafascista. Combatia negros, católicos e estrangeiros indesejáveis. O caso da K. K. K. foi levado ao Congresso. Queixas chegavam de diversos pontos do país. Dizia-se que a Klu Klux Klan era antiamericana, cruel, absurda e punha em perigo os ideais democráticos da nação. Finalmente o Congresso aprovou uma lei suprimindo a Klan.*

T. — *E a sociedade foi extinta?*

E. — *Sim, mas reviveu anos mais tarde, por ocasião da crise que se seguiu à Primeira Grande Guerra. Nessa segunda fase, ela não tinha caráter apenas sulista, mas seus característicos continuavam a ser fascistas. A Klan hostilizava judeus, comunistas e católicos. Diz Brogan em seu admirável livro* The American character *que Indiana há vinte anos atrás era governada pela Klu Klux Klan, a qual estava empenhada em salvar a América para o* Herrenvolk, *isto é, para os protestantes brancos e gentios, que na sua opinião eram os únicos cidadãos americanos de verdade...*

T. — *Mas que esperanças há de que o problema do negro seja resolvido?*

E. — *A minha opinião sincera é a de que ele não se resolverá nem dentro de cem anos...*

T. — *Por quê?*

E. — *O número de negros nos Estados Unidos em 1930 correspondia a 9,7% da população total. (Apenas dois terços desses doze milhões de pretos viviam no Sul.) Pois bem. Os casos de miscigenação não são muito numerosos, embora existam de maneira visível. Algumas dessas americanas escuras, de feições regulares (veja-se o caso da bela atriz Lena Horne) e que no Brasil seriam "morenas", aqui são consideradas "negras". E mesmo para elas a discriminação continua. Assim, não há nenhuma esperança de que com o tempo o sangue negro desapareça na grande corrente desse misturado sangue americano. Por outro lado a discriminação cria nos negros um sentimento de re-*

volta que os torna na maioria dos casos insolentes e até agressivos nos distritos em que são maioria. Daí os conflitos, quase sempre originados por motivos econômicos ou sexuais.

T. — *São de ontem os* riots *de Illinois.*

E. — *Aí está. Em estados como Illinois e Massachusetts, o primeiro no Middle West e o último na Nova Inglaterra, a discriminação racial não existe* legalmente. *Mas os conflitos entre pretos e brancos ocorrem de tempos em tempos. São represálias, desabafos, diferenças, irritações... E o mais trágico, meu amigo, é que mesmo as pessoas que teoricamente tomam a defesa do negro na imprensa ou na tribuna, na prática não se mostram lá muito dispostas ao convívio com seus irmãos pretos.*

T. — *E que rumo podem essas relações entre brancos e negros tomar depois da guerra?*

E. — *Creio que elas piorarão, porque durante a guerra a indústria lançou mão indiscriminadamente de todos os trabalhadores que se lhe apresentaram, tendo contratado mediante altos salários milhares de pretos. Quando a paz vier e essas fábricas começarem a dispensar operários, é certo que dispensarão os pretos, preferindo conservar os brancos.*

T. — *E isso naturalmente causará irritação entre os negros.*

E. — *Há ainda outro aspecto absurdo da questão racial nos Estados Unidos. É que em certos setores negros cresce o sentimento anti-semita.*

T. — *Aí está uma coisa inexplicável. Era natural que essas duas minorias fossem aliadas. Qual a razão desse sentimento?*

E. — *Econômica. Veja bem. Na sua quase totalidade, os proprietários de casas no Harlem, o bairro dos negros em Nova York, são judeus. Trata-se de casas caras e sem conforto, e toda a irritação e descontentamento dos negros com relação aos senhorios judeus se traduzem em atitudes e sentimentos de anti-semitismo.*

T. — *Creio que no terreno racial o Brasil é um país feliz. O negro entre nós goza de outra situação.*

E. — *Mas não nos iludamos com as aparências, meu caro. Mesmo entre nós a posição do negro é economicamente a pior possível e socialmente não é lá muito melhor. É uma grande coisa — reconheço — não existir no nosso país uma discriminação organizada, reconhecida, oficial ou semi-oficial como é o caso em muitos estados desta nação norte-americana. Mas o negro no Brasil não tem oportunidade de se educar, não porque seja negro, mas porque pertence em geral à classe dos marginais. Por outro lado, muitas vezes ouvi brasileiros brancos dizerem: "Esse negro não conhece o seu lugar..." ou então "Isso é coisa de negro". Devemos reconhecer que se aqui nos Estados Unidos impe-*

ra a discriminação racial, em compensação não existe discriminação de classe, como entre nós. Todas as profissões neste país são consideradas dignas, ao passo que no Brasil julgamos as pessoas pela profissão que exercem ou pela maneira como se vestem. Quantas vezes amigos nossos exclamam com desprezo: "Mas ele é um simples garçom!", ou então: "É um humilde operário!".

T. — É verdade. Tenho notado que qualquer profissão legal aqui é considerada digna, sem que se procure criar uma hierarquia de trabalho.

E. — Um estudante ganha a vida lavando pratos ou trabalhando como garçom em cafés ou restaurantes. Meninos de famílias remediadas — filhos de médicos, advogados, engenheiros, negociantes — nas horas de folga ganham dinheiro distribuindo jornais entre os assinantes do seu bairro. Encontrei um dia como elevator boy um professor de música, o qual, embora desejasse voltar à antiga profissão, não se sentia constrangido naquele elevador porque o fato de ele exercer aquelas funções não levava as outras pessoas a tratá-lo com desprezo ou superioridade.

T. — E para encerrar nossa conversa, que me diz do escândalo recente havido em torno do livro Fruta estranha?

E. — Eis um caso interessante. Uma escritora corajosa, uma metodista, escreveu um romance em torno dos amores "ilícitos" entre um branco e uma mulata. O livro foi banido em Boston por mencionar claramente uma palavra tabu de quatro letras. Esse livro nos prova: a) que o problema racial continua vivo no Sul e que seus dados não mudaram, com o passar do tempo; b) que existem pessoas esclarecidas como Lilian Smith, autora do livro, e corajosas ao ponto de tratar desse problema duma maneira clara e contundente — o que nos leva a esperar que se possam erguer no Sul, dentro do próprio reduto racista, vozes em favor do negro americano; c) que o puritanismo bostoniano continua também aceso, intolerante como nos tempos dos Fundadores, e que talvez a sua reação tenha sido menos contra a "palavra feia" do que contra o sentido "pornográfico" do livro, isto é, a miscigenação olhada com tolerância, se não com simpatia.

T. — E de tudo quanto ficou dito se conclui que...

E. — Artigo primeiro: O racismo é um sentimento inexplicável neste povo tão democrático, tão cheio de sentimentos igualitários. Artigo segundo: O problema negro é de solução dificílima. E artigo terceiro: Nem eu nem você, meu caro Tobias, poderemos resolvê-lo...

E neste ponto nos separamos com pensamentos sombrios.

O SAL DA TERRA

29 de março. Elizabeth Chevalier, autora de *Drivin' woman*, um *best-seller* do ano passado, convida-nos para um jantar. É uma criatura encantadoramente simples, casada com um dos mais famosos advogados dos Estados Unidos.

Moram os Chevalier em Pasadena, numa esplêndida casa, com uma piscina em meio de vasto jardim.

Fala-nos ela do novo romance que está escrevendo, mas recusa-se — com uma insistência que me intriga — a revelar-lhe o título e o assunto.

Quando estamos tomando café no *living room* Mrs. Chevalier nos conta uma anedota que me parece uma admirável ilustração para o egocentrismo da maioria dos escritores.

— Uma vez — começa ela, fitando em mim seus calmos olhos cinzentos — um romancista encontrou num desses coquetéis de Nova York um velho amigo que havia muito perdera de vista. Levou-o para um canto e começou a contar-lhe o que estivera a fazer todos aqueles anos. Depois de uma hora de narrativa na primeira pessoa do singular, o escritor fez pausa, mudou de tom e disse: "Bom. Já falei demais sobre minha pessoa. Agora vamos falar da tua: Que foi que achaste de meu último romance?".

MR. CHOPIN

2 de abril. Levo duas estudantes brasileiras — que estão de passagem por Hollywood — a visitar os estúdios da Columbia Pictures, que são os mais sem-cerimônia dentre todos. Neles as formalidades estão reduzidas ao mínimo. Basta que eu apareça no escritório de seu diretor de publicidade estrangeira, Mr. Levy — um simpático judeu levantino, que fala um bom espanhol e que já está começando a falar português —, para que ele me abra imediatamente as portas dos sets.

A Columbia Pictures fica bem no centro de Hollywood. É uma companhia muito menor que a Metro, a 20th Century-Fox e a Warner Bros., mas de quando em quando produz excelentes comédias, e agora acaba de lançar um filme que está fazendo furor, *A song to remember*, baseado na vida de Chopin, que no presente caso é Cornel Wilde.

As minhas compatriotas ficam alvorotadas quando lhes digo que vão conhecer Mr. Chopin em pessoa. Entramos num desses barracões que são os *sets*, caminhamos por entre uma quantidade desnorteadora de montes de sarrafos, escadas, cabos, cenários, móveis, para chegar finalmente ao lugar onde se está filmando uma cena da história intitulada *O filho de Robin Hood*, que são as aventuras do filho de Robin Hood — o herói encarnado no cinema há alguns anos por Errol Flynn.

A película é em tecnicólor. A cena representa o interior duma cabana de mobiliário escasso e rústico. Num canto, há uma lareira acesa, por sobre a qual se vêem penduradas uma perna de porco defumada e algumas espigas de milho. Além dos empregados do estúdio, operadores, técnicos, assistentes, etc. vêem-se por aqui alguns membros do bando de Robin Hood com suas calças de meia, muito justas nas pernas e nas coxas, chapeuzinhos de feltro com uma peninha do lado, punhais à cinta, aljava a tiracolo e um arco na mão. Sentado numa cadeira está o gordo frade Edgar Buchanan, de espadagão à cinta.

Consigo que minhas companheiras sejam apresentadas a Cornel Wilde, que tem uma cara de "bom moço" e que diante de nós se porta bem como centenas desses *boys* de boa saúde que tenho encontrado nas universidades americanas. Tem uma cara simpática e limpa, e uns olhos serenos que sugerem uma alma sem complicações. Está apoiado no seu grande arco, e a roupa de meia cinzenta lhe modela as pernas musculosas.

— Então o senhor é o filho de Errol Flynn... — digo-lhe numa absoluta falta de assunto.

Ele sorri e, fazendo uma alusão às aventuras amorosas de seu colega na vida real, responde:

— Pois é. Sou um dos muitos de seus bastardinhos.

E depois, mudando de tom:

— Bom, mas isso que acabo de dizer não é para publicar... está entendido?

As duas brasileiras conversam com o filho de Robin Hood, fazem-lhe perguntas e pedem-lhe um autógrafo.

— Cornel! Hey, Cornel! — chama alguém.

O herói se despede de nós e caminha para a cabana, onde a heroína da história o espera, muito loura, toda vestida de verde, os olhos brilhantes e um rosto duma beleza de tricromia. É Anita Louise.

Mr. Levy me apresenta ao *producer* do filme e ao autor da história. Eis uma dupla inesquecível. Ambos são baixinhos e agitados, muito esquisitos nas suas roupas à la Hollywood, dum verde tão intenso que até parece escolhido especialmente para o filme em tecnicólor. Um deles, o *producer*, é um homenzinho magro, de cabelos tingidos, bigodinho muito fino, também pintado. Temos um diálogo rápido e vazio. A dupla tem de voltar para seu lugar, pois a filmagem vai começar.

— Silêncio! Vamos ensaiar.

Mas os empregados continuam a falar, a bater pregos, a arrastar cabos.

— Silêncio, eu já pedi! — vocifera o diretor.

Finalmente faz-se silêncio. O ensaio começa. É um diálogo entre o filho de Robin Hood e a donzela nobre do castelo. No fim ela tenta esbofeteá-lo mas não consegue, pois o rapaz lhe segura o pulso e, rindo cinicamente, beija-a na boca. O ensaio se repete. Por fim, quando o diretor acha que tudo está bem, decide fotografar a cena. Os refletores se acendem. Um dos empregados derrama gasolina sobre os toros da lareira e atira sobre eles um fósforo. A chama sobe, amarela e lépida. A filmagem vai começar. Silêncio! Ouve-se uma campainha.

A meu lado as brasileirinhas vibram. Creio que este é um grande dia em suas vidas.

O DIABO

3 de abril. Com as mesmas brasileiras e Mariana visito hoje o estúdio da RKO, onde assistimos à filmagem de uma cena que representa um palco de *showboat*, um desses navios-teatros que no século passado costumavam percorrer o Mississippi, parando nas cidades ribeirinhas para dar espetáculos com menestréis, atores dramáticos e dramalhões entre os quais estava o infalível — *A cabana do Pai Tomás*.

Como esta cena está sendo tomada de longe, e a câmara se acha a uns cinco metros de altura, podemos ficar sentados na platéia do "teatro", uma vez que só o palco ficará em foco.

Sobre este vemos nuvens de algodão, por trás das quais se acham três anjos de vestes e asas imaculadamente brancas, e auréolas ao redor das louras cabeças. São anjos do sexo feminino, desses que depois da filmagem saem em baratinhas de tolda arreada, de cabelos ao vento, e seguem na direção de Beverly Hills. Há também anjos menores, meninas entre cinco e oito anos, e o ensaiador está tendo grande trabalho para ensinar-lhes o que devem fazer. São Pedro, um velho alto e corpulento, de longas barbas e longa cabeleira branca, acha-se parado a um lado do palco, com um báculo na mão. E atrás duma nuvem, Satanás com suas roupas vermelhas, seu cavanhaque pontudo, seus chifres e seu rabo, lê pacatamente um exemplar do *Daily News*, enquanto espera a hora de entrar em cena.

Na platéia se encontram as mães das crianças que vão tomar parte na cena. Cochicham, riem, comentam as filhas, acham que elas estão muito engraçadinhas.

A cena consiste nisto: Um pobre negro velho, de macacão de zuarte e chapéu de palha, chega ao céu perseguido por Satanás. Cai ao chão e esconde o rosto nas mãos, num gesto de horror, enquanto o Príncipe das Trevas procura espetá-lo no seu tridente. Nesse momento entra em cena São Pedro, que estende o braço na direção da direita e grita:

— Para trás, Belzebu! Deixa em paz a alma deste pobre homem!

Belzebu ergue a capa à altura dos olhos, faz meia-volta e se vai, desmoralizado. Nesse momento os anjos rompem a cantar uma canção religiosa dos negros do Sul — "Swing low, sweet chariot".

Mariana cochicha ao meu ouvido.

— Onde está o microfone?

— Não *está*... — respondo.

— Então como é?

— Esse canto e todas aquelas palavras pronunciadas por São Pedro já foram gravadas antes. Presta atenção. A cantiga está saindo daquele alto-falante ali... e não da boca dos anjos. Eles reproduzem a canção para que o anjo cantor possa mover os lábios de acordo com as palavras. Mais tarde o som é impresso no filme numa fita ao lado das imagens e a gente tem a ilusão de que essa *girl* cantou no momento em que a filmagem foi feita.

— Mas por que fazem isso?

— Por várias razões. Primeiro, uma pessoa que está preocupada com a voz, não pode ao mesmo tempo representar bem. Depois, o esforço para emitir as notas agudas obriga o rosto a contorções que não ficam bem quando fotografadas, principalmente em primeiro plano. Acontece, também, que há dias em que os artistas estão com a voz melhor que em outros, e raramente esses dias de voz boa coincidem com os de filmagem. Mas há razões de ordem técnica. Se o som fosse registrado ao mesmo tempo que a fotografia, como acontece no caso dos diálogos, a máquina teria de ficar só numa posição.

— Por quê?

— Olhe. Suponhamos que Betty Hutton está cantando num *nightclub*. Nós a vemos em primeiro plano. Depois de longe. Ora, para mudar de posição, para tomar um ângulo novo, é necessário mover a máquina e portanto interromper, cortar o canto e a música. Se não fosse essa idéia de gravar o canto *antes* — o que se chama *playback* — teríamos a melodia toda cortada, toda cheia de "solavancos", de diferenças de tom e intensidade.

Enquanto explico essas coisas os anjinhos dançam no palco. Toda a cena pretende ser uma espécie de sátira a esses espetáculos de *showboat* — e portanto tem um tom visível de caricatura.

No intervalo entre o ensaio e a filmagem aproximo-me do diabo para reconhecer com surpresa, por trás da pintura, da barba postiça, a fisionomia de Adolphe Menjou — com o qual ficamos conversando longamente. É dos poucos homens bem informados sobre o Brasil que tenho encontrado aqui. Repete-nos um pequeno discurso em português. E, rindo, exclama em inglês:

— Não se impressionem. Estou falando como um papagaio. Decorei estas palavras para pronunciá-las no rádio, durante uma festa panamericana em Nova York.

Assina um autógrafo para as estudantes brasileiras, aperta-nos as mãos, apanha o seu tridente e lá se vai no seu trancão pesado rumo do céu e dos anjos, e do que se me afigura melancolicamente o fim de sua carreira no cinema.

MEMÓRIAS DE MARCO POLO

17 de maio. Acabo de chegar dum vasto giro de conferências através dos estados do Texas, Oklahoma, Kansas, Missouri e Indiana. Foi uma excursão muito curiosa e estimulante, embora não oferecesse nada de realmente sensacional ou imprevisto. Do ponto de vista paisagístico, foi uma viagem pobre. E quem já viu Nova York e Chicago não pode esperar novidade das outras cidades americanas no que diz respeito a cosmopolitismo, vida urbana de ritmo agitado, museus, teatros, bibliotecas, galerias de arte... Em matéria de clima, para meu gosto, nada existe no continente que se possa comparar com este claro e morno sul da Califórnia. Assim, o que trago mesmo dessa excursão que durou pouco mais de um mês, é uma impressão de normalidade, progresso e segurança.

 Depois de visitar doze cidades do Texas, atravessei Oklahoma e fui até o Middle West, que é o coração ou, melhor, a espinha dorsal dos Estados Unidos — uma região cujos hábitos e habitantes têm dado a Sinclair Lewis assunto para romances satíricos como *Babbitt* e *Main Street*.

 A excursão toda se fez num ritmo tão acelerado, que não me foi possível manter em dia o diário. E agora, de volta a Hollywood, rabiscando estas notas no meu jardim, sob um sol que a bruma amorna, penso nos lugares por onde passei, vejo mentalmente um desfile de faces — eu nunca esqueço as máscaras humanas! —, faces em grandes e pequenos teatros universitários, faces nas ruas, em trens, em ônibus... Sim, e também faces misteriosas em sonhos... Minha memória, como uma caverna dos ventos, está agora cheia de sons, vozes, melodias, sussurros, ecos... Revejo perspectivas de ruas vertiginosas; e casas, montanhas, planícies — principalmente planícies rasas, pardacentas, tristes, tudo num contínuo movimento... Vejo-me entrando em ou saindo de automóveis, trens, aviões... Apertando a mão de desconhecidos que horas depois (Adeus! Volte de novo!) já me parecem velhos amigos... Subindo em palcos e estrados, para do alto deles medir com o olhar um agitado mar de cabeças inquietas e jovens — mais faces, e que belas faces!... Entrando em salões para tomar chá ou coquetéis e andar de grupo em grupo, respondendo a perguntas sérias, tolas ou fúteis... Repetindo frases como "Acreditem que o Brasil é um país admirável..." ou "Mas é preciso compreender os brasileiros...". Vejo-me também sentado tranqüilamente junto de mesas, à hora da ceia, contemplando faces amigas à luz de velas, ouvindo conversas familiares. (O encanto da província, a vida calma, os eternos assuntos — o tempo, os filhos, as flores do jardim, os bichos domésticos, a torta de maçãs...) E de novo o trem, as planícies, as florestas, as bombas de gasolina, as estações, as cidades. Oh! Os companheiros de viagem. "O senhor é do Brasil? Que interessante! É a primeira vez que vejo um brasileiro em carne e osso." O carro-restaurante, a bicha, filé de truta, café com leite, sorvete de baunilha. Abrir malas, fechar malas. Como será San Antonio? Como será Wichita? E Topeka? E Tulsa? Novos hotéis, novas faces, novos adeuses...

 E assim nesse ritmo visitei mais de vinte cidades, percorri mais de cinco mil quilômetros como um caixeiro-viajante que procurasse impingir às gentes de todos esses lugares a idéia de que o Brasil é um grande país e os brasileiros um povo admirável...

Mas em vão procuro em minhas notas um incidente realmente sensacional. Ou um tipo excepcionalmente pitoresco. Com letra quase ilegível encontro em meu caderno de notas os seguintes rabiscos apressados:

Texas

Há aqui um ditado que dá bem uma idéia do orgulho que os texanos têm de sua terra: *Nunca perguntes a um americano se ele é do Texas; porque se ele é, dirá logo; se não é... não convém deixar o pobre homem atrapalhado.*

Durante minhas visitas a diversas cidades deste estado, tenho ouvido as seguintes declarações orgulhosas: "O Texas não só é o maior estado da União como também já foi um país independente. Viveu sob cinco bandeiras diferentes: a espanhola, a francesa, a da República do Texas, a confederada e finalmente a dos Estados Unidos. Sem o Texas a União não poderia continuar a guerra. Porque ela depende de nós no que diz respeito a comidas, combustível e tecidos. * Para transportar por estrada de ferro toda a nossa produção de petróleo de 1944 — dois milhões de barris — seria necessário um comboio de nove léguas de comprimento. * Nosso estado é o maior produtor de algodão do mundo. * Desde Pearl Harbor mais de 40 milhões de soldados foram transportados nos nossos trens. * Aqui se encontram os mais ricos poços de petróleo, as mais importantes fábricas de borracha sintética, os maiores rebanhos de gado vacum e lanígero".

Que prosápia, a dos texanos! Mas que impressão de segurança, força e confiança em si mesmas suas gentes e cidades nos dão!

Oklahoma

Uma espécie de fundo de quintal do Texas. Planícies onduladas que lembram às vezes as coxilhas do Rio Grande do Sul. Terra vermelha. O nome Oklahoma na língua dos índios Choctaw significa "gente vermelha". Esta região ocupa o quarto lugar na produção de minerais. Oklahoma tira mais petróleo de seu solo que qualquer outro estado, à exceção do Texas e da Califórnia. Mas seu time de basquetebol — informa-me o senhor ruivo que está aqui a meu lado, no trem — é o melhor do país.

O Middle West

A paisagem de boa parte desta região nada tem de interessante. Pelo contrário: a monotonia de suas planícies cansa. Suas cidades, sob o ponto de vista arquitetônico e urbanístico, nada oferecem de notável. Pode-se até dizer que uma é a repetição da outra.

Os habitantes do Middle West são hospitaleiros, francos, conservadores em matéria de política, e revelam todas as boas qualidades e todas as desconfianças do homem do campo. Representam melhor que qualquer outro tipo de americano o espírito do pioneiro, e fisicamente se parecem mais com os escandinavos e com os alemães do que com os ingleses.

Nas suas cidades principais já se nota grande atividade industrial, mas menos *sophistication* que em certos grandes centros urbanos do Leste. Parece ter razão o escritor inglês Graham Hutton ao afirmar que no Middle West existe o "culto da mediania".

É preciso levar em conta a importância da casa na vida desta região. Em Nova York o homem que anda de apartamento em apartamento, de hotel em hotel, não chega nunca, na sua mobilidade, a possuir esse ponto de referência ao mesmo tempo material e sentimental que é a força e o sentido de permanência da província: a casa. Casa é mulher. Representa como que o ventre materno, o abrigo. A vida nas comunidades novas dos tempos da conquista do Oeste estava baseada na família. E ainda hoje nos Midlands a família tem grande importância. Como suas cidades são em geral pequenas, é possível aos membros de suas famílias encontrarem-se muitas vezes durante o dia; em suma, eles vivem mais unidos. Há ainda a influência do campo, dos contatos com a terra. Por isso tudo — apesar de sua falta de graça, de brilho, de *glamour* — os estados do Middle West significam equilíbrio, chão firme e raízes fundas.

O espírito de Middletown

Um dia, por volta de 1925, Robert e Helen Lynd, dois sociólogos americanos, escolheram uma cidadezinha representativa do Middle West e lá se aboletaram com o fim de observar-lhe os habitantes, a vida e os costumes. O resultado disso foi um livro admirável, que se tornou uma espécie de clássico moderno. Chama-se *Middletown* e é um estudo da cultura contemporânea dos Estados Unidos. Essa Middletown é na realidade Muncie (Indiana), cidade que acabo de visitar. Dez anos depois de terminado esse trabalho, voltaram os Lynd a "Middletown", e o resultado da nova estada e do novo período de observação foi o livro intitulado *Middletown in transition*, um estudo de conflitos culturais. Tenho comigo aqui no trem um exemplar dessa obra. Leio num de seus capítulos que o habitante de Muncie dum modo geral acredita:

Em ser honesto.

Em ser bondoso.

Em ser leal.

Em ser amigo, "bom vizinho" e "bom sujeito".

Em conseguir sucesso.

Em ser um homem mediano. "Praticamente todos compreendemos que somos homens comuns, e temos uma tendência para desgostar e desconfiar daqueles que consideramos fora do comum."

Em que ter caráter é mais importante do que "ter miolos".

Em ser simples, despretensioso e nunca "assumir ares" ou ser um esnobe.

Em dar apreço às coisas comuns, "reais" e "saudáveis".

Em ter senso comum.

Em ser são e firme.

Em ser um bom companheiro e saber transformar os adversários em amigos.

Em ser corajoso e bem-humorado diante de situações difíceis.

Em, no caso de dúvida, ser como os outros.

Em, diante de problemas, ater-se a práticas que deram resultados no passado.

No que diz respeito a idéias políticas e sociais, o habitante de Muncie (e nisso ele representa admiravelmente o espírito do Middle West) acha que "progresso é igual a crescimento", e portanto toda coisa que cresce necessariamente progride. Assim, para ele são mais importantes as mudanças quantitativas que as qualitativas. Pensa também que devemos seguir "o processo natural e ordeiro de progresso", e desse modo a evolução tem que ser lenta, e as revoluções, com suas bruscas mudanças, lhe são indesejáveis. O *middlewestern* acredita também em que os "radicais" (e sob essa epígrafe ele classifica vermelhos, comunistas, socialistas e ateus) desejam o aniquilamento da civilização americana. Os que seguem a linha média — conclui — são os mais sábios, pois a boa vontade acabará resolvendo todos os problemas.

Middletown crê no poder da eficiência, da honestidade e da habilidade; acha que as pessoas devem ser práticas e eficientes, e que "Deus ajuda aquele que se ajuda a si mesmo". ("Mais vale quem Deus ajuda do que quem cedo madruga" — dizemos nós no Brasil.) Quanto aos estrangeiros, há em Middletown uma tendência para considerá-los em sua maioria "inferiores". Outra das crenças do *middlewestern* é a de que os negros são positivamente inferiores e de que os judeus individualmente podem ser o.k., mas como raça seu convívio não é lá muito recomendável...

Entre as observações mais reveladoras que os Lynd fizeram em Muncie, encontro as seguintes idéias e crenças locais:

"Sexo é uma coisa que 'deram' ao homem para propósitos de procriação e não de gozo pessoal. * As relações sexuais antes ou fora do casamento são imorais. * As mulheres são melhores e mais puras que os homens. * Ser proprietário da casa onde moramos é coisa boa para a família e também auxilia a gente a ser bom cidadão. * As escolas devem ensinar os fatos da experiência passada sobre os quais as pessoas sãs e inteligentes estão de acordo. * Uma educação universitária é uma boa coisa, mas o homem que a possui nem por isso é superior ao que nunca freqüentou universidade; e como o primeiro deles tende a ser menos prático, deve aprender também as 'coisas da vida' para contrabalançar sua carga de teorias."

O homem do Middle West, repito, não é brilhante nem pitoresco, mas é dotado de apreciáveis qualidades morais e tem os pés solidamente plantados na terra.

Aquele dia de abril...

De todas as minhas recordações dessa excursão, as mais vivas são as daquele dia sombrio em Commerce, pequena localidade do Texas em cujo Teachers' College eu tinha ido falar. Ao entrar no *campus* vi, na frente do edifício principal, a bandeira brasileira ondulando ao lado da americana. E durante a sabatina que se seguiu à minha palestra no auditório do colégio, um rapazote de seus doze anos levantou-se e perguntou: "O senhor pode me explicar o significado das cores da bandeira brasileira?". Nesse instante dona Eufrásia Rojão me surgiu na memória e, de cima de seu estrado de professora, me soprou a resposta.

À tarde uma dama de Commerce me ofereceu uma recepção em sua casa, mansão típica do Sul, com sua escada em espiral, seus móveis antigos e retratos avoengos. Era eu o único homem no meio dumas trinta mulheres, algumas das quais notavelmente belas. Pediram-me que lhes contasse coisas do Brasil e depois me fizeram toda sorte de perguntas. Enquanto conversávamos, uma mocinha de olhos azuis e cabelos castanhos tocava em surdina, num piano de cauda, melodias do Velho Sul.

Da casa vizinha chegavam até nós os sons dum rádio. De repente houve uma interrupção na música que se irradiava e uma voz grave de homem se ouviu... não pude entender o que dizia o *speaker*, mas tive um estranho pressentimento. Terminou a guerra — pensei — ou... morreu Franklin Roosevelt. Poucos minutos depois deixei aquele ambiente morno e saí com Miss Adelle Clark para a tarde fria e gris. A primeira coisa que vimos foi, na calçada oposta, uma menininha duns sete anos, toda vestida de branco, e que naquele momento apeava de sua bicicleta. Ao ver-nos, gritou através da rua: "O rádio disse que nosso presidente morreu". Sua vozinha fina se esfarelou no ar. Mas despertou dentro de mim ecos tremendos. Tive a impressão de que de repente me faltava amparo. E por mais tolo que isso agora pareça, tive uma súbita impressão de orfandade... Miss Clark empalideceu, ficou por um instante como que paralisada. "Meu Deus, não é possível..." — balbuciou ela. Começamos a andar em silêncio, lentamente. A notícia já se havia espalhado pela vila. Vi mulheres e homens com os olhos cheios de lágrimas. E à noite daquele mesmo dia, sentado num banco, na plataforma da estação quase deserta, esperando o trem que me levaria de volta a Dallas, fiquei a conversar com um professor e com um maquinista. Começaram ambos a recordar discursos do grande presidente, do qual falavam com respeito e ternura. Um deles recitou um trecho da primeira oração de Roosevelt ao tomar posse de seu cargo em 1933:

... a única coisa de que devemos ter medo é do próprio medo — do terror sem nome e sem razão que paralisa os esforços necessários para transformar a retirada num ataque. Um guarda-freios juntou-se ao nosso grupo. E em voz baixa, como rapsodos que celebrassem os feitos duma figura lendária, cada qual contou uma história sobre F. D. R.

— Que irá fazer o Harry? — perguntou um deles.

Referia-se a Truman. E um velhote que até então estivera calado, mascando seu toco de charuto, aproximou-se de nós e disse:

— Não se aflijam, *boys*. O Harry vai dar conta do recado.

O professor observou com sua voz cansada:

— Os tempos são duros, amigo. Será que Mister Truman *está à altura do cargo?*

O velhote fez uma pausa para acender o charuto.

— Que dúvida! — exclamou por fim. — Harry é de Independence, Missouri. É um homem do Middle West. Tem o bom senso do vendedor de cavalos. Stálin que tome cuidado com ele.

Um trem apitou longe. As estrelas tinham um brilho mortiço.

Em Dallas li os jornais do dia. Todos traziam comoventes biografias de Roosevelt. Mas de mistura com os necrológicos havia neles uma nota de esperança, um ar de quem quer dar a entender que morreu um grande líder mas seu grande povo continua de pé. A Vitória está à vista. Todos apóiam Harry Truman e confiam nele para a arrancada final.

E como eu estivesse sentindo a morte do presidente como a dum velho amigo, telefonei para minha gente numa espécie de busca de consolo. Tive a sorte de conseguir uma ligação com Hollywood em menos de dez minutos. Mariana me contou que, ao saber da sombria notícia, toda a família desatara o pranto.

E quando voltei para casa encontrei no diário de minha filha — escrito num inglês estranhíssimo — as seguintes palavras:

12 de abril. — Roosevelt morreu. Meu Deus, faz que tudo isso seja um sonho. Eu e o Luís gostamos tanto dele!

SEXO

Meu caro Vasco: *Tobias quer hoje discutir comigo os aspectos do amor nos Estados Unidos, e eu já o adverti dos perigos desse tema, que nos pode levar a um terreno escabroso. Fiz isso pensando apenas na inocência de meu prestimoso amigo, porque eu — ai de mim! — perdi a minha no dia em que comecei a escrever* Caminhos cruzados.

T. — *Acha o tema complicado?*

E. — *Complicadíssimo, exatamente por causa da aparente simplicidade da alma americana.*

T. — *De que amor falaremos?*

E. — *Naturalmente deixaremos de lado o amor maternal, o filial, o fraternal. E o amor de certas damas pelos seus cães e gatos... Em suma: falemos em sexo.*

T. — *E eu desde já confesso minha perplexidade diante dos aspectos contraditórios que este país oferece no que diz respeito ao sexo. É que ora os americanos me parecem puritanos, ora verdadeiros maníacos do sexo.*

E. — *O que lhe vou dizer não li em nenhum livro. É resultado de observação pessoal. Tenho conversado sobre o assunto com muitos homens e mulheres, principalmente com mulheres. Tenho rodado pelas estradas deste país, visitando-lhe praticamente quase todas as regiões...*

T. — *E de todo esse convívio e essas andanças você concluiu que...*

E. — *Há nos Estados Unidos quatro atitudes principais com relação ao sexo:*

1ª — *A atitude puritana: Sexo é uma coisa indecente que deve ser escondida o mais possível.*

2ª — *A atitude científica: Sexo é uma coisa natural; pode e deve ser explicada sem falso pudor.*

3ª — *A atitude comercial: Sexo é um chamariz poderoso e como tal deve ser explorado.*

4ª — *A atitude esportiva: Sexo é uma coisa boa; não há razão para que a gente não goze dela.*

T. — *Tudo isso me soa bem, mas não posso deixar de lhe pedir que desenvolva melhor sua teoria.*

E. — *Boston é o reduto da atitude puritana. Nessa cidade são banidos os livros de ficção que tratam os problemas sexuais com crueza ou que usam palavras que o código de decência local considera impróprias. Mas essa atitude é em geral a de grande parte das comunidades religiosas, tanto protestantes como católicas. Ela originou a famosa Liga da Decência, que obrigou os estúdios de Hollywood a criarem um* bureau *próprio de censura com a finalidade de "limpar" os filmes. Pode-se dizer que é uma atitude que encontra suas origens na Bíblia, cujo Velho Testamento é, paradoxalmente, um dos livros mais cruamente livres que o mundo conhece.*

T. — *Oh! Já está você de novo com caricaturas.*

E. — *A atitude científica é assumida por grande número de professores, psicanalistas, médicos, escritores e pensadores liberais. Advogam eles uma ampla educação sexual tendente a tirar ao ato físico do amor todo mistério e portanto muito de sua natureza pecaminosa.*

T. — *Quais os resultados dessa educação sexual?*

E. — *Ela evita deformações, quando bem dirigida, e ajuda a criar uma atmosfera de maior sinceridade ou pelo menos de menor hipocrisia nas relações entre os sexos. Por outro lado, porém, pode levar as pessoas a tratar o sexo como muitos aqui tratam os alimentos, isto é, preocupando-se muito com as vitaminas, as calorias, a boa qualidade dos gêneros, mas pouco com o gosto, com o simples prazer de comer. Comem às pressas, sem cuidado nem requinte. Ora, no caso dos alimentos trata-se de coisas sem vida, sem sensibilidade. Mas no caso do amor essa atitude desligada e semicientífica de uma das partes pode deixar a outra parte ressentida, humilhada e insatisfeita.*

T. — *Essa atitude comercial me intriga. Onde se manifesta ela?*

E. — *No teatro, no cinema, nos* nightclubs, *nos jornais, na literatura e na publicidade.*

T. — *Como?*

E. — *Certas peças de teatro e* shows *de cabaré exploram o nudismo e a anedota ou o diálogo picante. Controlados pela censura, os filmes evitam as piadas pornográficas, mas por outro lado em muitos casos procuram explorar o sexo numa exibição de pernas e corpos femininos. Os jornais publicam reportagens detalhadas em torno de divórcios, infidelidades conjugais e crimes sexuais.*

T. — *Lembro-me dum caso recente de investigação de paternidade que envolveu Charlie Chaplin.*

E. — *Esse processo ocupou páginas inteiras nos diários, relegando para um lugar menos importante as próprias notícias da guerra. Joan Berry, que afirmava ser Carlitos o pai de seu filho, narrou no júri suas intimidades com o famoso* clown. *E confesso que até hoje não cheguei a perceber aonde queriam os advogados chegar quando perguntavam se em tal e tal ocasião Chaplin se havia despido completamente. Lembro-me de que um dia o* Call Bulletin *de San Francisco trazia no alto da primeira página um cabeçalho em letras negras e grossas, de cinco centímetros de altura:* JOAN DECLARA QUE CARLITOS TIROU TODA A ROUPA.

T. — *Mas você não afirmou em outra ocasião que os americanos detestam as coisas mórbidas?*

E. — *Eu me referia principalmente aos assuntos — doença, morte e depravação sexual. Quanto ao resto eles não fogem à regra geral. Têm uma grande curiosidade, não só com relação ao sexo como também a tudo quanto diga respeito a* personalities, *especialmente quando se trata de celebridades do mundo do cinema, do teatro, da política e das artes. E de resto, meu caro, você não conhece aquele fascínio que exerce sobre nós o que achamos horrendo? Nunca se viu poderosamente atraído por coisas que você diz e pensa detestar?*

T. — *Como é que a publicidade explora o sexo?*

E. — *Usando o nudismo como isca para seus cartazes e anúncios. Empregando frases cheias duma volúpia clara ou subentendida. No seu livro* Geração de víboras, *estudando com feroz crueza os problemas e "mitos" dos Estados Unidos, Philip Wylie assim se refere à qualidade sexual dos anúncios: "... inúmeros anunciantes estampam a cabeça e os ombros ou todo o torso nu de* soubrettes *orgíacas, por baixo da declaração de que um determinado produto as tornou mais beijáveis, atraentes, casáveis, populares nas festas, e mais convidáveis para passeios ao luar; ou então que outros produtos as tornaram o.k. em matéria de higiene feminina, hálito, suor das axilas... etc...". Segundo esse mesmo escritor o assunto sexo é olhado pelos americanos como algo que pertence mais ao domínio das convicções pessoais do que ao da lei natural (e portanto da ciência). Ataca Wylie seus compatriotas que insistem em proclamar que a nação é sexualmente "virtuosa", recusando-se a encarar o problema do sexo com franqueza e objetividade. Estudando ainda a "castidade" americana o mesmo autor escreve: "Cerca de setenta e cinco por cento dos moços americanos solteiros têm relações sexuais com moças. Entre as mulheres adultas, jovens e solteiras, o número de virgens irá no máximo a cinqüenta por cento". Não sei até onde serão exatos esses algarismos e não sei até onde podemos aceitar as conclusões de Philip Wylie nos seus violentos ataques às instituições americanas. Não representará ele por acaso uma outra atitude extremada, em oposição à daqueles que proclamam a castidade da nação?*

T. — *Poderemos dizer que Hollywood é um centro representativo dessa atitude comercial com relação ao sexo?*

E. — *Penso que sim. Hollywood não só é uma fábrica de sonhos, de fantasia, como também um laboratório que fornece ao mundo estimulantes afrodisíacos.*

T. — *E a atitude esportiva?*

E. — *Para principiar não sei se "esportivo" será adjetivo exato. Mas vá! Essa é a atitude de boa parte da mocidade e de muitos homens e mulheres adultos sem preocupações religiosas sérias. Mesmo os que adotam essa atitude diante do sexo podem ainda ser influenciados em maior ou menor grau por idéias puritanas e por preconceitos de outra natureza, mesmo que não tenham consciência clara disso. Eles em geral exercem a atividade sexual como sadios animais e em geral não a supervalorizam. E é curioso observar como o automóvel veio influir na vida amorosa do país, facilitando as aventuras eróticas dos americanos.*

T. — *Como?*

E. — *O automóvel é por assim dizer a cama portátil, a alcova sobre rodas. Em seu romance* This side of Paradise *Scott Fitzgerald, que perten-*

cia à chamada "geração perdida" que emergira das trincheiras da Primeira Guerra Mundial, conta a agitada história da mocidade americana dos novecentos e vinte. E os puritanos, horrorizados, verificavam que seus primeiros filhos ou netos, enfim, que a mocidade do país estava longe de ser uma legião de anjos, de good boys and girls *que liam* Alice no país das maravilhas *ou os romances de Louisa May Alcott; eram, isso sim, jovens demônios que bebiam, que se entregavam a aventuras sexuais e que pareciam não levar a sério a tradição, os bons costumes e os preceitos da Bíblia.*

T. — *E a que conclusão chegou você após o convívio de dois anos com a mocidade universitária?*

E. — *Numa palavra: eles são o.k. Existe entre eles alguma liberdade sexual, mas essas moças e rapazes têm uma poderosa inclinação para a decência e para a limpeza. É natural que entre eles haja tipos do mais variado estofo moral... Mas se procurarmos ver a diferença entre prós e contras encontraremos considerável saldo a favor da juventude americana — um saldo de bons costumes e boas qualidades. Para isso muito tem contribuído a saúde de que gozam e o tipo de educação que se lhes dá.*

T. — *Mas acha que o sexo é um problema neste país?*

E. — *Onde não será?*

T. — *Mais sério do que entre nós?*

E. — *Não creio. Temos de lutar com o nosso temperamento e com os resultados duma educação defeituosa.*

T. — *Os brasileiros que chegam a este país admiram-se de ver que as mulheres americanas não "namoram".*

E. — *A palavra "namorar" aqui não tem o menor sentido. Quando duas pessoas se gostam, elas imediatamente se falam. Depois de trocarem as primeiras palavras, combinam um encontro, um* date. *O* date *é uma instituição importante. Para uma jovem, ter muitos* dates *é um sinal de prestígio. Esse* date *consiste em sair, em geral à noite, com o* boy *para jantar e ir depois ao cinema, ao teatro, ao parque ou ao rinque de patinação.*

T. — *E até que ponto esse* date *tem um sentido erótico?*

E. — *O fato de um rapaz e uma moça saírem juntos não significa que tenham em mente uma ligação sexual. (Embora algumas vezes esse pensamento possa estar no fundo do espírito de um dos dois, ou de ambos.) Nem significará que já estão ambos apaixonados um pelo outro.*

T. — *Qual é então o sentido do* date?

E. — *O* date *significa que o rapaz acha que a pequena é interessante e a pequena acha que ele é um bom camarada. Significa, em suma, que ambos querem divertir-se na companhia duma pessoa do sexo oposto.*

T. — *E durante esse* date *trocam beijos?*

E. — *Talvez não no primeiro. Mas se continuarem a sair juntos, o rapaz acabará pedindo o* good night kiss, *isto é, o beijo de despedida, junto da porta.*

T. — *E a moça concede?*

E. — *Essa pergunta eu fiz a uma pequena que costuma ter muitos* dates. *Respondeu ela: "Se é um rapaz simpático e bem-educado, concedo". Indaguei: "Mesmo que não esteja apaixonada por ele?". Ela arregalou os olhos e disse: "Mas é preciso a gente estar apaixonada por um rapaz para deixar que ele nos beije?".*

T. — *Observei que o beijo aqui tem um sentido um tanto diferente do que lhe damos na América do Sul.*

E. — *O beijo no Brasil é uma espécie de senha para entrar no quarto de dormir. Mas neste país seu significado não é tão tremendo. Vi mulheres beijando homens que não são seus maridos nem noivos nem amantes, mas simplesmente amigos. Está claro que nem todas são assim pródigas com seus beijos...*

T. — *E por todas essas coisas os latinos cometem aqui gafes colossais.*

E. — *Sei de casos de estudantes brasileiros que vieram para cá e interpretaram mal alguns gestos de camaradagem das moças americanas. Porque elas os abraçassem com naturalidade ou lhes tomassem da mão, eles julgaram que tinham feito uma conquista e aventuravam-se a um convite para o amor. O resultado era triste. As meninas respondiam: "Vocês vivem com a cabeça cheia de pensamentos sujos". E depois disso os isolavam... Não faz muito uma americana que veio do Rio se declarou horrorizada ante a maneira como os homens brasileiros olhavam para ela. E concluiu: "Eles como que nos despem com os olhos".*

T. — *Acha você que o americano tem um temperamento mais frio que o nosso?*

E. — *Mas, afinal de contas, que é um americano? Há os descendentes de irlandeses, de italianos, de espanhóis, de franceses, de escandinavos. Conheço-os moderados, frios, apaixonados... enfim, de toda espécie. Não creio que apreciem menos que os latinos o ato sexual. O que acontece é que, como resultado dum tipo de educação diferente do nosso e de sua vida num meio também diferente daquele em que vivemos e fomos criados, eles têm outros interesses.*

T. — *Que quer dizer você com interesses?*

E. — *O homem americano preocupa-se muito com os negócios, com o esporte e com uma infinidade de* hobbies *ou passatempos. Tudo isso ajuda-o a desviar o pensamento do sexo.*

T. — *Há também a bebida.*

E. — *Precisamente. Bebe-se muito neste país. Parece-me que em 1942 o consumo de bebidas alcoólicas nos Estados Unidos correspondeu a uma média de sessenta dólares por cabeça. Multiplique isso por cento e trinta milhões e terá uma soma fabulosa. Sim, a bebida também é um derivativo poderoso.*

T. — *De sorte que os latinos, na sua opinião, pensam demasiadamente em sexo.*

E. — *Quanto a isso parece haver pouca dúvida. E, usando outra vez de traços caricaturais, direi que os americanos sentem prazer durante o ato sexual; ao passo que os latinos gozam antes, durante e depois do ato...*

T. — *E esse seu comentário por acaso não será também... latino?*

E. — *Claro que é. Mas vamos a outro exemplo. Pergunte a um latino que é que se pode fazer com uma mulher, e dentre dez homens nove darão uma e a mesma resposta, que não preciso dizer qual seja. Mas se você perguntar a um americano que é que se pode fazer com uma mulher, ele responderá: Ter um* date, *passear, ir ao cinema ou ao teatro, fazer um piquenique, jogar* gin rummy, *beber, dançar, ir ao futebol, jogar tênis, conversar... Eventualmente ele mencionará a outra utilidade da mulher que tanto preocupa o latino.*

T. — *E você acha que isso tudo se deve à educação e ao fundo religioso do povo americano e mais aos muitos outros interesses e divertimentos que lhe ocupam as horas e os pensamentos?*

E. — *Sim. E há ainda outra coisa. Um fator poderoso que nenhum observador dos Estados Unidos poderá deixar de levar em conta. É a atitude das mulheres, que têm papel importantíssimo na vida deste país.*

T. — *A mulher tem estado presente na História dos Estados Unidos desde a chegada do* Mayflower *até nossos dias.*

E. — *A mulher do pioneiro era uma companheira dedicada que o ajudava a enfrentar a intempérie, os índios, os animais ferozes e toda sorte de perigos. Era uma mulher que lia a Bíblia, que tinha a sua fé e que sabia fazer coisas. Enquanto os homens iam para o mato ou saíam em suas caçadas e guerras, ela ficava sozinha em casa com os filhos e muitas vezes tinha de usar a carabina para se defender contra perigos eventuais. O número de mulheres que morriam de parto era considerável. Os observadores modernos acham que os Estados Unidos são um país de viúvas. Mas a América dos tempos coloniais era um país de viúvos. Disso se depreende que hoje em dia é maior o número de homens que morrem de doenças do coração, de acidentes de tráfego ou de úlceras gástricas do que no passado o de pioneiros de picadas de cobra, frechadas de índio ou febres.*

T. — *Abraham Lincoln muito deveu à sua madrasta, que lhe incutiu o desejo de ser alguém e lhe deu uma visão do mundo e dos seus deveres de cidadão.*

E. — *E foram as mulheres que sempre prestaram apoio aos missionários que vinham às colônias pregar contra a bebida e o vício. Elas se erguiam contra as injustiças que os homens brancos por acaso pretendessem fazer aos índios. De certo modo foram um elemento de ordem, de honestidade e de esperança naquela sociedade primitiva.*

T. — *Mas desde quando começaram elas a ter real influência na vida social, política e artística do país?*

E. — *Creio que por volta de 1900, quando foi adotado nos Estados Unidos o controle da natalidade, coisa que livrou as mulheres de grande parte de sua carga, dando-lhes mais tempo para estudar e tomar parte ativa na vida de suas comunidades.*

T. — *Pelo que tenho observado, sua importância hoje é enorme.*

E. — *Isto, meu caro, é em última análise um matriarcado. Foram as mulheres que conseguiram a promulgação da Lei Seca, bem como a da lei que proíbe a prostituição organizada. E como as mulheres têm em geral uma tendência muito maior que a nossa para a decência, é natural que sua atitude tenha influído dum modo geral na conduta sexual dos homens.*

T. — *Acha sinceramente que as mulheres são felizes neste país onde parecem governar?*

E. — *Não creio que sejam profundamente felizes. Talvez procurem convencer-se disso narcotizando-se com todas as formas de atividade social. Elas são jornalistas, escritoras, educadoras; tomam parte na vida comercial; realizam conferências, entregam-se a trabalhos de assistência social, fazem-se médicas, advogadas, engenheiras, enfermeiras, trabalham em escritórios, em fábricas... enfim, são competidoras dos homens em quase todos os terrenos.*

T. — *E agora durante a guerra estão prestando serviços admiráveis nos corpos auxiliares do Exército, da Marinha e da Aviação.*

E. — *Sim, a guerra hoje em dia não é mais um assunto exclusivamente masculino. Mas... voltemos ao tema da felicidade tão intimamente ligado à questão sexual. Segundo muitos psicólogos, a mulher americana é uma frustrada. Alimenta-se das rações do romance que o cinema, os livros e os magazines lhe oferecem através de histórias e novelas. Depois que casam nem sempre encontram no casamento as promessas douradas da ficção e da poesia. Muitas delas passam toda a vida de casadas prejudicadas pelos tabus sexuais impostos por uma educação puritana. Algumas buscam no casamento uma realização sexual e raramente encontram um homem compreensivo ou suficientemente inteligente (refiro-me principalmente à inteligência dos instintos) para satisfazê-las.*

T. — *Os homens se preocupam demasiadamente com os negócios, com as carreiras...*

E. — *E sua atitude diante do sexo ou é a semicientífica ou a puritana ou a esportiva, ou uma combinação das três. Por outro lado as mulheres americanas têm um instinto maternal muito desenvolvido. Tratam os maridos um pouco como a filhos. Chamam-lhes o meu boy, o meu baby.*

T. — *Até onde o marido é culpado dessa atitude?*

E. — *Diz David L. Cohn em seu livro* Love in America *que essa atitude maternal é um resultado do fato de muitos homens americanos serem: a) emocionalmente adolescentes; b) não quererem dar muito tempo nem esforço no sentido de construir uma vida sexual sólida e sensata dentro do casamento; c) olharem a mulher como uma* lady, *uma dama, no mesmo sentido que sua mãe o é — e isso, naturalmente, impede-os de tratar a mulher como a uma amante. Não é pois de admirar que o Dia das Mães seja uma invenção norte-americana.*

T. — *Não será também que a vida moderna separa demais o marido da mulher?*

E. — *Precisamente. É o problema das muitas atividades, dos mundos separados. Há uma coisa curiosa. De certo modo os americanos, principalmente os homens de negócios, olham as atividades artísticas e literárias como sendo coisas quase tão femininas como fazer tricô e bordar. É por isso que o mundo literário americano é um mundo em que a mulher tem papel preponderante.*

T. — *Essa relação entre homens e mulheres nos Estados Unidos é um assunto fascinante.*

E. — *É complicado, difícil e inesgotável. Porque há gente de toda espécie. Generalizar é perigoso. Mas segundo o mesmo Mister Cohn, o homem americano geralmente não gosta da mulher americana.*

T. — *E a recíproca não será verdadeira?*

E. — *Sei lá! O que sei é que os americanos passam por ser os melhores maridos e os piores amantes do mundo. As mulheres americanas sentem uma certa atração pelos latinos. É uma atração temperada de medo. É o fascínio da dama pelo gigolô. Elas acham os latinos românticos, atenciosos,* exciting... *O homem americano tem para com suas mulheres uma atitude ou filial ou desportiva. Os latinos assumem diante delas uma atitude galante. Os primeiros simbolizam uma vida segura, normal; os últimos, o romance, o prazer e — oh céus! — uma vida insegura e, no fim, desgraçada.*

T. — *Você não pode passar sem uma deformação...*

E. — *Eu ou a vida? Mas, voltando ao assunto das relações entre homens e mulheres, muitos sociólogos concluíram que os homens americanos não se interessam muito pelo mundo de suas mulheres, por suas idéias e atividades, mesmo que se sintam sexualmente atraídos por elas. Tenho visto muitos* stag parties *nos Estados Unidos, isto é, festas só de homens. São amigos que se reúnem para conversar, beber, falar em caçadas, bichos, automóveis, negócios, viagens e ocasionalmente (só ocasionalmente) em mulheres, mas nas mulheres dos outros e não nas suas. Diz Cohn que o americano não gosta das suas mulheres porque foram dominados por elas durante toda a infância e a adolescência. Depois da tirania da mãe, veio a da professora. E desde a escola primária até a universidade a mulher começa a ser a competidora...*

T. — *Em que sentido?*

E. — *Primeiro nos estudos, depois nos jogos, nos concursos, nas festas. Mais tarde são concorrentes... nos empregos.*

T. — *E a guerra deu a milhares de mulheres que antes não trabalhavam a oportunidade de ganhar altos salários.*

E. — *E de habituá-las a terem o seu dinheiro, a sua independência, as suas economias. Sim, elas não quererão largar as posições a que foram convidadas para substituir os homens que o Exército chamou.*

T. — *O que é que há de verdade sobre a prostituição neste país?*

E. — *É proibida por lei. Isso, entretanto, não impede que haja* street walkers, *isto é, mulheres que andam pelas ruas caçando homens discretamente, procurando não dar na vista da polícia. Mas dum modo geral creio que nesse terreno os Estados Unidos estão em melhor situação que a grande maioria dos outros países. Tive a oportunidade de verificar que o nível moral de muitas das cidades do Middle West, do Oeste e da Nova Inglaterra é bastante alto, muito mais do que a gente imagina quando vê os filmes de Hollywood ou lê certos livros e magazines.*

T. — *Como explica você a freqüência com que se verificam esses casos de* rape, *de estupro, de que os jornais andam cheios?*

E. — *Para esse assunto também tenho buscado uma explicação. Devemos antes de mais nada ter em mente que em época de guerra aumentam a) a tensão psicológica; b) os crimes, principalmente os de natureza sexual; c) o consumo de bebidas alcoólicas. Tudo isso é o resultado dessa psicose horrível que tomou conta do mundo e que nasce da incerteza quanto ao dia de amanhã, de todo esse espetáculo de violência que presenciamos ou a respeito do qual lemos ou ouvimos falar. A delinqüência juvenil tem aumentado. Nas casas em que o pai está na guerra e a mãe trabalhando numa fábrica, e as criadas positivamente não existem — os filhos ficam entregues a si mesmos, a suas curiosidades, e à sua fantasia morbidamente despertada por certos filmes e pela leitura de livros e revistas que reproduzem histórias de crime ou lubricidade. Com relação aos* rapes, *acontece também que a ausência de prostituição leva os homens solteiros a uma espécie de castidade forçada. Um dia todos os seus desejos recalcados sobem à tona, rompem todas as represas e precipitam-se... E lá está a besta, cega de desejo, disposta a tudo. E quando esse desejo, essa explosão se combina com alguma tendência criminosa adormecida, então o quadro está completo. Há um ditado segundo o qual a ocasião faz o ladrão. Mas o nosso Machado de Assis explicou que a ocasião faz é o furto, porque o ladrão, esse já nasceu feito... Em suma é compreensível que entre cento e trinta milhões de seres humanos haja gente anormal em boa quantidade. O essencial para o observador é não tomar como regra o que é apenas exceção.*

T. — *De sorte que até Machado de Assis entrou na nossa conversa.*

E. — *Conversa que já vai longa. Mas não quero terminar este diálogo sem chamar a sua atenção para um aspecto muito curioso da questão sexual, e das diferenças de atitude entre brasileiros e americanos. Eu preveni você que o assunto era perigoso...*

T. — *Fale com toda a franqueza. No fim de contas ninguém nos está escutando...*

E. — *Há entre boa parte dos homens brasileiros uma certa preocupação fálica que se revela na mímica e no anedotário. Ora, segundo me tem sido dado observar, exatamente o contrário se passa com os americanos, que evitam qualquer referência de palavra ou gesto a essa parte da anatomia humana que uma convenção milenar declarou tabu. E — note bem — nos quartos de banho tanto públicos como particulares deste país, não existem bidês...*

T. — *Como se explica isso?*

E. — *É talvez ainda a influência puritana, que procura esconder tudo quanto possa lembrar ou sugerir sexo.*

T. — *Que conclusão, afinal, tiramos de tudo quanto ficou dito?*

E. — *Nenhuma. A gente se limita a observar, registrar e arriscar observações que corresponderão quando muito a verdades de superfície... Que atitude predominará na América? A puritana de Boston? A pagã-erótica-esportiva de Hollywood e Nova York? Parece fora de dúvida que a atitude comercial e pagã diante do sexo se espalhou graças ao progresso mecânico. Não direi novidade se afirmar que nas comunidades rurais e mesmo nas grandes cidades dos estados agrícolas a moral é mais alta que nas zonas de progresso industrial.*

T. — *De sorte que...*

E. — *Agora só nos resta encerrar este escabroso diálogo, pedindo perdão a Deus e aos americanos por todas as nossas heresias...*

ACONTECEU EM LOS ANGELES...

18 de maio. O Celebrity Club há dias me dirigiu uma carta convidando-me para dizer algumas palavras no seu jantar anual, que se realiza no Golden Room do Hotel Ambassador, em Los Angeles.

À hora marcada chego ao hotel, esperando encontrar na sala, como de costume, umas cinqüenta ou sessenta senhoras, e tenho a surpresa de ver aqui nada menos de novecentas e tantas pessoas de ambos os sexos sentadas junto de longas mesas, num vasto salão decorado em ouro e verde-jade. Sinto a visão baralhada ante uma profusão de vasos com flores vistosas, bandeiras, chapéus com enfeites multicores, vestidos e jóias. Anda no ar morno uma mistura de cheiro de comida, de café com leite e perfumes diversos.

Uma jovem, que já encontrei não me lembro onde, me conduz pela mão até o lugar que me está reservado. Fico agradavelmente ensanduichado entre duas louras. Tonto, levo algum tempo para perceber que tenho à minha direita Risë Stevens, cantora do Metropolitan, que apareceu com Bing Crosby em *O bom pastor*. É muito simpática e atenciosa, mas infelizmente tem de retirar-se dentro de quinze minutos, de sorte que fico entregue aos cuidados da outra loura, que acontece ser a viúva do ator Hobart Bosworth.

Esses jantares anuais do Celebrity Club são um espetáculo singular, uma mistura de sublime e de ridículo. Um dos homenageados do dia é Mr. L. Behymer, velho e querido empresário ao qual muitos astros e estrelas de cinema devem suas carreiras. O programa é o mais eclético possível.

Começam os discursos. Os oradores são artistas, escritores, homens de negócios, atores de cinema e teatro e pastores protestantes. William Farnum, com a sua juba grisalha, a sua face risonha e vermelha, vem fazer um comovido elogio do homenageado. Depois é Will Durant, que por algum tempo fala sobre métodos de interpretação histórica. Os discursos se sucedem. O tempo passa. O calor aumenta. Olho o relógio: duas horas. O programa continua. Os ruídos se fazem cada vez mais animados. Mulheres levantam-se de seus lugares e vão dizer segredinhos aos ouvidos das amigas, em outros pontos das mesas. Bacharelandos dum colégio vêm para este salão receber seus diplomas, com discursos, togas e tudo... A seguir o mestre-de-cerimônias apresenta um menino prodígio, que toca uma ária no violino. Os aplausos são generosos e deles participa a mestra do pequeno gênio, que é também chamada à cena. Depois uma menina, também prodígio, toca no piano uma sonata de Mozart, enquanto os pais, que estão à minha frente, ficam todo o tempo de olhos grudados no rosto dum empresário e dum diretor de cinema, procurando escrutar-lhes as reações. A presidenta do Celebrity Club pede a Fred Bartholomew que se levante para receber aplausos. Estralam palmas. Pálido, esguio, com ar de nobre inglês, Fred Bartholomew se ergue e faz uma inclinação de cabeça. Depois vem outro orador. Santo Deus! São quase cinco da tarde e a minha vez não chega. As pernas me doem. O calor me abafa. Já esgotei todos os assuntos imagináveis nos meus diálogos com a viúva. Não sei mais que vou dizer.

Agora o orador é um senhor idoso que ao pronunciar os *ss* solta assobios agudos que o microfone amplifica e atira pelo ar quente do salão, como apitos. Os minutos passam e o velho assobiador não chega ao fim.

A viúva me mostra instantâneos de seu falecido marido. Bosworth, com a cabeleira de algodão solta ao vento, acaricia o pescoço dum cavalo de raça. Miro a fotografia. Que é que vou dizer? Muito bonito? Admirável? Ela continua a me mostrar instantâneos. Hobart Bosworth na frente de sua casa no vale de San Fernando, pintando uma paisagem.

— Ah!... Seu marido pintava?

Pergunta absurda. Claro que pintava.

— Oh! Ele adorava a pintura.

O mestre-de-cerimônias aproxima-se do microfone e conta uma anedota. E depois, anunciando que vai falar um representante do Brasil, estropia-me o nome.

Levanto-me, derrotado, e caminho para o microfone, enquanto a viúva me deseja boa sorte.

W. C. FIELDS

19 de maio. Entro numa barbearia do subsolo do Hotel Roosevelt, sento-me numa cadeira e quando já estou quase cochilando, embalado pelo sonido da tesoura do barbeiro, que é um homem notavelmente calado — abro despertamente os olhos ao ver entrar uma figura familiar. É W. C. Fields, o famoso cômico excêntrico. Vem de chinelos, arrastando os pés, apoiado numa bengala, o vultuoso tronco metido num casaco de lã parda. Parece muito velho e muito doente. Seu nariz, de ordinário vermelho e caricaturalmente abatatado, está hoje ainda mais inchado, dum rubro quase negro, semelhando enorme morango machucado.

— Que foi isso, Mister Fields? — pergunta um dos barbeiros.

Com sua voz áspera como uma lixa, ele responde:

— Foi a maldição do licor!

Conta que tomou ontem tamanha bebedeira, que caiu com o nariz contra as bordas do copo, ferindo-o. Aproxima-se do espelho e fica a mirar-se por algum tempo.

— Ele já era feio por natureza... — diz, olhando para o apêndice nasal — e o acidente não o melhorou nada.

Ao sentar-se na cadeira solta um gemido. Depois entrega o rosto ao barbeiro e cerra os olhos.

Lembro-me duma anedota que há pouco me contaram e cujo herói é W. C. Fields. Um dia apresentou-se-lhe um jovem dizendo ser seu filho.

— Filho? — repetiu o cômico, com ar de dúvida. — Não me lembro...

O rapaz insistiu e ele encolheu os ombros. E como estivessem ambos num bar, resolveu comemorar — embora ainda desconfiado — o retorno do filho pródigo.

— Um uísque duplo, garçom! — gritou ele para o *barman*. — E tu, que bebes, *my boy*?

O rapaz respondeu timidamente:

— Coca-Cola.

— Coca-Cola! — vociferou W. C. Fields. — Logo vi que eras um impostor!

À SOMBRA DO TALMUDE

20 de maio. Baixinho, ativo, inquieto — bigode aparado, cabelos escuros, pincenê doutoral — Ernest R. Trattner, humanista, escritor e rabino, é das figuras mais interessantes que tenho encontrado por aqui. Os judeus ortodoxos não vêem com bons olhos esse rabino liberal e modernista, em cuja sinagoga se entra sem chapéu, e cujos livros e sermões têm sempre um tom de irreverência.

Em sua *Autobiografia de Deus*, Trattner nos apresenta o Criador a contar na primeira pessoa Sua vida, a narrar o Gênesis segundo Sua própria versão, a explicar Seu método evolucionista, contando também, com agudo senso de humor, tudo quanto os homens escreveram, pensaram e disseram a Seu respeito, bem como as coisas certas e erradas que fizeram em Seu nome. E por fim — tema predileto de Trattner — Deus satiriza a intolerância e revela Seus propósitos com relação à humanidade e à ordem universal.

Todos os anos a congregação da sinagoga de Trattner oferece como prêmio uma taça de ouro ao ministro das outras seitas que mais se tiver destacado no terreno da tolerância e da cooperação inter-religiosa. Este ano a taça coube a um pastor da Igreja de Cristo, e vai ser entregue numa cerimônia especial no Emanuel Temple, no Wilshire Boulevard, sendo eu um dos oradores da noite.

Essa é a razão pela qual aqui estou nesta plataforma, num belo e claro templo, na frente duma congregação composta em sua maioria de judeus ricos de Beverly Hills. Tenho a meu lado o Cantor, metido na sua toga negra. À nossa frente, o Talmude. No fundo da plataforma, coberta por uma cortina, a Arca que contém os rolos do Pentateuco. Na outra extremidade da plataforma acham-se o rabino Trattner e o pastor que vai receber a taça.

A cerimônia se inicia. O ritual deste templo está muito simplificado, pois para Trattner os sermões são a parte mais importante dele, depois das orações. Estas são lidas em coro pela congregação e, de quando em quando, o Cantor enche o recinto com o seu belo barítono em cantigas duma beleza lamurienta e dolorosa. Dos sete braços dum grande castiçal judeu brilham lâmpadas elétricas que imitam velas.

O rabino levanta-se para fazer o elogio do pastor da Igreja de Cristo e entregar-lhe depois a taça de ouro, com uma inscrição expressiva. Enquanto ele fala, meu pensamento foge... É curioso que eu esteja agora aqui numa sinagoga judaica, à sombra do Talmude. Ontem andei pelos estúdios da Metro. Há dois dias estive com Joan Crawford numa sala da NBC, num programa de rádio destinado aos soldados americanos que estão na Europa. Amanhã vou falar para um grupo de homens de negócios, num clube de Beverly Hills. É incrível que tantas coisas diferentes possam acontecer numa semana...

Dentro de alguns minutos estarei ali naquele púlpito para fazer um discurso. Terei de dizer coisas sérias num tom sério, pois isto aqui é um templo religioso, e não um clube. Não vai ser fácil. Detesto o tom solene. Sinto-me constrangido quando não posso dizer o que penso e do jeito que me é mais natural.

Em todo caso, seja o que Jeová quiser...

Calma! Aproxima-se a hora. Trattner faz minha biografia em traços rápidos. Olho fascinado para o pássaro vermelho que está pregado ao chapéu duma dama, na segunda fila... Chegou minha vez. Levanto-me, grave; em quatro passadas estou no púlpito. "*Ladies and gentlemen*. Sou um brasileiro. Mas que vem a ser um brasileiro? Ora, um brasileiro é em geral um sujeito baixo e moreno com um sotaque horroroso..." Lá se me escapou uma tolice. Agora é tarde demais — reflito, numa fração de segundo. Mas ouço a meu lado uma risada sonora. Volto a cabeça e vejo que o rabino ri. A congregação ri com ele. Prossigo. Digo-lhes o que é o Brasil sob o ponto de vista humano, geográfico e histórico. A língua que falamos? O português. E a propósito de línguas tenho cá as minhas teorias. Se quisermos escrever uma carta de amor, o italiano é a língua indicada: doce como sacarina, flexível e cariciosa. O francês também serve e é pela sua precisão, ductilidade e riqueza a língua mais indicada para o ensaio literário. E se quisermos escrever a um cavalheiro uma carta concisa, enérgica mas ao mesmo tempo cortês, reclamando o pagamento duma dívida? Para isso o ideal é a língua inglesa. Agora, se pretendemos contar uma mentira — pescaria ou caçada fantástica —, a língua mais indicada é o espanhol. Mas se desejarmos falar duas ou dez horas, e escrever duzentas ou mil páginas sem dizer nada, nada... — bom, nesse caso não há língua melhor que a portuguesa...

E aqui junto dos rolos do Pentateuco, fico a contar neste Templo de Emanuel cenas da vida brasileira. E intoxicado pela excelente e generosa receptividade do auditório, vou ao ponto de — para dar exemplos de humorismo brasileiro — contar até algumas anedotas cariocas irreverentes.

Quando a senhora da segunda fila ri, o pássaro vermelho tremula no ar. E quando termino a palestra fico surpreendido ao ver e ouvir que a congregação aplaude, como se estivesse num teatro.

A FRONTEIRA

Meu caro Vasco: *Reproduzo aqui mais um de meus diálogos com Tobias, que hoje me recebeu com estas palavras:*

— *Temos conversado sobre este povo e esta civilização, mas permanecemos sempre no terreno das generalidades tateantes, de caráter mais literário que propriamente sociológico. Eu gostaria de saber como foi que os europeus que colonizaram os Estados Unidos tiveram aqui seus costumes, mentalidade e, digamos, "tática de vida", transformados ou modificados a ponto de dar origem ao que hoje chamamos de "caráter e modo de vida americanos".*

Boa parte do diálogo que passo a transcrever, desenvolveu-se à sombra do admirável ensaio de Frederick Jackson Turner: *The significance of the frontier in American history.*

— *Até certo ponto* — comecei eu — *a história dos Estados Unidos é a história da conquista do Oeste. No estudo da expansão das fronteiras ocidentais encontramos a explicação do caráter e da civilização americanos.*

T. — Frontier... *Eis uma palavra que encontramos aqui a cada passo, e que parece gozar dum prestígio mágico... Afinal de contas, que vem a ser a* frontier?

E. — Frontier *é o nome que se dá à porção dum país que fica entre uma região povoada e uma região despovoada. É, em suma, a linha onde termina a civilização e começa o deserto.*

T. — *Mas a colonização americana não principiou com Jamestown, na Virgínia, e com Plymouth, em Massachusetts? Não foi ela exclusivamente anglo-saxônica na origem, na língua, nos hábitos? Não é no litoral do Atlântico que ainda hoje se encontra a parte mais civilizada dos Estados Unidos? Como se pode dar tanta importância à* frontier *na formação do caráter deste povo?*

E. — *No princípio a fronteira era a costa do Atlântico. (Usemos neste diálogo, um pouco arbitrariamente, a palavra fronteira para traduzir* frontier.) *E a fronteira atlântica era ainda um prolongamento da Europa. Aconteceu, porém, que à medida que os pioneiros avançavam para o Oeste, essa fronteira se tornava cada vez mais americana.*

T. — *Como? Por quê?*

E. — *Quanto mais se afastavam do Atlântico, tanto mais os pioneiros iam perdendo contato com a Europa. Dependiam cada vez menos não só da Inglaterra como até dos colonos ingleses do litoral americano, ao mesmo passo que iam sendo obrigados a mudar a sua tática de vida e seus hábitos, não só para fazer face a todos os obstáculos que o meio desconhecido e áspero lhes deparava, como também para aproveitar as facilidades que a natureza lhes proporcionasse nessa penetração do interior.*

T. — *A que raça pertenciam os imigrantes que conquistaram o Oeste?*

E. — *Os pioneiros eram gente de várias regiões da Europa. Mas creio poder-se afirmar que predominavam entre eles os escoceses, irlandeses e os alemães do Palatinado.*

T. — *Foi, então, a fronteira um fator decisivo da americanização?*

E. — *Sem a menor dúvida. Os pioneiros entravam no deserto vestidos à maneira européia e munidos de instrumentos de trabalho, armas e hábitos europeus. Ora, nos rios desse mundo novo eles não encontravam as doçuras e as facilidades do Reno, do Danúbio ou dos rios da Escócia e da Irlanda. Não podendo contar com os tipos de embarcação europeus, tiveram de usar a piroga dos índios feita de troncos de árvores. O chalé bávaro e a casa de pedra irlandesa tomaram na América a forma da cabana de troncos, cercada duma paliçada à maneira indígena. Aos poucos o pioneiro teve de mudar a indumentária, de aprender a tática de guerra dos aborígenes e de seguir a experiência destes no que dizia respeito à agricultura. Era necessário adaptar-se para sobreviver. O contato com a natureza selvagem e não só a hostilidade de certas tribos como também a amizade de outras produziram no colonizador europeu reações que acabaram criando uma nova maneira de ser, pensar e sentir que, se não chegava a ser idêntica à dos índios, pelo menos já não era mais européia, e começava a ser americana.*

T. — *Ainda não vejo em que essa atitude de imigrantes europeus diante da natureza do Novo Mundo possa ser considerada mais importante ou mais representativa desse povo que a dos primeiros colonos ingleses que se estabeleceram nas treze colônias formadoras do núcleo inicial da União, e que foram em última análise as promotoras das Guerras de Independência.*

E. — *O que quero dizer é que essa marcha para o Oeste e a crônica dos feitos dos pioneiros e seus descendentes, mais os resultados econômicos, sociais e psicológicos dessa expansão das fronteiras constituem a parte "americana" da História dos Estados Unidos. Aconteceu também que os colonos do litoral puderam conservar melhor seus hábitos europeus e manter um contato mais continuado e íntimo com a Inglaterra.*

T. — *Acha que todos os americanos concordarão com seu ponto de vista?*

E. — *Claro que não. Há pouco um amigo meu nascido em Boston veio à Califórnia, em viagem de recreio, e quando lhe perguntei que achava deste clima e deste sol, respondeu: "Suportáveis, meu caro. Mas devo confessar-lhe que estou ansioso por voltar aos Estados Unidos".*

T. — *Que queria dizer com isso?*

E. — *Referia-se evidentemente à Nova Inglaterra.*

T. — *Mas, voltemos à fronteira...*

E. — *Tome o americano moderno, seja ele de Indiana, do Texas, do Colorado, da Califórnia ou da Pensilvânia... Examine-lhe os sonhos, os planos, os gostos, a filosofia da vida, e você encontrará nele muito do espírito do pioneiro.*

T. — *Sejamos precisos. Em que consiste esse famoso "espírito da fronteira"?*

E. — *Ninguém o definiu melhor que Turner, dizendo que o americano deve à fronteira "essa rudeza e força que se combinam com agudeza e curiosidade; esse espírito inventivo, prático, rápido no encontrar expedientes; esse magistral domínio das coisas materiais, falho no que diz respeito ao artístico, mas poderoso no realizar objetivos grandiosos; essa energia inquieta e nervosa; esse individualismo dominante que se exerce para o bem e para o mal; e acima de tudo essa jovialidade e exuberância que vêm com a liberdade...".*

T. — *Compreende-se que a fronteira tenha produzido o individualismo, pois para arrojar-se a essas entradas rumo do Oeste desconhecido, o colono precisava possuir em grau elevado o espírito de aventura, a par duma grande fé em si mesmo e no futuro. Em suma, tinha de ser um otimista corajoso.*

E. — *Esse individualismo gerou nele sentimentos de independência e democracia. O desbravador do Oeste odiava toda espécie de controle, fosse ele próximo ou remoto, e era com verdadeira má vontade e antipatia que os colonos recebiam o coletor de impostos.*

T. — *Como se processou a conquista da fronteira?*

E. — *É natural que os pioneiros, no princípio, tivessem seguido o curso das artérias geológicas. Subiram os rios que deságuam no Atlântico e foram até as proximidades do* fall line, *isto é, na beira dos platôs onde se achavam as quedas-d'água. O* fall line, *pois, marca o limite da fronteira do século XVII.*

T. — *Todos esses pioneiros eram colonos? Ou havia entre eles também mercadores?*

E. — *Com o risco de ferir a sua natureza idealista, meu caro Tobias, eu lhe direi que na América, como em muitas outras partes do mundo, o mercador foi o abridor de caminhos da civilização. Os mercadores de peles e os caçadores embrenhavam-se nas terras desconhecidas, entravam em contato com os índios e estabeleciam entrepostos em aldeamentos indígenas, situados em pontos privilegiados: vales férteis, vizinhanças de fontes salinas ou então à margem de rios navegáveis.*

T. — *Alguns desses aldeamentos naturalmente com o correr do tempo transformaram-se em grandes cidades...*

E. — *Exatamente. Foi o que aconteceu com Pittsburgh, Chicago, St. Louis, Albany, Kansas City, etc...*

T. — *Não esqueça que deixamos a fronteira imobilizada no* fall line...

E. — *A fronteira do século XVIII transpôs os montes Allegheny.*

T. — *Custa-me crer que em princípios do século XIX o Mississippi ainda não tivesse sido ultrapassado.*

E. — *Mas essa é a verdade. Nos primeiros vinte e cinco anos do século XIX a linha da fronteira era o rio Mississippi. Em meados desse mesmo século ela avançou até o Missouri.*

T. — *E, a todas essas, que faziam os índios?*

E. — *Uns colaboravam com os conquistadores. Outros lhes eram hostis ou indiferentes. Dum modo geral iam sendo cercados pelos aldeamentos dos brancos ou empurrados cada vez mais para o Oeste. Em meados do século passado as fronteiras orientais do Nebraska e do Kansas marcavam os limites do território índio.*

T. — *Qual foi a última fronteira?*

E. — *As Montanhas Rochosas, atingidas em fins do século passado.*

T. — *Como se explica que os Estados Unidos depois de proclamada a sua independência não se tenham fragmentado numa coleção de estados independentes? Não seria lógico que isso acontecesse devido à falta de comunicações e transportes fáceis e rápidos?*

E. — *A resposta à sua pergunta ainda se encontra na vida da fronteira. Era costume dos colonos dos diversos aldeamentos reunirem-se em congressos periódicos. (Como vê, data desse tempo remoto a mania americana das convenções...) Nesses congressos eles tratavam de planos comuns de defesa contra os ataques armados dos índios. Mais que isso: faziam um intercâmbio de experiências. Os representantes de cada comunidade contavam aos outros como resolviam ou procuravam resolver seus problemas administrativos, religiosos, econômicos ou domésticos. Era uma troca utilíssima de informações. Tudo isso concorria para que as diversas colônias começassem a pensar e a agir por assim dizer nacionalmente. Habituados à guerra em virtude dos freqüentes ataques de tribos hostis, não lhes foi difícil em tempo oportuno voltar contra os ingleses as armas adestradas na luta com os aborígenes.*

T. — *Li não me lembro onde que muitos dos pioneiros — dinamarqueses, suecos, alemães, irlandeses —, quando marchavam para o Oeste, levavam consigo uma Bíblia, sementes de maçã e uma espingarda.*

E. — *Isso naturalmente é uma estilização dos petrechos do pioneiro. Mas tem a sua verdade e vale também como um símbolo. Veja bem. A Bíblia significava que esses colonos tinham uma fé e, mal ou bem, um código de moral ou pelo menos uma preocupação com problemas morais. A semente de maçã simbolizava suas relações com a terra, o desejo de plantar, de construir uma casa, em suma: de deitar raízes no chão conquistado. A espingarda queria dizer simplesmente que eles estavam dispostos a se defender; numa palavra — sobreviver.*

T. — *Quando foi que os treze estados originais do litoral, onde começou a colonização, receberam a adesão das outras regiões?*

E. — Em *1821* Vermont, Maine, Mississippi, Alabama, Illinois, Indiana, Kentucky, Louisiana, Missouri, Ohio entraram para a União. Em *1845* Texas, Novo México e Califórnia também vieram para o aprisco, tudo isso à custa de guerras e escaramuças na fronteira com o México.

T. — É incrível que a União tal como é hoje tenha menos de um século.

E. — Vieram mais tarde os outros estados do Far West; e os do Noroeste, os do Meio-Oeste e os do Sudoeste.

T. — Não falamos dos problemas das comunicações entre essa fronteira móvel e os estados do litoral...

É. — A navegação a vapor auxiliou poderosamente o avanço da fronteira, mas em breve fizeram-se necessários caminhos terrestres. Ficamos hoje maravilhados diante do sistema de comunicações dos Estados Unidos. Mas é bom não esquecer que, há pouco mais de cem anos, na maior parte do território da União o que havia eram as trilhas feitas pelas patas dos búfalos, cujas pegadas eram seguidas pelos índios, pelos mercadores de peles, pelos caçadores, pelos pioneiros. Mais tarde essas trilhas foram alargadas e por elas passavam as diligências e os covered wagons, ou seja, as carroças cobertas dos colonos. A partir de *1848* sobre esses caminhos se estenderam os trilhos da estrada de ferro.

T. — Ainda não falamos nos negros que eram trazidos da África para trabalhar nas plantações de algodão do Sul...

E. — Sim, a escravidão florescia nas fazendas sulinas. Lá por fins do século XVIII ela parecia declinar, pois os fazendeiros estavam chegando à conclusão de que plantar algodão "não era negócio" por causa do custo da produção. Foi quando em *1793* Eli Whitney inventou o cotton-gin, o descaroçador de algodão, que deu tremendo impulso à indústria algodoeira.

T. — Pode-se então dizer que a indústria americana começou com o cotton-gin?

E. — Sim. E não esqueçamos que depois de *1800* fizeram-se sentir nos Estados Unidos as conseqüências da Revolução Industrial. Os americanos começavam a revelar não só o gosto pelas máquinas, como também uma grande habilidade mecânica, a par dum talento inventivo e prático.

T. — Ergue-se então a indústria do Norte...

E. — Para compreender os Estados Unidos em seus aspectos presentes, é preciso examinar o período de sua história que vai de *1830* a *1850*. Por essa época grandes mudanças começavam a operar-se na vida americana devido à expansão para o Oeste e ao surgimento duma indústria ao Norte.

T. — Não tinha essa indústria começado depois da guerra de *1812*?

E. — Sim, mas só depois de *1828* é que principiou a ter real importância. Naqueles tempos, como hoje, o negócio de imóveis era a maneira mais rá-

pida de fazer fortuna. Assim o real estate business *florescia principalmente nos estados do Norte, criando milionários da noite para o dia. Aos poucos, porém, os capitalistas começaram a voltar-se para a indústria manufatureira, e muitas fábricas surgiram, ao mesmo passo que se fundavam bancos e mais casas de negócios.*

T. — *Tiveram essas fábricas o problema de braços?*

E. — *Sim, e muito sério. Foi ainda na imigração que encontraram solução para o problema. Entre 1830 e 1850 entraram nos Estados Unidos, principalmente pelos portos do Norte, perto de dois milhões e meio de imigrantes. Só a fome na Irlanda atirou milhares de irlandeses nas costas americanas...*

T. — *E quem hoje os vê a comer com tanta voracidade os seus famosos cozidos tem a impressão de que eles ainda não mataram a fome...*

E. — *A América continuava a ser para o imigrante a terra da promissão, o país novo sem barreiras sociais, onde qualquer criatura humana podia transformar-se rapidamente num milionário e fazer carreira no mundo político.*

T. — *Até que ponto a América correspondia na realidade ao sonho do imigrante?*

E. — *Muitos desses europeus que vieram trabalhar nas fábricas americanas nem sempre conseguiam salários altos e boas condições de vida. Os patrões, por sua vez também descendentes de imigrantes, estavam preocupados principalmente com ganhar muito dinheiro e no espaço de tempo mais curto possível, de sorte que pouca ou nenhuma atenção davam ao proletário. Este em geral permanecia numa situação que, comparada com a que seus colegas gozam hoje, era de verdadeira miséria. Mas mesmo assim se sentiam felizes por ter vindo, pois as agruras que a nova terra lhes oferecia eram muito menores que as de seus países de origem. E, fosse como fosse, havia a esperança de melhorar de condição, pois sabiam que outros imigrantes tinham conseguido sucesso e fortuna.*

T. — *Pode-se, então, dizer que a América começava a compreender que seu futuro estava na indústria.*

E. — *Exatamente. E de 1830 em diante uma onda de otimismo começou a varrer o país, impelida principalmente pelas notícias das carreiras fabulosas de financistas, industrialistas e* promoters. *A população do país crescia. As oportunidades pareciam ilimitadas. O dinheiro jorrava. Repito: não havia barreiras sociais. Ninguém perguntava ao imigrante de onde vinha e quem eram seus pais. A América estava aberta para quem quisesse tornar-se americano. Essa era principalmente a atitude do Norte e muito particularmente a dos estados centrais. Essa era também a atitude desse fabuloso Oeste.*

T. — *Deve datar dessa época uma série de superstições e manias que passariam a colorir o pensamento e o sentimento americanos daí por diante.*

E. — *Sim. As preocupações do momento eram:*
não entregar-se nunca ao pessimismo;
ganhar dinheiro;
esquecer o passado: olhar só para a frente;
fazer coisas grandes;
conseguir sucesso;
aproveitar todas as oportunidades.

T. — *Devem ter nascido nessa época certos* slogans *americanos como "Este é um país livre". "Somos pela iniciativa privada".* The sky is the limit, *ou seja, "O céu é o limite" — o que valia dizer: não conhecemos limites...*

E. — *Sim, para a maioria dessa gente a capacidade de ganhar dinheiro, de fazer bons negócios passou a ser em si mesma uma virtude. E respeitadíssima.*

T. — *Estava, pois, o ambiente saturado de ambições materialistas.*

E. — *Mas não devemos esquecer que surgiram aqui e ali reformadores e idealistas, e em assunto de legislação social a América avançava mais que a própria Europa. Eliminou a prisão dos devedores, reformou as cadeias, abolindo o castigo corporal, e chegou a dar alguns direitos à mulher. Seu proletariado começava também a organizar-se.*

T. — *Desde quando principiaram a diferençar-se essas regiões dos Estados Unidos que ainda hoje apresentam características peculiares?*

E. — *Já por 1850 se distinguiam quatro zonas diferentes da União: o Norte, o Sul, o Middle West e o Far West.*

T. — *E quais eram seus característicos?*

E. — *Ao estudar a região geralmente chamada Norte, ou melhor East (Leste) é necessário separar os estados que formavam e formam a parte denominada Nova Inglaterra (Massachusetts, New Hampshire, Maine, Vermont, Rhode Island e Connecticut) e os Estados Centrais, que são Nova York, Nova Jersey, Delaware e Pensilvânia. A Nova Inglaterra representava principalmente a tradição puritana de ledores da Bíblia, descendentes dos peregrinos do* Mayflower, *depositários da cultura e da tradição dos Fundadores — gentes de costumes decentes, severos mas com uma tendência para o esnobismo e para a intolerância. Quem dava, por assim dizer, a nota tônica ao chamado Norte eram os Estados Centrais, zona menos inglesa mas por outro lado mais representativa desta nação compósita. Era uma região cosmopolita, industrial, onde vivia uma sociedade variada e violentamente competitiva, com pouca ou nenhuma preocupação com o passado, e toda sua paixão, seu ímpeto, sua capacidade de trabalho, invenção e adaptação projetados para o futuro.*

T. — *Pode-se, então, dizer que nesses estados predominava o desejo de prosperidade material...*

E. — *Creio que sim. Tratava-se também duma zona que estava em constante contato com a Europa, através do porto de Nova York. Representava, na sua variedade de seitas religiosas, um certo espírito de tolerância, a par duma ausência de tendências regionalistas.*

T. — *E que espécie de gente predominava no Sul?*

E. — *No Sul havia o inglês modificado por um clima quente e por um tipo de vida semifeudal. O Sul era, pois, baronial, racista, escravocrata, agrícola e mantenedor duma tradição de fidalguias e — digamos assim — epicurismo rural.*

T. — *Que representava o Middle West?*

E. — *Essa região — formada pelos estados de Missouri, Ohio, Minnesota, Iowa, Indiana, Illinois, Michigan e Wisconsin — era a que melhor parecia representar a democracia de agricultores sonhada por Jefferson. Zona povoada por descendentes de imigrantes irlandeses, escoceses, alemães e escandinavos, nela imperavam os traços de caráter produzidos pela fronteira.*

T. — *E o Far West?*

E. — *Essa seção oferecia um aspecto completamente diferente do das outras. Em meados do século passado ela recebera um tipo de imigrante que não se preocupava com abrir picadas, plantar roças e estabelecer-se em comunidades permanentes. Os* forty-niners, *isto é, os aventureiros que para lá correram a partir de 1849, andavam apenas em busca de ouro e vinham de todas as partes do mundo. Saltando por cima da fronteira, que ainda não havia atingido as Montanhas Rochosas — atravessando penosamente o continente, dobrando o cabo Horn ou cruzando o istmo do Panamá, chegaram numa onda turbulenta que trazia em seu bojo um mundo de violência, crimes e vícios.*

T. — *O panorama dos Estados Unidos, pois, não podia ser mais variado...*

E. — *E vá a gente fazer afirmações categóricas sobre um país tão complexo, tão colorido, tão rico de aspectos naturais e humanos!*

T. — *De tudo quanto ficou dito se conclui, então, que a América começava a tornar-se uma potência mundial importante.*

E. — *E quiseram ou não os quacres, os puritanos, os mórmons, o que dava importância a esse país novo era a sua indústria. A máquina ganhava dia a dia um prestígio maior...*

T. — *E por essa época um gigante havia surgido no cenário americano: Abraham Lincoln.*

E. — *Outra vez a fronteira.*

T. — *Como?*

E. — *Lincoln era um homem do Oeste e filho dum pioneiro. Nascera simbolicamente numa dessas cabanas de troncos, tão típicas da fronteira. Era um lenhador, um homem simples que lia e citava a Bíblia, que sabia fazer coisas com suas grandes mãos musculosas. Tinha um sereno senso de humor e era um idealista prático. Em suma: um americano. Em 1858, como candidato republicano ao Senado, fez um discurso em que afirmou: "Uma casa dividida contra si mesma não pode subsistir". (Outra vez a Bíblia, meu caro Tobias!) "Acredito que este governo não pode durar permanentemente metade escravo e metade livre. Não espero que a União seja dissolvida, não espero que a casa caia, mas espero, isso sim, que a divisão cesse. Ela terá de se tornar inteiramente uma coisa ou inteiramente outra."*

T. — *O país marchava para a guerra civil.*

E. — *Os republicanos em 1860 apresentaram Lincoln como seu candidato à Presidência. O Sul declarou que repudiaria qualquer candidato republicano. Lincoln, porém, foi eleito e no mesmo ano de sua eleição a Carolina do Sul separou-se da União. Outros estados a seguiram. De resto, essa idéia de secessão já vinha de longa data, e devia-se ao caráter regionalista dos estados sulinos. Um homem da Virgínia, por exemplo, considerava-se primeiro um virginiano, depois um americano.*

T. — *Costuma-se apresentar a rivalidade entre escravocratas e abolicionistas como sendo a causa principal da Guerra Civil.*

E. — *Isso é elementar, meu caro Watson. É uma razão de superfície. Entre o modo de vida do Norte e do Sul havia uma grande incompatibilidade. O aristocrata sulino, indolente e amigo dos lentos prazeres da vida patriarcal, não estimava nem compreendia o comerciante ianque, tão agitado e preocupado com negócios, bancos, empresas e lucros. Por sua vez esses homens de negócio do East não simpatizavam nem se preocupavam com entender os senhores das plantações. Havia ainda esse eterno antagonismo entre cidade e campo, fábrica e lavoura, trabalho assalariado e trabalho escravo. E, bem como acontece na política internacional de nossos dias, Norte e Sul se empenhavam em alargar as suas zonas de influência.*

Os novos estados do Oeste que se aprontavam para se incorporar à União seriam estados livres ou escravagistas? Iriam aumentar no Congresso as forças do Sul ou as do Norte? Todos esses ódios, incompreensões, diferenças, paixões políticas e principalmente rivalidades econômicas — todos esses agitados rios desaguavam violentos num lago: o problema da escravatura.

T. — *E nesse lago quase naufragou a União.*

E. — *E eu quero chamar atenção para um fato curioso: a influência do Oeste nesta guerra. Se a expansão não se tivesse feito ou, melhor, se os estados* que ficavam para além dos Allegheny não houvessem sido adquiridos pela União, a secessão talvez se consumasse. Mas a fronteira pesava não só na consciência da nação como também nos seus cofres. É bom não esquecer que o ouro do Texas, estado que fora anexado à União em 1845, dera grande impulso à construção e à expansão das estradas de ferro.

T. — De que lado ficaram os estados do Oeste?

E. — A princípio uma fatalidade geográfica os levara a contragosto para o lado dos sulistas...

T. — Explique isso melhor.

E. — O Mississippi é um rio de curso providencial, de ação unificadora. Ora, o Oeste precisava duma saída para o golfo e não desejava que a parte do sul do vale do Mississippi ficasse em mãos inimigas, de sorte que no princípio da Guerra Civil foi, por essa circunstância, compelido a entrar na Confederação, embora não simpatizasse com a causa sulina. Mas as estradas de ferro, então em pleno funcionamento, mantiveram as comunicações entre Leste e Oeste, permitindo aos estados desta última região recusar aliança com o Sul.

T. — E se o Oeste tivesse entrado para a Confederação, que aconteceria?

E. — Tudo indica que a ruptura da União seria fatal.

T. — É difícil de compreender que, saindo dessa luta tremenda e debilitante, os Estados Unidos se vissem numa encruzilhada difícil...

E. — Para onde iria a América? Que caminho seguiria? Já se falava no Sonho Americano. Mas... que era esse sonho? Até então — escreve Stephen Vincent Benét em seu America — esse sonho tinha sido muitas coisas. "A combativa independência da fronteira; a república livre e plutarquiana dos Fundadores; a república rural, sonhada por Jefferson; a democracia da fronteira de Andrew Jackson; a democracia de Lincoln... Era também a idéia de honra e dever altruísticos de que fora exemplo Lee, o chefe sulista, símbolo dessa alegre e pródiga aristocracia dos bem-nascidos, que desejavam uma república regida pelo código de cavalheirismo que vigorava no sistema de plantações do Sul... Ou seria o Sonho Americano o ideal puritano da Nova Inglaterra, a vida simples e os pensamentos superiores de Concord, e os dez mil sonhos que luziam e se extinguiam nas Novas Sions (Sempre a Bíblia! — e este parêntese é meu, e não de Benét) e nas experiências comunais de toda sorte que lá se fizeram? Porque todos os meios de vida tinham sido experimentados em várias partes da União. E agora a nação emergia duma guerra cruenta em que perdera mais de seiscentos mil de seus filhos. A era industrial havia começado. A unidade nacional fora preservada graças a Lincoln. Mas Lincoln estava morto... Que ia agora acontecer?"

Foi neste ponto que Tobias começou a bocejar. Era noite alta e nós ainda caminhávamos sob as árvores da Durango Avenue, sob um luar pálido e perfumado de jasmim. Foi então que tive pena dele, de mim e da História americana. E decidi que fôssemos todos dormir.

DE LINCOLN A ROOSEVELT

Meu caro Vasco: *Era uma tarde cor de chá e eu caminhava em calma sob as palmeiras-reais duma dessas silenciosas ruas de Beverly Hills quando Tobias me apareceu inesperadamente, exigindo que continuássemos o diálogo sobre a História americana. Assim, retomamos peripateticamente nossa conversação.*

E. — Onde deixamos os Estados Unidos?

T. — Numa encruzilhada difícil. O princípio do período de reconstrução que se seguiu à Guerra Civil.

E. — Ah! O Sul estava falido, amargurado, roído de ódios. Os negros, que a vitória dos ianques transformara duma hora para outra de escravos em cidadãos, ou se embriagavam de liberdade ou se deixavam ficar na inércia da estupidificação. Fosse como fosse, a súbita mudança, trazendo-lhes o grande bem da liberdade e duma igualdade que no fim de contas era apenas teórica, trouxera-lhes também graves problemas. Alguns nortistas sem escrúpulos usavam os negros livres com a finalidade de despojar e afrontar os brancos do Sul, o que aumentou a animosidade destes para com os ex-escravos. Em suma: da "linha de Dixie" para baixo o panorama era de desolação, de descalabro econômico e social...

T. — E enquanto isso o Norte florescia, projetava-se para a frente...

E. — A guerra fora como um sopro a avivar o fogo das caldeiras de suas fábricas. O Oeste participou também da prosperidade do Norte.

T. — Nada disso, porém, impediu que após a guerra houvesse uma crise econômica.

E. — Mas em breve a prosperidade voltou... Tudo quanto as fábricas nortistas produziam encontrava mercado imediato e largo.

T. — E qual era a atitude das potências européias diante da vitória do Norte?

E. — De desconfiança e ciúme. À França e à Inglaterra, onde imperava uma espécie de aristocracia, era desagradável ver o erguimento duma nação jovem e de futuro em que qualquer plebeu, qualquer imigrante, qualquer pobre-diabo encontrava oportunidade de fazer uma carreira e tornar-se um líder na esfera comercial, política ou social. Acontecia também que, por motivos econômicos, tanto a Inglaterra como a França haviam desejado a vitória do Sul agrícola sobre o Norte industrial. Era uma razão de competidor.

T. — Lá está você outra vez com os seus fatores econômicos!

E. — Em meados do século XIX uma personagem poderosa entra em cena.

T. — Rockefeller? Astor? Vanderbilt?

E. — Não. O petróleo. Descoberto em 1859 no estado de Pensilvânia, quatro anos depois produzia uma renda enorme. Começou a "corrida" do petróleo, determinando o nascimento de novas cidades ou acelerando o progresso de outras já existentes.

T. — A corrente da imigração continuava?

E. — Sim. Vinham novos imigrantes para as fábricas ou para as lavouras do vale do Mississippi, cuja prosperidade permitiu que o Oeste fosse dos melhores fregueses do Norte.

T. — Os rushes continuavam rumo das jazidas de ouro e petróleo.

E. — Descobriram-se ricas minas de ouro em Nevada. As do Colorado continuavam a produzir com abundância...

T. — Cidades cresciam. Desertos povoavam-se. As estradas de ferro encompridavam seus trilhos, atravessavam os descampados...

E. — Em 1869 os trilhos que vinham do Leste se encontraram no estado de Utah com os que vinham do Oeste. E as paralelas de aço ligaram os dois oceanos.

T. — A iniciativa privada produziu os seus frutos.

E. — Sim, e creio que nesse último decênio do século XIX, quando se consolidaram as fortunas que deram origem às corporações e trusts que hoje dominam o campo das finanças e da indústria nos Estados Unidos, com ramificações por quase todo o mundo; nesse fim de século agitado que pode ser considerado a Idade de Ferro do capitalismo — começou o declínio da iniciativa privada, da livre concorrência.

T. — !!!

E. — Daí por diante esses senhores de trusts e de monopólios procuraram dar à política dos Estados Unidos a forma mais conveniente aos seus interesses. Homens detentores de nomes como Rockefeller, Astor, Vanderbilt, Carnegie, Guggenheim, Morgan, Mellon e outros eram como deuses que de seu Olimpo de Wall Street dirigiam, cada qual no seu setor, os destinos econômicos de boa parte do globo.

T. — Fantasia!

E. — Não. Apenas fantástico. Estes ainda lá estão. São descendentes desses milionários que no fim do século passado fizeram suas fortunas com petróleo, ouro, *companhias de estrada de ferro e navegação, indústria pesada, etc. E uma vez que esses trustes e cartéis controlam o mundo da economia e das finanças, parece-me que "competição livre"*, o free enterprise, *é uma expressão de sentido duvidoso...*

Em 1898, depois da sua vitória sobre a Espanha na guerra de Cuba, os Estados Unidos ganharam estatura de potência mundial.

T. — *Mas já não haviam conquistado essa posição logo após a Guerra Civil?*

E. — *Economicamente, sim. Mas agora o país ganhava importância política.*

T. — *E qual foi o resultado dessa ascensão?*

E. — *A abertura de uma nova era. O Bureau do Censo declarara em 1890 que a fronteira havia terminado. Numa sucessão de crises, pânicos financeiros, alternados com períodos mais longos da prosperidade, os Estados Unidos viam aumentar sua riqueza industrial e agrícola, sua população e as oportunidades de grandes negócios. Agora a sua medida era o milhão.*

T. — *Onde estava o sonho dos puritanos? O ideal dos* quacres? *A simplicidade austera dos pioneiros?*

E. — *Imperava no país o culto do dinheiro, a negociata, a fraude, a audácia. Tudo era grande, se não grandioso. E como conseqüência dessa prosperidade industrial, começou a nascer uma tendência imperialista na indústria, com naturais conseqüências políticas.*

T. — *E outros países passaram para a órbita de influência dos Estados Unidos...*

E. — *Sim. A Comunidade das Filipinas, Porto Rico, o Havaí...*

T. — *Como eram então as relações entre capital e trabalho?*

E. — *Com a expansão da indústria criara-se uma classe proletária cujo choque com os patrões, que o desejo de lucro cegava a ponto de levá-los a ignorar as necessidades e problemas dos empregados, era inevitável. Em 1877 houve na linha Baltimore—Ohio a primeira greve ferroviária, que foi abafada pelo Exército.*

T. — *Que contraste com a nossa época, em que mesmo nestes tempos de guerra os operários fazem greve!*

E. — *É que naqueles tempos os sindicatos não estavam organizados nacionalmente, não tinham a força nem os recursos financeiros com que contam hoje. Mas já em 1903 o então presidente Theodore Roosevelt resolveu por meio de arbitragem uma grande greve de trabalhadores das minas de carvão de antracite, na Pensilvânia.*

T. — *Não foi Roosevelt um presidente que combateu os trustes e os monopólios?*

E. — *Exatamente. Era conhecido como o* trust buster, *ou seja, o "rompe-trustes". Graças a ele neste país vigora uma lei muito severa relativa à pureza dos alimentos e das drogas farmacêuticas.*

T. — *E assim chegamos ao século XX e ao Wilshire Boulevard* — (*e neste ponto Tobias fez um sinal na direção da grande artéria que corta Los Angeles de leste a oeste. Automóveis passavam maciamente*).

E. — *E no princípio deste século temos o começo da "era do automóvel", que trouxe conseqüências extraordinárias para a vida americana, alterando-lhe o ritmo, o conceito comum de distância e portanto de tempo.*

T. — *Mas todas essas influências se fizeram sentir desde o princípio do século XX?*

E. — *Não. Começaram a se fazer visíveis e sensíveis principalmente na década que se seguiu ao Armistício de 1918.*

T. — *Procedamos com método, meu caro Sherlock Holmes, pois Tobias, o seu pobre Watson, só pode compreender a ordem direta.*

E. — *Como vimos, durante a era da Reconstrução o país se industrializou, e os últimos vinte anos do século passado podem ser chamados a "Era dos Trustes", uma espécie de grandiosa, monumental cúpula que por assim dizer coroou o monumento da iniciativa privada, do individualismo. E nas duas décadas seguintes ao ano de 1897, em que começou a recuperação duma grande crise, vemos surgir a idade do planejamento científico no campo da produção industrial e da produção em massa.*

T. — *E que figura lhe parece simbolizar melhor essa época?*

E. — *Eu ia dizer Frederick W. Taylor, o pai da racionalização da organização comercial, da "taylorização". Mas o grande símbolo do tempo é Henry Ford.*

T. — *Não me diga que esse homem é também um produto da fronteira.*

E. — *Mas é! Henry Ford nasceu em Detroit — Michigan —, no Middle West. Não passava dum mecânico prático que sonhava com a construção de automóveis. Em 1892 fabricou o seu primeiro modelo, e no princípio sua atividade no negócio de automóveis foi comercialmente desastrosa. Mas alguns anos depois, com a Ford Motor Co., o obscuro mecânico de Detroit transformou-se num herói nacional, através duma carreira espetacular.*

T. — *Que grande novidade introduziu ele no motor do automóvel que a Europa já produzia e vendia?*

E. — *No motor propriamente, nenhuma. A sua novidade consistia na produção em massa, que determinou o barateamento dos carros, permitindo assim que eles fossem adquiridos por pessoas de posses modestas e mais tarde até pelos operários.*

T. — *E essa popularidade do automóvel trouxe, então, verdadeira revolução nos costumes...*

E. — *O país, que tinha gasolina em abundância, possuía agora uma boa quantidade de automóveis. As estradas se multiplicavam e isso era mais um elemento de união nacional, mais um meio de poupar tempo. As cidades puderam alargar sua área, porque o automóvel resolvia o problema do transporte. A freqüência nas escolas rurais aumentou graças aos ônibus que transportavam alunos.*

T. — *E qual era a atitude de Ford com relação aos seus operários?*

E. — *Deu-lhes um salário melhor que o ordinário, um mínimo de cinco dólares por dia, oito horas de trabalho e interesse nos lucros. Mas por outro lado, individualista ferrenho, não queria saber de negócios com os sindicatos.*

T. — *Qual foi o efeito da racionalização da produção na vida americana?*

E. — *Assim como o nascimento dos trustes determinou o declínio da iniciativa privada ou, melhor, da liberdade econômica (embora aparentemente ela ainda exista), a racionalização da produção de certo modo alterou o individualismo do século XIX. Seu resultado concreto foi a produção em massa, que poderá oferecer suas desvantagens (se quisermos levar o assunto para o terreno da contribuição do talento criativo individual, a necessidade do "diferente", do "pessoal"), mas que, por outro lado, através do barateamento dos artigos manufaturados, permitiu que um maior número de pessoas gozasse dos benefícios do progresso industrial. Por exemplo: uma lata de sopa, graças à produção em série, custa apenas dez centavos.*

T. — *A* Princesa dos dólares, *opereta vienense que apareceu em princípios deste século, é de certo modo uma caricatura do milionário americano que procurava casar suas filhas com nobres europeus arruinados.*

E. — *Veja o magnífico símbolo que há nessa história tola, feita apenas com o propósito de divertir, sem a menor responsabilidade para com a verossimilhança. Em virtude de sucessivas revoluções a nobreza européia decaiu política e financeiramente, ao passo que, ao cabo de uma série de outras revoluções da mais variada natureza, os imigrantes plebeus dum punhado de países europeus — por sua vez vítimas seculares dum estado de coisas injusto mantido por essa mesma nobreza, num vestígio dos tempos medievais — prosperavam na América, mercê do progresso industrial, e agora essa "plebe" se encontrava nos grandes salões em pé de igualdade com os descendentes empobrecidos daquelas velhas aristocracias.*

T. — *E não é curioso que ainda hoje persista no intelectual europeu uma atitude de ressentimento, desprezo e ironia para com o "novo-rico" americano?*

E. — *Muito! Mas acontece que esse desejo de nobreza, essa preocupação com o título não existe em geral no homem americano. Haverá casos esporádicos...*

T. — *Voltemos a essas duas décadas de paz que precederam a Primeira Guerra Mundial.*

E. — *Foi um período de grande desenvolvimento material nos Estados Unidos. Era natural que um país que começava a bastar-se a si mesmo, que tinha um mercado interno riquíssimo, coisas a fazer, conquistas a consolidar — era natural que esse país se tornasse isolacionista. Havia ainda outro fator a conduzi-lo a essa atitude. Era a sua grande incapacidade de compreender as sutilezas da política européia e a idéia de que aqueles estrangeiros se preocupavam com detalhes e abstrações que, para homens práticos e objetivos como os americanos, não tinham a menor importância.*

T. — *Mas a atitude do país era de indiferença para com a Europa?*

E. — *Claro que não. Em muitos setores procurava-se copiar a Europa. Milionários iam à França, à Inglaterra, à Espanha, à Itália e lá compravam quadros famosos ou então de lá traziam mosteiros ou castelos históricos para reconstruí-los, pedra por pedra, às margens do Hudson ou do Potomac. Milionários como Carnegie, Rockefeller, Guggenheim, Morgan e outros doavam milhões para que com eles se erguessem universidades, museus, bibliotecas, fundações de benemerência social... Era preciso que o país tivesse muitas daquelas coisas que a velha Europa possuía e que representavam cultura, progresso intelectual, bom gosto...*

T. — *A imigração havia cessado!*

E. — *Pelo contrário. O período que vai de 1905 a 1915 é o em que mais intensa se torna a imigração. Até então predominavam no país os imigrantes de origem germânica, irlandesa e escandinava. Agora chegava gente do sudeste da Europa, principalmente da Rússia, do Império Austro-Húngaro e do Sul da Itália.*

T. — *Eram esses imigrantes de tão boa qualidade quanto os primeiros?*

E. — *Positivamente não. De resto, a qualidade da imigração começou a piorar depois que as fábricas do Leste começaram a precisar urgentemente de braços. Veja só isto: entre os imigrantes que chegaram antes de 1890 a percentagem de analfabetos era de três por cento. Entre os que vieram depois daquela data, ela subiu a trinta e cinco por cento.*

T. — *Quais foram os reflexos das doutrinas marxistas nos Estados Unidos?*

E. — *Durante a última década do século passado houve alguns movimentos socialistas nos Estados Unidos, cuja população proletária crescia, oferecendo problemas que se complicavam de ano para ano. Acrescia ainda que deste lado do Atlântico o problema era agravado pela situação das populações negras e pelo "white trash", ou seja, o branco pobre do Sul. Um tal Eugene Debs, de Indiana...*

T. — *Sempre o teu Oeste...*

E. — *... chegou a organizar um partido socialista. Estava ele convencido de que o trabalho tinha como inimigos uma aliança reacionária composta de patrões e políticos ajudados pela imprensa. Como candidato a presidente em 1900, chegou a obter quase cinqüenta e cinco mil votos. Apesar de os socialistas não terem conseguido posições políticas, sua influência se fez sentir de algum modo através do desejo que todos manifestavam de justiça social. Políticos fizeram demagogia em torno da idéia socialista, a qual teve também seus apóstolos sinceros. O próprio Woodrow Wilson revelou pendores esquerdistas, moderados pela sua educação protestante. Era um socialismo vago e teórico de professor de universidade.*

T. — *Não havia nesse homem qualquer coisa de profético, de religioso?*

E. — *Sim, e vinha talvez de sua origem calvinista. Esse professor idealista, que tinha fé na cultura, na democracia e na justiça, chegou a acreditar num chamado divino para aquele alto posto. Ovelha inocente no meio dos lobos da politicagem, da indústria e da finança, pediu ao Congresso a redução das tarifas a fim de desembaraçar o comércio mundial. Pediu também um sistema bancário estável e leis de trabalho que oferecessem proteção ao operário. Ao tomar posse do cargo de presidente dos Estados Unidos, declarou em seu discurso inaugural que "Este não é um dia de triunfo... Aqui se coligam não as forças dum partido, mas as forças da humanidade...". E enquanto ele pronunciava essas palavras com a veemência e a sinceridade de missionário protestante, os cabeças dos trustes e os politiqueiros decerto sorriam...*

T. — *Depois veio a Grande Guerra.*

E. — *E a América do Norte ainda continuou mergulhada na sua modorra isolacionista, acreditando no sonho da neutralidade.*

T. — *E quando finalmente foi arrastada à guerra...*

E. — *Pôs todo o peso da sua indústria, de sua capacidade de organização na balança da guerra, fazendo-a pender para o lado dos Aliados.*

T. — *E quando veio o Armistício...*

E. — *Wilson, o idealista, apresentou os seus catorze princípios. Era ainda o homem que acreditava na justiça e nos ideais humanos. Mas o Congresso o abandonou, a América retirou-se da Liga das Nações, e de novo se encaramujou em seu isolacionismo.*

T. — *E depois da guerra?*

E. — *Tempos de inquietação, de tumultos; os problemas de desmobilização, do desemprego... Novos caminhos se abriam. A Rússia se achava nas mãos dos comunistas e os capitalistas americanos estavam tomados de pânico, enxergando "vermelhos" por todos os lados.*

T. — *E economicamente, qual era a situação do país?*

E. — *De prosperidade... Uma prosperidade sem igual.*

T. — *A par da palavra* frontier, *outra que freqüentemente se menciona aqui é* twenties. *Que significa ela?*

E. — *Os* twenties, *ou seja, os vinte, são os anos que vão de 1920 a 1929. Foi uma época agitadíssima da vida americana e sua influência se fez sentir no resto do mundo.*

T. — *De que modo?*

E. — *Escute. Ao terminar a Primeira Guerra Mundial a Europa estava depauperada e presa da desordem, ao passo que os Estados Unidos se encontravam praticamente intatos. Tinham enormes recursos tanto em homens como em material. Ford era o apóstolo do evangelho dos salários altos, dos preços baixos e da produção em massa. A exportação americana cresceu. O poder aquisitivo na nação aumentou. O sistema de vendas a prestações entrava na sua fase áurea, tornando maior o número de compradores. Na Bolsa faziam-se jogos fabulosos. Os "novecentos e vinte" se caracterizaram por um individualismo delirante, pela destruição de muitos tabus sociais e morais, por uma maior independência das mulheres e pela Lei Seca, que por sua vez gerou o gângster e uma onda de crimes.*

T. — *Até que ponto essas coisas todas influíram na vida das outras nações?*

E. — *Ora, com suas mercadorias, com suas máquinas, instrumentos, engenhocas e novidades, a América exportava também hábitos, modas... O cinema atingiu sua maioridade (não confundir maioridade com maturidade) durante os "novecentos e vinte", isto é, deixou de ser uma experiência para se tornar uma grande indústria. Os filmes de Hollywood, as revistas ilustradas e mais tarde o rádio, que começava também a industrializar-se, levavam através do mundo o novo* American way, *o novo "jeito americano".*

T. — *Para ser preciso, em que consistia ele?*

E. — *No comércio era o espírito de Ford e dos outros líderes da indústria. Na música, o jazz barulhento, dissonante, negróide, que traduzia melhor que qualquer outro tipo de música a mentalidade do homem que vinha da trincheira, descrente de tudo, e o espírito daquela gente que se entregava a aventuras na Bolsa, à bebida e a uma espécie de amor livre. Na literatura, era a ficção do tipo de F. Scott Fitzgerald, que revelava ao mundo uma mocidade céptica, audaciosa, desorientada e ávida de prazer e velocidade; ansiosa, enfim, por gozar o momento que passa. Era a literatura dum Hemingway e dum Dos Passos, que tinham voltado da guerra e que, como tantos outros, in-*

telectuais ou não, constituíam o que a escritora Gertrude B. Stein chamou de "*a geração perdida*", the lost generation.

Quanto aos costumes, era o hábito da bebida e das danças exóticas e também negróides, que acompanhavam o ritmo convulsivo do jazz. Em tudo isso se notava o desejo de romper com um passado que de repente todos descobriam não era mais que uma convenção, uma falsificação, um tolo tabu. A geração dos "novecentos e vinte" procurou, por assim dizer, destruir, abolir ou esquecer o templo grego, o padrão da beleza clássica, a moral convencional, o metro, a rima, a melodia, a harmonia e os dez mandamentos.

T. — E até que ponto esses costumes e modas foram aceitos?

E. — Sua aceitação foi quase universal. Formaram-se, é claro, ilhas de reação contra essa nova moral, ou ausência de moral. Mas mesmo esses redutos puritanos, religiosos ou tradicionalistas foram lentamente penetrados e contaminados. Preste bem atenção numa coisa. A aceitação duma moda, seja ela literária, artística ou, digamos, social, depende muito da atitude das mulheres, principalmente num país como os Estados Unidos.

T. — E que tem isso a ver com os twenties?

E. — É que os twenties marcam uma nova era na história do feminismo americano e, de certo modo, na história do feminismo na maioria dos outros países.

T. — Estou esperando a explicação...

E. — Os twenties representaram principalmente uma revolta da geração nova contra o passado. Ora, quando falo em geração nova refiro-me tanto a homens como a mulheres. As mulheres americanas obtiveram o direito de voto em 1920. Como conseqüência da guerra e da nova mentalidade reinante, as famílias começaram a abandonar certas tradições patriarcais e a deixar suas casas de muitas peças em favor do pequeno apartamento, onde havia o mesmo conforto e menos trabalho.

T. — Já se fazia aguda a crise de criados.

E. — Os criados estavam exigindo ordenados cada vez mais altos.

T. — Naturalmente as invenções mecânicas ajudavam as donas de casa na simplificação do trabalho doméstico.

E. — Havia já as máquinas elétricas de lavar roupa que a prestação punha ao alcance das famílias de posses reduzidas. E os produtos em conserva — sopas, carnes, verduras, frutas, leite — facilitavam a preparação das refeições.

T. — Por que essa ânsia de simplificação?

E. — Era o desejo de ganhar tempo para empregá-lo em outras atividades. A vida se fazia complexa. Havia novas atrações. O rádio, o cinema, o *teatro, os esportes, a página cômica dos jornais. Mais ainda: as mulheres começavam a trabalhar em escritórios, a meter-se na política, a fazer trabalhos de assistência social, etc. Elas diziam: "Queremos viver a nossa vida". Com essa frase procuravam livrar-se da influência paterna e em certos casos tratavam até de libertar-se economicamente dos maridos.*

T. — *E que reflexo teve essa atitude na vida americana?*

E. — *É que a influência da mulher, que já se fazia sentir na casa, na educação dos filhos, passou a sentir-se também através de artigos de jornais e revistas, de campanhas políticas e sociais, enfim, em todos os setores. Data também dessa época a moda dos cabelos cortados e o hábito de as mulheres fumarem, usarem saias mais curtas e pintarem-se com menos discrição. Ora, o cinema, refletindo e muitas vezes exagerando esses aspectos da vida americana, causava em muitos casos escândalo no resto do mundo, mas de certo modo preparava o espírito das multidões para a aceitação lenta desses hábitos. Por outro lado, a Europa, que sofrera mais agudamente com a guerra que os Estados Unidos, também se entregava a uma fúria de prazeres materiais e uma destruição de ídolos... Entrementes a indústria e o comércio encorajavam esses hábitos, criavam necessidades artificiais para aumentar suas vendas. Construíam-se novas estradas de rodagem e em breve todo o país estava ligado por faixas de cimento. Milhões de pessoas adquiriram automóveis. Aumentou o número de divórcios e a criminalidade. A era do transporte aéreo começava. Havia cidades em que os gângsteres imperavam, influindo pelo suborno ou pela ameaça até nos chefes políticos e nas autoridades policiais. Enfim, os "novecentos e vinte" são uma época de grande significação na História deste país. Ela representa um feroz recrudescimento do individualismo e foi, evidentemente, uma era de crise, de febre.*

T. — *Que culminou com a crise de 1929.*

E. — *E essa crise foi o resultado duma série de fatores, entre os quais estavam as cargas de impostos decorrentes do custo fabuloso da Guerra, e mais a baixa constante dos preços dos produtos agrícolas — o que diminuiu o poder aquisitivo dos agricultores — e as doidas especulações da Bolsa entre 1927 e 1929, os quais arrastaram no seu fracasso o dinheiro de milhões de americanos.*

T. — *Depois da crise vieram os anos de depressão econômica.*

E. — *Um quadro desolador. As ruas cheias de homens de barba crescida a pedir dez centavos para tomar café. As* bread lines, *as filas de desempregados que iam receber do governo a sua ração alimentar. Os bancos fechados. Os trens vazios. Muita gente obrigada a vender os seus carros. Lojas falidas. Os pobres ficaram na miséria. Os que estavam bem, tiveram de baixar seu nível de vida. A delinqüência juvenil aumentou.*

T. — *Alguns filmes da época focaram o drama dos jovens que fugiam de casa e viajavam clandestinamente nos trens de carga, chegando em muitos casos a criar problemas de polícia...*

E. — *Mas os Estados Unidos são um país que sempre teve a fortuna de ver erguer-se um Homem, um Líder, em todos os seus períodos de crise. Tiveram Jefferson e Washington durante as lutas pela sua independência. Contaram mais tarde com Lincoln, isso se não quisermos mencionar vultos da têmpera de Hamilton, Jackson, Daniel Webster e tantos outros. E agora surgia um novo gigante, num dos períodos mais negros de sua História.*

T. — *Franklin D. Roosevelt.*

E. — *No dia 4 de março de 1933, milhões de americanos estavam junto de seus rádios acesos, esperando a hora em que o novo presidente ia dirigir-lhes a palavra pela primeira vez, depois da sua* inauguration. *Dentro de poucos minutos aquela voz musical, de tonalidade tão calidamente humana, aquela voz que através de tantas outras crises não só eles como milhões de criaturas de outras raças haviam de esperar no futuro — aquela voz se fez ouvir... Ela acusava os "vendilhões do templo", encarecia a necessidade da estabilização da moeda e duma política de boa vizinhança no que dizia respeito aos negócios estrangeiros. Mas era preciso agir, agir imediatamente. E agir dentro da Constituição.*

Ele não hesitaria até em pedir poderes tão largos como os que se concederiam ao presidente se o país fosse invadido por um inimigo estrangeiro. E o dono dessa voz mais uma vez afirmava sua confiança na Democracia. E um dos mais notáveis trechos desse discurso foi o em que Roosevelt declarou: "Esta grande nação sobreviverá... ela reviverá e prosperará. Assim, antes de mais nada deixem-me protestar minha firme crença em que a única coisa de que devemos ter medo é do próprio medo". E os primeiros cem dias da administração de Roosevelt tornaram-se famosos pela série de medidas drásticas que o presidente tomou no sentido de fazer face à crise.

T. — *Quais foram essas medidas? Em que consiste o famoso* New Deal?

E. — *Para principiar, Roosevelt cercou-se dum grupo de auxiliares competentes — economistas, financistas, técnicos em diversos assuntos, professores de universidade, engenheiros, organizadores, etc.*

T. — *O chamado* brain trust, *o "truste do cérebro"...*

E. — *Exatamente. Tratou de salvar as estradas de ferro, de fazer reabrir os bancos, incitando os depositantes a redepositarem neles o seu dinheiro.*

T. — *Oferecendo garantias em nome do governo?*

E. — *Não. Nenhuma garantia foi oferecida, mas a palavra do presidente restabeleceu a confiança do público. Os bancos foram reabertos, os redepósitos fei-*

tos. *Outra medida de alcance mais psicológico que econômico foi a que alterou a Lei Seca, permitindo a venda de cerveja e vinho com um limitado teor de álcool. Mais tarde a proibição de vendas alcoólicas foi completamente revogada.*

T. — *E com relação ao dinheiro...*

E. — *Os Estados Unidos abandonaram temporariamente o padrão ouro. A exportação deste metal não podia mais ser feita a não ser com o consentimento expresso do Tesouro. Como resultado disso, dentro de poucos anos uma quantidade de ouro na importância de catorze bilhões de dólares foi guardada na caixa-forte subterrânea do forte Knox. Roosevelt instituiu desde o princípio de sua administração os* fireside chats, *isto é, as "prosas ao pé do fogo", palestras em que, através do rádio, ele se dirigia ao povo, animando-o, dando-lhe conta de seus atos.*

T. — *Qual foi a sua atitude com relação à indústria?*

E. — *Roosevelt chamou os industrialistas e lhes declarou que os salários deviam ser elevados e que o governo exigia também o estabelecimento dum salário mínimo, e dum limite máximo de horas de trabalho por semana nas fábricas, nas quais ficou terminantemente proibido o emprego de menores. A esses homens de negócios o presidente explicou: "Se vocês pagarem salários mais altos, o povo terá mais dinheiro e portanto comprará mais. Não se preocupem com reduzir os preços. Reúnam-se vocês os industrialistas e cheguem a um acordo quanto aos preços e às horas de trabalho. E tomem nota disso: se as fábricas funcionarem menos horas por semana, haverá no país mais oportunidades de emprego".*

T. — *E que fez ele com relação aos operários?*

E. — *Encorajou os sindicatos e fez passar uma lei de aposentadorias e pensões. No terreno da legislação social os Estados Unidos, cujos trabalhadores ganhavam salários mais altos que os dos operários europeus — estavam ainda atrasados. Agora o presidente tratava de libertá-los do medo do futuro, do desemprego e da miséria.*

T. — *E quanto aos agricultores?*

E. — *O presidente fez uma proposta que os deixou perplexos. Mandou que produzissem menos. E disse-lhes: "Nós compraremos não as vossas colheitas, mas sim o que não for colhido...". Por outro lado permitiu que os agricultores elevassem o preço de seus produtos.*

T. — *Qual foi a reação dos homens de negócios a essas medidas?*

E. — *Está claro que em muitos setores Roosevelt foi criticado, principalmente porque para fazer face às enormes despesas com todas as novas agências criadas pelo* New Deal *teve de aumentar o imposto da renda. Alguém tinha de pagar e era natural que pagassem os que tivessem demais. O imposto sobre a renda é progressivo, e há um ponto em que o contribuinte tem de dar ao Tesouro quase noventa por cento de seus rendimentos.*

T. — Li muitas vezes acusações da imprensa direitista dos Estados Unidos ao New Deal...

E. — *Através de seus jornais Hearst sempre criticou acerbamente Roosevelt e o seu* brain trust. *Para esse magnata da imprensa, a N. R. A., National Recovery Act, ou seja, traduzido ao pé da letra, a "Ação de Recuperação Nacional" foi por ele ironicamente batizada de* No Recovery Allowed, *isto é: "Nenhuma Recuperação Admitida". Muitos chamaram Roosevelt de comunista e compararam o* New Deal *com o Plano Qüinqüenal soviético.*

T. — *E que fez o governo com relação à juventude abandonada, aos moços que ao deixarem o ginásio se viam sem emprego?*

E. — *Criou o Civilian Conservation Corps (o C. C. C.), organização encarregada de tomar conta desses rapazes e mantê-los em acampamentos onde levaram uma vida sadia ao ar livre, trabalhando em obras de reflorestamento, na limpeza dos bosques, combatendo a erosão do solo, etc. Ao mesmo tempo que realizavam obra nacionalmente útil, esses* boys *eram afastados dos grandes centros onde a necessidade e a ociosidade os poderiam levar ao vício, ao crime ou ao desespero.*

T. — *E que providências foram tomadas quanto aos outros milhões de desempregados em idade adulta?*

E. — *Numa de suas conversas ao pé do fogo (e veja, meu caro Tobias, o sabor "lincolniano", tipicamente americano dessa palestra sem cerimônia junto da lareira, reminiscente, sob tantos aspectos, da lareira do pioneiro, na sua cabana de troncos, nas longas noites de inverno...) — mas, como eu ia dizendo, numa de suas conversas ao pé do fogo Roosevelt declarou: "Ninguém morrerá de fome". E tratou de criar um fundo de assistência aos desempregados. Milhões deles viveram durante muitos anos a receber esse* relief.

T. — *Mas todos os* chomeurs *passaram a receber dinheiro do Estado?*

E. — *Não. Foi instituído o* Works Progress Act, *cuja finalidade era dar trabalho aos profissionais desempregados. Assim músicos foram tocar em orquestras cívicas; pintores foram contratados para pintar murais em edifícios públicos municipais, estaduais e federais; escritores passaram a trabalhar na organização de monografias sobre diversos estados, cidades, rios do país, enriquecendo assim a bibliografia americana.*

T. — *A que outros problemas o* New Deal *fez frente?*

T. — *Há neste país zonas em que chove pouco. É o* dry belt *a faixa seca, certas partes de Kansas, Nebraska, Colorado e principalmente Oklahoma. O solo seca, transformando-se em poeira. O vento sopra e origina pavorosas tem-*

pestades de areia que assolam vastas regiões, inutilizando as terras para a agricultura, soterrando ranchos, granjas, escurecendo o sol e provocando, como em certas partes do Nordeste brasileiro, migrações em massa.

T. — *E até que ponto esse paralelo é válido?*

E. — *Meu caro, até a miséria aqui é mais confortável que no Brasil. Esses retirantes americanos mudavam-se para outras terras em automóveis. Eram verdadeiros calhambeques... mas andavam.*

T. — *E para onde iam esses retirantes?*

E. — *Claro que iam para o Oeste, homem! A marcha para o West está no sangue desta gente.*

T. — *De sorte que o* New Deal *marca uma intervenção do governo na economia americana...*

E. — *Sem a menor dúvida. A intenção do governo foi a de acabar com uma competição que até então tinha sido útil — pois só a iniciativa privada podia promover o povoamento, a industrialização e a riqueza econômica da América —, mas uma competição que agora estava tomando um caráter suicida. A intenção do* New Deal *foi principalmente a de dar um plano a essa economia desordenada que engendrava absurdos como o dessa crise em época de superprodução, e o do desemprego e quase-desespero num tempo que tudo indicava podia ser de fartura e felicidade social.*

T. — *E qual foi o resultado do* New Deal*?*

E. — *Isso é história recentíssima. Apesar de todos os seus erros ou exageros, o* New Deal *conseguiu tirar a nação do caos e repô-la no caminho da prosperidade. O resto, meu caro, você sabe. É de ontem. O fascismo, o nazismo, Hitler, Munique e finalmente a Guerra.*

T. — *E o futuro?*

E. — *Sou fraco em profecias. Para lhe falar a verdade, nem sei se no próximo verão estarei aqui em Los Angeles, em Berkeley, Nova York ou se já a caminho do Brasil...*

T. — *Quais são as oportunidades do comunismo na América?*

E. — *Não creio que este país se possa tornar comunista, nem mesmo que o partido comunista americano possa crescer a ponto de se tornar uma ameaça ao regime vigente.*

T. — *Por quê?*

E. — *Por causa ainda da fronteira. E por causa também duma série de outros fatores históricos e psicológicos.*

T. — *Explique melhor seu pensamento.*

E. — *Creio que ainda o Oeste é o responsável pelas poucas chances do comunismo aqui. O Oeste é principalmente a zona do pequeno proprietário rural, do homem dotado de* horse sense *(senso de cavalo), que vem a ser um senso comum rude e prático. Ele recebe mal qualquer idéia de reforma social. Não acredita em "contos de fadas", e a conquista da fronteira transformou-o num individualista, num democrata convicto. Ele acredita nas coisas que seu trabalho, dirigido por seu senso prático, pode conseguir dentro do modo de vida americano. "Se este tipo de democracia era bom para homens como Lincoln e Jefferson"* — raciocinam eles —, *"por que diabo não há de ser bom também para mim e para minha gente?" Acontece que neste país não existe ainda consciência de classe. (Está claro que no caso dos negros e dos judeus se trata de consciência de raça.) O que há, como bem observou V. F. Calverton, são níveis econômicos. O operário é o homem que sonha com uma carreira como a de Henry Ford, e tem por isso o espírito competitivo e deseja a manutenção duma sociedade competitiva. Sinto também aqui o desejo generalizado de manter o "sonho americano". Acha o americano que, seja como for, no fim tudo dará certo, porque Deus vela pelo destino da América.*

T. — *E durante a depressão de 1929 a 1933 houve aqui novas manifestações comunistas?*

E. — *Sim, e dessa vez com fortes reflexos na literatura. No seu manifesto literário comunista de 1930, Michael Gold, autor de* Judeus sem dinheiro, *tomando como bode expiatório Thornton Wilder, atacou os literatos que vivem fechados na torre de marfim, alheios aos problemas sociais de seu país e do mundo. Um escritor inglês, estudando recentemente esses pruridos comunistas, classificou-os de* depression measles, *"sarampo da depressão".*

T. — *Que acontecerá se depois desta guerra o desemprego atingir proporções alarmantes e o conflito entre capital e trabalho se agravar?*

E. — *Na minha opinião o mais que poderá acontecer, e isso será muito importante, é a criação de um terceiro partido, que talvez seja o do* Labor. *Os sindicatos americanos estão filiados a duas grandes organizações que são a AFL (American Federation of Labor) e a CIO (Congress of Industrial Organization). Há cerca de dezesseis milhões de operários sindicalizados, unidos em todas as campanhas relativas a seus interesses como operários. Até agora essas federações não têm tido caráter público. Mas nestas últimas eleições a CIO votou a favor de Roosevelt, e isso foi fator importante para a terceira reeleição do presidente. No dia em que esses sindicatos começarem a pensar politicamente, ou melhor, com o espírito de classe, é possível que surja o falado (e temido) terceiro partido.*

T. — *Que talvez ainda tenha o "jeito americano"...*

E. — *Tudo indica que sim. Só uma grande, profunda convulsão social é que poderá mudar o pensamento político dos americanos, transformando-os de conservadores em radicais. Essa é a minha impressão sincera.*

Nesse ponto Tobias e eu tomamos um ônibus e voltamos serenamente para a Durango Avenue.

CORDA EM CASA DE ENFORCADO

27 *de maio.* Lou Edelman me telefona, convidando-me para almoçar no estúdio em sua companhia. E acrescenta:

— Mas olhe... Não estou mais na Warner, e sim na Paramount.

— Está certo.

Compreendo tudo. *Hotel Berlin* — lançado recentemente — foi o que aqui se chama um *flop*. Devo, portanto, ter o cuidado de não pronunciar hoje o nome desse filme nem o de Vicki Baum diante de meu amigo.

Encontro Lou Edelman em seu novo escritório, às voltas com vários manuscritos de histórias.

— Não sei que é que vou fazer primeiro aqui na Paramount... — diz-me ele... — Tem alguma idéia?

Sacudo a cabeça.

— Não tenho a menor idéia.

No Brasil sempre imaginei que estava cheio de histórias para Hollywood. O cinema me interessava tremendamente como instrumento de expressão. Mal, porém, cheguei aqui não sei por que perverso sortilégio fiquei tomado duma espécie de desinteresse por tudo quanto diz respeito a filmes. Stravinsky tem razão. A melhor maneira de a gente se livrar de Hollywood é mesmo vir morar em Hollywood.

— Que me diz duma história sobre o Rio de Janeiro? — sugere Edelman.

Encolho os ombros.

— Talvez me ocorra alguma coisa...

— As aventuras dum americano que vai viver no Rio... uma história para mostrar que os brasileiros no fim de contas são seres humanos não muito diferentes dos americanos.

— O plano é bom em princípio. Mas acabaremos sempre caindo nas mesmas fórmulas, nas mesmas convenções. E se você sair fora dele o filme será um fracasso...

Cala-te, boca! Eu não devia ter mencionado esta última palavra...
— Escute — diz Edelman, com o seu jeito aliciante. — O Brasil é uma grande terra. Palavra, eu acredito no Brasil. E sabe duma coisa? Tenho uma grande esperança nesses soldados que estão lutando na Itália. Quando eles voltarem hão de trazer para casa uma mentalidade nova, capaz de influir nos destinos do país... Que é que acha?
— Acho uma bela idéia. Mas não creio que isso aconteça.
— Por quê?
— A guerra terminará em breve. O número dos expedicionários é muito pequeno comparado com a população total do Brasil. Nossos problemas são muito grandes, nossos vícios muito arraigados.
— Então não tem nenhuma esperança?
— Tenho muitas.
— Em quê? Em quem?
— No povo... Vamos precisar mais. Tenho esperança em certas qualidades das gentes brasileiras: na sua bondade essencial, no seu horror à violência, enfim, nessa misteriosa força que tem mantido unido aquele país tão vasto, tão despovoado, tão pobre de meios de comunicação e transporte. Nessa força indescritível que... bom, se é indescritível o melhor mesmo é não tentar descrevê-la...

Lou Edelman me leva para o restaurante do estúdio. No caminho me diz:
— Pois eu gostaria de dar a conhecer seu povo ao resto do mundo através dum bom filme...
E quando estamos já à mesa, exponho-lhe uma idéia que acaba de me ocorrer.
— Imaginemos que uma revista de Nova York mande ao Rio um jornalista que voltou da frente do Pacífico... Encomenda-lhe uma série de artigos de interesse humano sobre a vida brasileira...
— Para principiar está ótimo...
— O homem chega, espanta-se diante dos automóveis movidos a gasogênio... Anda dum lado para outro sem encontrar hotel. Vai olhar os banhistas na praia de Copacabana. Uma peteca anda no ar... de repente cai perto dele... o rapaz dá-lhe uma palmada e no momento seguinte, sem saber como, está jogando peteca com uma moça.
— Estabelece-se então um diálogo.
— E como resultado desse diálogo o herói vai hospedar-se na pensão da mãe da jovem. Agora, nos dias que se seguem, fazendo relações com uma pequena grã-fina, ele anda pelos cassinos para, ao cabo de al-

gum tempo, verificar decepcionado que não há muita diferença entre o Rio e Nova York ou San Francisco. Gente que bebe coquetéis e Coca-Cola, que dança *bines* ou *boogie-woogies*... etc.

Passa por perto de nossa mesa Dorothy Lamour, num vestido estampado vivíssimo.

— É a primeira vez que a vejo sem sarongue... — digo.

— Mas voltemos à história.

— Bom. Finalmente a menina da pensão decide mostrar ao americano o verdadeiro Rio, o dos subúrbios, e também a fauna da pensão. O major reformado, a solteirona que suspira por um namorado, o moço que toca violino, a pequena que veio do interior para tentar uma carreira no rádio, as comadres, os compadres, o estudante boêmio... Sobem juntos às favelas, falam com gente da rua...

Vislumbro, por entre cabeças inquietas, a calva de Cecil B. DeMille. Não muito longe de onde estamos, Ray Milland come um sanduíche e bebe um copo de leite.

— O que pretendo com essa história é dar aos americanos uma idéia da vida brasileira ou, antes, do Rio. Uma oportunidade para mostrar através de algumas cenas o humor carioca, a sua boêmia e despreocupada filosofia da vida.

Lou fica pensativo por alguns instantes e depois diz:

— A história é *quase* boa. Mas é preciso mais enredo... e um clímax.

Faço um gesto de dúvida.

— Acabaremos então caindo na fórmula de Hollywood.

— Mas compreenda que para o público americano, que é em última análise o público que paga, é muito difícil fazer engolir a pílula quando ela não está bem açucarada.

— Mas nesse caso o humor carioca e a galeria de tipos seriam o açúcar.

— Isso não é suficiente.

Alan Ladd vem sentar-se junto de nossa mesa com a esposa, Sue Carol, que foi estrela dos tempos do cinema mudo. Lou me apresenta ao casal. Alan Ladd, pálido, duma palidez esverdeada e doentia, e muito mais baixo do que parece no cinema. Visto assim ao natural está longe de parecer aquele sujeito sempre pronto a usar a pistola e os punhos.

Sue Carol senta-se à nossa mesa e fica a discutir com Edelman problemas do marido. Ouço apenas trechos da conversação:

— ... porque você compreende, aquele papel não é para Alan... porque a carreira dele...

Depois do almoço saio a visitar alguns *sets*. Num deles Ray Milland, Olivia de Havilland e Sonny Tufts estão a bordo do *ferry-boat* que faz o percurso de Berkeley a Oakland. Ray e Olivia conversam junto da amurada, contra o fundo formado por uma tela na qual se projeta um filme tirado realmente na baía de San Francisco, dum *ferry-boat* em movimento. Fotografados contra esse fundo, Olivia e Ray dão a impressão de estarem mesmo atravessando a baía. Por duas vezes Miss De Havilland inutiliza vários metros de celulóide porque troca algumas palavras do seu diálogo. Nos intervalos entre os ensaios, enquanto o *make-up man* lhe passa no rosto um algodão com pintura, Sonny Tufts faz uma pantomima cômica que provoca risos no *cameraman* e nos eletricistas que se acham nas proximidades.

De novo ao ar livre, Lou Edelman pergunta:

— E a nossa história?

— Nada feito.

— Por quê?

— Não encontro mais enredo.

— Você me disse que era gaúcho. Mas acho que você é carioca: boêmio e desligado.

— E sabe por quê?

— Não.

— Porque este sol, este ar, estas montanhas, este ritmo de vida — tudo aqui lembra o Rio...

E, lado a lado, voltamos em silêncio para o escritório.

PERSHING SQUARE

31 de maio. É uma praça no coração de Los Angeles. Parece-se com as praças brasileiras: é quadrangular, tem canteiros de relva, árvores e bem no meio um grande chafariz no centro do qual, a dois metros de altura do solo, erguem-se quatro anjos verdes a sustentar nos ombros nus um prato de onde a água escorre para uma bacia de concreto, na base do monumento.

Mas a nota curiosa desta praça é ainda de natureza humana. São as pessoas que a freqüentam, em geral veteranos da outra guerra, empregados aposentados, mulheres que vivem nos edifícios circunvizinhos, e turistas ociosos como eu.

Ando por aqui a olhar as pessoas, a ouvir as discussões. A praça tem os seus tipos populares, entre os quais o mais conhecido é um preto alto, com tipo de argelino, a cabeça metida num barrete negro. Tem um nariz semítico, sua pele é cor de cobre, e sua barba, negra e longa, está estriada de prata. Anda vestido de cáqui e usa alpercatas pardas. Ao redor dele juntam-se muitos homens para ouvi-lo. O preto tem uma voz macia e aguda, fala com desembaraço e de vez em quando solta uma risada que lhe deixa aparecer o interior da boca desdentada e cor-de-rosa. O que mais se discute aqui é política e religião — principalmente política internacional. Há cavalheiros muito bem vestidos e homens que pelo sotaque e pelas roupas são imigrantes que não fizeram carreira. Não raro um desses tipos trepa num banco e começa a fazer um discurso, sendo muito aparteado. As discussões se acirram e o círculo de curiosos se aperta em torno dos dois contendores. E os latinos, acostumados às paixões, aos ímpetos dos de sua raça, param, esperando que eles se atraquem em luta corporal, que se dilacerem mutuamente a facadas. Mas nada disso acontece. A todas essas, alto-falantes amplificam brutalmente a música de discos. Há nesta praça estandes que vendem bônus de guerra, escritórios de informações para soldados e marinheiros. Crianças correm dum lado para outro. Vagabundos dormem estendidos na relva. Mulheres fazem tricô sentadas nos bancos. Velhos lêem jornais ou lagarteiam ao sol.

Gosto de aparecer por aqui de quando em quando, depois do meio-dia. Gentes de todas as raças reúnem-se na Pershing Square. O som de muitas línguas ergue-se no ar luminoso, enquanto pombas cinzentas esvoaçam ao redor da fonte dos anjos verdes...

SALADA TROPICAL

3 de junho. Uma jovem brasileira, Evelyn Ashlin, passou um ano na Universidade de Washington, em Seattle, onde lecionou português e fez conferências sobre sua terra e seu povo. Trocando Seattle por Hollywood, foi convidada para trabalhar no Departamento Brasileiro dos Estúdios de Walt Disney. Certo dia, um desses caçadores de talentos da Paramount viu-a, achou que ela era uma espécie de versão nova de Mirna Loy, com a vantagem de ser mais moça e sob muitos aspectos mais bela que a estrela, ofereceu-lhe um contrato longo e segundo o qual Evelyn começaria ganhando quinhentos dólares semanais, com perspectivas de aumento à medida que seu nome fosse ganhando notoriedade. Evelyn recusou a oferta, e quando lhe perguntei por que jogara fora uma oportunidade com a qual milhares de moças através do mundo viviam sonhando, ela respondeu:

— Questão de princípios...

Isso encerrou a questão.

Mas aconteceu que no próprio estúdio da Paramount, Evelyn encontrou Klaus Landsberg, um jovem alemão naturalizado norte-americano e técnico em televisão. Conheceram-se, gostaram um do outro e dentro de poucos meses estavam casados.

Hoje, no Lucey's, restaurante que fica em frente ao estúdio da Paramount, tenho aqui do outro lado da mesa esse simpático casal. Klaus deseja que eu mantenha com Evelyn um diálogo em inglês sobre o Brasil, no próximo *show* de televisão da Paramount, cuja estação funciona em caráter experimental.

— Que é que você sabe de televisão? — pergunta-me ele, enquanto um pitoresco *maître* espanhol prepara a nosso lado a "salada tropical", especialidade da casa.

— Muito pouco.

Com sua voz grave, Klaus — que é um apaixonado de sua profissão — explica:

— A televisão é a arte ou ciência, como quiser, de transmitir imagens por meio de ondas de rádio.

— Até aí morreu o Neves — digo-lhe eu.

— Como?

— Nada. É um modismo brasileiro difícil de traduzir. Adiante!

— Ora, é necessário primeiro traduzir essas imagens em impulsos elétricos para que elas possam ser reunidas opticamente nos aparelhos receptores de modo a formar uma imagem ou imagens completas.

Vejo numa mesa próxima Diana Lynn acompanhada de sua mãe. Este restaurante é muito freqüentado por artistas e funcionários da Paramount. Lá está junto do balcão, tomando um coquetel, Arturo de Córdova, que espalha em torno olhares lânguidos.

— O fenômeno da televisão — continua Klaus — depende da capacidade do olho humano de *lembrar-se* duma imagem durante cerca de um vinte e cinco avos de segundo, compreende?

— Um vinte e cinco avos de segundo? Teoricamente... compreendo.

— Pois bem. Isso se deve ao fator da *persistência da visão*, e fornece ao espelho transmissor uma quantidade igual de tempo para focar a coisa, a pessoa, ou cena que se quer transmitir.

— E por quê — pergunto — a televisão não está ainda divulgada e posta ao alcance do público, como o rádio?

Klaus se anima:

— Por causa de algumas dificuldades técnicas. As ondas hertzianas circundam a Terra e fornecem um veículo esplêndido para o som, no caso do rádio. Mas na televisão empregam-se ondas ultracurtas, que viajam em linha reta na direção do horizonte e que não acompanham a curva da Terra, da qual tendem a afastar-se. Assim é preciso estabelecer de distância em distância estações retransmissoras.

— E haverá o lado econômico também — digo. — Imagine a revolução que a televisão vai causar. No dia em que os aparelhos receptores ficarem ao alcance de um maior número de pessoas, ninguém quererá sair de casa para ir ao cinema e ao teatro, uma vez que poderá ter peças e filmes a domicílio.

— Exatamente. Mas como a televisão forçosamente virá mais tarde ou mais cedo, já se formaram companhias que estão funcionando em caráter experimental.

— E Klaus — diz Evelyn — está tratando de patentear um invento seu para transmitir imagens em cores!

Betty Hutton entra ruidosamente no restaurante, de *slacks* cor de mostarda, e, aproximando-se de Arturo de Córdova, beija-o na boca.

O *maître* espanhol começa a praguejar em sua língua. Diz nomes horríveis para um dos garçons. Na mesa vizinha à nossa Gail Russell sorri para ele, sem compreender.

O CANASTRÃO

5 de junho. Num lavatório dos estúdios da Paramount, às sete e meia da noite. Com o aparelho de Gillette que trouxe no bolso estou me barbeando na frente dum espelho, pois sob as luzes implacáveis empregadas na televisão qualquer toco de barba avultará no meu rosto assustadoramente. E enquanto a lâmina me canta na face, penso em que, no fim de contas, tenho feito de tudo um pouco nestes dois últimos anos. Contudo, nunca esperei estar neste lugar, nestas circunstâncias, e prestes a ter a minha imagem transformada em impulso elétrico e projetada com a velocidade da luz através do espaço, para ser recolhida... onde? por quem? *E para quê?* Eis uma pergunta que há muito deixei de fazer. Porque ela tira à vida toda a espontaneidade.

O estúdio de televisão fica num dos *sets*. Mariana e os pais de Evelyn estão na platéia, onde vejo várias outras pessoas, para mim desconhecidas. Fazem-me subir para uma galeria e entrar num camarim. Aqui estou agora em companhia duma bailarina seminua, duma velhota muito pintada, que amestra canários, dum mágico metido numa casaca, e dum caricaturista tcheco-eslovaco de boina de veludo negro. Um rapaz de jeito efeminado aproxima-se de mim, mira-me bem no rosto e diz:

— O senhor precisa botar uma camadinha de pintura especial.
— Mas isso é mesmo necessário?
— Oh... É indispensável.
— Está bem.

Toma uma latinha onde vejo um *pancake* cor de tijolo, esfrega nele uma esponja úmida e depois me passa a esponja no rosto. A meu lado a mulher seminua (agora vejo que não é bailarina, mas sim contorcionista) está ensaiando o seu número: deitada de borco, ergue o busto apoiando-se no chão com ambas as mãos espalmadas e depois traz os pés até o pescoço: parece uma enorme aranha. A velha dos canários mira-se, faceira, no espelho. O mágico prepara a cartola de onde vai tirar o coelho, o qual, trêmulo e triste, acha-se em cima da mesa do camarim.

O maquilador toma dum batom de cor parda e começa a me pintar com ele os lábios.

— Isto também?
— Ahan.
— Estou desmoralizado... — murmuro.

Finalmente desço para combinar com Evelyn os pormenores em torno de nosso diálogo, que terá de ser improvisado, de acordo com as fotografias do Brasil que teremos nas mãos durante o nosso "número".

O *show* começa. O mestre-de-cerimônias, um ator cômico do cinema, faz as apresentações. Quando chega nossa vez, Evelyn e eu nos sentamos a uma mesa. As duas câmaras de televisão, que se parecem um pouco com as de cinema, aproximam-se de nós. Mandam-nos prestar atenção ao "olho verde" das objetivas. Sobre nossas cabeças pende, ameaçador e traiçoeiro, um microfone.

Acendem-se os refletores. A luz é duma intensidade cegante. Sinto a pintura no rosto como uma fina máscara de barro que ameaça gretar-se. Tenho na boca o gosto perfumado do batom. Tudo isso é muito tolo, mas muito novo. Ouvimos o sinal. O *speaker* anuncia o diálogo. O olho verde se acende. Nossas imagens já andam correndo pelo espaço. Evelyn me convida para uma viagem ao Brasil. Está claro que aceito o convite. Começamos a olhar fotografias... Enquanto falamos, essas fotografias são transmitidas em *close-up* e nós ficamos invisíveis. Depois as câmaras voltam a focar-se em nós. Acho-me alagado de suor. As luzes me dão a impressão de que estou em pleno deserto, ao meio-dia, sob o mais impiedoso e tórrido dos sóis. Finalmente os quinze minutos se passam. O nosso "ato" termina. Creio que a conversa se desenrolou com naturalidade.

Seguem-se os outros números. O mágico tira o coelho de dentro da cartola. A velhota faz seus canários sentarem-se em cadeiras minúsculas, balançarem-se em trapézios... No meio da exibição um deles foge, voa e vai pousar na balaustrada da galeria, fora do campo de visão das câmaras. O caricaturista traça *portraits* de celebridades em quadros brancos de papel.

Depois do espetáculo caminho para minha mulher, ainda pintado e sentindo-me vagamente ridículo.

— Estás incrível! — diz-me ela. — Com essa cara pintada pareces um canastrão dos tempos do cinema mudo.

Em minha mente d. Eufrásia e Anélio me dizem também coisas horríveis.

MATERIALISMO E IDEALISMO

Meu caro Vasco: *Mando-lhe hoje mais um de meus diálogos imaginários com Tobias. Seu assunto me foi sugerido por alguns brasileiros que visitam este país e voltam para casa afirmando que os latinos são povos espiritualistas, ao passo que os americanos são grosseiros materialistas. Fazemos poemas enquanto eles fazem negócios. Cantamos modinhas à lua enquanto eles fabricam máquinas. Vivemos de acordo com o coração, e eles com o livro de cheques. Amamos a arte e eles amam o dinheiro. Cultivamos a amizade, mas os americanos, frios calculistas, vivem com o olho no lucro.*

T. — *Por que se recusa você a aceitar a idéia de que este povo é materialista e o nosso, idealista?*

E. — *Porque essa questão tem muitas faces. Porque as palavras são perigosas. E porque, enfim, a coisa toda não é tão simples e líquida como parece à primeira vista.*

T. — *Negará você que se fala muito em dinheiro aqui? Que os americanos afirmam que tempo é dinheiro? Que carreira significa dinheiro? E que com dinheiro se pode comprar conforto e saúde? Negará você que ganhar dinheiro é o objetivo principal desta gente?*

E. — *A chave do problema parece estar na maneira como nós e os americanos encaramos o dinheiro. Para eles dinheiro é um símbolo comercial. Para nós é um símbolo moral e literário. Para os americanos dinheiro é uma moeda ou uma nota que serve como meio de troca ou medida de valor. Para nós dinheiro é tudo isso e mais ainda um símbolo de paixões grosseiras e materialistas, de cobiça e imoralidade. Em suma, para nós o dinheiro é antes de mais nada "o vil metal".*

T. — *E não haverá nessa nossa apreciação do dinheiro a definição duma atitude mental ou, melhor, moral?*

E. — *Sim, teoricamente, literariamente... Para começar, meu caro, o dinheiro é uma das invenções mais práticas do homem. Essa história de "vil metal" foi provavelmente criada por gente que precisava de dinheiro para comprar coisas e que, não tendo capacidade para ganhá-lo, tratou de rebaixá-lo moralmente, glorificando por outro lado a pobreza e a boemia — transformando a necessidade em virtude.*

T. — *Mas não acha que aqui se fala demasiadamente em dinheiro?*

E. — *Acho. Mas olhe a França, que sempre consideramos a pátria da melhor literatura e da melhor arte que o mundo tem produzido. Veja qual é a atitude do homem francês comum com relação ao dinheiro... Ele junta dinheiro, parece, por amor do dinheiro, com o fim de tê-lo e retê-lo, ao passo que o americano quer dinheiro para gastar, para comprar coisas, para fazê-lo circular. E quanto mais dinheiro ganha, mais pródigo se torna; e essa prodigalidade gera mais prodigalidade e mais oportunidades para fazer dinheiro.*

T. — *Mas acontece que nos Estados Unidos o dinheiro é a medida do sucesso.*

E. — *Em muitos casos. E a explicação disso se encontra na História deste povo. Nação de imigrantes, terra da oportunidade, muitas vezes a única maneira que os americanos tinham para medir o sucesso — que se traduzia em poder e influência social — era o dinheiro. Por outro lado, fazer coisas numa escala muito maior que a européia foi desde o princípio a preocupação desses imigrantes que para cá vieram a fim de se livrarem da fome, da pobreza, da opressão e — não esqueça! — da angústia de espaço de suas terras de origem.*

T. — *Explique melhor seu ponto de vista.*

E. — *Para a grande maioria dos imigrantes que vieram para cá, a Europa significava pouco espaço, pouca comida, vida mesquinha, escassas oportunidades de sucesso. Era natural que ao chegarem ao Novo Mundo eles procurassem compensar todas as passadas deficiências realizando coisas grandes. Não admira, pois, que acabassem fascinados pelo* tamanho *e pela* quantidade, *os quais passaram a ter um valor por assim dizer moral; isto é, as coisas que fossem grandes ou numerosas deviam ser necessariamente boas.*

T. — *Nessa idéia está baseada a democracia. A verdade é igual à metade mais um.*

E. — *Tobias! Tobias! Não enveredemos por nenhum caminho perigoso...*

T. — *Voltemos então ao nosso assunto.*

E. — *Por outro lado, nação jovem, os Estados Unidos não podiam deixar de possuir todos os característicos da adolescência, um dos quais é a fascinação pelas coisas gigantescas, brilhantes e ruidosas.*

T. — *Mas como explica você a incapacidade dos americanos de compreender, digamos, o ato gratuito? Por que atribuir a tudo uma utilidade? Tenho observado que eles se irritam diante da falta de espírito prático dos povos latinos...*

E. — *Antes de mais nada é preciso provar que os latinos não têm espírito prático... Depois é indispensável não esquecer que foi a conquista do Oeste, a luta com a intempérie e com os índios, que moldou o caráter americano. Veja bem. Diante de tantos inimigos, de tantas dificuldades, o pioneiro não podia perder tempo com coisas que não fossem práticas. Ele era um realista, um individualista, uma pessoa interessada em fazer coisas: derrubar árvores, abrir caminhos, construir cabanas, plantar, colher, caçar, defender-se dos índios e das feras... Sua própria filosofia da vida tinha de ter um caráter objetivo. Era pois natural que se irritasse ante qualquer manifestação de natureza acadêmica ou abstrata. Assim se explica o fato de muitos deles considerarem as atividades literárias e artísticas não só inúteis como também indignas dum homem. Abrir uma picada ou plantar uma árvore era para eles mais importante que ler ou escrever um livro.*

T. — *Essa atitude diante da arte e da literatura ainda persiste?*

E. — *O homem de negócios moderno até certo ponto parece participar dela. É por isso que neste país são as mulheres quem mais se interessa pelas letras e pelas artes.*

T. — *Mas a sua tentativa de justificação do culto do grande, do numeroso por parte dos americanos só nos leva à conclusão de que este país é realmente materialista.*

E. — *Nós, os latinos, confundimos idealismo com literatura ou com religião formal. O filósofo George Santayana escreveu que o americano é* "um idealista que trabalha a matéria".

T. — *E qual foi o resultado da matéria trabalhada com idealismo?*

E. — *Uma vida sadia, confortável e conseqüentemente bela. Um operariado que vive melhor que a classe média da maioria dos países sul-americanos e europeus. Magníficas universidades, escolas primárias, ginásios, jardins-de-infância, parques públicos, museus, bibliotecas... Centenas de laboratórios da mais variada natureza postos ao serviço do bem-estar público. Oportunidades para cientistas, artistas e escritores prosseguirem, sem preocupações financeiras, seus trabalhos de pesquisa, criação ou interpretação.*

T. — *Mas você não poderá negar que a vida numa cidade como Nova York ou Chicago é uma pasmosa expressão de materialismo.*

E. — *Não negarei. Mas você já notou como em certas cidades latinas também se luta pelo dinheiro, pelas posições, pelo prazer? Você acha que o Rio é mais moralista que Nova York? Ou que Buenos Aires é mais puritana que Filadélfia?*

T. — *Mas nós nos preocupamos com outras coisas que não o dinheiro e o lucro. Veja a literatura e as artes como florescem nos países latinos.*

E. — *Você apresentará como exemplo a França, a grande França, e desfiará um brilhante rosário de nomes ilustres começando com Racine e terminando com André Malraux. Mas acontece que a França é um país amadurecido, um país antigo, ao passo que os Estados Unidos são um país adolescente. E seus defeitos, repito, são justamente os de um adolescente que cresceu demais.*

T. — *Então admite que os Estados Unidos têm defeitos?*

E. — *Claro! Mas ninguém poderá negar que as artes florescem aqui também.*

T. — *Mas os melhores artistas que aqui vivem não são americanos! Ou são estrangeiros naturalizados ou são filhos de imigrantes.*

E. — *Meu caro Tobias, que é, afinal de contas, um americano? O homem louro do Middle West que tem nas veias sangue escandinavo ou alemão? O irlandês rubicundo e apaixonado? O italiano de Nova York? O descendente de franceses e espanhóis da Louisiana? Ou ainda o nova-iorquino cujos antepassados vieram da Holanda? Não se esqueça que este é um país de imigrantes, uma "nação de nações".*

T. — *Você acha realmente importante a arte americana?*

E. — *Talvez não seja ainda importante comparada com a francesa, a espanhola, a italiana e a alemã. Mas está a caminho de tornar-se importante. Tem todos os elementos para isso. Sangue novo e oportunidades na forma de universidades, museus, bolsas de estudos, doações de milionários e — note bem! — boa vontade e estímulo da parte dum vasto público, que sabe aplaudir e admirar mesmo quando não pode compreender.*

T. — E a literatura?

E. — É das mais vigorosas da atualidade. Não julgue nunca a literatura dos Estados Unidos por muitos dos best-sellers que se traduzem na América do Sul, e muito menos pelas histórias de quadrinhos dos suplementos dominicais.

T. — Não lhe parece que o gosto do público deste país vai todo para o romance folhetim, para as histórias falsas de magazine e cinema?

E. — Meu caro Tobias! Para esse gênero vai o gosto da maioria das criaturas humanas em todos os países do mundo. Não caia no erro de imaginar que o operário e o camponês da França lêem Gide, Cocteau ou Giraudoux. O público dos romances de enredo é imenso na América porque: a) a população norte-americana é muito grande; b) porque tem o hábito da leitura; c) porque seu poder aquisitivo é maior que o de outros povos.

T. — Estará você disposto a defender também essas detestáveis divulgações literárias e musicais, essa tendência de transformar... digamos a "Rêverie" de Debussy num fox, e um trecho de Mozart num swing?

E. — Até certo ponto estou. A nossa atitude latina com relação à literatura tem sido demasiadamente aristocrática. Achamos que certo tipo de arte e literatura não deve ser posto ao alcance do público. Joyce e Proust são hoje como que santos duma estranha igreja de poucos adeptos. No dia em que por um milagre o público começar a ler esses dois autores, essa igreja exclusiva dos happy few se acabará, porque seus fiéis demolirão os ídolos e procurarão refugiar-se noutras regiões mais altas e inatingíveis para as massas.

T. — Mas que razão você invoca em favor das divulgações?

E. — Elas são educativas. Arrancam o público da leitura das histórias de Brucutu para o tipo mais alto de ficção. Como o desnível entre a literatura dum Thomas Mann e a dos suplementos dominicais é muito grande, é necessário construir uma escada com muitos degraus. As Seleções do Reader's Digest representam por exemplo um degrau dessa escada. A revista oferece seus perigos e tem seus defeitos, reconheço; mas os serviços que vem prestando entre nós são enormes. O mesmo se passa com a divulgação de músicas de autores sérios.

T. — Você viu À noite sonhamos?

E. — Aí está! Um filme artificial, errado e tolo. Mas prestou bons serviços. Falsificou o Chopin homem, mas trouxe o Chopin músico para o nível do povo, através da interpretação dum pianista como José Iturbi. O público assobia as polonaises e algumas das valsas e dos prelúdios desse compositor. É natural que os "músicos puros" fiquem ofendidos ao ouvirem o cobrador do ônibus cantarolando o "Estudo em mi bemol"...

T. — *Voltando ao dinheiro... Noto que os americanos falam em dinheiro com naturalidade e não ficam como nós "cheios de dedos" quando conversam sobre transações comerciais.*

E. — *Ledores da Bíblia, eles compreenderam o sentido da cena em que Jesus expulsou os vendilhões do templo — não porque achasse que era ilícito fazer negócio, mas sim porque o templo não era o lugar apropriado para isso. Mais tarde, olhando uma moeda com a efígie de César e respondendo a uma pergunta capciosa, o Messias disse: "Dai a César o que é de César e a Deus o que é de Deus". Essa frase permitiu ao americano fazer a separação desses dois mundos. Assim ele faz negócio durante a semana e aos domingos vai à missa, ao serviço divino, em paz com o Criador, com os bancos e com a sua consciência.*

T. — *Mas como é possível negar que haja aqui a preocupação do sucesso, da carreira e do dinheiro?*

E. — *Mas eu não nego! Quero apenas mostrar que nos nossos países essa preocupação também existe. Acontece apenas que lá ela toma outro aspecto, porque o ambiente é outro, as tradições são outras, o sentimento geral é diferente.*

T. — *Não acha que o alto nível de vida deste povo é um produto do dinheiro?*

E. — *Como vou negar uma coisa tão evidente? O dinheiro pode comprar coisas que tornam a vida mais fácil, mais bela, mais fecunda. Reconheço que há pessoas em todos os países do mundo que querem dinheiro por amor do dinheiro. Ora, não podemos argumentar com exceções, com anormalidades. Por outro lado muitas vezes procuramos consolar-nos de nossas deficiências, de nossos fracassos e de nossa pobreza dizendo que não temos dinheiro nem conforto simplesmente porque somos idealistas. É uma reflexão idêntica à do poeta franzino diante do atleta: "Sim, ele é forte, mas não é capaz de escrever um poema desses que comovem multidões". Conheço europeus que, invejosos da prosperidade americana, dizem: "Os Estados Unidos são um povo sem cultura nem tradição". E assim, invocando suas elites artísticas e literárias, essas pessoas procuram uma compensação moral para o baixo nível de vida de seus operários, a falta de boas instalações sanitárias nas suas cidades, a ausência de boas estradas e de várias outras formas de progresso e conforto.*

T. — *Mas não acha que tem havido neste país exageros no que diz respeito à preocupação com o progresso material?*

E. — *Não nego que tem havido exageros. A vida em cidades como Nova York, Chicago, Filadélfia, Detroit e algumas outras é assustadora. Gente atarantada, afobada, andando dum lado para outro, apertando-se nos bondes,* ônibus e trens, metendo o ombro nas multidões, e assombradas sempre pelo fantasma do tempo, do sucesso, da carreira, do dinheiro.

T. — Essa é a imagem dos Estados Unidos que se conhece no estrangeiro.

E. — Mas não encontraremos o mesmo quadro — apenas em menor escala — em Paris, em Londres, em Buenos Aires e no Rio de Janeiro? Tu sabes como se fazem negociatas fantásticas na nossa capital e como lá se briga e discute em torno de dinheiro e posições. Nós fazemos essas coisas e todo o tempo estamos a gritar que somos espiritualistas e que desprezamos o dinheiro...

T. — E que panorama oferecem as outras cidades americanas?

E. — Se você visitasse as pequenas comunidades deste país verificaria que elas são compostas de gentes tranqüilas, nada gananciosas e de muito bom nível moral. Os salários que ganham são razoáveis mas nunca fabulosamente altos como supõem os estrangeiros que imaginam que todos aqui ganham milhões, como as estrelas de cinema. A vida dessas pequenas cidades é calma. Nos domingos as igrejas de todas as denominações se enchem de fiéis. Está claro que também existem nesses lugares hipócritas, mexeriqueiros, negocistas. E que os eternos elementos da comédia humana estão presentes tanto em Chicago, Illinois, como em San Diego, Califórnia ou Newton, Kansas.

T. — Como se explica seja tão grande aqui o número de pessoas que morrem de doenças do coração e de úlceras gástricas?

E. — Muitos americanos passam a vida correndo atrás do sucesso e duma carreira, multiplicando empresas e lucros, mas multiplicando ao mesmo tempo preocupações e problemas. No fim ficam prisioneiros da fantástica engrenagem que eles mesmos construíram e não podem mais libertar-se dela. Já não se trata de ganhar mais, pois nem tempo há para gastar tudo quanto ganham. É que aquilo que no princípio era um meio transformou-se tola e tragicamente num fim. Esses homens de grandes negócios comem às pressas, dormem mal e vivem preocupados. Acabam sofrendo do coração e de úlceras gástricas. São as infelizes personagens desse drama fabuloso que é o progresso americano.

T. — Não acha que nós no Brasil não temos esse tipo de drama?

E. — Temos outro mais impressionante. O do homem que passa a vida trabalhando como um burro sem nunca conseguir um salário decente. Sofre do coração, do estômago, do fígado e vive em permanente estado de subalimentação. Sua pobreza é uma doença crônica. Sua desgraça é multiplicada através da multiplicação da prole. E entre nós é muito comum um outro tipo de personagem. Refiro-me ao homem que passa a vida acumulando dinheiro, mas que não multiplica suas empresas e portanto não cria oportunidades de trabalho para outros. Só pensa nos juros que seu dinheiro rende, imobilizado nos ban-

cos. Vive mal, em casas úmidas e frias, onde a mesa é pobre e o conforto não existe. Homens como esse de certo modo têm entravado o progresso do país. O dinheiro não serve de nada nem para ele nem para os que estão a seu redor.

T. — *Não foram esses americanos que sofrem do coração ou de úlceras gástricas os construtores do progresso de sua pátria?*

E. — *Sim, em grande parte. Não fosse o tipo de sociedade competitiva que existiu aqui desde o princípio, não teria sido possível aos Estados Unidos serem hoje o que são. Este país foi feito graças à iniciativa privada.*

T. — *Que eles defenderão até o último cartucho.*

E. — *Mas acontece, meu caro, que se no princípio era indispensável que os homens trabalhassem sozinhos e saíssem a conquistar o deserto, fundar cidades, criar indústrias, chegou um momento de tal emaranhamento de interesses, de tão doida competição, que tudo isso redundou na crise de 1929, a qual foi debelada graças à intervenção de Roosevelt com o seu* New Deal, *que pôs ordem no caos e de novo trouxe a nação para o caminho da prosperidade.*

T. — *Acha então que os Estados Unidos caminham para a economia francamente dirigida?*

E. — *Quem sabe? Duas tendências deste povo entram em conflito. Dum lado o seu individualismo ferrenho, e do outro seu espírito de cooperação combinado com o gosto da planificação. Os inimigos do* New Deal *são numerosos e fortes em todo o país. Não sei para onde caminhará esta nação. Mas me parece que nunca mais a indústria e o comércio poderão gozar da liberdade que tiveram em tempos passados.*

T. — *Não acha que estamos nos afastando da nossa estrada real, isto é, do assunto "materialismo e idealismo"?*

E. — *O assunto é rico de sugestões. Poderíamos passar horas e horas sondando esse poço sem nunca encontrar-lhe o fundo. Mas antes de terminar eu queria chamar sua atenção para alguns aspectos da vida americana que nada têm de material.*

T. — *Vamos lá...*

E. — *Veja o carinho e o respeito com que os americanos tratam as mulheres e as crianças, que neste país gozam de prerrogativas especiais. E o modo como cultivam as tradições familiares, as festas como o Natal, o* Thanksgiving Day *e outras. O cuidado que dispensam às suas escolas e universidades, aos seus museus, bibliotecas, galerias de arte; e aos seus parques e jardins, cuja graça chega às vezes a valer por um poema. O interesse com que procuram os salões de conferência, e a curiosidade que revelam através de suas perguntas aos conferencistas. O amor com que cuidam das coisas públicas. O respeito que têm pela vida humana e pelas liberdades individuais.*

T. — *E ao cabo de dois anos de estada neste país, qual é a sua impressão sincera deste povo?*

E. — *Olhe, tudo quanto eu lhe disse é resultado de observação direta do homem e da vida americanos, mais do que produto de leitura. Nestes dois últimos anos tenho viajado extensamente através dos Estados Unidos e tenho tido contato com toda a espécie de gente. Ora, quem se locomove no tempo e no espaço, entrando em e saindo de hotéis, trens, ônibus, aviões, bondes, cafés, teatros, cinemas, lojas; quem passa por todos os setores da vida duma nação; quem vive o dia-a-dia com um povo tem — a menos que seja cego ou imbecil — todas as oportunidades de ver esse povo em plena tarefa de viver... Apanha-o, por assim dizer,* desarmado, desprevenido, pois ele não está posando para um cameraman, *para um sociólogo ou um repórter. E as conclusões a que cheguei sobre os americanos são as mais favoráveis. Há neles uma tendência natural para a decência, para o jogo limpo, para a boa camaradagem, por mais frios que pareçam na superfície. Em todas essas minhas andanças nunca topei com ninguém que me dificultasse o caminho; que me quisesse ludibriar ou lesar; que se mostrasse hostil ou mesmo difícil. Por toda parte encontrei um acolhimento amigo, e uma hospitalidade que muitas vezes escapa aos olhos dos latinos porque é falha de característicos teatrais. Este povo não é nem pitoresco nem brilhante, mas é sólido e eficiente, e ao cabo dum certo tempo de convívio, acabamos depositando nele toda a nossa confiança. Concluímos finalmente que o americano é um bom companheiro, um bom cidadão, um bom vizinho. Se você acha que todas essas coisas são expressão de materialismo... bom, creio que será inútil continuarmos a conversar.*

T. — *Terminemos então o nosso diálogo...*

E. — *Mas não sem que eu lhe conte uma história real que ilustra, de maneira simples mas eloqüente, a diferença de atitude entre o brasileiro e o americano com relação ao dinheiro. Um dia, como eu precisasse dum níquel para fazer funcionar um telefone público, pedi a um amigo americano que me trocasse uma moedinha de dez centavos. Ele me deu duas moedas de cinco centavos e eu lhe passei o meu* dime, *que ele pôs no bolso com a maior naturalidade. Dias depois, em circunstâncias idênticas, pedi a um brasileiro que me desse duas moedas de cinco centavos, mas quando lhe quis passar a moedinha de dez, ele fez um gesto dramático, sacudiu as mãos, a cabeça e todo ele era uma veemente negação. Com seus gestos parecia dizer: "Não, senhor! Ora essa! Que são dez centavos? Uma ninharia! Havia de ter graça... Não senhor. Deixe de besteira!". E como eu insistisse ficamos por algum tempo a gesticular, a soltar exclamações, enquanto dois amigos americanos que estavam junto de nós se entreolhavam, sorrindo, sem compreender por que estávamos fazendo tanto ba-*

rulho por coisa tão simples. Pois não se tratava duma transação normal: trocar uma moeda de dez por duas de cinco? Seria difícil explicar-lhes que para nós brasileiros não se tratava dum problema de aritmética, mas sim de ética...

BELEZA POR CINZA

12 de junho. No cemitério de Hollywood, que fica simbolicamente ao lado dos estúdios da Paramount e da RKO, ergue-se um panteão de mármore branco, onde estão guardadas as urnas com os restos de Rudolph Valentino, John Barrymore, Jean Harlow e dezenas de outras celebridades do cinema, cujo *glamour* a morte reduziu a cinzas com a cumplicidade dum crematório.

E nesta fresca e silenciosa sala branca, enquanto leio inscrições, lembro-me dum versículo do profeta Isaías: "A ordenação acerca dos tristes de Sião que se lhes dê beleza por cinzas, óleo por tristeza, vestido de louvor por espírito angustiado...". Sim — reflito — essa me parece a grande preocupação dos norte-americanos diante da morte: apagar com beleza a lembrança das cinzas, espalhar o óleo do gozo para que ele afogue toda a tristeza...

Nada, porém, me interessa tanto neste cemitério como uma laje que vejo aqui fora, onde estão enterrados os mortos sem glória. Acha-se ela incrustada na relva, com sua superfície bem no nível do chão:

PEGGY SHANNON
1910-1941
Aquela Pequena dos Cabelos Ruivos

Esperem! Não posso passar de largo. Lembro-me de Peggy Shannon... Vi seu retrato muitas vezes em jornais e revistas. Tinha um rosto bonito e um corpo bem-feito. Mas é estúpido que uma pessoa que viveu trinta anos, que sonhou, sofreu, amou, desejou, acabe sendo para os outros, após sua morte, apenas a lembrança duma gravura, uma figura muda e imóvel de duas dimensões.

Peggy Shannon... Deve ter nascido numa cidadezinha do interior, de Iowa, Indiana ou Kansas. Teve sarampo e caxumba, acreditou em

Papai Noel, cantou o *Jingle Bells!*, foi à escola de soquetes brancas e suéter azul... Aos dezesseis anos ia ao cinema e, enquanto segurava a mão do namorado e mascava goma na penumbra da sala, soltava fundos suspiros ao ver John Gilbert beijar na tela Renée Adorée. Na cabeceira de sua cama havia um retrato autografado de Rudolph Valentino. Depois veio aquela doida viagem a Hollywood, com pouco dinheiro e muitas esperanças. Chego a ver Peggy a discutir com a senhoria de sua casa. Não tem com que pagar o aluguel do pequeno apartamento, pois ainda não encontrou trabalho. Acompanho-a depois nas suas caminhadas pelo bulevar, à noite, quando ela anda à procura de alguém que lhe pague um jantar no Sardi's ou no Brown Derby, ou então em último caso um sanduíche e um copo de leite no *drugstore* da esquina... Um dia chega finalmente a oportunidade sonhada. Uma pontinha num filme... O primeiro retrato numa revista de cinema... O caminho do estrelato. E uma vida agitada, de festas, corridas de automóvel, sensações... Depois, quem sabe lá o que aconteceu?

Agora nada mais importa. A menina dos cabelos ruivos está enterrada aqui a meus pés. Pássaros negros voejam em torno da sepultura. Por cima daqueles muros claros vejo os telhados dos estúdios, dentro dos quais neste mesmo momento centenas de moças como Peggy estão vivendo o seu minutinho de glória. Longe azulam as montanhas da Sierra Madre, que parecem dormir e sonhar com os tempos em que por aqui só andavam índios e missionários, e o padre Junípero Serra saía a visitar as missões, montado num burrico de pêlo pardo com o seu burel de franciscano.

Peggy nasceu em 1910, quando o cometa Halley apareceu no céu e toda a gente dizia que o mundo ia acabar. Morreu no ano em que os aviões japoneses bombardearam Pearl Harbor. Foi uma dessas menininhas que acenam para nós quando nosso trem passa pelas vilas perdidas na vastidão das planícies de Oklahoma, Novo México ou Nevada... Por isso tudo, Peggy, eu não podia passar de largo por tua sepultura. E por isso tudo estou comovido. Sou uma besta.

Adeus, Peggy!

CARTA A UMA JOVEM BRASILEIRA

15 de junho. *Você me pede em sua carta que lhe fale de artistas de cinema, e eu não sei que dizer-lhe. Encontro-me nesta cidade há uns dez meses, tomei já um fartão de estúdios e às vezes chego a esquecer que estou em Hollywood. Você afirma que sou um felizardo por viver tão perto das estrelas. Sim, Beverly Hills é um lugar delicioso, uma das mais belas cidades residenciais do mundo. É agradável e repousante andar por suas ruas quietas e limpas, orladas de árvores — palmeiras-reais, faias, acácias, carvalhos, álamos... Alguns de seus jardins são de tal maneira bem cuidados, que chegam a causarnos uma espécie de mal-estar, como o que sentimos diante de certos homens demasiadamente bem vestidos, perfumados e manicurados. Suas casas são de tal modo graciosas, que lembram tricromias de revistas. Vemo-las de todos os estilos e tamanhos. Umas parecem solares ingleses com telhados que formam ângulos agudos, e paredes de pedra cinzenta ou parda, cobertas de hera. Outras, com seus pórticos de brancas e altas colunas, lembram as* plantation houses *do velho Sul. E quando passamos de automóvel por estas avenidas, não raro vislumbramos no fundo de parques e jardins fachadas com influências mouriscas, chinesas, maias, incaicas, a alternar com outras em que saltam aos nossos olhos reminiscências do gótico, do rococó, do egípcio, do bizantino e não sei mais quê...*

Você é muito jovem e naturalmente não sabe quem é ou, antes, quem era Theda Bara. Pois era a femme fatale *de vinte e cinco anos passados, a mulher vampiro de negros cabelos lambidos, olhos enormes, muito bistrados, de cílios longos, e lábios pintados em forma de coração. Essa criatura que, no tempo da adolescência do cinema americano, simbolizava a paixão que mata, hoje em dia — velha, serena e avó —, mora ali naquela casa parda de torreão gótico, em cujo jardim brincam gnomos de barro e netos. Boris Karloff, fiel ao tipo que representa no cinema, mandou construir uma vivenda de linhas agônicas que lembra essas casas dos contos de horror, cujas janelas nas noites de sexta-feira vomitam bandos de morcegos e bruxas montadas em cabos de vassoura. Mas devo dizer-lhe que — afora essas excentricidades arquitetônicas — as residências de Beverly Hills são em geral dum inegável bom gosto. Predomina entre elas o estilo missão espanhola e o californiano. Não resisto à tentação de lhe contar a história da origem deste último, segundo a versão irônica de meu amigo Hubert Herring. "Um dia" — contou-me ele — "um turista americano foi à Cidade do México e lá viu num de seus bairros uma casa em mau estilo espanhol que lhe excitou a fantasia. Disse então para si mesmo: 'Ah! Eis uma vivenda genuinamente mexicana!'. Traçou a lápis um esboço dela nas costas dum envelope, voltou para Los Angeles e mandou construir em Beverly Hills uma casa de acordo com o precioso modelo. Meses depois turistas mexicanos viram essa casa já pronta e plantada em meio dum jardim. Murmuraram: 'Ah! Casa típica da Califórnia!'. E levaram para sua terra um esboço dessa maravilha arquitetônica. E assim nasceu esse estilo conhecido pelo nome de californiano."*

Mas... voltemos a Beverly Hills. Tenho uma restrição muito séria a fazer à cidade das estrelas. É que num certo respeito ela se parece com a Itaoca de Monteiro Lobato: é uma cidade morta. Nos seus jardins bem cuidados vemos pérgulas, flores, estatuetas, repuxos, lagos artificiais, grutas, pontes e verdes sombras; às vezes um cão de raça, de ar enfastiado, atravessa lentamente seus vastos tabuleiros de relva; ou então um jardineiro solitário poda arbustos japoneses... Fora disso não se vê sinal de vida em Beverly Hills. As janelas e portas de suas vivendas estão sempre fechadas. Beverly Hills é um distrito sem humanidade.

Gostaria você de viver num bairro em cujas ruas e praças crianças nunca corressem, nunca jogassem bola, patinassem, cantassem ou brincassem de ciranda? Um bairro sem cães vira-latas, sem vendedores ambulantes, sem pregões e sem vagabundos?

Deixemos de lado as casas, para que esta carta não fique também vazia de humanidade.

Você quer saber como são os atores e atrizes de cinema... São pessoas como as outras, é claro. Pergunta também se vistos de perto, em carne e osso, são tão bonitos (o adjetivo é seu...) como parecem nos filmes. Sim, creio que muitos são até mais interessantes ao natural. Ingrid Bergman tem umas leves sardas que lhe dão um encanto ainda maior, e o mesmo acontece com Joan Crawford. Na minha opinião o make-up *e uma série de outras convenções cinematográficas deixam astros e estrelas um tanto amaneirados e estandardizados: roubam-lhes um pouco a humanidade e a individualidade.*

Em muitos casos, porém, o homem do make-up *pode fazer prodígios, empregando beleza ou* glamour *a faces que não os possuem ao natural. E um diretor habilidoso consegue às vezes fazer que um ator ou atriz destituído de qualquer talento artístico desempenhe seu papel diante da câmara de maneira se não magistral, pelo menos satisfatória.*

Quando se quer afirmar que um escritor é escravo da realidade, costuma-se dizer que ele é fotográfico. Comparação inexata! Porque a câmara fotográfica não é tão realista como parece. Ela também tem seus caprichos e fantasias; ela também deforma ou transforma. Como certos pintores dotados duma perversa tendência para a caricatura, elas costumam ampliar as imagens — e isso constitui o horror das estrelas que se entregam à mais rigorosa dieta, a fim de conservar a esbeltez do corpo. Quando conheci Geraldine Fitzgerald no estúdio da Warner fiquei surpreendido por vê-la tão delgada; de tão fina, sua cintura me lembrou um tubo de retrós... Paul Henreid, com quem conversei durante um intervalo entre a filmagem de duas cenas de Servidão humana *— em que ele faz o papel de Philip Carey, o jovem que arrasta pela vida um pé torto e um complexo de inferioridade —, Paul Henreid tem de tingir os cabelos de ouro, a fim de que na tela eles apareçam mais escuros. A fotografia transforma as ruivas em morenas de negros cabelos. E quando o vestido da estrela tem de parecer preto na tela, na realidade ele é vermelho, pois os* cameramen *evitam sempre o preto — que absorve luz em demasia; e o branco, que tende a reverberar perigosamente a claridade, é em geral substituído pelo azul-claro. Muitas vezes a carreira duma atriz de cinema depende do* cameraman. *Não é, pois, de admirar que muitas estrelas se habituem a depender tanto dele, que cheguem ao ponto de confundir essa dependência com amor, bem como acontece com a paciente que entrega seu caso, seus segredos, sua alma, ao psicanalista, e acaba por ele apaixonada. Linda Darnell — que é bela e ainda está na casa dos vinte — casou-se com um* cameraman *que já passou dos quarenta e que está longe de ser um* glamour-boy.

Outro problema do cinema, principalmente para os atores, é o da altura. Num país de homens geralmente altos e atléticos, era natural que o herói dos romances (quantos vestígios, nisso, dos tempos medievais em que só os homens grandes e fortes podiam manejar o espadagão, a lança e o escudo!) fosse um latagão de ombros largos, campeão de futebol ou de boxe. Por muitos anos o papel do galã no cinema só era confiado a atores que tivessem no mínimo um metro e oitenta de altura. Só ultimamente é que tipos baixos como Jimmy Cagney, Charles Boyer, John Garfield, Alan Ladd, George Raft e Burgess Meredith conseguiram destruir em parte esse tabu. Mesmo assim o galã baixo dá grande trabalho ao diretor, que tem de usar de vários estratagemas para evitar que o público tenha oportunidade de comparar sua altura com a da heroína. Não é possível dar a Cagney o papel de herói num filme em que Alexis Smith seja a "mocinha", pois mesmo sem sapatos de salto alto essa estrela é mais alta que Jimmy. Muitas vezes Charles Boyer ou John Garfield têm de subir num pequeno estrado para representar cenas de amor fotografadas em close up. *E nas cenas tomadas em* long shot, *isto é, à distância, os truques usados são os mais variados. Se o herói é da mesma altura ou pouco mais baixo que a heroína — quando ambos descem uma escada ela em geral vai um degrau na frente do cavalheiro.*

Não sei também se devo falar-lhe num outro problema dos "astros": o da calvície. Parece uma regra, não só do teatro e do cinema, como também da vida em geral, que só depois dos quarenta os homens atingem uma verdadeira maturidade de espírito. Ora, a natureza, que parece não ter a menor consideração pelos sentimentos e ilusões dos heróis e de seus fãs, é de tal modo perversa, que quando começa o dar às pessoas uma mais funda sabedoria da vida, por outro lado começa a roubar-lhes os encantos físicos que porventura possuam. Assim, não são poucos os atores de meia-idade que quando aparecem diante das câmaras têm de usar cabeleiras postiças parciais ou inteiras.

Mas creia, não estou a escrever-lhe com o propósito de matar suas ilusões. Nada disso! Há mulheres e homens fisicamente admiráveis em Hollywood. E às vezes até encontramos aqui reunidos numa mesma criatura atrativos físicos e intelectuais, como é o caso de Rosalind Russell, Greer Garson e Ingrid Bergman. Um destes dias entrei na livraria que fica junto do restaurante Brown Derby e quedei-me a olhar lombadas de livros. Junto de mim uma moça lia com grande interesse um volume... Como é natural, olhei primeiro para o rosto da moça. Era Anne Baxter. Depois para as páginas do livro: poemas de Emily Dickinson. Edward Robinson é dono de uma das mais importantes pinacotecas particulares dos Estados Unidos; tem em sua casa originais de Renoir, Gauguin, Manet e outros mestres. Em sua maioria esses atores que estão "no olho do público" levam uma vida morigerada, raramente vão a cabarés e evitam o escândalo e a extravagância. Muitos, como Loretta Young e Bing Crosby — ambos católicos —, são conhecidos pelos seus pendores religiosos. Edward Arnold, que em geral nos filmes faz papel de banqueiro patife, juiz venal ou gângster, é na realidade um homem muito sério, extremamente bondoso e preocupado com obras de assistência social. Peter Lorre — que ainda ontem me contou uma anedota engraçadíssima no restaurante da Warner — é muito querido nos estúdios, onde todos o consideram um "tipo gozado".

Nem todos os stars *e diretores têm a obsessão da publicidade. Pouca gente saberá, por exemplo, que Henry Fonda, Melvyn Douglas e Frank Capra estão nas Forças Armadas dos Estados Unidos. E que Jimmy Stewart e Clark Gable — ambos da American Air Force — já entraram em ação portando-se admiravelmente. E que artistas como Joe Brown, Bob Hope, Frances Langford e dezenas de outros têm andado pelos teatros de guerra do Pacífico a entreter os soldados, nos acampamentos, correndo muitas vezes risco de vida.*

É, pois, um erro pensar que toda *a população de Hollywood vive tomada da "loucura do cinema". É verdade que a nota tônica destas ruas, cafés, teatros, lojas, é a extravagância, a exibição, a fantasia. Mas há aqui gente normal (se é que tal coisa existe mesmo) e grande é o número daqueles que encaram seu trabalho nos estúdios com naturalidade, como um meio de vida, uma vocação, ou... como uma fatalidade.*

A atitude de boa parte da população dos Estados Unidos com relação a Hollywood é de curiosidade e encantamento. Mas nos círculos de gente religiosa ou de rígida moral a capital do cinema é olhada como sendo uma expressão de pecado. Para as pessoas cultas ou artisticamente requintadas, ela é considerada como um símbolo de futilidade ou de má arte. E todas essas criaturas estremecem de horror ao pensarem que os padrões artísticos, literários e morais de seu país possam ser julgados no exterior de acordo com a vida e os filmes de Hollywood.

Esta vasta carta já vai longa, mas acontece que não estou escrevendo apenas para você, mas também para muitas outras moças brasileiras que participam de sua curiosidade com relação a esses assuntos.

Você quer saber se tenho tido a oportunidade de conhecer muitos stars *pessoalmente...*

Você ficará mais feliz se eu lhe disser que tirei um retrato ao lado de Dennis Morgan, no stage *onde, fardado de aviador do Exército norte-americano, ele filmava uma cena de* A mão que nos guia? *Meu prestígio com você aumentará se eu lhe disser que vi Bette Davis em* The corn is green — *numa cena em que ela desce duma carruagem, numa vila do País de Gales, no meio duma nuvem de poeira, que na realidade não passava de fumaça de incenso? Gostará você de saber que as casas dessa vila só têm fachada, e telhado, e nós juramos que são feitas mesmo de pedra até o momento em que batemos nela com os nós dos dedos, para verificar que são de* papier maché? *Se essas notícias lhe são agradáveis, deixe que eu lhe conte mais alguma coisa.*

Vi Joan Crawford numa cena de Mildred Pierce, *uma história dramática escrita por James Cain, novelista que ama as personagens primárias, os diálogos crus e as cenas de violência em que haja sangue, luta e morte. Joan, tanto nessa história como na vida real, é uma mulher de fibra. Muitos cronistas acham que esse papel lhe dará o Oscar de 1945. Lá estava ela sentada na frente do seu advogado, com as mãos enluvadas a esconder o rosto. Chorava convulsivamente, mas de repente conteve-se. Não sei que foi que lhe fizeram, porque não li o romance. Só sei que Joan ainda está esplêndida, conserva aquele seu ar de figura de radiador de automóvel — um perfil impetuoso que se projeta para a frente, corajosamente. Assim tem sido a carreira dessa menina que há menos de vinte anos andou pelo bulevar, desconhecida, sem um centavo na bolsa, passando fome, olhando com olhos compridos para as comidas das vitrinas dos restaurantes...*

Noutro set *assisti nesse mesmo dia à filmagem em tecnicólor de uma cena da biografia do compositor Cole Porter. Representava a sala duma bela casa, onde estava armada uma árvore de Natal. Monty Woolley achava-se sentado numa poltrona. Alexis Smith de pé, toda vestida de verde, estava junto da árvore, que cintilava de lâmpadas, vidrilhos e esferas coloridas. Ajoelhado ao pé dessa mesma árvore, Cary Grant abria o pacote que continha o seu presente...*

Outro dia vi uma mulherzinha metida num pijama de praia no saguão do Beverly Hills Hotel. Como ela tivesse nos braços um cachorrinho preto e lustroso, fiquei olhando, curioso, para o animalzinho, e só depois de alguns segundos é que percebi que as mãos que seguravam essa preciosidade canina eram as de Norma Shearer. Não se inquiete; apesar de entrada nos quarenta ela ainda está bonita e seu rosto — a que um leve estrabismo dá um encanto particular — guarda até uma certa frescura.

Estive também, há alguns meses, no set *que representava o interior dum café-concerto de San Francisco, nos tempos de Barbary Coast. Presenciei, entrincheirado atrás da câmara, uma briga tremenda. Esse sururu foi ensaiado muitas vezes. Houve um detalhe que guardei bem na memória. Uma das* show girls *fez um sinal para dois dos freqüentadores do frege. Estes se precipitaram ao mesmo tempo, houve uma colisão, que resultou em uma luta corporal e na eliminação de um dos contendores, de sorte que o vencedor, glorioso, avançou na direção da beldade. O diretor elogiou os extras que tomaram parte na cena — o que muito os envaideceu. Meses depois, vendo no cinema esse filme já pronto, verifiquei que tal cena, ensaiada com tanto cuidado, e filmada três vezes, havia sido completamente eliminada da história.*

Assim é Hollywood. Decepcionante? Não. Sensacional? Às vezes. É curioso a gente ir para o bulevar e ficar olhando as pessoas que passam. Há sempre sol nas ruas, e os pedestres às vezes são pitorescos. Há também muitos lugares aonde ir. Bares, restaurantes, nightclubs, *cinemas, teatros... E não deixa de ser engraçado a gente estar encontrando a cada passo nossos "conhecidos" do cinema. Você se lembra daquele italiano baixo, gordo e de bigode, que às vezes aparece em pontinhas nos filmes, tocando realejo, com um macaco no ombro? Pois ele trabalha na caixa da Casa D'Amore, restaurante que fica a dois passos do bulevar. E você encontrará condes, banqueiros e generais parados na frente do Hotel Plaza, sem colarinho, de casaco esporte, a conversar ociosamente.*

O forasteiro que aqui chega, procura ir a todos os lugares e conhecer o maior número de gentes e coisas possível. No princípio tudo é novo. Depois o visitante fica enfarado. É que aqui há muita coisa excepcional *junta.*

Olhe. Você vê um bolo muito colorido e de aspecto apetitoso, um doce que está à sua frente, à sua disposição. Você se atira a ele e começa a comê-lo com voracidade e encanto — uma, duas, quatro, seis fatias... até que se enfara. Assim é Hollywood. Um doce bonito, gostoso, mas enjoativo. E se eu voltar a esta cidade daqui a cinco anos, estou certo de que, sem me valer da experiên-

cia de hoje, eu me atirarei de novo ao bolo vorazmente, para chegar mais uma vez ao enfaramento.
A vida é assim mesmo.
Ficou decepcionada? Se ficou, queira perdoar seu amigo

E.

PARALELO

Fernanda: *Agora quem me faz a pergunta embaraçosa é você, e não meu imaginário Tobias. "Por que razão chegaram os Estados Unidos — cujo povoamento é mais recente que o do Brasil — ao presente estádio de civilização, ao passo que nós ficamos tão para trás?"* Creio que é preciso mucho mas hombre *que um simples contador de histórias para responder satisfatoriamente a essa enorme pergunta. Mas, seja como for vou tentar um rápido paralelo.*

Desde a escola primária ouvimos dizer que, de todos os países do mundo, o Brasil é o maior e o mais bem-dotado pela natureza; que nossas possibilidades econômicas são ilimitadas; que nossos rios são caudalosos, nosso solo ubérrimo, nosso subsolo colossalmente rico... Garantiram-nos também que nossos bosques têm mais vida e nossa vida no seio da pátria mais amores. Passamos anos e anos embalados por essa inebriante cantiga, mas me parece que já estamos suficientemente crescidos para saber a verdade. Sim, sob muitos aspectos o Brasil é um país privilegiado. Mas essa idéia não basta. É preciso tornar real, palpável e ativa uma riqueza potencial que até aqui só tem servido como assunto de literatura e oratória cívica... É preciso usar esse solo e esse subsolo em benefício de nosso povo, da elevação de seu nível de vida. Bom, mas o que principalmente interessa ao nosso paralelo é deixar claro que se pusermos o meio físico brasileiro em confronto realista com os Estados Unidos, chegaremos à conclusão de que estamos numa situação de nítida, visível inferioridade. Isso explica em boa parte o atraso material do Brasil.

Para principiar, o território dos Estados Unidos encontra-se em sua maior parte dentro da zona temperada do Norte, oferecendo portanto condições favoráveis ao estabelecimento de imigrantes vindos da Europa setentrional, e conseqüentemente ao florescimento duma civilização de tipo europeu. Ora, a porção maior do território brasileiro se estende dentro da zona tropical e subtropical, sendo que estados como o Amazonas, o Pará, o Maranhão, o Rio Grande do Norte, a Paraíba e boa parte de Pernambuco — tudo isso numa extensão de mais de quatro milhões de quilômetros quadrados — se acham na zona tórri-

da. Se você retrucar que clima não tem maior importância, eu lhe perguntarei: Que fizeram os ingleses nas suas colônias tropicais da África e da Ásia? Que conseguiu realizar o engenho francês, holandês e britânico nas Guianas?

Segundo observa Caio Prado Júnior no seu admirável Formação do Brasil contemporâneo, *ao passo que na zona temperada do continente americano se fundaram colônias de povoamento que receberam os excessos demográficos do Velho Mundo, e reconstituíram neste lado do Atlântico uma sociedade à semelhança de seu modelo e origem europeus — surgiu nos trópicos um tipo de sociedade inteiramente original, destinado, em última análise, a explorar os recursos naturais dum território virgem em proveito do comércio da Europa.* Esse "sentido" da colonização tropical até certo ponto explica o que somos hoje em dia.

Os colonos europeus encontraram nos Estados Unidos, entre os Allegheny e as Montanhas Rochosas, terras geralmente planas e férteis, o que não aconteceu no Brasil, país de topografia muito mais acidentada e portanto menos propícia ao trabalho agrícola e à construção de vias de comunicação. A maior parte de nossa terra é um planalto, sim, mas um planalto de difícil acesso, pois se encontra a uma altura que varia entre trezentos e mil metros acima do nível do mar. Ademais, trata-se dum planalto sem planícies, cavado de depressões fundas, cortado de rios encachoeirados e serpentinas. (Os rios de curvas serpentinas, conquanto ótimos para poesia, são péssimos como meio de transporte.) E já que estamos falando em rios, é bom lembrar que os da região semi-árida do Nordeste são rios de regime muito irregular, rios temporários que, por assim dizer, desaparecem exatamente na época em que as populações daquela zona mais necessitam deles... Segundo Gilberto Freyre, nossos rios foram "colaboradores incertos" que "só em parte e nunca completamente se prestavam às funções civilizadoras de comunicação". Os rios do planalto de pouco serviram aos povoadores do interior, pois na sua corrida de obstáculos na direção do mar, eles tomam a forma de cachoeiras, saltos e corredeiras... O próprio São Francisco — "o rio da unidade nacional" — não é tão extensamente navegável como se imagina, pois de seu curso total de três mil quilômetros, apenas mil e duzentos são favoráveis à navegação. E voltando às planícies que tanto nos poderiam facilitar o trabalho da lavoura, com que podemos contar? Com a bacia do rio Paraguai? Mas apenas pequena parte dela — a superior — nos pertence. A do Amazonas? Ah! Aqui meus dedos começam a dançar, ansiosos por enfileirar no papel uma série de adjetivos faiscantes e sonoros, descritivos da pujança da selva amazônica, da grandeza do rio-mar, das maravilhas e horrores dessa região que, segundo Humboldt, poderia alimentar a humanidade inteira. Mas cair nesse alçapão cívico-literário seria um descuido de adolescente... Ninguém negará que o vale do Amazonas é uma região fabulosa. Sabemos que a planície amazônica se estende numa área de mais de dois milhões de quilômetros quadrados, só dentro do território brasileiro. Mas de que nos tem servido toda essa grandeza? Compare a bacia do Amazonas com a do Mississippi e veja como os americanos foram mais bem aquinhoados que nós no que diz respeito ao meio físico. O vale do Amazonas opõe ao colono um clima equatorial, terrenos alagadiços, a incerteza das "terras caídas", o impenetrável emaranhamento de suas florestas tropicais, e mais as febres, as cheias e o problema das enormes distâncias. Nessa região, o homem — seja ele de que raça for — acabará fatalmente vencido pela terra. (Não creio que estas palavras formem apenas um chavão literário.) Quanto ao vale do Mississippi, é difícil encontrar no mundo inteiro região mais extensa que apresente tantos, tão fáceis e variados recursos naturais. O vale tem uma fertilidade uniforme, seu clima é constante, sua superfície plana — razões pelas quais o trabalho agrícola nele se processa com facilidade e a um custo relativamente baixo. Desde o estado da Pensilvânia até o de Wyoming encontram-se jazidas de carvão betuminoso, petróleo e gás natural. Esses lençóis de petróleo se estendem ainda para o sul, na direção do golfo do México. No Minnesota há ricas jazidas de ferro. Os afluentes do Mississippi oferecem meios de transporte barato e prático, e o fato de o vale ser plano facilitou a construção e a manutenção de estradas de ferro. Por outro lado a exploração do ferro foi facilitada pela proximidade das minas de carvão. Ora, o ferro e o carvão acabaram fornecendo a base desse formidável parque industrial americano, financiado em boa parte pelo ouro extraído das minas de Montana, Colorado, Texas e Califórnia.

Além de fértil, o solo americano foi trabalhado desde o princípio por agricultores hábeis. Plantou-se milho, trigo, algodão, tabaco e várias espécies de cereais; e esses produtos se escoavam facilmente pelos tributários do Mississippi, o qual se encarregava de levá-los para o golfo. Não devemos esquecer o impulso que a navegação a vapor deu à vida não só do vale como também da zona dos Grandes Lagos. Praticamente todas as regiões dos Estados Unidos foram aproveitadas pela agricultura e pela indústria pastoril. Cerca de metade da sua superfície terrestre, ou seja, um bilhão de acres, está coberta de fazendas, granjas e plantações. A pluviosidade de grande parte do país é favorável ao trabalho da lavoura. No Middle West fica a zona do milho e do trigo onde se processa o curioso ciclo que consiste em transformar o milho em banha, via porco (o corn-hog cycle). Na proximidade dos Grandes Lagos está a zona dos laticínios. No Sul se desdobra a rica "faixa do algodão". Para as bandas do Oeste ficam vastas pastagens povoadas de gado e de rebanhos de ovelhas; nessa região as plantações se mantêm graças a um eficiente sistema de irrigação. Vêm depois as regiões das frutas cítricas da Califórnia. E como a Flórida tenha clima semelhante ao do sul daquele estado ocidental, e como produza os mesmos tipos de frutas cítricas, sempre que um parasita danifique ou destrua as colheitas duma região, há todas as probabilidades de que a outra se salve. E muitas vezes, quando a seca prejudica a colheita na região no oeste do Missouri, verifica-se em compensação uma alta de preços nos cereais que se produzem para leste desse mesmo rio. A todas essas, que se passa no Brasil? Temos dependido durante longos anos dum só produto, o café, que está longe de ter a importância do trigo; só recentemente é que intensificamos a produção de algodão. Que vemos na vasta superfície do Brasil? Desertos. Em algumas regiões eles são verdes, belos, mas a beleza e a cor não lhes tiram a qualidade de deserto. De nossa superfície total de 8.511.118 quilômetros quadrados, cerca de quatro milhões e oitocentos mil têm uma densidade de deserto, isto é: menos de um habitante por quilômetro quadrado. Nossas lavouras são pobres, primitivas e escassas.

Temos as mais ricas jazidas de ferro do mundo! — exclamarão os patriotas, exaltados. Claro, ninguém lhes poderá contestar a afirmação. Mas acontece que esse ferro está nas montanhas de Minas Gerais, a seiscentos quilômetros do mar, longe das minas de carvão do Paraná, de Santa Catarina e do Rio Grande do Sul, as quais produzem um carvão de má qualidade e numa quantidade insuficiente para nossas necessidades internas.

Por outro lado nosso solo não é tão fértil como imaginou Pero Vaz de Caminha e como muitos compatriotas nossos ainda insistem em afirmar. O professor C. Sauer, geógrafo da Universidade da Califórnia, me falou um dia longamente da ilusão em que vivem os brasileiros quanto às possibilidades de seu solo para a agricultura. Nossa terra não é rica em azoto e ácido fosfórico, como a famosa terra preta da Rússia. Além disso ela cansa depressa e nós nada fazemos para regenerá-la.

Pense, Fernanda, nos prodigiosos meios de transporte e comunicação dos Estados Unidos e no isolamento que, à falta deles, vivem nossas cidades do interior — sim, e também muitas do litoral! Tentamos explicar essas diferenças dizendo com um encolher de ombros: "Os americanos são mais ricos que nós". Mas esta é uma frase estúpida que não explica nada. É o mesmo que dizer: "João goza de saúde e eu não, simplesmente porque eu estou doente e João não está".

Resumindo: O colono europeu encontrou nos Estados Unidos um meio físico mais favorável ao trabalho e à vida, e em muitos aspectos parecido com aquele donde provinha. O solo era fértil e, atravessando os Allegheny, os pio-

neiros encontraram o vale do Mississippi. Quando extraíram o ferro, contaram com carvão abundante e próximo das jazidas daquele minério. Já em 1775 havia nas treze colônias americanas do litoral do Atlântico mais forjas e fornos de fundição de ferro do que na Inglaterra e no País de Gales. Essa foi a origem da siderurgia americana, que serviu de base para sua poderosa indústria. Essas coisas todas somadas resultaram em caminhos de ferro, locomotivas, vagões, instrumentos para a lavoura e mais máquinas de toda sorte. As companhias de estrada de ferro, as de navegação, as jazidas de ouro e outros metais, os negócios de imóveis, deram origem a grandes fortunas, fizeram milionários que passaram a empregar sua atividade e seu dinheiro na criação de novas indústrias, as quais se multiplicavam em centenas de outros empreendimentos comerciais e industriais. Em 1859 jorrou petróleo do solo da Pensilvânia, criando novas companhias, novos milionários, determinando a possibilidade da fabricação e da expansão do automóvel e das estradas de rodagem. Daí por diante nada mais pôde deter a marcha do progresso americano. O resto foi uma conseqüência desse "princípio". Com a sua tremenda prosperidade econômica foi possível aos Estados Unidos dar uma vida melhor e mais confortável a seu povo, a par dum mais alto nível de saúde.

Mas até aqui deixamos de mencionar um elemento sem o qual todas essas possibilidades econômicas teriam ficado para sempre adormecidas na terra: — o elemento humano. Está claro que não vou levantar a questão da superioridade racial e engrossar o coro daqueles que lamentam tenhamos permanecido como colônia de Portugal, e não da Holanda. Parece-me que isso seria tão tolo como bradar agora: "Sou contra a Revolução Francesa!". Mas em que pesem a minha ternura e simpatia pelos portugueses, tenho de confessar que não acredito pudessem os Estados Unidos, apesar de todas as suas riquezas naturais, chegar ao presente grau de desenvolvimento se em vez de terem sido colonizados por ingleses, alemães, holandeses, escandinavos, tivessem sido presenteados pelo destino com o tipo de colono que povoou o Brasil. Os portugueses mandados para a nossa terra, quisessem ou não, tiveram de proceder de acordo com a política econômica monopolista que Portugal seguiu com relação ao Brasil. São de Limeira Tejo as palavras seguintes: "A falta de liberdade de comércio durante o período colonial foi, sem dúvida alguma, o mais importante obstáculo ao empreendimento industrial. Se, como as colônias norte-americanas, houvéssemos sido livres de comerciar com o exterior, ter-se-iam gerado entre nós as circunstâncias de riqueza e progresso econômico determinantes do surto fabril. Dessa maneira, não nos teríamos atrasado de um século com relação aos Estados Unidos, os quais, depois da independência, não foram forçados, como nós, a começar tudo do princípio".

Sabemos que a prosperidade econômica dos Estados Unidos se deve especialmente à sua indústria. Indústria é algo que tem a ver com máquina, com engenho, com habilidade mecânica. Ora, está provado que os ibéricos não são particularmente hábeis no trato das máquinas, ao passo que exatamente o contrário se passa com os anglo-saxões e os germânicos. Comparemos também as nossas penetrações do interior com a conquista do Oeste pelos pioneiros americanos. No que diz respeito a coragem, audácia e resistência física, creio que os bandeirantes absolutamente não são inferiores aos pioneiros. Conhecemos, entre dezenas de outras, as façanhas dum tal Pedro Teixeira, que em 1637 deixou o Pará e subiu com uma expedição o rio Amazonas, indo até seu curso superior, seguindo dali por terra rumo do Equador, e atingindo Quito. O paulista Raposo Tavares numa entrada espetacular alcançou o Peru e possivelmente viu as águas do oceano Pacífico. Não se trata também de insinuar que portugueses e paulistas tenham sido menos inteligentes ou menos sagazes que o frontiersman. *Existe, porém, uma série de fatores que temos de levar em conta. Nossas penetrações foram feitas sem ordem, ao sabor do espírito português um tanto romântico e improvisador. Havia nesses desbravadores um imediatismo (prear índios, descobrir pedras e metais preciosos) que se transmitiu como uma maldição a seus descendentes. Acresce ainda que os bandeirantes encontraram na sua marcha obstáculos naturais muito mais duros de vencer que aqueles que se opuseram ao avanço dos pioneiros. Os Estados Unidos foram colonizados segundo o espírito anglo-saxônico, metódico e hábil no que diz respeito a empresas práticas. Portugal estava interessado principalmente em duas coisas: drenar para seus cofres as riquezas de sua fantástica colônia e repelir o conquistador espanhol. Os bandeirantes serviram à maravilha a esse duplo propósito. Parece-me até que no caso brasileiro o termo* fronteira, *para designar a linha de avanço da civilização, tem mais razão de ser que no caso dos* pioneers, *pois nossos bandeirantes não só penetravam o sertão na sua busca de índios e riquezas, como também iam repelindo os espanhóis e alargando desse modo nossas fronteiras geográficas propriamente ditas. Outra circunstância que deu à colonização americana um caráter diferente da nossa foi o fato de o imigrante europeu ter trazido consigo, não só para as colônias do litoral como também no seu avanço para o Oeste, mulheres — mulheres brancas e em sua maioria alfabetizadas. Isso se me afigura de importância capital. Assim, pois, as comunidades dos pioneiros foram fundadas sobre a base da família, ao passo que os bandeirantes, à falta de mulheres brancas, derrubavam índias em qualquer canto, ao sabor de seus desejos, de sorte que iam assinalando sua passagem pelo interior com esses marcos vivos, os seus descendentes mestiços, que ficavam depois ao abandono... Os nú-*

cleos fundados pelos bandeirantes eram entregues à própria sorte, permaneciam isolados à míngua de meios de transporte e comunicação, ao passo que as colônias americanas, cópia rústica e miniatural das européias, comunicavam-se umas com as outras graças às vantagens dum terreno menos acidentado e à estrada natural oferecida por seus rios de curso estratégico.

Não esqueçamos também que as treze colônias que se estabeleceram na costa norte-americana do Atlântico eram compostas de gente que viera da Europa em virtude de lutas políticas e religiosas, gente, portanto, que vinha voluntariamente começar uma vida nova numa terra onde pudesse seguir a religião e o modo de vida que lhe aprouvesse. Havia entre esses Fundadores uns cem diplomados pelas universidades de Oxford e Cambridge. Claro, muitos dos primeiros colonos eram homens que vinham apenas em busca de fortuna... Mas mesmo estes estavam sujeitos a um plano determinado por uma companhia organizada de acordo com a experiência e o tino comercial dos anglo-saxões. A primeira coisa que os Peregrinos fizeram ao pisar as terras do Novo Mundo foi redigir o famoso Mayflower Compact, uma espécie de constituição miniatural que determinava a natureza da nova comunidade, bem como as responsabilidades de seus membros para com ela. Esse compact continha os germes da atual democracia dos Estados Unidos.

Outro fator de importância capital foi ter a nação norte-americana contado, ainda no período colonial, com vultos da estatura dum Jefferson, dum Washington e dum Hamilton — coisa que não se explica só em termos de clima, riqueza econômica ou mesmo sob a vaga epígrafe de "superioridade racial".

Quem em 1775 visitasse Filadélfia ou Boston encontraria nessas comunidades jornais, teatros, bibliotecas, ao passo que nós só tivemos nossa imprensa depois que a Corte portuguesa se transferiu para o Rio, em 1808. (Achavam os portugueses que a França era corrupta porque tinha muitos jornais...) Até aquela época nossos portos estavam fechados ao comércio exterior; não se nos permitia plantar algodão, destilar álcool ou fabricar sabão, pois tais produtos eram monopólio da Coroa. Tudo nos chegou tarde. "Esperamos trinta anos pela locomotiva" — escreve Pedro Calmon —, "quarenta pelas fábricas de fiação, ainda mais pela navegação de vapor, pela iluminação de gás, por um regime bancário, pelas companhias de colonização, pelo maquinário agrícola, pela indústria que em 1800 transformara a Inglaterra, e em 1820 a Europa."

Poder-se-á observar que todas essas coisas são expressões de progresso material, e eu responderei que elas representam riqueza que se pode traduzir em saúde e conforto. Reconheço que devemos aos portugueses um punhado de apreciáveis qualidades humanas — uma alma lírica, uma inclinação romântica, um certo espírito de tolerância e uma falta quase completa de preconceito de cor. Reconheço também que o brasileiro tem boa índole e que se levarmos em conta as circunstâncias em que a maior parte de nossa população vive, o que temos feito e principalmente o que somos é algo de admirável. Temos uma bondade essencial, um horror à violência e uma espécie de amável sabedoria da vida, e por esse conjunto de qualidades parece-me que o negro e o índio são também responsáveis. Somos dotados dum sentimento de solidariedade humana, que nos vem duma natureza sentimental; mas falta-nos o sentido da responsabilidade social, que é principalmente um produto da educação. Se o primeiro desses sentimentos nos leva à compaixão e à caridade diante do sofrimento do próximo, por outro lado a falta do segundo impede que nos portemos na vida de modo a evitar que nossos apetites e interesses perturbem o equilíbrio comunal; e impede também que trabalhemos no sentido de melhorar as condições de vida de nossos marginais, abolindo para sempre esse deprimente e inoperante sistema da esmola. Nosso imediatismo às vezes nos leva a acreditar mais no "golpe" que no trabalho lento, organizado e persistente. O americano do Norte tem uma fé inabalável no futuro e vive permanentemente com a consciência de que está no caminho certo, a mover-se rumo dum belo e nobre destino. Nós temos também um "senso de destino", mas deixamo-nos levar por um fatalismo que com relação às coisas imediatas pode ser pessimista, ao passo que com respeito a um futuro vago não deixa de ser otimista. Vejamos alguns de nossos ditados populares:

Deus é brasileiro.
Vamos deixar a coisa como está para ver como fica.
No fim tudo dá certo.
Mais vale quem Deus ajuda do que quem cedo madruga.

Como muito bem observa Afonso Arinos de Melo Franco, acreditamos na salvação pelo acaso, e, fiéis a essa crença, vivemos à espera de milagres, da sorte grande ou de uma pepineira na forma dum bom emprego público.
Temos sido — com raríssimas exceções — governados por golpistas, imediatistas e "carreiristas", por homens sem espírito público que nunca olham para o futuro. O que os move é um insaciável apetite ou, melhor, uma insopitável gula: desejo de lucro, grande e imediato, vaidade de posições de mando, vontade de poder. Nosso cristianismo tem sido um cristianismo de fachada, e se menciono isso é porque ainda acredito em que uma aplicação honesta dos princípios cristãos possa ajudar-nos a sair do caos em que nos debatemos. Nossa democracia, essa às vezes nem de fachada é. Não temos plano: improvisamos. O trabalho que um secretário de Estado inicia não é continuado por seu sucessor, pois

este quer ter "seu plano", que no fim de contas não passa de outra improvisação. Tem predominado entre nós o paternalismo. Temos tido governos de classes, grupos e famílias. Nossa produção é baixa: o Brasil é um país de intermediários. Como resultado disso, tudo nos fica mais difícil e mais caro. (Um operário qualificado vive nos Estados Unidos com mais conforto que um funcionário de banco ou um pequeno comerciante no Brasil. Ele pode ter um bom automóvel, um excelente refrigerador e um ótimo rádio, pois todas essas coisas lhe custam três, quatro ou cinco vezes mais barato que para o brasileiro.) Há no nosso país um tão grande excesso de burocracia que muitas vezes o produtor chega à conclusão de que os governos foram mesmo criados para opor dificuldades à distribuição e à venda de seus produtos. Gastamos mais dinheiro com polícia que com instrução, como se achássemos que cadeia é coisa mais útil que escola. Às vezes procuramos resolver nossos problemas sociais por meio da força, e isso me faz lembrar um médico doido que amordaçasse o paciente para, impedindo-o de gemer, criar a ilusão de que ele deixou de sofrer.

Não me parece que a um escritor — principalmente quando se trata, como no meu caso, dum romancista — caiba a responsabilidade de oferecer soluções, planos e remédios para a salvação nacional do domínio da política e da economia. (O ficcionista raramente sabe o que diz quando entra nesse terreno...) Há, porém, uma responsabilidade muito séria a que ele não deve fugir. É a de ver a realidade com os olhos claros e a de apresentá-la com verdade e franqueza em suas histórias, apontando direta ou indiretamente os males sociais e procurando, como diz Arthur Koestler, "criar uma necessidade de cura".

Não creio que a resposta a uma ditadura de direita ou de centro seja uma ditadura de esquerda, pela simples razão de que não creio em ditaduras, nem mesmo nas que se dizem técnicas e temporárias. Parece-me, Fernanda, que ao procurar um remédio para nossos males devemos levar em conta não só a natureza da doença como também a natureza do doente, pois casos há em que o paciente pode morrer da cura...

FAZER E SER

Vasco, meu velho: *Você leu a carta que dirigi a Fernanda e se declara deprimido e desesperançado, com o resultado de meu paralelo... Mas deixe que lhe diga, com toda a sinceridade, que na minha opinião não temos motivos para alimentar nenhum complexo de inferioridade diante dos norte-americanos e de sua civilização. Vou dizer-lhe por quê.*

Psicologicamente somos mais ricos que eles, e emocionalmente talvez mais adultos. Quando os escritores brasileiros dizem que os Estados Unidos oferecem campo mais vasto e variado para a literatura de ficção, eles naturalmente se referem às possibilidades de ação, a uma maior riqueza episódica resultante de maior variedade de tipos, profissões, interesses; dum ritmo de vida mais agitado, do progresso mecânico e de todos os problemas que a civilização cria para o homem moderno nas grandes metrópoles. Referem-se, em suma, a uma riqueza mais horizontal que vertical. (Não é de admirar que os romances mais profundos dos Estados Unidos sejam os de autoria de escritores do Sul, que, como Ellen Glasgow e William Faulkner, contam histórias de sua região, a qual no clima, nos costumes e no caráter de seus habitantes se parece um pouco com o Norte brasileiro.)

Nosso sentimentalismo, nossa malícia; nossa capacidade de apreender rapidamente as coisas; nossa agilidade no jogo das imagens, se não das idéias; nosso agudo senso de ridículo; nossa veia humorística combinada com uma certa inclinação para o drama; nossa esperança no acaso, contrastando com um pessimismo de superfície; nossa preocupação teórica com as dores do mundo — tudo isso faz do brasileiro um povo complexo, interessante e difícil de explicar. Mas... que nos falta então? No terreno material, falta-nos quase tudo. A era da fronteira já terminou nos Estados Unidos; mas nós ainda temos fronteiras internas a conquistar. Os americanos já realizaram uma preliminar importantíssima: deram à grande maioria de sua população uma existência de conforto e bem-estar, a par duma apreciável educação, ao passo que no Brasil apenas uma pequena minoria é que goza dum nível de vida realmente decente.

Você quer saber que rumo tomarão os Estados Unidos depois da guerra... Eis uma questão que está preocupando este povo. Muito antes de começar o presente conflito mundial, Herbert Agar, no seu livro Land of the free, *perguntava até que ponto estava o americano preparado para tomar a sério o ideal de ser alguma coisa em vez de viver fazendo um barulho dos diabos. Procurando definir cultura e civilização, esse mesmo autor dizia que o americano que se muda de sua terra natal para Nova York, na realidade não percorre nessa mudança apenas algumas centenas ou milhares de quilômetros de espaço; ele marcha também através de séculos de tempo. Pois quem deixa Nashville (isto é, uma cidade representativa da cultura do Sul) ou Indianapolis (representativa da cultura do Middle West) e vai viver em Nova York, que simboliza a civilização generalizada de todo o mundo ocidental — faz um movimento perigoso para a alma, pois essa troca equivale ao arrancar de raízes profundas para substituí-las por outras novas, fracas e superficiais. Isso significa também o abandono do lar, da querência, onde o espírito pode crescer em profundidade e intensidade, para reunir-se ao que Spengler chama "a massa de inquilinos e ocupantes de camas num mar de casas". Porque a cidade da zona rural ainda tem raízes nas terras cultivadas que a cercam, de sorte que suas relações com o campo são ainda orgânicas, ao passo que a vida na grande cidade tem raízes na alta finança, "a mais abstrata e inumana das invenções do homem". Assim, esse nativo do Sul ou do Middle West se perde num deserto de aço e cimento armado, empobrecendo sua cultura regional sem chegar a enriquecer a metrópole que o devora.*

Entre os característicos do homem civilizado, Agar aponta a tendência para o pacifismo e para a crença de que nada existe no mundo digno de ser defendido e preservado com nosso sacrifício. O homem civilizado não tem preconceitos e é incapaz de indignação ou surpresa; para ele os valores morais não têm a menor força. A essência da cultura, entretanto, é a crença num certo número de absolutos, a capacidade de levar a vida a sério e de reagir com indignação e veemência a qualquer provocação. Numa cultura — continua ainda Herbert Agar — a verdade é algo que o homem descobre e depois acha que deve ser defendido a todo custo; ao passo que numa civilização a verdade é uma coisa que o homem fabrica e diante da qual pergunta: "Valerá a pena lutar por essa coisa que eu mesmo inventei?".

Ao cabo de tais reflexões conclui Agar que a esperança dos Estados Unidos repousa mais na cultura representada pelo Sul que na civilização de que Nova York é paradigma. E agora — pergunto eu — quais são os absolutos que essa cultura aristocrática de plantadores de algodão acha dignos de serem mantidos e defendidos? O da superioridade da raça anglo-saxônica? O ideal da segregação dos negros? A sua organização semifeudal? Os princípios da Klu Klux Klan? Não negarei que haja no Sul uma tradição de gentility, *de cavalheirismo e uma vida mais amável e lenta que a de Nova York. Concordo em que essa descrença, esse cepticismo desligado apresentam suas desvantagens, uma vez que podem redundar num comportamento cínico ou niilista diante das idéias e dos ideais. Que seria de nós se os habitantes de Londres tivessem assumido uma "atitude civilizada" diante dos ataques dos aviões nazistas? Por outro lado, não devemos esquecer que a incapacidade de se apegar demasiadamente a certos absolutos de ordem moral ou filosófica é até certo ponto coisa saudável, pois constitui um antídoto para o fanatismo e para a intolerância.*

Correndo todos os riscos que oferece a simplificação, eu lhe direi, meu caro Vasco, que o problema dos Estados Unidos pode ser resumido em dois verbos: fazer *e* ser. *Até hoje de certo modo tem predominado entre os americanos a preocupação de* fazer *e como resultado disso conquistaram as fronteiras, in-*

dustrializaram o país, criaram uma civilização. E agora, mais que nunca, pensadores, pregadores, escritores, professores estão a perguntar através de seus escritos e discursos — "Que somos nós? Como conquistar as fronteiras espirituais? Que fazer da Vitória que se aproxima? Que rumo dar a nossas relações com os outros povos do mundo?".

E desse modo, meu amigo, encontram-se agora os americanos diante de novos problemas, novas fronteiras, e vagamente alarmados, como sempre acontece quando os problemas que se lhes deparam não podem ser resolvidos apenas com a técnica, de acordo com um plano, ou por meio duma engenhoca. Não é preciso ter visão profética para prever que os problemas mais sérios que este país terá de enfrentar depois da guerra serão os do desemprego, os das greves e o recrudescimento dos atritos raciais.

Meu convívio com os americanos nestes dois anos me ensinou muita coisa de seu caráter e me levou principalmente à convicção de que um povo com tamanha força de juventude, tão grandes reservas de boa vontade e coragem, tão bela tradição de luta, pode por algum tempo trilhar caminho incerto e até mesmo errado, mas acabará fatalmente encontrando a direção certa. William Allen White, diretor do Emporia Gazette *de Kansas, referiu-se, num discurso pronunciado em 1935, à irreparável mudança que a idade da máquina havia trazido para a vida tradicional americana, e acrescentou: "Não tenho sugestões, mas deposito uma grande fé no que podemos chamar o senso comum subconsciente do americano para resolver esse problema".*

Estou convencido de que o mundo não tem razão para temer os Estados Unidos. Este povo jamais se atirará a uma guerra de conquista. Não fosse a traição de Pearl Harbor, que galvanizou a opinião nacional, dificilmente ou nunca esta nação se decidiria a entrar na guerra.

Na América do Sul muitas vozes se erguem alarmadas contra os perigos da influência do "espírito ianque". Ora, acontece que milhões de americanos, nos próprios Estados Unidos, vivem também alarmados diante desse mesmo espírito, que eles detestam como um símbolo de escravidão à máquina, ao sucesso e ao dinheiro. É um engano pensar que todo o povo americano se entrega a essa febre de fazer. *Há comunidades que se preocupam mais com* ser. *São cidades como Denver, Indianápolis, Nova Orleans e San Francisco. E é bem sintomático que nestas duas últimas haja uma nítida influência latina. Em ambas se nota uma preocupação de andar com menos pressa; ambas têm uma tradição de bem viver. San Francisco é considerada "a cidade que mais gosta de música nos Estados Unidos". Na Nova Inglaterra encontramos a preocupação da cultura, o amor aos livros, às idéias, à tradição. E se quisermos levar mais longe nossa busca dessas ilhas de sábia e amável filosofia da vida, descobriremos que até em Nova York existe um bairro, Greenwich Village, onde se vive boemiamente, à melhor maneira do Quartier Latin parisiense.*

Se o espírito duma metrópole tentacular como Nova York leva seus habitantes a uma adoração do progresso mecânico como um fim e não como um meio, por outro lado nosso desligamento, nossa indolência e nosso descaso nos estão levando à miséria. Parece-me que o sensato seria descobrir uma linha média em que se encontrasse a habilidade do fazer com *a capacidade de* ser.

Não devemos imitar os Estados Unidos; não precisamos nos transformar em fanáticos da Coca-Cola, do jazz e dum certo tipo de vida delirante que teve sua origem nos novecentos e vinte (um tipo de vida, devo repetir, que nem todos os norte-americanos levam...) Devemos aproveitar não só a amizade como também a experiência desta grande democracia e adaptá-la sabiamente às nossas necessidades, temperando-a de acordo com nossa maneira de ser. Penso que essa influência que nos entra pelo cinema, pelo rádio, pelos magazines é apenas uma influência de superfície. Não será por nos mandarem penicilina, máquinas, técnicos; não será por nos transmitirem seus conhecimentos científicos e industriais que os americanos vão mudar nossa maneira de ser, de sentir, de viver.

Correndo todos os riscos de fazer um frasalhão, eu lhe direi, para terminar esta carta, que povos como o chinês, o hindu, o russo e o brasileiro são psicologicamente inconquistáveis.

TABU

18 de junho. H. S. Latham, vice-presidente da Macmillan Co., de Nova York, a corajosa casa editora que publica meus romances em inglês, chegou ontem a Los Angeles e me telefonou esta manhã convidando-me para um almoço no restaurante do Biltmore Hotel.

Há em torno da mesa uns doze outros convidados — gerentes de livrarias, críticos literários e funcionários da Macmillan Co. Mr. Latham é um homem alto e corpulento, de maneiras afáveis e naturais. No seu rosto rosado e carnudo há um aliciante traço de simpatia.

A Macmillan Co. publicou há pouco um romance sensacional de Kathleen Winsor, *Forever amber.* A história, que se passa durante a Restauração inglesa, é em última análise a carreira erótica duma mulher bonita, através de muitos homens e leitos.

Noto que Mr. Latham está um tanto encabulado, pois o livro se tem prestado aos comentários mais maliciosos e é uma fonte inesgotável de anedotas. O almoço decorre em meio da maior cordialidade. Fala-se de livros, de autores, de livrarias e de críticos. Comenta-se a escassez de carne, o tempo, e menciona-se rapidamente a guerra, mas ninguém toca no escandaloso livro. Os nomes Kathleen Winsor e *Forever amber* são tabus.

Quando vem o café Mr. Latham diz:

— É uma pena que o almoço tenha terminado tão depressa. Mas podemos subir para meu quarto e continuar lá em cima nossa palestra...

Depois duma pausa, acrescenta:

— Acho que não haverá cadeiras para todos, mas em todo caso alguns poderão sentar-se na cama.

Neste ponto uma mulherzinha que está a meu lado, e que durante todo o almoço permaneceu calada, diz:

— Com efeito, Mister Latham! Depois de *Forever amber* o senhor nem devia mencionar a palavra cama...

Os convivas desatam a rir, enquanto Mr. Latham — que também ri — vai ficando muito vermelho...

RINHA

20 de junho. O United Nations Council promove hoje uma discussão em távola-redonda nos estúdios da NBC, em Hollywood. Tomam parte nesse *match* dois professores de universidade americanos, Sir Miles Mander, ator de cinema e candidato ao Parlamento inglês, um jovem equatoriano, filho dum ex-presidente do Equador, e eu. A platéia do estúdio está repleta de gente. A expectativa é grande, pois vão ser discutidos hoje problemas como o da Argentina e o das ditaduras sul-americanas.

Tenho na minha frente Sir Miles Mander, com o seu rosto anguloso e descarnado, as suas feições aristocráticas e a sua elegância britânica — se é que essa expressão significa mesmo alguma coisa. Entre nós dois, um microfone. Atrás de mim — o público, que não vejo, mas cuja presença *sinto* como uma espécie de ponto ardente na nuca. (Ou estarei ficando surrealista?)

Cada um de nós é chamado a dizer o que pensa da situação interamericana dum modo geral. Quando chega meu turno, falo com a franqueza habitual. A liberdade de palavra deste país é para mim um vinho que me traz de tal forma embriagado que tenho de fazer prodígios de autodomínio para não me exceder.

Inicia-se finalmente a discussão, e o moderador, um homem magro de cabeça em formato de pêra, de vez em quando tem de intervir para evitar que os contendores se afastem da estrada real, perdendo-se em ramais que não levam a parte nenhuma. Fico a olhar para Miles Mander e a querer saber com que é que ele se parece. Assim, meu espírito acaba fugindo do estúdio, e se vai para todos os céus com a onda da NBC. Quando volto dessa doida excursão, o professor americano que se acha na extremidade da mesa, está interpelando Miles Mander:

— É curioso, é surpreendente, é inexplicável — diz ele — que a todas essas a Inglaterra continue apoiando ou pelo menos tolerando em silêncio a atitude do governo pró-nazi da Argentina. Como é que o senhor explica isso, Mister Mander?

O inglês tira calmamente um papel do bolso e começa a ler:

— A Argentina, durante todos estes anos de guerra, tem fornecido à Grã-Bretanha os seguintes gêneros...

E com sua voz grave e bem modulada começa a enumerar esses gêneros e suas respectivas quantidades com grande fleuma. E quando termina, eu lhe digo:

— E aposto como depois disso tudo o senhor continuará a negar a importância dos fatores econômicos na marcha da história, não é mesmo?

Ele fita em mim os olhos cinzentos e vagos, tira os óculos e diz, meio abstrato:

— Pois é... não é?

Risadas na platéia.

No minuto seguinte estou numa discussão com o equatoriano — um jovem moreno, espigado e ardente.

— Não é possível haver democracia na América do Sul — diz ele — porque somos em grande maioria analfabetos...

Solto o meu aparte:

— O senhor deve saber disso por experiência pessoal...

Imediatamente percebo que fui indelicado. Agora não há remédio. O microfone é implacável: minhas palavras a esta hora já chegaram a Londres, à Birmânia, à China e ao Paraguai. O equatoriano continua:

— As nossas populações indígenas são enormes...

— Fale pelo Equador mas deixe o Brasil de fora — digo. — Não temos o problema do índio.

— O Brasil não é diferente — replica ele.
— O senhor já foi ao Brasil?
— Não, mas não me parece necessário que uma pessoa visite um país para poder falar dele. Há os livros, os jornais...
— E os filmes de Hollywood, não é? — interrompo-o.
— E uma prova de que estou com a razão é que os senhores agora no Brasil têm uma ditadura.
— Isso não prova nada. Na Alemanha não há índios e há uma ditadura.
— Todos os países da América do Sul são feitos do mesmo estofo. Não é possível governar nações de mestiços com democracia. De resto, nunca houve democracia de verdade nos países latino-americanos.
— Diga-me uma coisa — intervenho. — Se você tivesse um dedo gangrenado, cortaria o dedo ou a mão?
— O dedo, naturalmente.
— Pois uma democracia imperfeita é preferível a uma ditadura. Só há um caminho para a democracia, e esse caminho é a própria democracia.
— Frases...
— No domínio das frases, nós tiramos o chapéu para os povos de *habla* espanhola...
— *Gracias!*

Quando a hora termina e o sinal vermelho de "silêncio" se apaga, a discussão continua, e agora o público também toma parte dela. Os outros membros da *round-table* se calam e deixam que o equatoriano e o brasileiro fiquem na arena, como dois galos de rinha. E eu me sinto encabulado quando percebo que estou de pé e — contra todos os meus hábitos — gesticulando furiosamente na direção do adversário, e discutindo com ele "*nuestros problemas*", a respeito dos quais creio que não chegaremos a um acordo nem que fiquemos aqui pelo resto deste século.

O HOMENZINHO DOS CRUCIFIXOS

26 de junho. Para melhor apreciar-se a historieta que vou contar é preciso ter em mente o caráter pagão de Los Angeles. Antes de mais nada, aqui impera o sol — que é a negação do mistério, da intimidade e, segundo Wilde, o inimigo do pensamento. Acontece ainda que Los Angeles é a cidade do cinema, dos espetáculos, do sucesso, do cartaz e do nudismo. *Glamour* aqui é moeda de grande valor, e nem por isso escassa. E quem anda por estas movimentadas ruas fica estonteado ante tão forte e quente expressão de vida.

Isso posto, vamos à história. Uma tarde, às três horas, entro numa loja de roupas feitas e imediatamente sou atendido por um homenzinho franzino, de ar cerimonioso, que se aproxima de mim sorrindo e esfregando as mãos.

— O cavalheiro que deseja?

— Uma roupa — respondo. Dou-lhe o meu número e digo-lhe das minhas preferências.

O meu homem é um desses velhotes que à primeira vista, por serem espigados, por andarem sempre empertigados, têm uma aparência quase juvenil. Está impecavelmente vestido, como convém a um empregado de casa de roupas. Tudo nele combina: a fatiota, a camisa, a gravata, o lenço... Sua cara, murcha mas de expressão agradável, acha-se bem escanhoada.

Experimento o casaco duma roupa tropical. O homem se afasta dois passos, olha-me de cima a baixo e diz:

— Maravilhoso! Senta-lhe como uma luva. Esplêndido!

Tem uma voz branda, acariciante, quase feminina.

Resolvo comprar a roupa. E enquanto estou preenchendo um cheque na importância da compra, o homenzinho examina o meu documento de identidade, que acontece ser meu passaporte.

— Ah! — murmura ele, maciamente. — Brasileiro, hein?

— É verdade.

Com uma carícia na voz, o *clerck* pergunta:

— Há lindos crucifixos na sua terra, não?

— Crucifixos?

— Sim.

— Bom... Há crucifixos, mas não me consta que tenhamos coisas muito especiais nesse gênero...

O homenzinho põe os olhos em branco, solta um fundo suspiro e murmura:

— Sou louco por crucifixos!

Passa o mata-borrão sobre o cheque. Projeto o olhar por entre os balcões, prateleiras e vultos humanos, na direção das portas, que enquadram o clarão da rua. Os ruídos da cidade — sinetas de bonde, a trovoada do tráfego, apitos, vozes — chegam até nós um pouco amortecidos.

O empregado me aperta o braço. Suas unhas reluzem, polidas e bem cuidadas. E ao meu ouvido ele segreda:

— Sabe qual é a minha grande paixão?
— Não tenho a menor idéia.
— Colecionar crucifixos...

Recua dois passos, agora com o casaco nas mãos, e fica observando em meu rosto os efeitos de sua confissão.

— É extraordinário! — digo. — Então coleciona crucifixos?
— É a minha loucura. Vivo para isso. Tenho crucifixos de toda a espécie, de todos os lugares. Quando viajo, em férias, e chego a uma cidade, o senhor pensa que vou a cabarés, museus, cinemas, teatros? — Sacode a cabeça vivamente, entrecerrando os olhos. — *No, sir!* Vou visitar antiquários, igrejas, conventos, à cata de crucifixos.

Visto o casaco, apanho o talão que o homenzinho me dá e entrego-lhe o cheque.

— Pode mandar levar a roupa à minha casa?
— Claro, meu amigo. Claro.
— Muito obrigado. E adeus!

Estendo a mão, que o caixeiro aperta nas suas, fortemente, calidamente. Seus óculos reluzem. Por trás deles seus olhos são doces e azuis.

— Eu gosto do senhor — confessa ele. — Vou fazer-lhe outra confissão.

Olha para os lados, rápido, puxa-me para perto duma coluna revestida de espelhos e cochicha:

— Sabe o que aconteceu?

Sacudo negativamente a cabeça.

— Uma coisa maravilhosa...

A voz do homenzinho é um sussurro.

— Uma coisa extraordinária... Interessado nos crucifixos, comecei a estudar a sua história, as suas origens. Passei horas e horas à noite lendo na biblioteca pública tudo quanto lá havia sobre crucifixos...

Faz uma pausa e, de olhos entrecerrados, fica a me mirar demoradamente.

— É curioso... — murmuro, só para dizer alguma coisa.
— Curioso? — Dá um pulinho. — Diga antes milagroso. Sim, senhor! Depois que eu saía da biblioteca, com a cabeça cheia de histórias maravilhosas, de milagres, de vidas de santos, de sacrifícios, voltava para casa e não podia dormir... Ficava pensando, pensando, esperando

com ansiedade a hora de voltar à biblioteca e mergulhar de novo na história dos meus ricos crucifixos.

O movimento dentro da loja é intenso. Homens entram e saem de pequenas cabinas, onde trocam de roupa. Postam-se na frente de espelhos, olham-se de frente, de perfil, recuam, alisam o casaco, lançando olhares oblíquos e indecisos para as próprias imagens...

Meu fabuloso amigo parece esquecido de tudo e de todos.

— Meu quarto vivia cheio de crucifixos pelas paredes, em cima das cômodas, das mesas... Crucifixos de ébano, de carvalho, de mármore, de pedra, de matéria plástica... de tudo.

Este homem não existe — penso eu. E começo não propriamente a ouvi-lo, mas a "escrevê-lo". Porque ele deixou de ser uma personagem da vida real para ser uma personagem de ficção. E minha!

— E sabe qual foi o resultado de tudo isso? Oh! Uma coisa divina, senhor. Passei a interessar-me pela história da Igreja Católica de tal modo, que um dia tive a Revelação. Converti-me ao catolicismo e aos sessenta e três anos de idade... sim, não aparento ter essa idade, mas tenho... aos sessenta e três anos fui batizado...

Sacudo a cabeça vagarosamente.

— Um verdadeiro milagre — concordo.

— E agora sou o homem mais feliz do mundo!

Torno a me despedir do homenzinho, que me acompanha até a porta, junto da qual me faz a nova confissão.

— Olhe só aqui... — diz ele a medo. E tira do bolso um rosário. — Entre uma e outra venda, quando não aparecem fregueses, vou dizendo as minhas oraçõezinhas...

Precipito-me para a rua. Los Angeles, brutalmente iluminada, palpita de vida. Vejo estampados nestas faces todos os apetites. Fome de celebridade, de sucesso, de prazeres. Fome de vida. Vou abrindo caminho por entre a multidão que enche as calçadas. E na minha mente o estranho homenzinho dos crucifixos desfia as contas do seu rosário, enquanto aguarda o próximo freguês.

Um dia — penso — sem que ele espere nem deseje lhe aparecerá uma misteriosa freguesa.

— Que deseja, *lady*?

— Levar-te.

— Para onde?

— Para o Outro Lado.

— Quem é a senhora?

— Eu sou a Morte.
— A Morte? Mas... deve ser engano. Talvez a pessoa que a senhora procura esteja na loja vizinha...
— Eu nunca me engano. Vamos.
— Espere um momento. Tenho de dizer ao patrão que vou sair...
— Não é necessário.
— Posso passar em casa para apanhar meus crucifixos?
— Também não é necessário.

E assim o homenzinho terá sobre a sua sepultura um belo, um enorme e definitivo crucifixo de granito negro, sob o qual ele dormirá tranqüilo, e sobre o qual brilhará este sol pagão e fútil de Los Angeles.

Duas cartas da era atômica

A BOMBA E O BOM SAMARITANO

Mills College, 6 de agosto de 1945
Fernanda: *Escrevo-lhe outra vez do* campus *do Mills, no fim de mais uma temporada de verão. Reencontramos aqui a mesma paz, os mesmos amigos, as mesmas delícias do estio passado. O sol de ouro, a piscina, a casa de chá, o quarteto de cordas, as árvores e as raparigas em flor.*
E foi nessa calma de paraíso que nos chegou hoje a notícia de que os americanos lançaram a primeira bomba atômica sobre Hiroshima. Toda a gente está excitada. Os jornais trazem cabeçalhos sensacionais. Conta-se como certo que o Japão se renderá incondicionalmente dentro de poucos dias. E as opiniões sobre essa medonha bomba são as mais variadas. Uns acham que é anticristão, monstruoso mesmo, usar armas dessa natureza contra populações civis. Outros alegam que o aniquilamento desses muitos milhares de japoneses em Hiroshima foi necessário para encurtar a guerra e, conseqüentemente, poupar a vida de milhares de soldados americanos. Há ainda os que parecem considerar apenas o aspecto técnico da questão; para estes os Estados Unidos ganharam mais uma máquina, mais uma engenhoca... Não posso deixar de pensar naquelas manhãs de Berkeley, quando, através da janela de minha aula, eu contemplava a casa circular do alto da colina, onde cientistas trabalhavam numa arma secreta. Os jornais hoje revelam que se tratava da bomba atômica! Eu mirava com vaga curiosidade a cúpula vermelha da singular estrutura de cimento, e depois a esquecia para falar aos meus alunos em poetas como Casemiro de Abreu e versos como o "Oh! que saudades eu tenho da aurora da minha vida!".
O que mais me alarma, Fernanda, é que com a libertação da energia atômica, a humanidade parece atingir a sua maturidade científica, sem ter ainda nesta altura de sua história chegado a uma completa maturidade moral. Imagine um "brinquedo" desses nas mãos travessas e irresponsáveis duma criança!
Creio não estar simplesmente fazendo uma frase se afirmar que a explosão dessa bomba sobre Hiroshima foi como o estrondo dum gongo colossal, marcando a abertura duma nova era para o mundo.
Que significará a era atômica? Uma idade de progresso econômico sem limites? Ou uma cadeia de guerras formidavelmente destruidoras que acabarão levando os povos a condições de vida tão primitivas quanto as de certas tribos nômades do ano 6000 antes de Cristo?
A nosso redor nada mudou. O vento sacode as franças dos eucaliptos. O sol é doce e amigo como na idade que passou. Sentada no parapeito da ponte de

pedra, uma senhora gorda lê Thoreau. Dong Kingman, o aquarelista sino-americano pinta uma paisagem junto do arroio. Rudolph Schevill me faz um aceno cordial lá de sob as arcadas da Galeria de Arte, onde Clara e Luís modelam um elefante de barro, ajudados por um mexicano trigueiro e um gringo louro. As raparigas saltam e gritam na piscina e nas quadras de tênis. Hoje à noite o quarteto de Budapeste interpretará para nós Mozart, Schubert e Ravel.

Que significarão todas essas coisas? Serão sinais de que tudo vai continuar como antes, apesar da bomba atômica? Ou de que sou um otimista irremediável?

E assim, minha amiga, nós vemos o americano, esse Bom Samaritano, na mais absurdamente difícil das situações. Puseram-lhe nas mãos uma bomba atômica e agora, com uma expressão de perplexidade nos olhos ingênuos, ele olha para todos os lados, atarantado, sem saber que fazer com ela...

CARTA AO PROF. CLARIMUNDO

Num trem, a caminho de Nova York, 15 de agosto de 1945

Meu caro professor: *Se as últimas notícias do mundo chegaram até sua torre, a esta hora você já saberá que a primeira bomba atômica destruiu quase por completo a cidade de Hiroshima. Ora, naturalmente você encarará a questão do ângulo científico, mas eu não posso deixar de encará-la pelo lado humano. Não discutirei o sentido moral desse ato dos americanos. Por mais que me repugne a violência, aceito pragmaticamente o recurso de que eles lançaram mão para acabar uma guerra que não provocaram nem desejaram. E se lhe escrevo agora esta carta é porque me lembrei há pouco da conversa que mantivemos um dia sob as árvores de sua Travessa das Acácias, aí em Porto Alegre. Defendeu você o ponto de vista segundo o qual o cientista deve fazer ciência pela ciência, completamente desligado dos problemas sociais. Isso não pode ser, meu caro professor. Pense na guerra que há pouco terminou. (Ou você não sabe que houve uma guerra?) Veja como Hitler, Mussolini e Franco utilizaram as engenhocas mortíferas que cientistas desligados como você inventaram ou aperfeiçoaram, sem nunca procurar saber quem ia usá-las, e para que fim. Ciência pela ciência? Arte pela arte? Acho que isso seria ideal, mas a experiência nos tem mostrado de maneira dolorosa que nada do que fazemos e dizemos pode ser completamente gratuito, e que o isolacionismo tanto das nações como dos indivíduos nesta altura dos acontecimentos pode ter conseqüências desastrosas. As coisas ditas, escritas, descobertas ou inventadas por escritores, pensadores, oradores e cientistas têm sido em geral mal usadas pelos aventureiros políticos em proveito de suas ambições e como instrumentos de agressão, coação e violência. Sou contra a literatura dirigida, mas confesso que não tenho também nenhuma simpatia pela arte que se encerra numa torre de marfim e ignora o mundo sob o pretexto de que ela é alta demais, bela demais, pura demais para ser entendida pelo povo.*

Meu caro Clarimundo, dos homens de ciência, dos homens de letras, de todos os homens, enfim, se exige cooperação e responsabilidade. O mundo é um só. Pois que seja um mundo justo, um mundo belo, um mundo decente.

Desça de seu sótão, professor. Limpe a lente de seus óculos. Olhe a vida. Você acabará convencido de que as criaturas humanas podem ser tão ou mais interessantes que as suas abstrações de solitário. Aproxime-se delas, procure compreendê-las. E, para principiar ponha um c *minúsculo na sua Ciência e um* H *maiúsculo em Humanidade...*

ÚLTIMA PÁGINA

12 de setembro de 1945. Três da tarde. Estamos a bordo do *José Menendez,* um calhambeque argentino no qual entramos há pouco, ali naquele feio e sujo cais do Brooklyn, e do qual com a graça de Deus pretendemos sair dentro de vinte e três dias, no porto do Rio de Janeiro.

O vapor se afasta lentamente da terra. As águas do Hudson são dum verde de pessegada. No tombadilho — onde se fala português, inglês e espanhol — reina uma clara alegria de feriado. Estamos debruçados à amurada. Mariana, Clara e Luís têm os olhos voltados para os arranha-céus de Nova York, que ali estão bem como os temos visto em centenas de fotografias convencionais. Mas hoje, sob este sol de fim de verão, a cidade parece uma suave aquarela. Vista assim contra um horizonte ingênuo, chega a ter uma qualidade lírica.

Olho para minha tribo e penso num anoitecer pressago, há dois anos passados. Um avião a precipitar-se contra a tempestade... Três máscaras verdes de medo e náusea... Entre aquele momento sombrio e incerto e o instante presente — quanta coisa aconteceu! Estaremos diferentes? Que estamos todos cronologicamente mais velhos, não resta a menor dúvida. Que temos menos dinheiro do que quando chegamos, é também coisa indiscutível. (Meto a mão no bolso das calças e amarfanho a última cédula de cinco dólares. A isso está reduzida a fortuna dos bravos argonautas. No Rio — reflito — terei de pedir dinheiro a algum amigo para pagar o táxi...) Mas, *boy!*, não trocamos por coisa nenhuma os momentos que vivemos neste país, nem os amigos que aqui fizemos. Mariana me assegurou há pouco, comovida, que os dois anos que passou na Califórnia foram os mais calmos e felizes de que tem memória. Mas quem poderá saber o que vai na alma de meus filhos? Habituaram-se à vida de San Francisco como se habituariam mais tarde à Hollywood, ao ambiente do Mills College, do trem que nos trouxe para Leste, e do quarto do hotel de Nova York, onde passamos esses últimos dias. Seus rostos carnudos e corados reluzem ao sol, e tenho a absurda mas agradável ilusão de que eles refletem o puro azul deste céu sob o qual vamos navegando. Clara e Luís já tomaram intimidade com o navio, chamam-lhe "o Zé" e falam dele como duma pessoa viva.

Olho a torre do Empire State Building; dominando a massa de cimento, aço e pedra de Manhattan, ela faísca como a ponta duma agulha descomunal. Mas o que tenho agora na mente é uma outra torre para mim mais significativa: o Campanile da Universidade da Califórnia. Lembro-me da véspera de nossa partida de Berkeley... Eu saíra com Rudolph Schevill para um último passeio através do *campus*. Era uma manhã cinzenta e úmida, e a névoa escondia o cimo das colinas. Conversamos sobre a guerra e a paz, e Rudolph, que ama a Espanha, expressou a esperança de ver um dia a terra de Cervantes livre de Franco e do falangismo. Relembramos com saudade uma certa noite, no Mills, quando ouvimos juntos o *Quarteto nº 8, opus 59*, de Beethoven. De súbito, parando e tomando-me do braço, Rudolph me disse:

— Eu quisera que vocês pudessem ficar conosco para sempre!

Seu rosto rosado, em contraste com a cabeleira completamente branca, era a única nota de cor na manhã fosca. Rudolph sacudiu lentamente a cabeça e acrescentou:

— Mas eu compreendo que tenham de voltar. No fim de contas o Brasil é a pátria de vocês...

Continuamos a andar e, sentindo mais agudamente que nunca a futilidade das palavras, eu disse:

— Voltaremos um dia...

Rudolph ficou um momento em silêncio e depois, sem me olhar, murmurou com sua voz mansa e meio rouca:

— Talvez... não me encontrem mais.

Senti uma súbita impressão de frio, como se essas palavras de morte tivessem sido sopradas pelo vento cinzento do mar.

E no trem, durante todo o percurso de Berkeley a Nova York, e mesmo através dos vinte e seis dias que permanecemos nesta cidade tumultuosa, a cena que com mais freqüência me vinha à mente, como uma espécie de súmula de todas as nossas aventuras sentimentais neste país, foi a de Rudolph, com seus cabelos de torçal branco tocados pelo vento, acompanhando na plataforma da estação a marcha de nosso trem, e acenando para nós com os olhos brilhantes de lágrimas. É que naquele momento ele simbolizava tudo quanto os Estados Unidos têm de melhor, de mais nobre e mais humano. Ele era o Amigo. Seu aceno tinha um sentido tão maravilhosamente belo, que nem ouso defini-lo.

O *José Menendez* se afasta cada vez mais de Nova York. Os passageiros se agitam — Adeus, América! —, acenam para uma barca que passa cheia de soldados — *Good-bye, boys!* —, apontam para a estátua da Liberdade, agitam lenços, cantam e gritam.

Mas nós quatro continuamos silenciosos. Aposto que, embora Mariana, Clara e Luís tenham como eu os olhos fitos nos arranha-céus de Manhattan, eles realmente estão vendo as montanhas e os vales da Califórnia e, sobre esse fundo vago, as faces iluminadas de nossos amigos.

Gaivotas esvoaçam em torno do vapor, que avança lentamente para o mar.

Biografia de Erico Verissimo

Erico Verissimo nasceu em Cruz Alta (RS), em 1905, e faleceu em Porto Alegre, em 1975. Na juventude, foi bancário e sócio de uma farmácia. Em 1931 casou-se com Mafalda Halfen von Volpe, com quem teve os filhos Clarissa e Luís Fernando. Sua estréia literária foi na *Revista do Globo*, com o conto "Ladrões de gado". A partir de 1930, já radicado em Porto Alegre, tornou-se redator da revista. Depois, foi secretário do Departamento Editorial da Livraria do Globo e também conselheiro editorial, até o fim da vida.

A década de 30 marca a ascensão literária do escritor. Em 1932, ele publica o primeiro livro de contos, *Fantoches*, e em 1933 o primeiro romance, *Clarissa*, inaugurando um grupo de personagens que acompanharia boa parte de sua obra. Em 1938, tem seu primeiro grande sucesso: *Olhai os lírios do campo*. O livro marca o reconhecimento de Erico no país inteiro e em seguida internacionalmente, com a edição de seus romances em vários países: Estados Unidos, Inglaterra, França, Itália, Argentina, Espanha, México, Alemanha, Holanda, Noruega, Japão, Hungria, Indonésia, Polônia, Romênia, Rússia, Suécia, Tchecoslováquia e Finlândia. Erico escreve também livros infantis, como *Os três porquinhos pobres*, *O urso com música na barriga*, *As aventuras do avião vermelho* e *A vida do elefante Basílio*.

Em 1941 faz uma viagem de três meses aos Estados Unidos a convite do Departamento de Estado norte-americano. A estada resulta na obra *Gato preto em campo de neve*, o primeiro de uma série de livros de viagens. Em 1943, dá aulas na Universidade de Berkeley. Volta ao Brasil em 1945, no fim da Segunda Guerra Mundial e do Estado Novo. Em 1953 vai mais uma vez aos Estados Unidos, como diretor do Departamento de Assuntos Culturais da União Pan-Americana, secretaria da Organização dos Estados Americanos (OEA).

Em 1947 Erico Verissimo começa a escrever a trilogia *O tempo e o vento*, cuja publicação só termina em 1962. Recebe vários prêmios, como o Jabuti e o Pen Club. Em 1965 publica *O senhor embaixador*, ambientado num hipotético país do Caribe que lembra Cuba. Em 1967 é a vez de *O prisioneiro*, parábola sobre a intervenção dos Estados Unidos no Vietnã. Em plena ditadura, lança *Incidente em Antares* (1971), crítica ao regime militar. Em 1973 sai o primeiro volume de *Solo de clarineta*, seu livro de memórias. Morre em 1975, quando terminava o segundo volume, publicado postumamente.

Obras de Erico Verissimo

Fantoches [1932]
Clarissa [1933]
Música ao longe [1935]
Caminhos cruzados [1935]
Um lugar ao sol [1936]
Olhai os lírios do campo [1938]
Saga [1940]
Gato preto em campo de neve [narrativa de viagem, 1941]
O resto é silêncio [1943]
Breve história da literatura brasileira [ensaio, 1944]
A volta do gato preto [narrativa de viagem, 1946]
As mãos de meu filho [1948]
Noite [1954]
México [narrativa de viagem, 1957]
O senhor embaixador [1965]
O prisioneiro [1967]
Israel em abril [narrativa de viagem, 1969]
Um certo capitão Rodrigo [1970]
Incidente em Antares [1971]
Ana Terra [1971]
Um certo Henrique Bertaso [biografia, 1972]
Solo de clarineta [memórias, 2 volumes, 1973, 1976]

O TEMPO E O VENTO

Parte I: *O Continente* [2 volumes, 1949]
Parte II: *O Retrato* [2 volumes, 1951]
Parte III: *O arquipélago* [3 volumes, 1961-1962]

OBRA INFANTO-JUVENIL

A vida de Joana d'Arc [1935]
Meu ABC [1936]
Rosa Maria no castelo encantado [1936]
Os três porquinhos pobres [1936]
As aventuras do avião vermelho [1936]
As aventuras de Tibicuera [1937]
O urso com música na barriga [1938]
Outra vez os três porquinhos [1939]
Aventuras no mundo da higiene [1939]
A vida do elefante Basílio [1939]
Viagem à aurora do mundo [1939]
Gente e bichos [1956]

Copyright © 2007 by Herdeiros de Erico Verissimo
*Texto fixado pelo Acervo Literário de Erico Verissimo com base
na edição* princeps, *sob coordenação de Maria da Glória Bordini.*

CAPA E PROJETO GRÁFICO Raul Loureiro
FOTO DE CAPA Archive Holdings Inc/ Getty Images
IMAGENS DO CADERNO Fotos da família (Acervo Literário de Erico Verissimo)
FOTO DE ERICO VERISSIMO Leonid Streliaev
SUPERVISÃO EDITORIAL E BIOGRAFIA Flávio Aguiar
ESTABELECIMENTO DO TEXTO Karina Ribeiro Batista e Maria da Glória Bordini
ORGANIZAÇÃO DO CADERNO DE FOTOS Maria da Glória Bordini
PREPARAÇÃO Isabel Jorge Cury
ASSISTÊNCIA EDITORIAL Miguel Said Vieira
REVISÃO Marise S. Leal e Ana Maria Barbosa

1ª edição, 1946
17ª edição, 1997
18ª edição, 2007

Dados Internacionais de Catalogação na Publicação (CIP)
(Câmara Brasileira do Livro, SP, Brasil)

Verissimo, Erico, 1905-1975.
    A volta do gato preto / Erico Verissimo ; ilustrações Rodrigo Andrade ;
prefácio Clarissa Jaffe — 18ª ed. — São Paulo : Companhia das Letras, 2007.

    ISBN 978-85-359-1001-8

    1. Características nacionais americanas 2. Estados Unidos — Descrição
e viagens 3. Estados Unidos — Usos e costumes I. Andrade, Rodrigo.
II. Jaffe, Clarissa. III. Título.

07-1569   CDD-917.304
    Índice para catálogo sistemático:
    1. Estados Unidos : Descrição e viagens 917.304

[2007]
Todos os direitos desta edição reservados à
EDITORA SCHWARCZ LTDA.
Rua Bandeira Paulista, 702, cj. 32
04532-002 — São Paulo — SP
Telefone: (11) 3707-3500
Fax: (11) 3707-3501
www.companhiadasletras.com.br

Esta obra foi composta em Janson
por Osmane Garcia Filho e impressa
pela RR Donnelley Moore em ofsete
sobre papel pólen soft da Suzano Papel
e Celulose para a Editora Schwarcz
em abril de 2007.